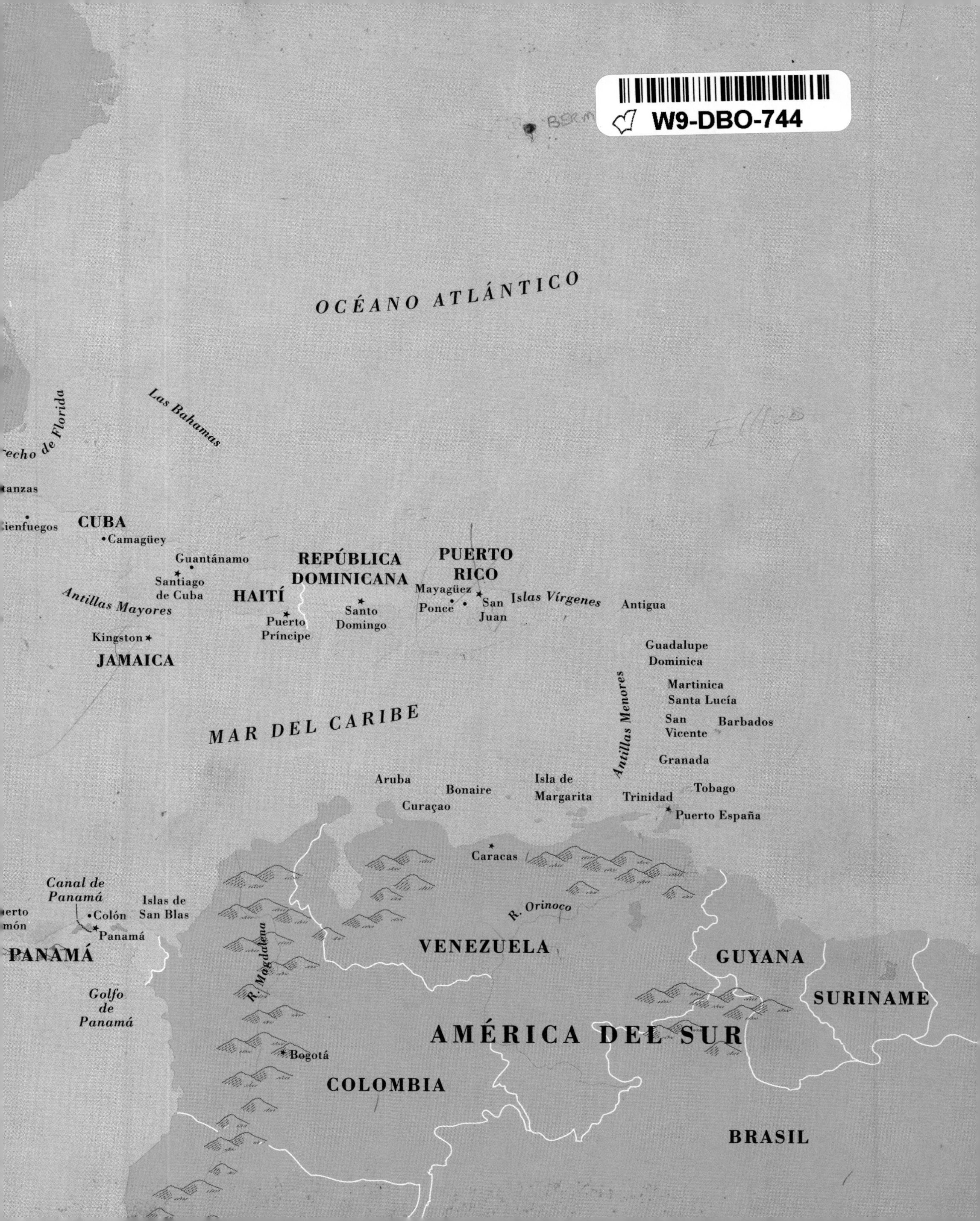

OCÉANO ATLÁNTICO

Las Bahamas

recho de Florida

anzas

Cienfuegos

CUBA

•Camagüey

Guantánamo

Santiago
de Cuba

HAITÍ

Antillas Mayores

Kingston ★

JAMAICA

Puerto
Príncipe

**REPÚBLICA
DOMINICANA**

Santo
Domingo

**PUERTO
RICO**

Mayagüez

Ponce

San
Juan

Islas Vírgenes

Antigua

Guadalupe

Dominica

Martinica

Santa Lucía

San
Vicente

Barbados

Granada

Antillas Menores

MAR DEL CARIBE

Aruba

Curaçao

Bonaire

Isla de
Margarita

Trinidad

Tobago

★ Puerto España

Caracas

*Canal de
Panamá*

uerto
món

•Colón

Panamá

PANAMÁ

Islas de
San Blas

*Golfo
de
Panamá*

R. Orinoco

R. Magdalena

VENEZUELA

GUYANA

SURINAME

AMÉRICA DEL SUR

★ Bogotá

COLOMBIA

BRASIL

Annotated Instructor's Edition

Mosaicos

Spanish as a World Language

Matilde Olivella de Castells
California State University, Los Angeles

Ricardo Castells
Florida International University

María González-Aguilar
Massachusetts Institute of Technology

Prentice Hall
Englewood Cliffs, N.J., 07632

Library of Congress Cataloging-in-Publication Data

Castells, Matilde Olivella de.
    Mosaicos: Spanish as a World Language / Matilde O. de Castells,
Ricardo Castells, María González-Aguilar
        p. cm.
    Includes Index.
    ISBN 0-13-064700-4
    1. Spanish language—Textbooks for foreign speakers—English.
I. Castells, Ricardo. II. González-Aguilar, María. III. Title.
PC4129.E5C37 1994
468.2'421—de20   93-27189
                          CIP

Editor in Chief: Steve Debow
Director of Development: Marian Wassner
Assistant Editor: María F. García
Marketing Manager: Tracie Edwards
Design Supervisor: Christine Gehring Wolf
Page layout: Christine Gehring Wolf
Interior Design: Sheree Goodman
Cover Director: Paula K. Martin
Cover Design: Sibley/Peteet Design
Ceramist: Linda Gossett
Production Manager: Jan Stephan
Production Coordinator: Tricia Kenny

Printed in the United States of America.

10 9 8 7 6 5 4 3 2 1

Student Text ISBN 0-13-064700-4

Annotated Instructor's Edition ISBN 0-13-075789-6

Prentice-Hall International (UK) Limited, *London*
Prentice-Hall of Australia Pty. Limited, *Sydney*
Prentice-Hall Canada, Inc., *Toronto*
Prentice-Hall Hispanoamericana, S.A., *México*
Prentice-Hall of India Private Limited, *New Delhi*
Prentice-Hall of Japan, Inc., *Tokyo*
Simon & Schuster Asia Pte. Ltd., *Singapore*
Editora Prentice-Hall do Brasil, Ltda., *Rio de Janeiro*

Mosaicos

SCOPE & SEQUENCE

COMUNICACIÓN

- Discussing school-related activities
- Asking for and providing information
- Expressing needs
- Expressing states of health
- Asking about and expressing location
- Asking for prices

CRISTINA PUJADES-MARTÍ

Dirección: Escuelas Pías 24
            Barcelona
            España
Lugar de nacimiento: Figueras, Gerona, España
Fecha de nacimiento: 14 de mayo de 1970
Estado civil: soltera
Educación:
 1983 / 1987   Bachiller, Instituto N°2
                Figueras, Gerona

 1984 / 1990   Estudiante, "Goethe Schule",
                Curso de alemán para españoles

 1986 / 1991   Estudiante, "Berlitz" Curso de inglés

 1988 / 1992   Estudiante, Facultad de
                Biología y Ciencias Naturales,
                Universidad Autónoma de Barcelona
Trabajos:
 1986 / 1987   Guía turística, Museo Dalí
                Figueras, Gerona
 1990 / 1992   Técnica en el laboratorio de química
                biológica con el profesor Oriol Bach
Lenguas:
Catalán, español, inglés y alemán
Deportes y tiempo libre:
Gimnasia y baile contemporáneo
Viajes y camping
Conciertos, museos y teatro

- Expressing nationality and place of origin
- Describing persons, places, and things
- Expressing where and when events take place
- Expressing possession
- Expressing age

ESTRUCTURAS  **CULTURA**

ESTRUCTURAS

 ## CULTURA

COMUNICACIÓN

ESTRUCTURAS

CULTURA

- Talking about and describing
  body movements
- Describing physical conditions
  and the environment
- Giving orders and advice
  informally
- Giving and following
  instructions
- Expressing weight and
  measurements
- Making comparisons

- Planning menus
- Expressing wishes and hope
- Making requests
- Expressing opinions
- Expressing fear and worry
- Expressing joy and
  satisfaction
- Extending an invitation
- Accepting or declining an
  invitation

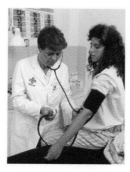

- Describing health conditions
  and medical treatments
- Expressing opinions
- Expressing attitudes
- Expressing expectations and
  wishes

ESTRUCTURAS   **CULTURA**

COMUNICACIÓN

- Making travel arrangements
- Asking about and discussing travel schedules
- Expressing denial and uncertainty
- Describing actions

- Talking about and describing holiday activities
- Expressing ongoing actions in the past
- Expressing goals and purposes
- Expressing intense reaction
- Asking for and giving a definition or an explanation

- Explaining needs
- Describing and getting hotel accommodations
- Giving and following directions
- Expressing ongoing actions in the past
- Talking about past events
- Expressing possession (emphatic)
- Communicating by phone

ESTRUCTURAS   **CULTURA**

COMUNICACIÓN

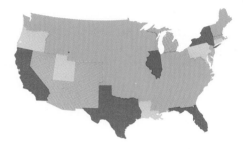

- Stating facts in the present and past
- Giving opinions
- Describing states or conditions

Menor natalidad y nupcialidad cambian familia en A. Latina

Sevilla—El descenso de las tasas de natalidad y nupcialidad en varios países latinoamericanos está incidiendo profundamente en sus instituciones familiares, que registran actualmente un mayor número de divorcios y debilitamiento del tradicional modelo patriarcal.

Según se puso de manifiesto en la I Conferencia Iberoamericana sobre

ciento de las mujeres y el 59 por ciento de los hombres de 25 a 29 años no tienen hijos, lo que refuerza la actual ten-

Ideologías y realidades: México y Estados Unidos

La frontera entre México y Estados Unidos es una de las más extensas del mundo. No es geográfica sino política e histórica: ningún gran obstáculo natural se interpone entre las dos naciones. El Río Grande es vadeable y no separa: une. La semejanza ...

del mundo moderno; los mexicanos somos hijos del imperio español, campeón de la Contrarreforma, un movimiento que se opuso a la modernidad naciente y fracasó en su empeño. Nuestras actitudes frente al tiempo expresan ...

- Talking about and describing social customs
- Describing customary actions
- Projecting goals and purposes
- Talking about and expressing unexpected occurrences
- Expressing conjecture

ESTRUCTURAS   **CULTURA**

MOSAICOS is a new introductory Spanish program that seeks to combine the best elements of contemporary approaches to foreign language instruction. Its primary objective is to develop students' abilities to communicate in both oral and written Spanish. MOSAICOS accomplishes this goal through a communicatively oriented sequence of vocabulary and functions, visually structured language contexts, and stimulating activities. In addition, an in-text audio program, up-to-date cultural presentations, and colorful photographs introduce students to the modern culture of Spain and Hispanic America. The MOSAICOS program transforms the Spanish classroom into a dynamic setting for linguistic and cultural interchange.

MOSAICOS is built on the foundation of interaction, communication, and culture. Its streamlined grammatical syllabus provides students with an understanding of the basics of the language in a concise and clear format. Valuable class time focuses on skill-building and communicative practice. Moreover, the simple, authentic language used throughout MOSAICOS provides many opportunities for spontaneous interaction in the beginning classroom.

GOALS OF THE MOSAICOS PROGRAM

- **Contextualized presentation and practice of vocabulary.** The vocabulary presentations in the *A primera vista* sections are structured around engaging, culturally authentic visual and linguistic contexts that provide a natural environment for learning and practicing new vocabulary, as well as for recycling previously-taught language.

- **Streamlined, functional grammatical syllabus.** The scope and sequence of grammatical topics in MOSAICOS is dictated by the communicative needs of beginning students. This streamlined, functional grammatical syllabus facilitates communication and personalized exchange.

- **Abundant activities for practice and personalized expression / Focused attention on skill development.** The MOSAICOS program provides an abundance of activities in a lively and visual communicative format. Practice materials in the *A primera vista* foster use of newly-acquired and previously-learned words and expressions in a variety of contexts. Exercises in the grammar sections (*Explicación y expansión*) develop students' abilities to use linguistic structures for direct communicative purposes. At the end of each chapter, a special culture-based section (*Mosaicos*) provides practice in each skill area: listening, speaking, reading, and writing. This section also provides ample opportunities for skill-chaining.

XVII

- **In-text audio.** The in-text listening components (*A escuchar*) serve to develop students' global listening skills. The *A escuchar* sections are thoroughly integrated with the material in each chapter and provide regular opportunities for students to hear native speakers of Spanish in a natural environment.

- **Active development of cultural skills.** Cultural content is interwoven throughout text materials to ensure that students develop an understanding and appreciation of Hispanic peoples and cultures while they are building linguistic skills.

- The extensive use of vivid, up-to-date photographs and other visuals provides a rich cultural framework for the presentation of new language in the *A primera vista* sections.

- Brief *Investigación* questions foster comparisons between Hispanic and U.S. customs, culture, and traditions and actively engage students in the process of understanding Hispanic peoples and cultures.

- By means of a lively magazine-style layout, the *Enfoque* sections provide students with practical knowledge related to specific cultural topics in the Hispanic world.

- *Lecciones 15* and *16* (**Un paso adelante**), focus on the achievements of Hispanics in the United States and contemporary social developments in the Spanish-speaking world, are especially rich in cultural perspectives.

- A series of fact sheets containing important geographic, linguistic, political, and cultural information about Spanish-speaking countries appears in a special section midway through MOSAICOS The information in this *Almanaque del mundo hispano* serves as an informative and handy resource for both students and instructors.

- **Focus on diversity in the Spanish-speaking world.** The ethnic, racial, and cultural diversity of the Hispanic world is integrated throughout **Mosaicos**. Students begin learning about the culture of Hispanic countries in the *Pasos* and continue to expand their knowledge of geographical and historical aspects of Spanish-speaking peoples in the first lessons and throughout the entire MOSAICOS program.

- **Bridge to intermediate study.** The MOSAICOS program has been carefully designed to take into account students' developing abilities during the first year and also provides a bridge to the continuing study of Spanish. Selected grammatical topics and accompanying practice appear in an optional section (*Expansión gramatical*) at the end of **Mosaicos**. Grammar topics in this section are not considered essential for oral communication in the first year of study. To accomodate varying objectives and student backgrounds, some instructors may wish to make use of the *Expansión gramatical* while teaching preliminary concepts contained within the main text of MOSAICOS

- With their enhanced focus on content, the chapters in the last third of MOSAICOS challenge students to develop linguistic and analytical skills by exploring issues of interest and importance. Extensive use of authentic materials, including newspaper and magazine articles, interviews, and literary texts, along with vivid photos and other visual elements are used in provocative, open-ended activities that stimulate thoughtful classroom discussion and written work.

ORGANIZATION OF THE STUDENT TEXT

MOSAICOS consists of two preliminary *Pasos,* sixteen chapters, and an optional grammar section called *Expansión gramatical*. Through a variety of visual stimuli the *Pasos* allow instructors to conduct classes in Spanish from the very first day. Each chapter maintains the following consistent structure:

GOALS. Succinct, easy-to-understand chapter objectives provide realistic, communicative, structural, and cultural goals for students.

A PRIMERA VISTA. The opening *A primera vista* section provides a richly contextualized, cultural framework for learning and practicing the chapter vocabulary. New material is presented within two or three thematic groupings, which make extensive use of photos, illustrations, and authentic documents. Brief dialogs, narratives, captions, and other discourse samples complement the visual presentations with linguistic contexts similar to those a new speaker of Spanish might encounter in a variety of settings. Within each thematic grouping, the *Actividades* vocabulary exercises provide abundant practice of new lexical material in varied, lively contexts.

Following the thematic presentations, the *A escuchar* listening activity recycles vocabulary in an aural format, exposing students to the new language in an authentic conversational framework while providing practice in global listening skills.

A simple, global reading activity (*A leer*) provides another mode of recycling the linguistic content of the *A primera vista* sections while balancing the early focus on aural/oral skills with regular attention to the development of reading skills.

ENFOQUE. This is an entertaining and informative section that focuses on contemporary cultural issues related to the chapter theme. Every *Enfoque* uses a graphic layout, combining visual and textual elements—photos, maps, tables, charts, lists—to capture students' interest, expose them to key factual highlights, and encourage them to explore the issues at hand. A broad variety of contemporary topics is featured, ranging from distinctive and changing aspects of daily life such as family, housing, shopping, and travel to broader social, political, and economic issues in Hispanic countries.

EXPLICACION Y EXPANSION. These are concise grammar sections coordinated with expanded explanations and practice in the Workbook. The *Explicación y expansión* sections of the text feature visual language models, brief explanations, and exercises and activities that give students immediate practice of each new structural item within a carefully focused, contextualized framework.

Each *Explicación y expansión* section ends with a useful summary chart (*Repaso gramatical*), an easy-to-use study guide and reference tool. The succinct presentation of grammar in the student text permits instructors to preview key grammatical topics, while focusing students' attention on a variety of useful tasks and activities. Instructors accustomed to the benefit of out-of-class grammar study will find the brief in-text *Repaso gramatical* preferable to the complex cross-referencing system adopted by other communication-based programs.

MOSAICOS. Skills and topics are interwoven at the end of each chapter into a series of skill-building and skill-chaining activities that bring together the chapter vocabulary, structures, and cultural materials. *A escuchar* develops students' ability to understand spoken Spanish in a variety of authentic contexts: brief exchanges and longer conversations between two or more speakers, public announcements such as weather forecasts and radio broadcasts.

A conversar includes an abundance of open-ended speaking activities based on naturally occurring discourse situations and authentic written texts. Students learn to express and discuss their own needs and interests.

A leer teaches students how to become independent readers by introducing basic strategies for understanding the general meaning of a text as well as for extracting specific information from it. Students develop their ability to read a variety of high-interest, authentic Spanish texts, from simple documents such as schedules, invitations, and advertisements to the extended discourse of brochures, newspaper and magazine articles, letters, poems, and literary narratives. *A escribir* provides step-by-step activities in which students learn to compose messages and memos, postcards and letters, journals, simple expository paragraphs and brief essays.

Investigación boxes make the acquisition of cultural knowledge an active process. Students are encouraged to examine the cultural implications embedded in the chapter materials.

VOCABULARIO. The vocabulary list includes all new, active vocabulary words and expressions presented in the chapter in clear, semantically organized groups. All words included in the list are practiced and recycled throughout the chapter and in subsequent chapters in a variety of contexts. Written vocabulary practice appears in the *A primera vista* sections and in the accompanying **Student Activities Manual**.

COMPONENTS

STUDENT TEXT OR STUDENT TEXT/CASSETTE PACKAGE

MOSAICOS is available for purchase with or without two sixty-minute cassettes that contain recordings of the *A escuchar* sections. The *A escuchar* sections are also recorded for departmental language labs free of charge. Please use the correct ISBN when ordering through your campus bookstore:

Student Text: 0–13–064700–4
Text/Cassettes: 0–13–075839–6

ANNOTATED INSTRUCTOR'S EDITION

Marginal annotations in the **Annotated Instructor's Edition** include extensive strategies and activities for the *A primera vista* section, expansion exercises and a selected answer key for the *Explicación y expan-*

sión, and a printed *Tapescript* for the *A escuchar* section. Additional tips and hints offer new teachers effective classroom techniques.

CUSTOMIZED COMPONENTS PROGRAM

The following print components can be custom published to your individual specifications. *The Prentice Hall Customized Components Program* assists departments by adding course syllabi, readings and activities, and other printed material to existing MOSAICOS components.

STUDENT ACTIVITIES MANUAL

The organization of the Student Activities Manual (containing **audio, video,** and **writing** activities) parallels that of the main text. Written by Juana Amelia Hernández of Hood College, the manual contains additional scripted and semi-scripted audio recordings that are more challenging than those in the *A escuchar* sections of the main text. In addition, each chapter in the **Student Activities Manual** features a variety of written exercises and task-based activities that are completely integrated with the student text. Grammar explanations are often expanded or reviewed in a tutorial format. Scripted and authentic video clips are supported by an array of pre- and post viewing activities in the *Mosaicos* section of the **Student Activities Manual.** The sixty minute video is available free of charge to departments adopting MOSAICOS.

TESTING PROGRAM

The **Testing Program** consists of vocabulary quizzes for each *A primera vista,* and alternate versions of hour long chapter tests for each lesson. Each test is organized by skill, and employs a variety of techniques and activity formats to complement the text. Instructors are encouraged to make use of the creative oral testing materials available with MOSAICOS.

SOFTWARE

Completely integrated with **Mosaicos,** the software packages that accompany the text are designed for students with little or no computer experience. Please speak with your service representative for further details.

INSTRUCTOR'S RESOURCE MANUAL

The **Instructor's Resource Manual** includes course syllabi, suggestions for lesson plans, a complete **Tapescript** for the **Cassette Program,** tips for using video successfully and a bibliography of sources for additional cultural information. Coordinators are encouraged to take advantage of *The Prentice Hall Customized Components Program* and add to the instructional materials made available with MOSAICOS.

TRANSPARENCIES

A list of transparencies available with MOSAICOS may be obtained from your local representative.

Acknowledgments

The publication of MOSAICOS culminates years of planning and fine tuning—interacting with instructors and students to develop a new mix of pedagogical techniques and activities that will ensure an inspiring and successful second-language learning experience. The program is the result of the efforts and collaboration of numerous friends and colleagues, many of whom took time from busy schedules and other commitments to assist us with comments and suggestions over the course of the development of the manuscript.

It is our hope that MOSAICOS appeals to instructors and students in a variety of teaching and learning environments. We extend our deepest thanks and appreciation to the many colleagues around the nation who reviewed MOSAICOS at various stages of development and production. We gratefully acknowledge their participation and candor:

José Bahamonde   *Miami Dade Community College*
Kathleen Boykin   *Slippery Rock University*
Rodney Lee Bransdorfer   *University of Illinois, Chicago*
Morris E. Carson   *J. Sargent Reynolds Community College*
María Cooks   *Purdue University*
Rafael Correa   *California State University, San Bernardino*
Jorge H. Cubillos   *University of Delaware*
Jose Feliciano-Butler   *University of South Florida*
Jose B. Fernández   *University of Central Florida*
Rosa Fernández   *University of New Mexico*
Mary Beth Floyd   *Northern Illinois University*
Herschel Frey   *University of Pittsburgh*
Robert K. Fritz   *Ball State University*
Ronni Gordon   *Harvard University*
Lynn Carbón Gorrell   *University of Michigan, Ann Arbor*
Juana Amelia Hernández   *Hood College*
María C. Jiménez   *Sam Houston State University*
Marilyn Kiss   *Wagner College*
Barbara A. Lafford   *Arizona State University*
Cynthia Medina   *York College of Pennsylvania*
Barbara González-Pino   *University of Texas, San Antonio*
Ana M. Rambaldo   *Montclair State College*
Richard Raschio   *University of St. Thomas*
Arsenio Rey   *University of Alaska*
Marcia H. Rosenbusch   *Iowa State University*
David Shook   *Georgia Institute of Technology*
Karen L. Smith   *University of Arizona*
Lourdes Torres   *University of Kentucky*
Montserrat Vilarrubla   *Illinois State University*
Helga Winkler   *Eastern Montana College*
Bill Woodard   *Louisiana State University*
Janice Wright   *University of Kansas*

We would also like to acknowledge the collaboration of María González–Aguilar, who prepared the *Mosaicos* section for each lesson. Her original ideas and hard work resulted in effective and highly motivating activities at the end of each lesson.

Special thanks are also due to Matt Whitney, from the University of Florida, for his careful and insightful preparation of the Instructor's Annotated Edition.

We would also like to thank the editorial and production staff at Prentice Hall, especially Marian Wassner, Director of Development, for her ideas and input in the preparation of the text materials. In addition, our thanks go to María García, Assistant Editor; Jan Stephan, Production Supervisor; Christine Gehring Wolf, Design Supervisor; and Matt Walton, Illustrator, for their cooperation and excellent work in the MOSAICOS program.

We also wish to thank the production team of Hispanex, José Blanco, Bob Hemmer, and Chris La Fond. Their assistance and valuable insight in the production phase contributed greatly to this program.

Matilde O. de Castells
Ricardo Castells

PASO 1

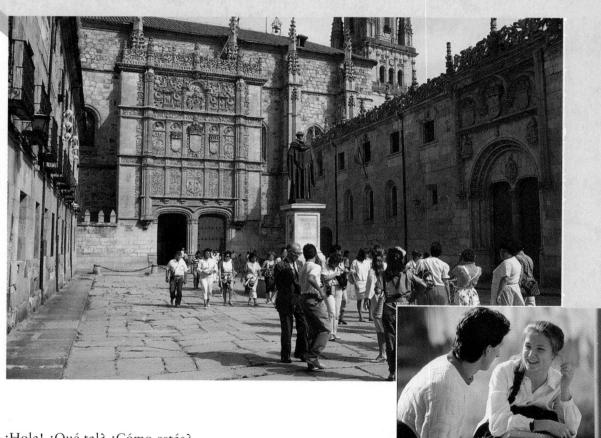

—¡Hola! ¿Qué tal? ¿Cómo estás?
—Regular, ¿y tú?
—Bastante bien, gracias

Primer Paso

Goals. *Primer paso* is designed to provide students with a successful first experience of class conducted entirely in Spanish. Set the tone for the remainder of the semester by using a variety of supportive techniques to lower the anxiety level of beginning students. Remember the importance of your smiles, praise, and gentle encouragement. Establish an atmosphere of comfort by using gestures frequently to make yourself understood in Spanish.

COMUNICACIÓN

- Greetings and good-byes
- Thanking and acknowledging thanks
- Requesting permission and pardon
- Expressing regret
- Asking for and giving names
- Introducing oneself and others
- Identifying and describing people

Saludos

—Buenos días, señorita Mena.
—Buenos días. ¿Cómo está usted, señor Gómez?
—Bien, gracias. ¿Y usted?
—Muy bien, gracias.

Introduce *buenos días, buenas tardes,* and *buenas noches* by drawing the sun, the moon, and hours on the board, followed by *a.m.* and *p.m.* Model and practice each before moving to the next one. Greet students individually using the expressions and drawings. Then ask students to greet one another as before.

Quickly contrast the use of *tú* and *usted* through the use of pictures of people of various ages. Continue to present exchanges as outlined above.

Demonstrate cue for *bien* (thumbs up), *mal* (thumbs down) and *regular* (palm shaking). Inquire how students are feeling and ask students to reply with physical cues as they say *bien, mal,* or *regular.*

—¡Hola, Inés! ¿Qué tal? ¿Cómo estás?
—Regular, ¿y tú?
—Bastante bien, gracias.

—Buenas tardes, Felipe. ¿Cómo estás?
—Bien, gracias. Y usted, ¿cómo está, señora?
—Mal, Felipe, mal.
—Lo siento.

- **Use buenas tardes** from noon until nightfall. After nightfall, use **buenas noches,** *good evening, good night.*

- **¿Qué tal?** is a more informal greeting. It is normally used with **tú,** but it may also be used with **usted.**

- Spanish has more than one word meaning you. Use **usted** when talking to someone you address in a respectful or formal manner, as **señor, señorita, doctor, profesor,** and so on. Use **tú** when talking to someone on a first-name basis (close friend, relative, child). The verb form **está** goes with **usted,** and **estás** goes with **tú.**

Cultura. Point out the importance of the cultural notes as a source of information about Hispanic culture.

CULTURA When saying hello or good-bye and when being introduced, Spanish-speaking men and women almost always shake hands. When greeting each other, young girls and women often place their cheeks together, kissing not each other's cheek but the air. This is also the custom for men and women who are close friends; sometimes the man kisses the woman's cheek. In Spain this kissing is done on both cheeks. Men who are close friends normally embrace and pat each other on the back.

Native Spanish speakers also tend to get physically closer to the person with whom they are talking than do Americans.

Despedidas

adiós	*good-bye*
hasta luego	*see you later*
hasta mañana	*see you tomorrow*

- **Adiós** is generally used when you do not expect to see the other person for a while. It is also used as a greeting when people pass each other, but have no time to stop and talk.
- **Chao** is an informal way of saying good-bye, which is very popular in South America.

Expresiones de cortesía

con permiso	*pardon me, excuse me*
gracias	*thanks, thank you*
de nada	*you're welcome*
lo siento	*I'm sorry*
perdón	*pardon me, excuse me*
por favor	*please*

- **Con permiso** and **perdón** may be used "before the fact," as when asking a person to allow you to go by or when trying to get someone's attention. Only **perdón** is used after the fact, as when you have stepped on someone's foot.

 A escuchar

You will hear three brief conversations. Mark the appropriate column to indicate if the greetings are formal (with **usted**) or informal (with **tú**). Do not worry if you do not understand every word.

	Formal	Informal
1.	____	____
2.	____	____
3.	____	____

Despedidas. Model the *despedidas* by using hand gestures while speaking.

Cultura. Point out that some Spanish speakers use a different hand gesture when saying good-bye (palm facing down, fingers moving back and forth). With a student, model the use of *adiós* meaning "hello" when two people pass each other.

Pronunciación. Give correct pronunciation of Spanish *adiós* as many English speakers recognize the word but may not pronounce it correctly.

Students should move around the room, greeting one another, asking how each other is, and saying good-bye.

Using two or three classroom objects (*lápiz, libro, tiza*), demonstrate the use of the **expresiones de cortesía:** 1. Model *por favor* alone. 2. Give a student a pencil. 3. Looking at the student, say *El lápiz, por favor* and indicate that you would like the pencil back. 4. When the student returns the pencil, say *gracias.* 5. Coach student to reply *De nada.* Repeat this simple activity with other classroom objects. Then ask students to continue in small groups or in pairs.

Expresiones de cortesía. Model *por favor, gracias,* and *de nada.* Use choral repetition, then present the expressions in context.

A escuchar. Point out the importance of developing listening skills through regular use of the student cassettes that accompany the text.

Tapescript. Conversación 1. *Buenos días, señora Gómez. Buenos días. ¿Cómo está usted, señor Jiménez? Bastante bien, gracias. ¿Y usted? Bien gracias.* (**formal**) Conversación 2. *¡Hola, Felipe! ¿Qué tal? ¿Cómo estás? Regular, ¿y tú? Bien, gracias.* (**familiar**) Conversación 3. *Buenas tardes, señora Mena. ¿Cómo está usted? Bastante bien, gracias. Y usted, ¿cómo está, señora? Regular, regular. Lo siento.* (**formal**)

Warm-up. Write different times of the day on the board and model possible greeting(s) for each. If appropriate, students respond affirmatively by saying *sí*. If not, they say *no*.

Warm-up. Passing through the aisles of the classroom, bump into chairs and so forth. Model uses of *con permiso* or *perdón* and proceed with activity.

Actividades

P1–1 Saludos. You work as a receptionist in a hotel. Which greeting is appropriate at the following times? (**buenos días, buenas tardes, buenas noches**)

9:00 a.m.	4:00 p.m.	1:00 p.m.
11:00 p.m.	10:00 a.m.	8:00 p.m.

P1–2 ¿Perdón o con permiso?

1.

2. (image)

3.

4.

5. (image)

Expansion. In pairs, have students invent additional situations and model expressions accordingly.

P1–3 Expresiones de cortesía y despedidas. Which expression would you use in the following situations?

gracias	de nada	por favor
adiós	hasta luego	lo siento

1. Someone thanks you.
2. You are saying good-bye to a friend whom you will see later that evening.
3. You are asking a classmate for his notes.
4. You hear that your friend is sick.
5. You receive a present from a friend.
6. Your friend is leaving for a vacation in Spain.

Suggestion. Model activity with a student before beginning the activity.

P1–4 Encuentros. You meet the following people on the street. Greet them, ask them how they are, and then say good-bye. A classmate will play the other role.

1. a classmate
2. your friend's little brother
3. an older lady
4. your history professor
5. one of your cousins
6. your doctor

Presentaciones

—Me llamo Antonio Mendoza.
Y tú, ¿cómo te llamas?
—Benito Sánchez. Mucho gusto.
—Igualmente.

—¿Cómo se llama usted?
—Me llamo Isabel Mendoza.
—Mucho gusto.
—Encantada.

—María, mi amigo José.
—Mucho gusto.
—Encantado.

SR. GÓMEZ:	—Doña Mirta, le presento a don José Flores.
DON JOSÉ:	—Mucho gusto.
DOÑA MIRTA:	—Igualmente.

Presentaciones. Model *me llamo* by pointing to yourself and saying your name. Then write *me llamo* on the board and repeat the sentence. Now ask students for their names. Model and practice the brief exchanges in this section using the steps outlined in the **Saludos** section of this *Paso.*

Model the second exchange as it is written. Then substitute *Antonio* and *Isabel* and model the exchange again emphasizing the change in ending of *encantado/a.* Students then repeat in chorus before substituting their own names and speaking with other students in the class.

Suggestion. You may wish to introduce the phrase, *Su nombre, por favor.* Contrast with *Tu nombre, por favor.*

Model the third and fourth exchanges. For additional practice of *le presento/te presento,* point to a male student and indicate that he is *don Carlos.* Then greet him using *usted.* Point to a female student and greet her as *doña Marta.* Introduce *don Carlos* to *doña Marta* using *le presento.*

- **Mucho gusto** is used by both men and women when meeting someone for the first time. A man may also say **encantado** and a woman, **encantada.**

- When responding to **mucho gusto,** you may use either **encantado/a** or **igualmente.**

- When you introduce a person to someone you address as **usted,** use **le presento...**; with someone you address as **tú,** use **te presento....**

  —Señor Castañeda, le presento a mi amigo Pablo Martín.
  —Gabi, te presento a Estelita.

- Introductions can often be simplified, using only the names of the people involved.

  —Señor Castañeda, Pablo Martín.
  —Gabi, Estelita.

Actividades. Each of the *activities* in this section can be completed easily in groups. Make sure that all students participate.

Actividades

P1–5   Saludos.   You are an usher at a fund-raising banquet. Greet the guests formally and ask their names.

P1–6   En una reunión.   Introduce yourself to some young people and find out their names.

P1–7   Presentaciones.   Make appropriate introductions in the following situations.

1. You introduce a new student to one of your classmates.
2. You are talking to one professor when another professor comes over.
3. You and a friend are downtown and you run into a former boss.
4. You are at the cafeteria having a snack with a friend when another friend arrives.

Goals. The goal of this section is to introduce students to the verb *ser* and to preview the notion of gender and its relationship to adjective endings.

Use pictures of well-known people, as well as your own students, to practice *¿Quién es?* Introduce *¿Cómo es?* using pictures and students. Answer with cognates: *inteligente, elegante, idealista, competente, valiente, activo/a, creativo/a, romántico/a, serio/a, sentimental.* Contrast with *¿Cómo está?*

Introduction of *ser*. Introduce and model *soy* by pointing to yourself as you describe yourself, sometimes using *yo* and sometimes omitting it: *Yo soy activo/a y serio/a. No soy impulsivo/a. Soy optimista. No soy pesimista.*

Introduce *eres* and *es* by varying model exchanges above and substituting names of different students.

Identificación y descripción de personas

—¿Quién es ese chico?   —¿Quién es esa chica?
—Es Julio.   —Es Carmen.
—¿Cómo es Julio?   —¿Cómo es Carmen?
—Es romántico y sentimental.   —Es activa y muy seria.

	ser	*to be*	
yo	**soy**	*I*	*am*
tú	**eres**	*you*	*are*
usted	**es**	*you*	*are*
él, ella	**es**	*he, she*	*is*

- Use **ser** to describe what someone is like.

- To make a sentence negative, place the word **no** before the appropriate form of **ser**.

    Ella es inteligente. → Ella **no** es inteligente.

- When answering a question with a negative statement, say **no** twice.

    —¿Es rebelde?
    —**No, no** es rebelde.

COGNADOS

Cognates are words from two languages that have the same origin and are similar in form and meaning. Since English shares many words with Spanish, you will discover that you already recognize many Spanish words. Here are some that are used to describe people.

The cognates in this first group use the same form to describe a man or a woman.

competente	importante	materialista	pesimista
eficiente	inteligente	optimista	rebelde
elegante	interesante	paciente	sentimental
idealista	liberal	parcial	valiente

The congnates in the second group have two forms. The -o form is used to describe a man and the -a form to describe a woman.

agresivo/a	generoso/a	moderno/a	serio/a
ambicioso/a	impulsivo/a	pasivo/a	sincero/a
creativo/a	introvertido/a	religioso/a	tímido/a
extrovertido/a	lógico/a	romántico/a	tranquilo/a

There are also some words that appear to be cognates, but do not have the same meaning in both languages. You will find some examples in future lessons.

Actividades

P1–8 Conversación.   Your partner will ask you about a classmate. Describe the classmate using cognates.

MODELO: —¿Cómo es...?

—Es...

P1–9 Una persona importante.   Describe an important or famous person to your partner.

MODELO: Gloria Estefan es activa y generosa. Ella no es pesimista.

P1–10 ¿Cómo es mi compañero/a?

1. Ask the person next to you if he/she has the following personality traits.

MODELO: —¿Eres pesimista?

—No, no soy pesimista. *o* —Sí, soy pesimista.

a. sentimental   c. generoso/a
b. sincero/a   d. impulsivo/a

2. Then find out what he/she is really like.

MODELO: —¿Cómo eres (tú)?

—Soy activo, rebelde y creativo.

P1–11 Situación.   Get a student's attention and greet him/her. Then find out who the person next to that student is and ask what he/she is like.

Cognados. Explain how students can use cognates successfully to decipher meaning in a foreign language. Ask them to come up with words they already know in Spanish. Focus their attention on adjectives by introducing *competente, elegante,* and *inteligente.* Use well-known people to introduce new cognates. You may also use visuals to present some of the cognates (e.g., a secretary, *es competente, es muy eficiente;* a poet or a writer, *es idealista y sentimental, es creativo;* a musician or singer, *es rebelde y romántico;* a priest, *es religioso y tranquilo*). Well-known characters may also be used (e.g., *Sherlock Holmes es inteligente y paciente, es muy valiente*). Ask yes/no questions to check understanding.

When presenting *extrovertido* you may mention that the form *extravertido* is also used.

Actividades. Encourage students to seek different partners than they had for other activities in this chapter. If necessary, select pairs of students who have not yet met one another.

Preparación. Give a visual of a person to each pair of students. They work together to describe the person.

PRONUNCIACIÓN: *Las vocales*

Spanish has five simple vowel sounds, represented in writing by the letters **a, e, i, o,** and **u.** These vowels are tense and short, and for all practical purposes, constant in length.

1. The pronunciation of the Spanish **a** is similar to the *a* in *father,* but shorter and tenser.

llama	mañana	banana	Panamá	encantada

2. The pronunciation of the Spanish **e** is similar to the *e* in *they,* but without the glide sound.

sé	nene	este	Sánchez	bastante

3. The pronunciation of the Spanish **i** is similar to the *i* in *machine,* but without the glide sound.

sí	ni	Mimí	isla	Felipe

4. The pronunciation of the Spanish **o** is similar to the *o* in *no,* but without the glide sound.

no	con	Mónica	noches	profesor

5. The pronunciation of the Spanish **u** is similar to the *u* in *tuna,* but without the glide sound.

su	tú	mucho	uno	usted

EL ALFABETO

a	a	ñ	eñe
b	be	o	o
c	ce	p	pe
ch	che	q	cu
d	de	r	ere
e	e	rr	erre
f	efe	s	ese
g	ge	t	te
h	hache	u	u
i	i	v	ve, uve
j	jota	w	doble ve,
k	ka		doble uve, uve doble
l	ele	x	equis
ll	elle	y	i griega, ye
m	eme	z	zeta
n	ene		

- The Spanish alphabet has more letters than the English alphabet.

- **Ch** and **ll** are considered single letters and are listed separately in most Spanish dictionaries and vocabularies.

- The letter **ñ** does not exist in English.

- Some Spanish grammars do not include **rr** in the alphabet, and words containing **rr** are alphabetized as in English.

- The letters **k** and **w** appear mainly in words of foreign origin.

Since this is the first time that pronunciation is presented and because of the misunderstandings that cause the incorrect pronunciation of vowels, it is very helpful to do this section in class. Emphasize the following: 1) not to move tongue, lips, or jaws to avoid the glide sound of English stressed vowels (e.g., *no, same*), 2) avoid the *uh* (schwa) sound of unstressed vowels (e.g., *opera, about*), which does not exist in Spanish.

Model sounds in isolation and in example words; students repeat chorally and individually; make sure students avoid the *uh* (schwa) sound, especially with *a.* You may give examples to show the importance of pronouncing the unstressed vowels correctly (e.g., *hermano-hermana*, brother, sister; *libro-libra-libre. book,* pound, free).

If possible, use a transparency while modeling the names of the letters; circle *ch, ll, ñ,* and *rr* to give them special attention. Point to letters, model, and students repeat in chorus; point to letters first in order, then at random.

Actividades

P1–12 **¿Cómo se escribe?** Ask a friend about the spelling of some Mexican cities.

MODELO: Mazatlán —¿Cómo se escribe Mazatlán? ¿Con **s** o con **z**?

—Con z.

1. <u>H</u>ermosillo
2. <u>C</u>elaya
3. Salti<u>ll</u>o
4. <u>S</u>alamanca
5. <u>V</u>eracru<u>z</u>

Expansion. Additional names of Mexican cities: *Hidalgo, Zacatecas, Tijuana.* Ask students to name and spell other cities.

P1–13 **Los nombres.** You will be asked your name. Give your name and then spell it to be sure it is understood.

MODELO: —Su nombre, por favor.

—David Montoya. D-a-v-i-d M-o-n-t-o-y-a.

Expresiones útiles en la clase

SIÉNTESE

LEVÁNTESE

ABRA EL LIBRO

CIERRE EL LIBRO

ESCUCHE

PREGÚNTELE A SU COMPAÑERO

Expresiones útiles en la clase. Use Total Physical Response to model the expressions in this section: *escuchen* (cup hand behind ear), *contesten* (make motion of calling students to yourself with both hands), *abran el libro* (open a book), *vayan a la pizarra* (walk to the board).

Now give commands to individual students and have them act out the commands.

Point to several students, give a command, and have students follow the command. Write the word on the chalkboard (e.g., *Escuchen*). Then point to a student, give the same command (without the final *-n*) and cross or erase the *-n* on the board. Do one or two, so students can hear and understand the difference between the plural and singular commands.

Vaya a la pizarra.

Voy a pasar (la) lista.
Manuel Arias, Josefina Barrios.

La tarea, por favor.

Conteste.

Repita.

These command forms are formal and address one person. When addressing two or more people, the command form generally ends in **n**: **escuchen.**

Although you may not have to use these expressions, you should be able to recognize them and respond appropriately.

VOCABULARIO

Vocabulario. Vocabulary lists at the end of the *pasos* and *lecciones* contain the active words and expressions used throughout the lesson.

DESPEDIDAS

adiós	*good-bye*
hasta luego	*see you later*
hasta mañana	*see you tomorrow*

EXPRESIONES DE CORTESÍA

con permiso	*excuse me*
de nada	*you're welcome*
gracias	*thanks, thank you*
lo siento	*I'm sorry*
perdón	*excuse me*
por favor	*please*

PRESENTACIONES

¿Cómo se llama usted?	*What's your name? (formal)*
¿Cómo te llamas?	*What's your name? (familiar)*
encantado/a	*delighted*
igualmente	*likewise*
le presento a...	*I'd like you to meet . . . (formal)*
me llamo...	*my name is . . .*
mucho gusto	*pleased/nice to meet you*
te presento a...	*I'd like you to meet . . . (familiar)*

SALUDOS Y CONTESTACIONES

bien	*well*
bastante bien	*pretty well, rather well*
muy bien	*very well*
buenos días	*good morning*
buenas noches	*good evening, good night*
buenas tardes	*good afternoon*
¿Cómo está usted?	*How are you? (formal)*
¿Cómo estás?	*How are you? (familiar)*
hola	*hello, hi*
mal	*not well*
¿Qué tal?	*How's it going?*
regular	*so-so*

PERSONAS

el/la amigo/a	*friend*
la chica	*girl*
el chico	*boy*
don	*title of respect for men*
doña	*title of respect for women*
él	*he*
ella	*she*
el/la profesor/a	*professor, teacher*
señor (Sr.)	*Mr.*
señora (Sra.)	*Mrs.*
señorita (Srta.)	*Miss*
tú	*you (familiar)*
usted	*you (formal)*
yo	*I*

DESCRIPCIÓN

activo/a	*active*
romántico/a	*romantic*
sentimental	*sentimental*
serio/a	*serious*

VERBOS

eres	*you are (familiar)*
es	*you are (formal), he/she is*
soy	*I am*

PALABRAS ÚTILES

ese/esa	*that (adjective)*
mi	*my*
no	*no*
sí	*yes*
y	*and*

PALABRAS INTERROGATIVAS

¿Cómo...?	*How . . . ?*
¿Cómo es...?	*What is he/she/it like?*
¿Quién...?	*Who . . . ?*

PASO 2

TELEVISION

LUNES 10

PRIMERA CADENA

- 8.00.—Buenos días.
- 9.00.—Por la mañana.
- 13.00.—Mi pequeño pony.
- 13.30.—3 × 4.
- 15.00.—Telediario 1.
- 15.35.—* Spencer, detective privado.
- 16.30.—Por la tarde.
- 18.00.—Los mundos de Yupi.
- 18.30.—Reloj de luna.
- 19.00.—Dale la vuelta.
- 19.30.—De película.
- 20.30.—Telediario 2.
- 21.00.—El tiempo.
- 21.15.—El precio justo.
- 23.00.—* El local de Frank.
- 23.30.—* Documentos TV.
- 0.30.—Telediario 3.
- 0.50.—Teledeporte.
- 1.05.—La noche.

DE PELICULA
Lunes, 19.30 (1.ª). Espacio dedicado al mundo del cine, presentado por **Isabel Mestres**.

1993 Enero

lunes	martes	miercoles	jueves	viernes	sábado	domingo
1 - 30 Creciente	8 Llena	15 Menguante	22 Nueva	**1** Sta. María	**2** S. Basilio el G.	**3** S. Florencio
4 S. Aquilino	**5** S. Telesforo	**6** S. Reyes	**7** S. Raimundo	**8** S. Julián y E.	**9** S. Marcelino	**10** S. Nicanor
11 S. Higinio	**12** S. Arcadio	**13** S. Hilario	**14** S. Félix	**15** S. Pablo y M.	**16** S. Marcelo	**17** S. Antonio A.
18 Sta. Prisca	**19** S. Mario	**20** S. Sebastián	**21** S. Fructuoso	**22** S. Vicente M.	**23** S. Ildefonso	**24** S. Francisco S
25 C. San Pablo	**26** S. Timoteo	**27** Sta. Angela M.	**28** S. Tomás A.	**29** S. Severo	**30** S. Hipólito	**31** S. Juan Bosco

¿Cuál es la fecha? ¿Qué día es hoy? ¿Qué días hay clase de español? ¿Qué hora es? ¿A qué hora es la próxima clase?

Segundo paso

Goals. Students continue to learn and use basic vocabulary to describe objects and people in the classroom setting. They learn the numbers (through 99), how to tell time, and how to phrase simple questions.

COMUNICACIÓN

- Identifying classroom objects
- Asking and answering questions about location
- Using numbers from 0 to 99
- Solving simple arithmetic problems
- Expressing addresses and telephone numbers
- Expressing dates
- Telling when an event takes place
- Telling time

Suggestion. Present new vocabulary in a natural context whenever possible. Recent studies suggest that comprehension precedes production, i.e., students will understand new words by linking them to real items before they attempt to use them. Experience has shown that students can become overwhelmed if too many new vocabulary items are presented at once. We suggest introducing three to four items at a time and checking for understanding before introducing three to four additional items.

Un salón de clase. The illustration at the right can serve as a springboard for presentation of people and items typically found in the classroom.

Un salón de clase

—¿Qué es esto?
—Es un lápiz.

—¿Qué es esto?
—Es un bolígrafo.

▪ Use **¿Qué es esto?** when asking for the identification of an object.

Actividades

Actividades. Some of the activities in this section can be conducted with the entire group at once. For variation, interchange ¿Qué es esto? with ¿Y esto?

P2–1 ¿Qué es esto?   Your instructor will point to some classroom objects and ask you to identify them.

P2–2 Identificación.   Ask your partner to identify the items on this table.

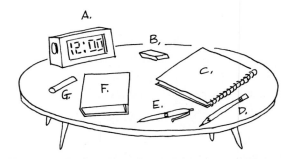

P2–3 Para la clase de español. Write down a list of the things you need for this class.

¿Dónde está?

¿Dónde está? Present the contrasting pair *enfrente de/detrás de* by standing in front of a student. Say: *¿Dónde está el/la profesor/a? Está enfrente de...* Then move behind a student. Ask the same question. *Está detrás de...* Reinforce understanding by asking three students to form a line in front of the class. The remaining students in the class respond with *sí* or *no* according to whether your statements about the position of the students are correct or not.

Alternate. Ask either/or questions about students and objects: *¿Está Manuel enfrente de Carolina o detrás de ella?*

Ask questions, using *¿Dónde está?* You may want to introduce *quién* here.

Suggestion. You may wish to introduce other propositional phrases: *encima de, dentro de.*

—¿Dónde está la profesora?

—Está en la clase.

▪ To ask about the location of a person or an object, use **dónde + está.**

 *A escuchar* _____

Look at the drawing of the classroom above. You will hear statements about the location of several people. Mark the appropriate column to indicate whether each statement is true or false.

	Sí	No		Sí	No
1.	___	___	4.	___	___
2.	___	___	5.	___	___
3.	___	___	6.	___	___

Tapescript. Look at the drawing of the classroom above. You will hear statements about the location of several people. Mark the appropriate column to indicate whether each statement is true (**sí**) or false (**no**). 1. *La profesora está enfrente de la ventana.* (**no**) 2. *El libro está sobre el escritorio.* (**sí**) 3. *María está al lado de Juan.* (**no**) 4. *La pizarra está al lado de la puerta.* (**sí**) 5. *El cuaderno está debajo del pupitre.* (**sí**)

Actividades

P2–4   Para completar.   Complete the following sentences based on the relative position of people or objects in the drawing on page 15.

1. La pizarra está _____ la profesora.
2. El libro está _____ el escritorio.
3. María está _____ la profesora.
4. Mercedes está _____ Juan y María.
5. Juan está _____ Mercedes.
6. María está _____ la ventana.
7. La puerta está _____ de la pizarra.

P2–5   Para identificar.   Identify where your classmates are in relation to one other.

MODELO: —¿Quién está al lado de Juan?

—María (está al lado de Juan).

P2–6   ¿Dónde está?   Your partner will ask where several items in your classroom are. Answer by giving their position in relation to a person or another object.

MODELO: —¿Dónde está el libro?

—Está sobre el escritorio.

P2–7   La clase de español.   The X marks your location on the seating chart below.

1. Tell where Juan, Ángeles, Cristina, and Pedro are seated.
2. Ask questions about the location of other students.

María	Juan	Ester	Susana	Pedro
Carlos	Cristina	Ángeles	Alberto	Anita
Mercedes	Andrés	Roberto	Rocío	Pablo
		X		

NÚMEROS 0–99

0	cero	11	once	22	veintidós
1	uno	12	doce	30	treinta
2	dos	13	trece	31	treinta y uno
3	tres	14	catorce	40	cuarenta
4	cuatro	15	quince	50	cincuenta
5	cinco	16	dieciséis	60	sesenta
6	seis	17	diecisiete	70	setenta
7	siete	18	dieciocho	80	ochenta
8	ocho	19	diecinueve	90	noventa
9	nueve	20	veinte		
10	diez	21	veintiuno		

Use students' names and objects in the classroom. You may wish to introduce the expressions *cerca de* and *lejos de* and use them in a guessing game: *Está lejos de Susana. Está lejos de Arturo. Está muy cerca de Amelia. ¿Quién es?*

You can also perform this activity in groups of four. The first student asks the person to the right, who answers and then asks another student to the right, and so forth. Students who are not speaking can check to see that responses are correct.

Suggestion. Model numbers 0–10 by holding up flash cards or pointing to numbers written on the board. Have students repeat, first in order, then randomly. Give addresses using numbers from one to ten while pointing to the correct or incorrect number on the board. Students answer *sí* or *no*.

Introduce numbers 11 to 15. Count 0 to 15 in order, using even numbers, then odd numbers, first in order of student seating, then at random.

Pair students and give cards with telephone numbers using numbers from 1 to 15. Each student should find out his/her partner's telephone number.

Present 16 to 19; emphasize the "i" sound linking *diez* and rest of number. Point out the two spellings of 16 to 19. Point out the written accent on *dieciséis*. Explain that the rules of accentuation will be presented in future lessons.

Números. Clarify the meaning of *dirección* by giving addresses of places with which students are familiar. Say: *La dirección de... es...* Write the numbers as you say them and indicate that the name of the street precedes the house or building number. Point to the first illustration and hold up alternately a picture of a young man and one of a young woman. Model the question and answer.

Suggestion. Model the question and answer to the second illustration. For now, simply explain that telephone numbers are usually given in pairs. A fuller explanation is presented in a cultural note in *Lección 3*.

Present numbers 30 to 39. Contrast the endings of *veinte* and *treinta*. Go over numbers 40 to 90 by tens. Point out the -a ending of these numbers. Gender of nouns is presented in *Lección 1*. For now, use **un** with nouns that take **el**, and **una** with nouns that take **la**.

Whole class. Students hold one, two, three, or four fingers to show if the number is the first, second, third, or fourth number is in the group or write down each number said by instructor, who then writes number on board to confirm; then students work in pairs, taking turns to identify number said by partner.

- Numbers from 16 through 19 and 21 through 29 may be written as one word or as three words. Note the spelling changes and the written accent on some combined forms.

diez y ocho	**dieciocho**
veinte y dos	**veintidós**

- Beginning with 31, numbers are written as three words.

31	**treinta y uno**
45	**cuarenta y cinco**

- The number *one* has three forms in Spanish: **uno, un,** and **una.** Use **uno** when counting: **uno, dos, tres...** Use **un** or **una** before nouns: **un borrador, una tiza; veintiún libros, veintiuna tizas.**

- Use **hay** for both *there is* and *there are*.

Hay un libro sobre la mesa.	*There is a book on the table.*
Hay dos libros sobre la mesa.	*There are two books on the table.*

Actividades

P2–8   Para identificar.   Your instructor will read a number from each group. Circle the number.

8	4	3	5
12	9	16	6
37	59	41	26
54	38	76	95
83	62	72	49
47	14	91	56

CULTURA   In Spanish-speaking countries, the name of the street precedes the house or building number. Telephone numbers are generally given in sets of two: but if a zero begins a set, then the digits are given one at a time: 234–1905 = **dos, treinta y cuatro, diecinueve, cero cinco.**

LENGUA   For most explanations in the text, there are additional corresponding explanations in the **Student Activities Manual.** Be sure to read them since they will give you additional information that will help your comprehension.

P2–9   Una lista.   Tell your partner that you need the items below for your new office.

1	escritorio
1	pizarra
6	mesas
24	sillas
3	cestos

P2–10   Problemas.   Solve the following problems. Use **y** (+), **menos** (−), and **son** (=).

MODELO: $2 + 4 =$ Dos y cuatro son seis.

- $11 + 4 =$
- $8 + 2 =$
- $13 + 3 =$
- $20 - 6 =$
- $39 + 50 =$
- $80 - 1 =$
- $50 - 25 =$
- $26 + 40 =$
- $90 - 12 =$

P2–11   Números de teléfono y direcciones.

MODELO: Carlos Castellanos   Calle Colón 62   654–6416

—¿Cuál es la dirección de Carlos Castellanos?

—Calle Colón, número 62.

—¿Cuál es su teléfono?

—(El) 6 54 64 16

1. Marcelo Domínguez   General Páez 40   423–4837
2. Luisa Álvarez   Avenida Bolívar 7   956–1709
3. Margarita Jiménez   Calle Vigo 54   98–68–51
4. Hilda Orfila   Chamberí 3   615–7359

P2–12   Adivinanzas.   Try to guess the number from 0 to 99 chosen by the group leader. The leader says **más** if it is higher, **menos** if it is lower until the right answer is guessed. Then switch leaders.

DÍAS DE LA SEMANA Y MESES DEL AÑO

enero	*January*	**julio**	*July*
febrero	*February*	**agosto**	*August*
marzo	*March*	**septiembre**	*September*
abril	*April*	**octubre**	*October*
mayo	*May*	**noviembre**	*November*
junio	*June*	**diciembre**	*December*

LENGUA   Days of the week and months of the year are not capitalized in Spanish, but sometimes they are capitalized in advertisements and invitations.

1993 Enero

lunes	martes	miercoles	jueves	viernes	sabado	domingo
☽ 1 - 30 Creciente	☺ 8 Llena	☾ 15 Menguante	● 22 Nueva	**1** Sta. María	**2** S. Basilio el G.	**3** S. Florencio
4 S. Aquilino	**5** S. Telesforo	**6** S. Reyes	**7** S. Raimundo	**8** S. Julián y E.	**9** S. Marcelino	**10** S. Nicanor
11 S. Higinio	**12** S. Arcadio	**13** S. Hilario	**14** S. Félix	**15** S. Pablo y M.	**16** S. Marcelo	**17** S. Antonio A.
18 Sta. Prisca	**19** S. Mario	**20** S. Sebastián	**21** S. Fructuoso	**22** S. Vicente M.	**23** S. Ildefonso	**24** S. Francisco S
25 C. San Pablo	**26** S. Timoteo	**27** Sta. Angela M.	**28** S. Tomás A.	**29** S. Severo	**30** S. Hipólito	**31** S. Juan Bosco

Días de la semana y meses del año. Using a large calendar in Spanish (available on transparency), point to the days of the week and model. Point out that Monday is the first day ot the week. Preview ordinal numbers (formally presented in *Lección 5*) by saying : El lunes es el primer (hold up index finger) *día de la semana*. El martes es el segundo día, etc, Introduce último. Say: El último dia de la semana es el domingo.

- Monday (**lunes**) is normally the first day of the week on Hispanic calendars.

- To ask what day it is, use **¿Qué día es hoy?** Answer with **Hoy es...**

- To ask about the date, use **¿Cuál es la fecha?** Respond with **Es el (14) de (octubre).**

- Express *on 1 a day of the week* as follows:

el lunes *on Monday*	**los lunes** on Mondays
el domingo *on Sunday*	**los domingos** on Sundays

- Cardinal numbers are used with the dates (e.g., **el dos, el tres**) except for the first day of the month, which is **el primero**. In Spain, the first day is **el uno.**

- When dates are given in numbers, the day precedes the month: 11/105 11 de octubre.

Suggestion. Introduce *hoy es...* and *mañana es...* by modeling with appropriate days and asking students to repeat. You may also wish to introduce *ayer fue...*

Actividades

P2–13   ¿Qué día de la semana?   Answer the following questions using the calendar.

¿Qué día de la semana es el 2? ¿el 5? ¿el 22? ¿el 18? ¿el 10? ¿el 13? ¿el 28?

P2–14   Preguntas.

1. ¿Qué día es hoy?
2. Si hoy es martes, ¿qué día es mañana?
3. Si hoy es jueves, ¿qué día es mañana?
4. ¿Hay clase de español los domingos? ¿Y los sábados?
5. ¿Qué días hay clase de español?

P2–15 Fechas importantes. Tell your partner the dates when these events will take place in June.

MODELO: la reunión de estudiantes / 3

—¿Cuándo es la reunión de estudiantes?

—(Es) El 3 de junio.

1. el concierto de Gloria Estefan / 9   4. la graduación / 22
2. el aniversario de Carlos y María / 14   5. la fiesta / 24
3. el banquete / 18

P2–16 El cumpleaños. Ask your partner when these friends have their birthday.

MODELO: Guillermo 3/5

—¿Cuándo es el cumpleaños de Guillermo?

—(Es) El 3 de mayo.

1. Juana 14/4   4. Ricardo 9/12
2. Rodolfo 13/11   5. Rafael 23/9
3. Adela 20/8   6. Carolina 31/5

La hora. Model *¿Qué hora es?* either using a clock with movable hands or pointing to a clock or watch. Answer by saying *Es la una.* Continue modeling formation of question and answers before asking students to assist you.

LA HORA

▪ Use **¿Qué hora es?** to inquire about the hour. To tell time, use **Es la...** from one o'clock to one thirty and **son las...** with the other hours.

Es la una.

Son las tres.

Introduce y cuarto/y quince, y media/y treinta. Introduce and practice each randomly.

▪ To express the quarter hour use **cuarto** or **quince.** To express the half hour use **media** or **treinta.**

Son las dos y cuarto.
Son las dos y quince.

Es la una y media.
Es la una y treinta.

- To express time after the half hour subtract the minutes (using **menos**) from the next hour.

Son las cuatro menos diez.

- Use **¿A qué hora es…?** to ask the hour at which something happens.

   —¿A qué hora es la clase?   *(At) What time is (the) class?*
   —(Es) A las nueve y media.   *It's at 9:30.*

- Add **en punto** for the exact time and **más o menos** for approximate time.

   Es la una **en punto.**   *It's one o'clock sharp.*
   Son las cinco menos cuarto   *It's about quarter to five.*
     más o menos.

- For **a.m.** and **p.m.,** use the following:

   de la mañana   *(from midnight to 11:59 A.M.)*
   de la tarde   *(from noon to approximately 7:00 P.M.)*
   de la noche   *(from 7:00 P.M. to midnight)*

> Present *en punto* and *más o menos* using gestures. Follow with an introduction of *de la mañana/tarde/noche* and indicate *a.m.* or *p.m.* on the board.

Actividades

P2–17 **¿Qué hora es en…?**   Ask what time it is in the following cities.

LOS ÁNGELES a.m.

MÉXICO p.m.

SAN JUAN p.m.

BUENOS AIRES p.m.

MADRID p.m.

CULTURA   In Spanish-speaking countries, events such as concerts, bullfights, and religious services begin on time. Normally, business meetings and medical appointments are also kept at the scheduled hour. However, informal social functions such as parties and private gatherings do not usually begin on time. In fact, guests are expected to arrive from one half to one full hour after the time indicated. When in doubt, you may ask either **¿hora americana?** or **¿hora inglesa?** *(precise time?)* to find out if you should be punctual.

LENGUA   Note that A.M. and P.M. are not capitalized in Spanish.

P2–18   El horario de María.

MODELO: —¿A qué hora es la clase de español?

—Es a las nueve.

LUNES		
9:00	clase de español	
10:15	recreo	
10:30	clase de matemáticas	
11:45	laboratorio	
1:00	almuerzo°	*lunch*
2:00	clase de física	
5:00	partido de tenis°	*tennis match*

P2–19   Mi horario.   Now make a chart of your own schedule using the one above as a model, but do not include the time. Exchange schedules with your partner, who will find out the time by asking you.

PRONUNCIACIÓN: Las consonantes P, T, C, Q, S, Z

Listen carefully to the explanation of these consonants on your cassette. If you want to read the explanation on your own or follow along while you listen to your cassette, you will find it in the **Student Activities Manual.**

A leer

Reading is an important skill that will help you develop proficiency in Spanish.

In real life we read for pleasure and information. The competent reader makes use of many different reading strategies in order to extract meaning from a wide variety of written materials. The following ideas are helpful, especially for those beginning to read in a second language.

Reading depends on more than just knowing words. Your experiences and knowledge of the world can help you comprehend the text. Language students often feel that they need to understand every word in order to understand the text. But sometimes understanding key words, such as nouns and verbs, is all you really need to get the gist of what you are reading. Remember to read the title and subtitles, and to pay close attention to visual clues, such as pictures, charts, or print size. Use these items to make educated guesses about the meaning of a text. Anticipating what you are going to read and guessing the meaning of unknown words through context will facilitate comprehension. You will be surprised how often your guesses are correct.

In addition, there are many cognates in English and Spanish. You have already encountered many of these cognates in the *Pasos*. The similari-

A leer. The first reading selection introduces general reading tips to promote confident reading without the use of a dictionary. It is important for instructors to help students gain an appreciation for reading in the target language. In the beginning *lecciones*, encourage and reward students for taking intelligent guesses and for using skimming and scanning techniques.

Though evident to some students, it may help to discuss how and why one reads in one's own language. Foreign language students often have the notion that they must understand every word or line in a reading or pay attention to every detail in a given passage. This is a misguided assumption—we do not read this way in our first language and we do not need to read this way in a foreign language.

ties between English and Spanish words are more noticeable in the written than in the spoken language. Take advantage of this to improve your reading comprehension.

Look over the material below and try to figure out what it is about. The title and the format will help you get a general idea about the text. The strategy of looking over a text to get the general idea is called *skimming*.

You immediately recognized this text as a TV listing even before you read it. The size and color of the title **televisión** made it stand out. The format and the times provided additional information to corroborate your guess.

As you read the listing a second time, look for the following specific details. This strategy is called *scanning*.

1. Day and date of the programs
2. Time of the morning shows
3. Names of shows considered interesting (*)
4. Titles of the first and last shows

Programas interesantes. Review the TV listing and select the programs that seem most interesting to you. Then, in small groups, compare your lists to determine the two most popular programs.

Recommended professional reading: For additional background information on foreign language reading, we suggest the following professional titles: Barnett, **More than Meets the Eye** (*Prentice Hall*, 1990) and Swaffar/Arens/Brynes, **Reading for Meaning** (*Prentice Hall*, 1991). There has also been a wealth of articles in recent professional journals such as **The Modern Language Journal, Hispania, Foreign Language Annals**, and **Applied Linguistics**.

TELEVISION

LUNES 10

PRIMERA CADENA

8.00.—Buenos días.
9.00.—Por la mañana.
13.00.—Mi pequeño pony.
13.30.—3 × 4.
15.00.—Telediario 1.
15.35.—* Spencer, detective privado.
16.30.—Por la tarde.
18.00.—Los mundos de Yupi.
18.30.—Reloj de luna.
19.00.—Dale la vuelta.
19.30.—De película.
20.30.—Telediario 2.
21.00.—El tiempo.
21.15.—El precio justo.
23.00.—* El local de Frank.
23.30.—* Documentos TV.
0.30.—Telediario 3.
0.50.—Teledeporte.
1.05.—La noche.

DE PELICULA
Lunes, 19.30 (1.ª). Espacio dedicado al mundo del cine, presentado por **Isabel Mestres.**

EL LOCAL DE FRANK
Lunes, 23.00 (1.ª). Serie americana, que cuenta la vida del dueño de un restaurante.

Expresiones útiles en la clase

Other expressions that you may hear or say in the classroom are:

Abran el libro en la página...	*Open the book to page . . .*
Más alto, por favor.	*Louder, please.*
Otra vez.	*Again.*
¿Comprende(n)?	*Do you understand?*
¿Tiene(n) alguna pregunta?	*Do you have any questions?*
No comprendo.	*I don't understand.*
No sé.	*I don't know.*
Tengo una pregunta.	*I have a question.*
Más despacio, por favor.	*More slowly, please.*
¿En qué página?	*On what page?*
¿Cómo se dice...en español?	*How do you say . . . in Spanish?*
¿Cómo se escribe...?	*How do you spell . . . ?*
presente	*here, present*
ausente	*absent*
Cambien de papel.	*Switch roles.*

VOCABULARIO

EN EL SALÓN DE CLASE

el bolígrafo	*ball-point pen*
el borrador	*eraser*
el cesto	*wastepaper basket*
el cuaderno	*notebook*
el escritorio	*desk*
el/la estudiante	*student*
el lápiz	*pencil*
el libro	*book*
la mesa	*table*
la pizarra	*chalkboard*
la puerta	*door*
el pupitre	*student desk*
el reloj	*clock*
la silla	*chair*
la tiza	*chalk*
la ventana	*window*

LUGAR

al lado (de)	*next to*
debajo (de)	*under*
detrás (de)	*behind*
enfrente (de)	*in front of*
entre	*between, among*
sobre	*on, above*

TIEMPO

el año	*year*
cuarto	*quarter*
el día	*day*
en punto	*sharp* (for telling time)
la fecha	*date*
la hora	*hour*
hoy	*today*
la mañana	*morning*
media	*half*
menos	*minus, to* (for telling time)
el mes	*month*
la semana	*week*

LA DIRECCIÓN

la calle	*street*
el número	*number*

VERBOS

está	*he/she is, you are (formal)*
hay	*there is, there are*

PALABRAS ÚTILES

a	*at, to*
el/la	*the*
en	*in*
esto	*this*
tu	*your*
un/una	*a, an*

EXPRESIONES ÚTILES

¿A qué hora es...?	*(At) What time is . . . ?*
¿Cuál es...?	*What/which one is . . . ?*
Es la.../Son las...	*It's . . .*
Es a las...	*It's at . . .*
más o menos	*more or less*
¿Qué es esto?	*What is this?*
¿Qué hora es?	*What time is it?*

PALABRAS INTERROGATIVAS

¿dónde?	*where*
¿qué?	*what*

See pages 16–19 for the numbers, the days of the week, and the months of the year.

LECCIÓN 1

¿Qué estudia usted? ¿Cómo son las clases?
¿Cuál es su clase favorita? ¿Cuál es la clase
más fácil? ¿y más difícil? ¿Cuáles son las clases
más populares?

Los estudiantes y la universidad

Suggestion. Point out to students that each *lección* begins with succinct chapter objectives that set forth realistic communicative, structural, and cultural goals. A collage of photographs and realia pieces preview the materials students will discuss in the chapter.

COMUNICACIÓN

- Discussing school-related activities
- Asking for and providing information
- Expressing needs
- Expressing states of health
- Asking about and expressing location
- Asking for prices

Goals. The purpose of *Lección 1* is to provide students with opportunities to enhance the basic conversational skills they practiced in the *pasos.* The content of *Lección 1* recycles and expands upon the greetings and leave-takings presented in the *Primer paso,* and presents new words and expressions that pertain to the life of a typical college student. By the end of *Lección 1,* students should be able to conduct basic conversations in which they describe the courses they are taking, their class schedule for this quarter or semester, where classes and campus activities take place, and the ease or difficulty of a given class or course of study. They should also be able to describe leisure activities of interest to them.

ESTRUCTURAS

- Subject Pronouns
- Present Tense of Regular **-ar** Verbs
- Articles and Nouns: Gender and Number
- Present Tense of the Verb **estar**

CULTURA

- Education in the Spanish-speaking world

Los estudiantes y los cursos

The chapter-opening *A primera vista* section provides a richly contextualized, cultural framework for learning and practicing vocabulary. New material is presented in two to four thematic groupings that make lavish use of photographs, illustrations, and authentic documents.

This **Annotated Instructor's Edition** provides graduate teaching assistants and instructors with an array of presentational techniques for each *A primera vista*. Goals, suggestions for adding and recycling vocabulary, grammar and culture, and recommendations for expanding upon the visual and written stimuli in the *A primera vista* are also offered.

We recommend a thorough, in-class treatment of these sections in order to offer students ample opportunities to hear and practice natural language. Each *A primera vista* is intended to provide a take-off point for creative activities and techniques on the part of instructors and students. Do not be afraid to experiment!

Los estudiantes y los cursos. Introduce this section with abundant comprehensible input. Begin by describing Carmen Granados. Supplement the description of her in the student text, using gestures and cognates to facilitate comprehension: *Carmen Granados es estudiante. Ella es inteligente y activa. Es alta y morena. Ella estudia economía en la universidad de...*

We recommend that you add connectors such as *pero, entonces,* and *ahora* to make your speech natural.

Suggestion. After describing Carmen Granados, begin a second description by telling the students the

Me llamo Carmen Granados. Estudio economía. Llego a la universidad a las ocho y media. Por las tardes yo trabajo en una oficina.

Horario de Carmen					
hora	lunes	martes	miércoles	jueves	viernes
9:00	psicología	economía	psicología	economía	psicología
10:30	sociología	antropología	sociología	antropología	sociología
11:00					
12:00					
1:00					
2:00					
3:00	oficina	oficina	oficina	oficina	oficina

Este chico es mi amigo. Se llama David Thomas. Es norteamericano y estudia español. David llega a la universidad a las diez. Él habla español y practica con los estudiantes. David escucha los casetes en el laboratorio.

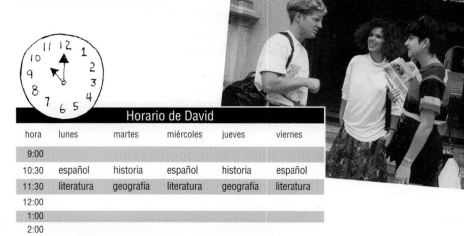

Horario de David					
hora	lunes	martes	miércoles	jueves	viernes
9:00					
10:30	español	historia	español	historia	español
11:30	literatura	geografía	literatura	geografía	literatura
12:00					
1:00					
2:00					
3:15	laboratorio	laboratorio	laboratorio	laboratorio	laboratorio

¿Cómo es la clase?

Es fácil.   Es muy difícil.   Es interesante.   Es aburrida.

—Dora, ¿qué estudias este semestre?

—Informática y psicología.

—¿Trabajas mucho con computadoras?

—Sí, y es muy interesante.

CIENCIAS	LENGUAS
biología	inglés
historia	francés
geografía	chino
física	portugués
química	ruso
psicología	japonés
sociología	italiano
contabilidad	alemán

▶ Y usted, ¿qué estudia? ¿Saca buenas notas?

Actividades

1–1 ¿En qué clase...? Asocie las palabras de la izquierda con la clase apropiada.

1. casetes
2. números
3. oxígeno
4. animales
5. Freud
6. dólares
7. Napoleón
8. mapa

a. química
b. biología
c. español
d. historia
e. matemáticas
f. geografía
g. psicología
h. economía

Answers. 1-i, 2-f, 3-b, 4-h, 5-a, 6-c, 7-e, 8-g, 9-d.

Talk about the cities and their location to provide additional comprehensible input using a map while you talk (e.g., *París es la capital de Francia. Es una ciudad muy interesante. Siempre hay muchos turistas en París. Panamá está en la América Central. Es la capital de Panamá. Hay un canal muy importante, el canal de Panamá.*) Model some of the cities and have students repeat. After students have completed the activity you may ask some questions such as *¿En qué ciudad hablan francés? ¿Qué lengua hablan en Río de Janeiro?*)

Alternate. This activity can also be designed as an autograph activity where students move around the room asking their peers to *firma aquí* if they need a class to fulfill a requirement for their course of study.

1–2 Ciudades y lenguas. Asocie estas ciudades con la lengua que hablan allí.

1. París   a. portugués
2. Panamá   b. ruso
3. Moscú   c. italiano
4. Shanghai   d. inglés
5. Río de Janeiro e. japonés
6. Roma   f. español
7. Tokio   g. alemán
8. Berlín   h. chino
9. Nueva York   i. francés

1–3 Mi programa de estudios. Marque con una X las tres clases más interesantes. Luego formen grupos de cuatro o cinco estudiantes. ¿Cuáles son las tres clases más populares?

MODELO: USTED: Mis clases son...
               COMPAÑERO/A: Y mis clases son...

_____ historia del arte	_____ astrología
_____ informática	_____ psicología infantil
_____ física nuclear	_____ ciencias económicas
_____ el futuro de América	_____ geografía de América
_____ psicología de la comunicación	_____ el arte en México

1–4 Horarios y clases. Completen la siguiente conversación.

USTED: Yo llego a la universidad a... ¿Y tú?
COMPAÑERO/A: ...
USTED: Yo estudio... ¿Y tú?
COMPAÑERO/A: ... ¿Cómo es la clase de...?
USTED: ...

1–5 Mis clases. Preparen una lista de sus clases. Al lado de cada clase debe indicar si es aburrida, interesante, fácil o difícil. Comparen los resultados del grupo con los de otros grupos.

CULTURA Although many Spanish–speaking countries (Argentina, Chile, Colombia, Cuba, Mexico, the Dominican Republic, and Uruguay) use the **peso** as the basic currency, a significant number does not. Note the following countries and their currencies: Bolivia → **boliviano;** Costa Rica → **colón;** Ecuador → **sucre;** El Salvador → **colón;** Guatemala → **quetzal;** Honduras → **lempira;** Nicaragua → **córdoba;** Panamá → **balboa;** Paraguay → **guaraní;** Peru → **nuevo sol;** Puerto Rico → **dólar** (U.S.); Spain → **peseta;** and Venezuela → **bolívar.**

La vida estudiantil

Unos estudiantes caminan en la universidad. Ellos hablan de sus clases y de sus actividades. La clase de psicología es muy popular. La clase es difícil pero muy interesante.

Goals. This section centers on everyday life activities. We present the names of university buildings to facilitate conversation among students attending college or university with a campus setting. Instructors in different settings should feel free to add vocabulary for those settings.

¿Dónde está...?

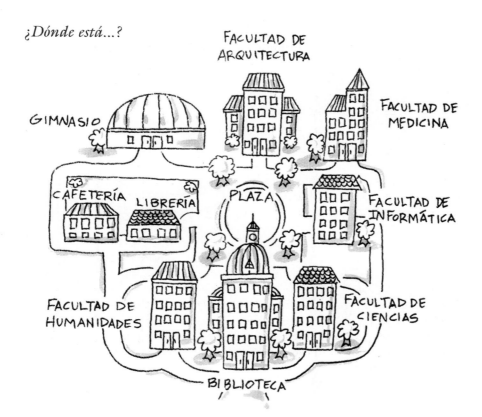

¿Dónde está? Using a transparency, point to various buildings using the expressions presented in the *pasos: La Facultad de Humanidades está al lado de la biblioteca. La plaza está detrás de la biblioteca.* Remind students that *librería* is a false cognate and is not to be confused with *biblioteca. La librería es donde compramos los libros, cuadernos y lápices. En la biblioteca no compramos libros. En la biblioteca estudiamos y consultamos libros.*

Expansion. Bring campus maps to class and distribute them. Build activities around the maps.

Practice material in these opening vocabulary sections. Give students ample opportunity to use newly acquired (as well as previously learned) words and expressions in controlled settings prior to more personalized, open-ended skill-chaining activities in the third part of every *lección,* entitled *Mosaicos.*

En la librería. Introduce new vocabulary in this conversation through comprehensible input. Describe the photograph. *Estos hombres están en una librería. Hay un estudiante y un dependiente en la foto. El estudiante se llama Alberto García Girón. Es una librería muy buena con muchos libros de varios tipos. El estudiante necesita comparar un diccionario de español para la clase. Él habla con el dependiente. El diccionario cuesta 98 pesos. Otros libros cuestan más, mucho más. Según el dependiente, el precio del libro es muy bueno. Alberto busca los 98 pesos en su cartera (billetera) (show one) y compra el libro.*

Follow-up. Ask short yes/no and either/or questions to check comprehension and to recycle vocabulary. Students can work in pairs or small groups to summarize the description above or to retell the information orally. Present the dialog. Have students practice it in pairs.

En la librería

ESTUDIANTE:	Necesito comprar un diccionario de español.
DEPENDIENTE:	¿Grande o pequeño?
ESTUDIANTE:	Grande. Es para mi clase de español.
DEPENDIENTE:	Este diccionario es excelente.
ESTUDIANTE:	¿Cuánto cuesta?
DEPENDIENTE:	Noventa y ocho pesos.

¿Y qué hacen por las noches o los fines de semana?

Los estudiantes toman algo en un café.

Miran televisión en casa.

Bailan en una discoteca.

Actividades

1–6 ¿Cuánto cuesta? Pregúntele a su compañero/a cuánto cuesta cada uno de los siguientes objetos.

MODELO: —¿Cuánto cuesta la grabadora?

—Cuesta cincuenta dólares.

1–7 Intercambio. Complete esta conversación con la expresión apropiada.

USTED: Hablo con mis amigos en (la clase / la biblioteca / el café). ¿Y tú?

COMPAÑERO/A: ...

USTED: Escucho los casetes en (el laboratorio / el auto / el gimnasio). ¿Y tú?

COMPAÑERO/A: ...

USTED: Trabajo en la computadora en (la clase / el café / la plaza). ¿Y tú?

COMPAÑERO/A: ...

USTED: Yo estudio español en (mi casa / la cafetería / la biblioteca). ¿Y tú?

COMPAÑERO/A: ...

USTED: Miro televisión en (la universidad / la discoteca / mi casa). ¿Y tú?

COMPAÑERO/A: ...

1–8 Composición: Mis actividades y mi clase favorita.

1. Llego a la universidad a...
2. Mi clase favorita es...
3. El/La profesor/a se llama ...
4. La clase es muy...
5. Practico español en...
6. Para mi clase de español, yo necesito...

A escuchar. Following the thematic presentations in *A primera vista*, the *A escuchar* listening activity recycles vocabulary in an aural format, exposing students to new language in an authentic conversational framework and giving them the opportunity to practice global lilstening skills.

Additional listening activities and listening material specifically related to the topics in the *A primera vista* section appear in the **Student Activities Manual.**

The **Tapescript** for each *A escuchar* is printed in the margin of the **Annotated Instructors' Edition,** making it possible for instructor to read the activity aloud instead of playing the cassette.

Tapescript. Listen carefully to the short descriptions on your student tape. Do not worry if you cannot understand every word. A. First you will hear three people talking about work, studies, and free time. As you listen, determine what the main topic is. Then write the number of the description under the appropriate heading. .

1. *Por las mañanas yo camino a la oficina. Trabajo en el Departamento de Informática de una compañía muy importante. Llego a la oficina a las nueve menos diez, más o menos, y a las nueve ya estoy frente a la computadora. Mi trabajo es muy interesante.*

2. *Yo estudio biología y alemán. Mis clases son por la mañana y por la tarde. La clase de biología es difícil, pero no es aburrida. Hay muchos alumnos en mis clases de biología y de química, pero hay menos alumnos en las prácticas de laboratorio.*

3. *Los sábados por la mañana, Paco practica fútbol con sus amigos. Por la tarde, mira televisión y habla con su amiga Alicia. Por la noche, Paco, Alicia y unos amigos toman algo en un café o bailan en una discoteca.*

B. Now listen to the following description to determine if it refers to the activities of a student or a professor.

1–9   Temas estudiantiles.   Comenten sobre sus clases, su horario y otras cosas de la vida estudiantil. Pueden usar estas sugerencias.

MODELO: —¿Qué estudias este semestre?

—Historia, literatura y francés. ¿Y tú?

¿A qué hora es la clase de literatura?

A las diez y media.

¿Cómo es la clase?

Es una clase interesante.

¿Quién es el/la profesor/a?   Es el señor Hernández.

Yo, antropología y español.

 *A escuchar* _____

Listen carefully to the short descriptions on your student tape. Do not worry if you cannot understand every word.

A.   First you will hear three people talking about work, studies, and free time. As you listen, determine what the main topic is. Then write the number of the description under the appropriate heading.

studies	work	free time
____	____	____

B.   Now listen to the following description to determine if it refers to the activities of a student or a professor.

student	professor
____	____

Now listen to the description again and answer the following questions.

	Sí	No
1. Alicia es muy inteligente y activa.	____	____
2. Ella estudia matemáticas en la universidad.	____	____
3. Alicia estudia mucho y saca buenas notas.	____	____
4. Ella llega a la universidad a las tres de la tarde.	____	____

A leer

Look for the following information on the front and back covers of this brochure.

1. name of the institution
2. three of the classes offered
3. location

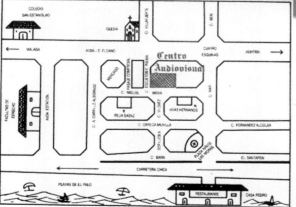

Centro Audiovisual

METODOS AUDIOVISUALES

INFORMATICA
INGLES
CONTABILIDAD
PRACTICAS DE OFICINA
CALCULO COMERCIAL
SECRETARIADO Y
ADMINISTRATIVO

Miguel Moya, 16 - 2.º – Telf. 29 58 48
(Junto al Mercado y Academia Montes)

EL PALO

Alicia es una chica inteligente, activa y muy seria. Ella estudia español en la universidad. Alicia estudia mucho y saca buenas notas. Alicia llega a la universidad a las nueve y su primera clase es a las nueve y media.

A leer. A simple, global reading activity provides another mode of recycling the linguistic content of the *A primera vista* sections while balancing the early focus on aural/oral skills with regular attention to the gradual development of reading skills.

Students may work by themselves or in pairs to do the reading and answer the questions. Check their answers with the whole class.

Suggestion. Ask students to look at the map and the information printed below it and ask additional questions to recycle vocabulary and introduce new words. *¿Cuál es el teléfono del Centro Audiovisual? Hay un restaurante en el plano* (point to the map). *¿Dónde está el restaurante? ¿Cómo se llama?* You may also mention that *Casa Pedro* is very popular restaurant in El Palo, Málaga, on the southern coast of Spain, and ask for the location of other places in the map.

Enfoque

UNIVERSITARIOS NORTEAMERICANOS EN LOS PAÍSES HISPÁNICOS

Estudiar español como visitante en un país de habla española puede ser una experiencia maravillosa. Más de 5.000 estudiantes norteamericanos estudian la lengua y la cultura española en universidades hispánicas todos los años. España, México, Costa Rica, Venezuela y Argentina son los países de habla española más populares entre los estudiantes norteamericanos.

La Universidad Nacional Autónoma de México (UNAM)

1. SUBJECT PRONOUNS

SINGULAR		PLURAL	
yo	*I*	**nosotros, nosotras**	*we*
tú	*you* (familiar)	**vosotros, vosotras**	*you* (familiar)
usted	*you* (formal)	**ustedes**	*you* (formal)
él	*he*	**ellos**	*they* (masculine)
ella	*she*	**ellas**	*they* (feminine)

- In Spain, the plural of **tú** is **vosotros** or **vosotras.** In other Spanish-speaking countries, the plural of both **tú** and **usted** is **ustedes.**

- Except for **ustedes,** the plural subject pronouns have masculine and feminine endings. Use **-as** for a group composed only of females; and **-os** for a mixed group or one composed only of males.

- Usted and ustedes are often abbreviated as **Ud.** and **Uds.** or **Vd.** and **Vds.**

Actividad

1–10   ¿Qué pronombre usa usted?

1. Usted habla de las siguientes personas:

Sr. Martínez	Alicia y Susana	usted *(yourself)*
Sra. Gómez	Alfredo y Juana	Ana y usted

2. Usted habla con las siguientes personas:

su profesor de historia	la directora de un hospital
su amigo íntimo	dos compañeros
dos doctores	una niña

2. PRESENT TENSE OF REGULAR -AR VERBS

hablar	*to speak*		
yo	habl**o**	nosotros/as	habl**amos**
tú	habl**as**	vosotros/as	habl**áis**
Ud., él, ella	habl**a**	Uds., ellos, ellas	habl**an**

Because the endings of Spanish verbs indicate the subject (the doer of the action), subject pronouns are generally used only for:

1. emphasis

   Yo estudio español.   *I study Spanish.*

2. clarification

   Él practica mucho.   *He practices a lot.*
   (not **ella** or **usted**)

3. contrast

   Ella habla francés; **nosotros**   *She speaks French; we speak*
   hablamos espanol.   *Spanish.*

▪ The Spanish present tense has several English equivalents. The context will tell you which meaning is intended.

Yo **trabajo** en la oficina.
$$\begin{cases} \textit{I work in the office.} \\ \textit{I am working in the office.} \\ \textit{I will work in the office.} \\ \textit{I do work in the office.} \end{cases}$$

Actividades

1–11   Mis actividades.   Diga que sí o no.

MODELO: Estudio biología

           Estudio biología. *o* No estudio biología.

1. hablo alemán
2. escucho casetes en español
3. trabajo con computadoras
4. camino a la universidad

5. estudio español
6. miro televisión por las noches
7. bailo en la clase de español
8. llego a la universidad por la mañana

1–12   ¿Qué estudian estas personas?

MODELO: Paco — química, biología, alemán

           Paco estudia química, biología y alemán.

1. Ana — inglés, matemáticas, cálculo
2. Manuel y María — español, literatura, psicología
3. yo
4. mi compañero/a

1–13   Preferencias.   Cada estudiante debe indicar el orden de sus preferencias usando los números del 8 al 1 (la que más le gusta). Sumen los números de cada actividad y comparen sus resultados con los de otros grupos.

1. ____ bailar en una discoteca
2. ____ mirar televisión en casa
3. ____ tomar algo y hablar con amigos/as en un café
4. ____ caminar por la playa

5. ____ escuchar música clásica
6. ____ escuchar música rock
7. ____ comprar casetes y videos
8. ____ hablar por teléfono con amigos

1–14 La rutina de Elena. Describa las actividades de Elena.

MODELO: Elena llega a la oficina a las nueve
menos cinco.

1. EL CLIENTE

2.

3.

4.

1–15 Unos estudiantes muy buenos. Usted y su compañero/a son estudiantes muy buenos. ¿Qué hacen ustedes para sacar buenas notas?

1–16 Unos estudiantes malos. ¿Qué hacen o no hacen los estudiantes malos? Prepare una lista con su compañero/a.

1–17 Firmas: las actividades de mis compañeros/as.

MODELO: estudiar psicología

USTED: ¿Estudias psicología?

COMPAÑERO/A: Sí.

USTED: Firma aquí, por favor.

COMPAÑERO/A: _____

(firma)

USTED: Gracias.

1. llegar a la facultad a las nueve _____

2. sacar buenas notas _____

3. estudiar en la biblioteca _____

4. mirar televisión por la noche _____

5. bailar los sábados _____

Model the activity for the students. Go up to one student and say: *¿Estudias psicología?* The student will respond *Sí.* Using appropriate gestures say: *Firma aquí, por favor.* After student has signed, thank him/her. Then say: *Ahora ustedes les preguntan a sus compañeros. Levántense, por favor.* Signal for them to get up and move around to get their classmates' signatures. Be accesible to answer any questions as you move around.

1–18   Mis actividades los viernes.   Su compañero/a le debe hacer tres preguntas (e.g., **¿Estudias por la mañana?**). Después usted le debe hacer preguntas a su compañero/a.

1–19   Situaciones.
Role-play each of the following situations with a partner.

1. You are talking about your work. Tell your partner a) where you work, and b) the days of the week and the hours you work. Try to obtain the same information from him/her.
2. Greet your partner and ask a) how he/she is, b) what subjects he/she is studying this semester, c) the time of his/her first class (**primera clase**), and d) what the professor is like.
3. Tell your partner several things you do on Saturdays. Ask what he/she does.

3.   ARTICLES AND NOUNS: GENDER AND NUMBER

- Nouns are words that name a person, place, or thing. In English all nouns use the same definite article *the,* and the indefinite articles *a* and *an.* In Spanish, however, nouns are divided into masculine and feminine. Masculine nouns use **el** or **un** and feminine nouns use **la** or **una.** The terms *masculine* and *feminine* are used in a grammatical sense and have nothing to do with biological gender.

	SINGULAR		
	MASCULINE	FEMININE	
DEFINITE ARTICLES	**el**	**la**	*the*
INDEFINITE ARTICLES	**un**	**una**	*a / an*

- Generally, nouns that end in **-o** are masculine and require **el** or **un,** and those that end in **-a** are feminine and require **la** or **una.**

  el/un libro   **el/un** cuaderno   **el/un** diccionario

  la/una mesa   **la/una** silla   **la/una** ventana

- Nouns that end in **-d, -ción,** and **-sión** are feminine and require **la** or **una.**

  la/una universidad   **la/una** lección   **la/una** televisión

- Some nouns that end in **-a** and **-ma** are masculine.

  el/un día   **el/un** mapa   **el/un** programa   **el/un** problema

- In general, nouns that refer to males are masculine and require **el/un** while nouns that refer to females are feminine and require **la/una.** Masculine nouns ending in **-o** change the **-o** to **-a** for the feminine; those ending in a consonant add **-a** for the feminine.

  el/un amigo   **la/una** amiga   **el/un** profesor   **la/una** profesora

- Nouns ending in -e normally share the same form (**el/la estudiante**), but sometimes they have a feminine form ending in -a (**el dependiente, la dependienta**).

- The definite article is used with titles when you are talking *about* someone.

  La señorita Toso trabaja mucho.
  El profesor Jones sabe hablar ocho idiomas.

	PLURAL		
	MASCULINE	FEMININE	
DEFINITE ARTICLES	**los**	**las**	*the*
INDEFINITE ARTICLES	**unos**	**unas**	*some*

- Add -**s** to form the plural of nouns that end in a vowel. Add -**es** to nouns ending in a consonant.

la silla	las sillas	el cuaderno	los cuadernos
la actividad	las actividades	el señor	los señores

- Nouns that end in -**z** change the **z** to **c** and add -**es**.

  el lápiz   los lápices

- Masculine plural forms refer to men and also to groups that include both men and women.

Actividades

1–20 Una conversación. Complete este diálogo con su compañero/a usando artículos definidos (**el, la, los, las**).

Answers. la, la, el, las, la, el, las.

COMPAÑERO/A: ¿Dónde está María?

USTED: Está en ____ clase de ____ profesora Sánchez.

COMPAÑERO/A: Necesito hablar con ella. Es urgente.

USTED: Ella está en ____ salón de clase hasta ____ doce.

COMPAÑERO/A: ¿Y dónde está por ____ tarde?

USTED: Trabaja en ____ laboratorio de lenguas.

COMPAÑERO/A: ¿Y a qué hora llega?

USTED: Llega a ____ dos, más o menos.

1–21 Otra conversación. Use artículos indefinidos (**un, una, unos, unas**) para completar este diálogo.

Answers. una, unos, un, un, unos, un, un.

USTED: Necesito comprar ____ grabadora y ____ lápices.

COMPAÑERO/A: Y yo ____ bolígrafo y ____ diccionario, pero no sé qué diccionario comprar.

USTED: Para el primer curso, ____ profesores usan ____ diccionario pequeño y otros usan ____ diccionario grande. Habla con tu profesor.

1–22   ¿Qué hay en la librería?   Preparen una lista de los objetos y personas que generalmente hay en una librería. Comparen su lista con la de otros grupos.

MODELO: Hay una(s) mesa(s).

Answers. ø, la, Las, los, la, las, ø, el, los, las, los, el, las, el, Los.

1–23   Para completar.   Complete este párrafo con artículos definidos. En algunos *(some)* casos no se necesita artículo.

David Thomas es norteamericano y estudia _____ español y literatura en _____ Universidad de Málaga. _____ clases de español y literatura son _____ lunes, miércoles y viernes. David llega a _____ clase de español a _____ diez y media y habla _____ español con _____ profesor y _____ estudiantes. Por _____ tardes, David escucha _____ casetes en _____ laboratorio, camina por _____ calles de Málaga con otros estudiantes o toma algo en _____ café de la Plaza de la Constitución. _____ fines de semana hay fiestas y reuniones. La vida de David en España es muy diferente a su vida en Texas.

1–24   Saludos.   Complete el siguiente diálogo.

USTED: ¿Cómo _____, Sr. Chávez?

SR. CHÁVEZ: Muy bien, gracias. ¿Y tú?

USTED: _____. ¿Cómo _____ la Sra. Chávez?

SR. CHÁVEZ: _____, gracias.

1–25   Situaciones.

1. You are at a bookstore: a) ask the clerk for the location of the item you want to buy, b) ask how much it costs, c) pay the clerk, d) count your change (**cambio**), and e) thank him/her.
2. Ask as many questions as possible of your partner (e.g., his/her name, what he/she studies, needs for a particular class, or does [**¿Qué haces?**] on Saturdays). Share the information with your classmates.

4.   PRESENT TENSE OF THE VERB **ESTAR**

		estar *to be*			
yo	**estoy**	*I am*	nosotros/as	**estamos**	*we are*
tú	**estás**	*you are*	vosotros/as	**estáis**	*you are*
Ud., él, ella	**está**	*you are, he/she is*	Uds., ellos, ellas	**están**	*you are, they are*

Cross-reference. The use of *ser* and *estar* are contrasted in *Lección 2*, page 66.

Presentation of *estar*. Remind students that they have been using two verbs, both translated as "to be" in English. Write *ser* and *estar* on the board. Give examples of expressions

- Use **estar** to express the location of persons or objects.

  —¿Dónde está el gimnasio?

  —Está al lado de la cafetería.

- Use **estar** to talk about states of health.

  —¿Cómo está el señor Mora?

  —Está muy bien.

Actividades

1–26 ¿Dónde está...?   Pregúntele a su compañero/a dónde están las facultades y otros edificios de su universidad. Su compañero/a debe ser muy específico en su contestación.

1–27   Hora y lugares.

1. Pregúntele a su compañero/a dónde está a las siguientes horas.

MODELO: 8:00 a.m.   —¿Dónde estás a las ocho de la mañana los lunes?

   —Estoy en la clase de física.

   a. 9:00 a.m.
   b. 11:00 a.m.
   c. 1:00 p.m.
   d. 3:00 p.m.
   e. 10:00 p.m.
   f. 4:00 p.m.

2. Pregúnteles a dos de sus compañeros/as dónde están a) por la mañana, b) por la tarde y c) por la noche.

1–28   Intercambio.

MODELO: USTED: ¿Dónde está Ramiro a las nueve?

COMPAÑERO/A: Está en la clase de español.

         USTED: ¿A qué hora estudia Mario en la biblioteca?

COMPAÑERO/A: A las diez.

Ramiro	Mario
9:00 *clase de español*	9:00 *clase de español*
10:00 *clase de historia*	10:00 *estudiar —— biblioteca*
12:00 *café*	12:00 *cafetería*
1:00 *estudiar con Carolina*	1:00 *escuchar casetes —— laboratorio*
2:30 *comprar libro —— librería*	2:00 *clase de literatura*
3:00 *practicar basquetbol—— gimnasio*	3:00 *practicar basquetbol —— gimnasio*
8:00 *mirar televisión*	8:00 *hablar con una amiga*

used in the *pasos: saludos, dónde está, cómo es* while pointing to the appropriate verb. You can use photos or illustrations of people in various places to introduce *estar.*

1–29 Conversación.   Mire los siguientes dibujos. Pregúntele a su compañero/a dónde están las personas, cómo están y qué hacen.

MODELO: USTED: ¿Dónde está la chica?
   COMPAÑERO/A: Está en la biblioteca.
      USTED: ¿Cómo está?
   COMPAÑERO/A: Está regular.
      USTED: ¿Qué hace?
   COMPAÑERO/A: Estudia.

2.

1.

3.

1–30 Situaciones.

1. Draw a map of a university campus including the buildings and places given below. Your partner will ask you for the location of these buildings and places, and will draw his/her own version of where they are, according to the information you give him/her. When you finish compare the two drawings.

   cafetería   librería
   Facultad de Ciencias   Facultad de Humanidades
   biblioteca   gimnasio

2. You are a new student at the university and you don't know where the bookstore is. Introduce yourself to one of your classmates—he/she should respond appropriately. Tell him/her a) that you need to go (**ir**) to the bookstore and b) ask him/her where it is. Your classmate's answers should be as specific as possible.

PRONUNCIACIÓN: Linking

Listen carefully to the explanation of Spanish linking on your cassette. If you want to read the explanation on your own or follow along while you listen to your cassette, you will find it in your **Student Activities Manual.**

REPASO GRAMATICAL

1. SUBJECT PRONOUNS

SINGULAR		PLURAL	
yo	*I*	**nosotros, nosotras**	*we*
tú	*you* (familiar)	**vosotros, vosotras**	*you* (familiar)
usted	*you* (formal)	**ustedes**	*you* (formal)
él	*he*	**ellos**	} *they*
ella	*she*	**ellas**	

2. PRESENT TENSE OF REGULAR -AR VERBS

hablar	*to speak*		
yo	habl**o**	nosotros/as	habl**amos**
tú	habl**as**	vosotros/as	habl**áis**
Ud., él, ella	habl**a**	Uds., ellos, ellas	habl**an**

3. DEFINITE AND INDEFINITE ARTICLES

	SINGULAR			PLURAL		
	MASCULINE	FEMININE		MASCULINE	FEMININE	
DEFINITE ARTICLES	**el**	**la**	*the*	**los**	**las**	*the*
INDEFINITE ARTICLES	**un**	**una**	*a / an*	**unos**	**unas**	*some*

4. PRESENT TENSE OF THE VERB ESTAR

estar	*to be*		
yo	**estoy**	nosotros/as	**estamos**
tú	**estás**	vosotros/as	**estáis**
Ud., él, ella	**está**	Uds., ellos, ellas	**están**

MOSAICOS

🎞️ *A escuchar* _____

1–31 Cierto o Falso. Listen to the conversation between Irma and Gustavo. Then indicate if each statement is **Cierto** (true) or **Falso** (false).

	Cierto	Falso
1. Irma toma sólo *(only)* clases de ciencias.	_____	_____
2. Gustavo toma sólo clases de humanidades.	_____	_____
3. La clase de la profesora Gómez es muy difícil.	_____	_____
4. La clase favorita de Gustavo es psicología.	_____	_____
5. Los alumnos estudian y practican geografía con una computadora.	_____	_____

1–32 ¿Qué clases toman? First, as you listen to the following description, circle the words that you hear. Then complete the chart, based on the information you have obtained.

Las chicas estudian **biología / lenguas** y no estudian **psicología / economía**. Ester tiene clases de **inglés / portugués** y de **historia / geografía** los lunes, miércoles y viernes. Los martes y jueves ella toma **informática / física** y **filosofía / psicología**. Geografía es su clase favorita. Cristina estudia **contabilidad / matemáticas** y **química / biología** los lunes, miércoles y viernes. Los martes y jueves ella toma **química / biología** y **portugués / inglés**. Ella no toma **psicología / filosofía** este año, pero sí estudia física. Las clases de **física / química, contabilidad / cálculo** y economía de Jorge son los lunes, miércoles y viernes. Los martes y jueves son sus clases de psicología y biología.

nombre	lunes, miércoles y viernes	martes y jueves
	economía química contabilidad	biología psicología
	matemáticas química	biología física portugués
	portugués geografía	psicología informática

A conversar

1–33 Personas famosas. Deben nombrar personas famosas que:

1. cantan
2. bailan
3. hablan español
4. practican deportes
5. necesitan ayuda
6. trabajan en Washington

1–34 Nuevos amigos. Debe presentarse y saludar a sus compañeros.

MODELO: —Buenas tardes, soy Amanda González. *(Shake hands)*

—Mucho gusto Amanda. Soy Marta Pérez.

—Encantada.

1–35 Encuesta: Las clases más fáciles. Pregúnteles a sus compañeros/as qué estudian y cómo son las clases. Complete la tabla con las respuestas.

MODELO: —¿Estudias biología?

—Sí, estudio biología.

—¿Es una clase difícil?

—No, es una clase fácil.

—...

Materias	Compañeras		Compañeros	
	difícil	fácil	difícil	fácil
biología				
inglés				
economía				
física				
español				
literatura				
matemáticas				
psicología				
historia				

Ahora, prepare un informe con los resultados de su encuesta para compartir con la clase.

1. ¿Cuántos/as compañeros/as estudian economía, física, etc?
2. ¿Qué clases son fáciles?
3. ¿Qué clases son difíciles?

Irma: *¡Uy! Son las tres menos diez. Mi clase de física es a las tres. Hablamos otro día.*

Gustavo: *Sí, hablamos pronto. Adiós.*

Tapescript. ¿Qué clases toman?
First, as you listen to the following description, circle the words that you hear. Then complete the chart, based on the information you have obtained.

Las chicas estudian lenguas y no estudian economía. Ester tiene clases de portugués y de geografía los lunes, miércoles y viernes. Los martes y jueves ella toma informática y psicología. Geografía es su clase favorita. Cristina estudia matemáticas y química los lunes, miércoles y viernes. Los martes y jueves ella toma biología y portugués. Ella no toma psicología este año, pero sí estudia física. Las clases de química, contabilidad y economía de Jorge, son los lunes, miércoles y viernes. Los martes y jueves son sus clases de psicología y biología.

New words: *deportes, ayuda.*

 *A leer*

1–36 ¿Quiénes necesitan estas cosas? Complete la tabla con el nombre de la persona que necesita las cosas indicadas.

1. Sergio no necesita una grabadora.
2. Las chicas necesitan grabadoras y computadoras.
3. Adriana necesita papel y Mónica no.
4. Mónica necesita cuadernos y una grabadora para su clase de inglés, Sergio y Fernando no.
5. Fernando sólo necesita un libro, papel y lápices.

nombre	casete	grabadora	cuaderno	papel	libro	lápiz	computadora
				X	X	X	
		X	X				X
	X						
		X		X			X

New word: *periódico*.

1–37 Preguntas.

1. ¿Lee usted el periódico?
2. ¿Qué periódico lee?
3. ¿Qué secciones del periódico lee?
4. Usted necesita saber la hora del teatro. ¿Qué sección lee?
5. Usted necesita un auto. ¿Qué sección lee?
6. Usted necesita un profesor de español. ¿Qué sección lee?

1–38 La lectura. Mire esta sección de un periódico y decida.

ALEMAN ENSEÑO todos los niveles clases individuales traducciones **771-7688**

ALEMAN POR PROFESORA nativa todos niveles cursos rápidos únicamente clases individuales **783-5902**

CASTELLANO clases a domicilio ✱ 10.000 curso terminado en 10 clases **544-4263**

CASTELLANO, literatura, profesora UBA, secundarios, universitarios, bachillerato adultos **571-1761**

CASTELLANO, literatura, profesora dicta clases **99-3790**

CONTABILIDAD Y FINANCIERA todos los niveles

CONTABILIDAD matemáticas, castellano. secundarios, universitarios, UBA, UADE UCA clase domicilio **89-9512**

CONTABILIDAD laquigrafia primarios ayuda escolar, especialidad, problemas. aprendizaje **751-4002** **92-9642**

DOY CLASES de biologia. quimica. voy a domicilio **208-6887**

DOY CLASES de todas las materias primarias secund. inglés previas libres zona Flores, precios razonables, clases **613-7201**

DOY CLASES dibujo y pintura sobre telas cuero. diseño textil. diseño de modas . artesania en cuero. Taller AC **30-5782**

1. ¿Es un editorial?
2. ¿Es la sección de cine y teatro?
3. ¿Son anuncios clasificados?
4. ¿Son para personas que necesitan autos?
5. ¿Son para personas que necesitan apartamentos?
6. ¿Son para personas que necesitan tomar clases?

1–39 Vocabulario. Debe leer los anuncios del periódico y encontrar las siguientes palabras. Trate de adivinar su significado. (*Respuestas al pie de la página.)

nativa	a domicilio
adultos	individual
escolar	castellano

1–40 ¿Ayuda para sus clases difíciles? ¿A quién deben llamar por teléfono?

1. Raquel tiene problemas en su clase de lengua. Ella estudia mucho pero necesita ayuda. Practica con sus casetes de alemán todas las tardes en el laboratorio, pero es muy difícil. Ella necesita una profesora. Busca una persona nativa. Raquel debe llamar al...

2. Eduardo estudia en su apartamento en Flores, una zona muy bonita de la ciudad de Buenos Aires. Estudia para los exámenes. Necesita un profesor para todas las materias y en especial para el inglés. Eduardo necesita un profesor de la zona donde él vive. Él debe llamar al...

3. El señor Moreno estudia por las noches en una escuela. Castellano y literatura son las clases más difíciles para él. Necesita una profesora para sacar una buena nota en el examen. Busca una profesora de la Universidad de Buenos Aires. El señor Moreno debe llamar al...

4. Mercedes estudia para los exámenes. Ella tiene tres materias: matemáticas, contabilidad y castellano. Busca una profesora para estudiar en su casa todas las mañanas. Mercedes debe llamar al teléfono...

1–41 ¿A qué número llaman? Diga qué necesitan Hugo, Ana, Luis y Felipe. Su compañero/a le dice a qué número deben llamar. Luego, cambien de papel.

MODELO: ESTUDIANTE A: Hugo necesita... ¿A quién llama?

ESTUDIANTE B: Hugo debe llamar al...

1. Hugo
2. Ana
3. Luis
4. Felipe

Un desafío (challenge):

¿Qué significan **UBA** y **UCA?** (†Respuesta al pie de la página)

INVESTIGACIÓN

- Castellano (español). ¿De dónde viene la palabra?
- No todos tienen teléfono. En algunos países no es muy fácil tener teléfono y cuesta mucho dinero.
- Las fechas. Atención: día, mes y año. 13/3/95 - el trece de marzo de 1995.

A escribir

1–42   Una tarjeta postal.   Escríbales esta tarjeta postal a sus padres. Dígales cómo está usted, qué clases toma, cuándo las toma y cómo son. También explíqueles dónde estudia, toma clases, mira televisión, etc.

13/3/95

Queridos papá y mamá:

_____

_____

_____

_____

Un beso y un abrazo fuerte,

Palabras adicionales

The following words appear in the directions for the various activities in this lesson. They are listed here for recognition only. You should become familiar with them since they will appear in other lessons.

Palabras generales		**Verbos**	
cada	*each*	completar	*to complete*
la contestación	*answer*	debe(n)	*should*
el dibujo	*drawing*	firme(n)	*sign*
la firma	*signature*	hacer	*to do, to make*
el párrafo	*paragraph*	sume(n)	*add*
el pronombre	*pronoun*		
la respuesta	*answer*		
siguiente	*following*		

VOCABULARIO

EN LA CLASE

el casete	cassette
la computadora	computer
el diccionario	dictionary
la grabadora	tape recorder
el mapa	map
la nota	note, grade
la televisión	television

LENGUAS

el alemán	German
el chino	Chinese
el español	Spanish
el francés	French
el inglés	English
el italiano	Italian
el japonés	Japanese
el portugués	Portuguese
el ruso	Russian

MATERIAS

el cálculo	calculus
la física	physics
la historia	history
la informática	computer science
las matemáticas	mathematics
la psicología	psychology
la química	chemistry

LUGARES

la biblioteca	library
el café	café
la cafetería	cafeteria
la casa	house, home
la discoteca	discotheque
el gimnasio	gymnasium
el laboratorio	laboratory
la librería	bookstore
la oficina	office
la plaza	plaza
la universidad	university

FACULTADES

arquitectura	architecture
ciencias	sciences
humanidades	humanities
informática	computer science
medicina	medicine

PERSONAS

el/la compañero/a	classmate
el dependiente /la dependienta	salesman, saleswoman
ellos/ellas	they
la mamá	mother
nosotros/nosotras	we
el papá	father
ustedes	you (plural)

DESCRIPCIONES

aburrido/a	boring
difícil	difficult
excelente	excellent
fácil	easy
grande	big
interesante	interesting
norteamericano/a	(North) American
pequeño/a	small

VERBOS

bailar	to dance
caminar	to walk
comprar	to buy
escuchar	to listen (to)
estar	to be
estudiar	to study
hablar	to speak
llegar	to arrive
mirar	to look (at)
necesitar	to need
practicar	to practice
tomar	to take, to drink
trabajar	to work
sacar	to get, to take (out)

PALABRAS/EXPRESIONES ÚTILES

algo	something
con	with
¿Cuánto cuesta?	How much is it?
el dólar	dollar
este	this
el fin de semana	weekend
para	for, to
el peso	peso
¿Qué hacen?	What do they do?
el semestre	semester

LECCIÓN 2

CRISTINA PUJADES-MARTÍ

Dirección: Escuelas Pías 24
               Barcelona
               España

Lugar de nacimiento: Figueras, Gerona, España
Fecha de nacimiento: 14 de mayo de 1970
Estado civil: soltera

Educación:
    1983 / 1987   Bachiller, Instituto N°2
                     Figueras, Gerona

    1984 / 1990   Estudiante, "Goethe Schule",
                     Curso de alemán para españoles

    1986 / 1991   Estudiante, "Berlitz" Curso de inglés

    1988 / 1992   Estudiante, Facultad de
                     Biología y Ciencias Naturales,
                     Universidad Autónoma de Barcelona

Trabajos:
    1985 / 1987   Guía turística, Museo Dalí
                     Figueras, Gerona

    1990 / 1992   Técnica en el laboratorio de química
                     biológica con el profesor Oriol Bach

Lenguas:
Catalán, español, inglés y alemán

Deportes y tiempo libre:
Gimnasia y baile contemporáneo
Viajes y camping
Conciertos, museos y teatro

¿De dónde es Cristina Pujades-Martí? ¿Cómo es
ella? ¿Qué estudia? ¿De dónde es usted? ¿Cómo es
usted?

Los amigos hispanos

COMUNICACIÓN

- Expressing nationality and place of origin
- Describing persons, places, and things
- Expressing where and when events take place
- Expressing possession
- Expressing age

ESTRUCTURAS

- Adjectives
- Present Tense and Some Uses of the Verb **ser**
- **Ser** and **estar** with Adjectives
- Question Words

CULTURA

- Spanish speakers throughout the world

Goals. In *Lección 2* students learn to describe their friends and colleagues. A key goal of this lesson is the presentation of Spanish as a world language. Students review the geography of the Spanish-speaking world and learn to express nationalities in Spanish. The *lección* also focuses on adjectives and adjective agreement along with a formal presentation of *ser* and question words.

¿De dónde son mis amigos?

¿De dónde son mis amigos? Introduce the personalities in the photographs by asking students to focus
on specific information contained in
the short descriptions that accompany each photograph.

Luis López. Point to the first photograph and read the caption aloud. To
present the verb *desear,* add: *Luis no
desea ser piloto* (write *piloto* on the
board). *Él no desea ser dentista*
(write *dentista* on the board and
cross it out). *No desea ser policía.
Luis desea ser profesor.* Personalize
and provide additional practice by
asking students simple questions
about their own aspirations: *¿Desea
usted ser piloto? ¿profesor/a?* Use a
map of North America, point to it,
and say *Luis es de México. Y usted,
¿es de México? No, usted es de los
Estados Unidos* (or Canada, as appropriate). Create additional information about Luis to review material
from *Lección 1: Luis es de México.
Él no es de los Estados Unidos. Luis
habla español y también habla inglés. Luis no tiene auto y toma el autobús para ir a la universidad. Él está
en la universidad desde las nueve
de la mañana hasta las tres de la
tarde. Los fines de semana, sábados
y domingos, él practica fútbol con
sus amigos.* Follow up with comprehension questions.

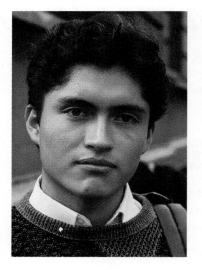

Me llamo Luis López. Soy de México y
tengo veintidós años. Me gusta escuchar
música y mirar televisión. Estudio en la
Universidad de Guadalajara y deseo ser
profesor de historia. Estos chicos también estudian en la universidad y somos
muy buenos amigos.

Esta chica es Amanda
González. Es alta, del-
gada, tiene ojos verdes y
pelo castaño. Amanda es
una chica muy agradable.

El chico se llama Ernesto Fernández.
Ernesto es bajo, fuerte, muy hablador y
simpático. ¿Tiene bigote?

Mi amiga se llama Lupe Villegas. No es alta
ni baja. Es morena, tiene pelo corto y ojos
negros. Lupe es callada y muy inteligente.

If available, use posters or magazine photos, to demonstrate age and the expression *tener...años*. Bring in pictures of a young child, a young man or woman, a middle-aged person, a senior citizen, and so on and describe the age of each person. You can use these same pictures to illustrate adjectives later in this *A primera vista*. Model *¿Cuántos años tiene?* Continue your preview of adjectives by introducing *trabajador/a, hablador/a,* and *callado/a. Marta trabaja mucho. Ella es trabajadora.* Point to Arturo and say: *Arturo habla mucho. Él es hablador. Lupe no habla mucho. Es callada.*

Esta chica es Marta Chávez Conde. Es española y tiene veintiún años. Es rubia, tiene ojos azules y el pelo largo. Marta es soltera y muy trabajadora. Este año está en Guadalajara con su familia.

Actividades

2–1 Asociaciones.   Asocie las características con las personas presentadas en esta lección.

Answers. 1-e, 2-a, 3-e, 4-c, 5-c, 6-d, 7-b, 8-e, 9-b, 10-a

1. Tiene el pelo largo.
2. Tiene veintidós años.
3. Es de España.
4. Es bajo y fuerte.
5. Tiene bigote.
6. Es inteligente.
7. Tiene ojos verdes.
8. Es rubia.
9. Es delgada y tiene pelo castaño.
10. Desea ser profesor de historia.

a. Luis López
b. Amanda González
c. Ernesto Fernández
d. Lupe Villegas
e. Marta Chávez

2–2 ¿Cómo son los amigos de Luis?

1. Lupe es...
2. Marta es...
3. Amanda es...
4. Ernesto es...,
5. Marta tiene...
6. Lupe tiene...

Expansion. Name the person described in or implied by the following questions: *¿Quién tiene veintiún años?* (**Marta**), *...es alta? ...es muy hablador?* (**Ernesto**), *...es callada* (**Lupe**), *...tiene ojos azules?* (**Marta**), *...tiene ojos negros?* (**Lupe**). *¿A quién le gusta mirar televisión?* (**Luis**)

The gustar construction is presented in lesson 7. At this stage, students should use *gustar* as set expressions. Say what you like and do not like to do (e.g., *Me gusta caminar. También me gusta escuchar música popular. Por las noches me gusta mirar televisión. No me gusta trabajar por las noches.*) Ask students what they like to do (e.g., *¿Le gusta estudiar español ¿Le gusta estudiar en la biblioteca? ¿Le gusta caminar? ¿Le gusta mirar televisión por las noches? ¿Le gustar ir a las discotecas?*) Point out that since they address their classmates as tú, they will use *¿te gusta?* Practice with one or two students prior to doing the activity. Make sure they use *¿ Te gusta...?*

2–3   Mis compañeros/as de clase.

1. ... es hablador.
2. ... es delgada y simpática.
3. ... es alto y moreno.
4. ... es soltera y rubia.
5. ... es inteligente y trabajadora.
6. ... tiene pelo negro.

2–4   ¿Qué me gusta y qué no me gusta?   Escoja *(choose)* cuatro actividades y pregúntele a su compañero/a.

MODELO: estar en casa por las noches

—¿Te gusta estar en casa por las noches?

—Sí, me gusta. *o* —No, no me gusta.

1. mirar televisión por las tardes
2. estudiar español
3. caminar a las seis de la mañana
4. sacar buenas notas
5. trabajar los sábados y domingos
6. escuchar casetes en el laboratorio
7. bailar los fines de semana
8. hablar con amigos en los cafés

Warm-up. Describe yourself and/or students in your class using adjectives and expressions introduced in this section. For example, to present *alto/bajo, rubio/moreno,* and *tengo/tiene pelo negro/castaño/corto/largo* you may point to students who exhibit each characteristic, gesturing to describe the characteristic you are demonstrating. To check comprehension of the new vocabulary, select students by name, describe them correctly or incorrectly, and ask the class to evaluate your description with *sí* o *no.*

¿Cómo son estas personas?

débil

fuerte

bonita/guapa

fea

joven

viejo

bueno

malo

tonta

lista

alegre

triste

antipático

simpático

delgado

gordo

trabajador

perezoso

rica

casada

soltera

pobre

To reintroduce the question word *¿quién?* ask questions using adjectives: *¿Quién es alto y moreno? ¿Quién tiene pelo castaño?* Students can answer using names of their colleagues. Recycle numbers by asking *¿Cuántos son altos? ¿morenos?*, etc.

Suggestion. Name several famous people and describe their features using the illustrations and adjectives on the following pages. After students have practiced the adjectives, ask them to come up with names of people on their own. In groups of two, students work together to provide descriptions of famous people that the class will eventually guess as a group.

Alternate. Ask students to describe themselves using the adjectives in this section.

Expansion. Tape the name of a famous person to the back of each student. Students move around the room asking each other questions that will help them discover their "identity." They are only permitted yes/no questions. You may want to show them examples by having them choose a name for you and answering your questions first.

Actividades

2–5 ¿Cómo es esta persona?

1. Isabel tiene pelo negro y ojos negros. Es...
   a) rubia   b) alegre   c) morena
2. No me gusta trabajar. Soy...
   a) perezoso   b) delgado   c) fuerte
3. Maribel es muy agradable y tiene muchos amigos. Es muy...
   a) triste   b) simpática   c) pobre
4. El señor Miyares tiene ochenta años y no trabaja. Es muy...
   a) antipático   b) fuerte   c) viejo
5. Manuel no estudia mucho, pero saca buenas notas. Es muy...
   a) feo   b) listo   c) gordo

2–6 Opuestos.

MODELO: Yo no soy vieja, soy **joven.**

1. Yo no soy malo/a, soy...
2. No soy perezoso/a, soy...
3. No soy antipático/a, soy...
4. Él no es tonto, es...
5. Ella no es pobre, es...
6. Él no es guapo, es...

2–7 Autodescripción.

1. Me llamo...
2. Soy... No soy...
3. Tengo...
4. Estudio...
5. Trabajo...
6. Me gusta...

 *A escuchar* _____

You will hear a student describe himself. Listen carefully to determine if the following information is mentioned or not. Mark the appropriate column.

	Sí	No
1. name	_____	_____
2. age	_____	_____
3. address	_____	_____
4. physical description	_____	_____

You will now hear a young woman describe herself. Mark the appropriate column on the chart according to the information that you hear.

Nacionalidad:	_____ El Salvador	_____ Estados Unidos	_____ Argentina
Edad:	_____ 15 años	_____ 21 años	_____ 30 años
Descripción:	_____ alta y rubia	_____ baja y morena	_____ fea y lista
Estudios:	_____ lenguas	_____ ciencias	_____ psicología

 *A leer*

Anuncios personales. Look for the following information in these ads from *Mía*, a Colombian magazine.

1. Writer's name and age

2. Writer's address

● Me llamo Andrea Osorio, soy bonita, tengo 27 años y quiero conocer un joven de 25 años, moreno, delgado y muy simpático. Interesados escribir a la carrera 42A No. 87-85, Barranquilla, Colombia.

● Deseo intercambiar correspondencia con personas de ambos sexos. Mi nombre es Daniel Fernando Arias, tengo 21 años y me gusta escribir. Favor enviar sus cartas a la carrera 5 No. 10-15, Chinchiná, Caldas, Colombia.

A leer. You may wish to divide the class into pairs or small groups so that students may help one another with the ads using the strategies and techniques previewed in *Lección 1*. Remind students of the importance of reading for meaning. Reading a text is different from translating a text. Both ads are meant to be read without the use of the glossary or an outside dictionary. Students are reading for the information asked of them in the postreading activities.

As a follow-up activity, ask students to prepare an add describing themselves, their likes, dislikes, etc.

Primer anuncio

1. Nombre _____
   Edad _____
2. Dirección _____
   _____

Segundo anuncio

1. Nombre _____
   Edad _____
2. Dirección _____
   _____

In the first ad, the writer is interested in meeting a young man. Reread the first ad to find three characteristics the young man must have.

1. _____
2. _____
3. _____

Now read the second ad again. Can you guess the purpose of the ad?

_____
_____

CULTURA In some Spanish-speaking countries, such as Spain and Cuba, the hand gesture used to express height when referring to people, animals, or objects is the same as in the United States—hand extended horizontally with the palm down. In other Hispanic countries, this gesture is used to express the height of only animals or objects. When referring to people in these countries, the hand is held straight up with palm facing out, sometimes with fingers slightly curved; still in other countries, the palm is placed sideways with fingers extended.

¿De dónde son?

David Thomas
norteamericano

Sara Rivero
cubana

José Gutiérrez
puertorriqueño

Luis López
mexicano

Carlos Arias
panameño

Irene Herrera
venezolana

César Gómez
colombiano

Irma Treminio
salvadoreña

Carlos Padilla
peruano

Ana María Mejía
boliviana

Isabel Álvarez
argentina

Diana Samper
chilena

¿De dónde son? Recycle names of the Spanish-speaking countries by pointing to countries on the map (also available on transparency). You may expand this activity by naming the capital or a famous city and then having students name the country.

Additional nationalities: *español/a, ecuatoriano/a, uruguayo/a, paraguayo/a, dominicano/a, guatemalteco/a, hondureño/a, costarricense, nicaragüense.*

Map labels: ESTADOS UNIDOS, MÉXICO, GUATEMALA, EL SALVADOR, HONDURAS, NICARAGUA, COSTA RICA, PANAMÁ, CUBA, REPÚBLICA DOMINICANA, PUERTO RICO, COLOMBIA, VENEZUELA, ECUADOR, PERÚ, BRASIL, BOLIVIA, PARAGUAY, URUGUAY, CHILE, ARGENTINA

Actividades

2–8 Asociaciones.

1. Sara Rivero
2. José Gutiérrez
3. Ana María Mejía
4. Isabel Álvarez
5. César Gómez
6. Carlos Arias
7. Luis López
8. Irma Treminio

a. Es viejo.
b. Tiene bigote.
c. Es de Puerto Rico.
d. Es morena y de pelo corto.
e. Es rubia.
f. Es salvadoreña.
g. Es cubana.
h. Es mexicano.

2–9 Intercambio: nacionalidad y descripción.

MODELO: —¿De dónde es Ana María Mejía?

—Es boliviana/de Bolivia.

—¿Cómo es?

—Tiene pelo corto y es joven y bonita.

—¿Cuántos años tiene?

—Tiene unos veintitrés años.

2–10   Los ojos y los lentes de contacto.   Hagan una encuesta en su clase contestando las siguientes preguntas.

1. ¿Cuántos estudiantes tienen ojos verdes?
2. ¿Cuántos tienen ojos azules?
3. ¿Cuántos tienen ojos café?
4. ¿Cuántos usan lentes de contacto?
5. ¿Cuántos usan lentes de contacto de colores?
6. ¿Cuál es el color de ojos más común?
7. ¿Hay más estudiantes sin lentes de contacto o con lentes de contacto?

¿Deseas cambiar de color? ¿Qué color prefieres? ¿Azul, verde, café, violeta? ¿Un color diferente para cada día? Ojos azules el lunes, ojos verdes el martes... Ahora es posible, gracias a los lentes de contacto MULTICOLOR. Consulte su óptico. Y recuerde que MULTICOLOR puede cambiar su vida.

Point out that *estadounidense* is also used for V.O. citizens; nevertheless, the most commonly used words are norteamericano/a and americano/a. Although strickly speaking, Canada, Mexico, and the United States are part of North America, people normally associate the expression *norteamericano/a* with the USA.

Answers. 1-g, 2-c, 3-d, 4-e, 5-a, 6-b, 7-h, 8-f

Suggestion. While listing nationalities, contrast *Es boliviano/a* with *Es de Bolivia*. Practice other nationalities as well. A series of cultural fact sheets appears after *Lección 8*. You may wish to point these out to students at this point in the course and mention that you will be referring to the information contained in them throughout the semester.

2–9 Alternate. Use the people listed in the *Personas famosas* section of the cultural fact sheets that follow *Lección 8* and ask students to generate their nationalities. Use alternate questions: *¿De dónde es...?* and, *¿Es...?*

Have students identify the cognates that appear in this ad for tinted contact lenses: *café, color, contacto, diferente, multicolor, óptico, posible, violeta*. Through the use of cognates and intelligent guesswork, students should feel great satisfaction at understanding the point of this ad in only the second or third week of the course.

EL MUNDO DE LA LENGUA ESPAÑOLA

EL ESPAÑOL, UNA LENGUA UNIVERSAL

1.	Chino	1.300.000.000
2.	Panjabi	600.000.000
3.	Inglés	456.000.000
4.	Indostaní	383.000.000
5.	**Español**	**362.000.000**
6.	Ruso	293.000.000
7.	Árabe	208.000.000
8.	Bengalí	189.000.000

SOURCE: *The World Almanac*, 1993

El español es una de las lenguas más habladas en el mundo.

GRUPOS ÉTNICOS EN EL MUNDO

Muchos grupos raciales forman la población de los países hispánicos.

Negros

Orientales

Blancos

Amerindios

Mestizos

SOURCE: *The Cambridge Encyclopedia of Latin America*

1. ADJECTIVES

- Adjectives are words that describe people, places, and things. Like articles (**el, la, un, una**) and nouns (**chico, chica**), they generally have more than one form. In Spanish an adjective must agree in *gender* (masculine or feminine) and *number* (singular or plural) with the noun or pronoun it describes.

- Many adjectives end in -**o** when used with masculine words and in -**a** when used with feminine words. To form the plural, these adjectives add -**s**.

	MASCULINE	FEMININE
SINGULAR	chico alto	chica alta
PLURAL	chicos altos	chicas altas

- Adjectives that end in -**e** and some adjectives that end in a consonant have only two forms, singular and plural. To form the plural, these adjectives add -**s** and -**es**, respectively.

	MASCULINE	FEMININE
SINGULAR	amigo interesante chico popular	amiga interesante chica popular
PLURAL	amigos interesantes chicos populares	amigas interesantes chicas populares

- Some adjectives that end in a consonant have four forms. Adjectives of nationality are included in this group.

	MASCULINE	FEMININE
SINGULAR	alumno español alumno trabajador	alumna española alumna trabajadora
PLURAL	alumnos españoles alumnos trabajadores	alumnas españolas alumnas trabajadoras

Adjectives. The use of adjectives and the notion of adjective agreement has been thoroughly previewed in the *A primera vista* section of this lesson. The purpose of this section is to formally describe agreement of adjectives in Spanish and to present some general guidelines and rules when using adjectives in Spanish.

- Adjectives that describe a characteristic of a noun usually follow the noun.

  Necesito un papel azul.
  Es una chica alta.

- When **bueno** and **malo** precede masculine singular nouns, they are shortened to **buen** and **mal**.

  Es un **buen** libro.
  Es un **mal** hombre.

- **Grande** shortens to **gran** when it precedes any singular noun. Note the meaning associated with each position.

  Es una chica **grande**.   *She's a big girl.*
  Es una **gran** chica.   *She's a great girl.*

Actividades

2–11   Descripciones.   Usted es el/la director/a de una escuela y necesita unos empleados nuevos. ¿Qué características desea?

1. Necesito una secretaria...

   inteligente   perezosa   tonta   trabajadora   simpática

2. Necesito un consejero ...

   independiente   pasivo   competente   activo   callado

3. Deseo emplear una profesora de matemáticas...

   imparcial   romántica   sincera   lista   rebelde

4. Necesito un profesor de español...

5. Necesito una subdirectora...

2–12   El presidente de los Estados Unidos.

1. El presidente de los Estados Unidos se llama...
2. El Presidente es...
3. Su casa está en...
4. Su casa es...
5. La señora del Presidente se llama...
6. Ella es...
7. El gato del Presidente se llama...

2–13   Preguntas y descripciones.

1. ¿Cómo se llama el/la profesor/a de español?
2. ¿De dónde es él/ella?
3. ¿Cómo es él/ella?
4. ¿Trabaja mucho o poco?
5. ¿Qué lenguas habla?
6. ¿Cuántos estudiantes tiene?

2–14 Así soy.   ¿Cómo es usted?

MODELO: con su amiga

Con mi amiga soy simpático/a y alegre.

1. con el/la profesor/a
2. en el trabajo
3. en público
4. en la clase
5. con sus compañeros
6. con sus padres

Suggestion. Students may complete this activity in pairs.

2–15 ¿Quién es?   Preparen cuatro o cinco oraciones para describir una persona famosa. Los demás estudiantes deben tratar de averiguar quién es esa persona.

2–16 Situaciones.

1. Ask the job applicants you are interviewing: a) their name, b) where they are from, c) what they are studying, d) a physical description of themselves, and e) where they currently work.
2. Describe your room (**cuarto**) to a friend. Tell a) the color, b) the size, c) what you have in it, and d) what you need for it. Have your friend give you the same information about his/her room. Additional vocabulary: **cama** *(bed)*, **mesa de noche** *(nightstand)*, **televisor** *(television set)*, **radio**.

Warm-up. Describe a well-known person or character and ask students to guess the person's name. *Trabaja en Hollywood y es un actor famoso. Es alto y fuerte. Está casado. La familia de su señora es famosa también. Es republicano. En una película o filme fue el Exterminador* (**Arnold Schwarzenegger**).

2.   PRESENT TENSE AND SOME USES OF THE VERB SER

ser	*to be*		
yo	**soy**	nosotros/as	**somos**
tú	**eres**	vosotros/as	**sois**
Ud., él, ella	**es**	Uds., ellos/as	**son**

▪ **Ser** is used with adjectives to describe what a person, a place, or a thing is like.

¿Cómo es ella?   Es inteligente y simpática.
¿Cómo es la casa?   La casa es grande y muy bonita.

▪ **Ser** is also used to express the nationality of a person; **ser + de** is used to express the origin of a person.

Nationality   **Origin**
Luis es chileno.   Luis es de Chile.
Ana es boliviana.   Ana es de Bolivia.

▪ **Ser + de** is used to express possession. The equivalent of the English word *whose* is **¿de quién?**

¿De quién es la casa?   ***Whose** house is it?*
La casa **es de** Marta.   *The house is Marta's.*

Present tense and uses of *ser*. Remind students that they have already used *ser* for identification and telling time. Review forms already familiar to them by asking for the identification of various students in the room using *¿Quién es ese alumno/esa alumna?* To review the time, write various times of day on the board and ask *¿Qué hora es?* You may also ask students about the time they arrive at school, this class, back home, and so on.

Additional uses of *ser* appear in the **Student Activities Manual.**

- **De** + **el** contracts to **del**. **De** + **la(s)** or **los** does not contract.

    El diccionario es **del** profesor, no es **de la** estudiante.

- **Ser** is used to express the location or time of an event.

El baile **es** en la universidad.	*The dance is at the university.*
El examen **es** a las tres.	*The exam is at three o'clock.*

3.   SER AND ESTAR WITH ADJECTIVES

- **Ser** and **estar** are often used with the same adjectives. However, the choice of verb determines the meaning of the sentence.

- As you already know, **ser** + *adjective* states the norm—what someone or something is like.

Manolo es delgado.	*Manolo is thin.* (He is a thin boy.)
La casa es pequeña.	*The house is small.* (It's a small house.)

- **Estar** + *adjective* comments on something. It expresses a change from the norm, a condition, or how one feels about the person or object being discussed.

Manolo está delgado.	*Manolo is thin.* (He lost weight recently.)
La casa está pequeña.	*The house is small.* (The family has grown; the house seems too small for them.)

- Some adjectives have one meaning with **ser** and one with **estar**.

Ese señor **es** malo.	*That man is bad.* (evil)
Ese señor **está** malo.	*That man is sick.* (not well)
El chico **es** listo.	*The boy is clever.*
El chico **está** listo.	*The boy is ready.*
La manzana **es** verde.	*The apple is green.*
La manzana **está** verde.	*The apple is not ripe.*
Ella **es** aburrida.	*She's boring.*
Ella **está** aburrida.	*She's bored.*

Actividades

2–17   Descripciones.   ¿Cómo son estas personas?

MODELO: amigo

Mi amigo es alto y moreno.

1. mamá
2. auto
3. hermana
4. jefe
5. profesor/a
6. compañero/a de cuarto

LOS AMIGOS HISPANOS / SESENTA Y SIETE ■ **67**

2–18   Intercambio: amigos de otros países.

MODELO: Olga Mendoza / Bolivia / callado, tranquilo

—¿Quién es?

—Es Olga Mendoza.

—¿De dónde es?

—Es boliviana.

—¿Cómo es?

—Es callada y tranquila.

1. Carolina Duplessis / Francia / inteligente, creativo
2. Fernando Arenas / Argentina / romántico, rebelde
3. María Martone / Italia / alegre, hablador
4. Carmen Cisneros / Venezuela / delgado, elegante
5. Alberto Díaz / Puerto Rico / simpático, eficiente
6. Ernesto Gutiérrez / Colombia / activo, nervioso

2–19   Posesiones.   Pregúntele a su compañero/a de quién son tres objetos que están en la clase. Después cambien de papel.

2–20   Eventos y lugares.   Usted está a cargo de la caseta de información en su universidad. Conteste las preguntas de los visitantes.

MODELO: VISITANTE: ¿Dónde es el banquete?
            USTED: Es en la cafetería.
            VISITANTE: ¿Y dónde está la cafetería?
            USTED: Está al lado de la biblioteca.

1. el concierto
2. la conferencia
3. el concurso
4. la reunión de los profesores
5. la fiesta del club de español
6. la graduación

2–21   Los lugares y yo.   Complete la tabla abajo y luego compare sus resultados con los de su compañero/a.

MODELO: en la clase

—Yo estoy contento/a en la clase. ¿Y tú?

—Yo estoy contento/a en la clase también. o —Yo estoy aburrido/a.

lugares	aburrido/a	contento/a	tranquilo/a	triste	?
1. en la clase		X			
2. en un examen					
3. en el trabajo					
4. con muchas personas					
5. en una fiesta					
6. en mi casa					

2–22 Intercambio. Lea el siguiente párrafo. Su compañero/a le va a hacer preguntas para obtener esta información sobre Miguel Suárez.

1. nacionalidad
2. descripción
3. lugar donde trabaja
4. estudios y actividades

Miguel Suárez es de Lima, la capital de Perú. Tiene veintitrés años, es soltero y muy simpático. Trabaja en un laboratorio, pero los lunes y miércoles por la tarde estudia química en la Universidad de San Carlos. Los fines de semana, Miguel practica fútbol con sus amigos, y los sábados por la noche va al cine, a una fiesta o a una discoteca con su amiga Elena Medina.

2–23 Una persona diferente. Hace años que usted no ve a estas personas. Comente la diferencia. Luego, con un/a compañero/a comente sobre otras personas de la clase.

MODELO: ¡Qué alto está Ángel!

1. CIRO
2. LICIA
3. LUCRECIA
4. ÁLVARO
5. BERTA
ÁNGEL

Suggestion. We encourage students to share written assignments with one another before turning them in to instructors. Students can often offer suggestions and corrections and should be encouraged to learn and cooperate with one another.

2–24 Composición breve. Prepare una descripción de usted, sus estudios y sus actividades. Use la descripción de Miguel Suárez como modelo. Luego, intercambie la composición con un/a compañero/a e infórmele a la clase sobre su compañero/a.

2–25 Situaciones.

1. Greet a classmate by stating your name and where you are from. Then tell as much as you can about your hometown (size, location, etc.). Your classmate should give you the same type of information about his/her hometown.
2. A new student has just joined your class. Ask the student next to you who the new student is. Your classmate should give you as much information as possible about him/her.

4. QUESTION WORDS

QUESTION WORDS			
cómo	how/what	**cuál/es**	which
dónde	where	**quién/es**	who
qué	what	**cuánto/a**	how much
cuándo	when	**cuántos/as**	how many

- Question words ask for specific information about someone or something.

¿Qué hora es?	*What time is it?*
¿Quién es él?	*Who is he?*
¿Cómo te llamas?	*What is your name?*
¿Dónde están mis alumnos?	*Where are my students?*

- Use **por qué** to ask *why*. The equivalent of *because* is **porque**.

—**¿Por qué** está Pepe en la biblioteca?	*Why is Pepe at the library?*
—**Porque** necesita estudiar.	*Because he needs to study.*

- All question words have a written accent over the stressed syllable.

- If a subject is used, it normally follows the verb.

¿Bailan ustedes mucho?	*Do you dance a lot?*
¿Dónde trabaja Elsie?	*Where does Elsie work?*

- Use **qué** + **ser** when you want to ask for a definition or an explanation.

¿Qué es un brontosaurio?	*What is a brontosaurus?*
Es un dinosaurio.	*It's a dinosaur.*

- Use **cuál(es)** + **ser** when you want to ask which one(s).

¿Cuál es tu libro?	*Which is your book?*
¿Cuáles son tus papeles?	*Which are your papers?*

Actividades

2–26 Entrevista. Use la palabra correcta (**quién, cuándo, cuántos, cuál, por qué**) para entrevistar a su compañero/a.

1. ¿_____ son tus clases? Por la...
2. ¿_____ es tu profesor favorito? El/La profesor/a...
3. ¿_____ es tu clase favorita? La clase de...
4. ¿_____ estudias español? Porque...
5. ¿_____ alumnos hay en tu clase de español?...

LENGUA To request repetition or clarification use **¿Cómo?** or **Perdón.** The use of **qué**, the equivalent of English **what**, is generally considered rude by native Spanish speakers.

2–27   ¿Cuántos/as tienes?   Pregúntele a su amigo/a si *(if)* tiene estas cosas. Si dice que sí, pregúntele cuántas tiene.

MODELO: calculadoras

—¿Tienes calculadora?   —Sí.

—¿Cuántas tienes?   —Tengo dos.

1. auto	3. grabadora	5. bolígrafo
2. computadora	4. reloj	6. lápices

2–28   ¿Qué o cuál(es)?

1. ¿_____ es un bolígrafo?
2. ¿_____ es tu profesor favorito?
3. ¿_____ son tus cuadernos?
4. ¿_____ es borrador?
5. ¿_____ es la silla de Susana?
6. ¿_____ es la antropología?

2–29   Firmas.   ¿Cómo son sus compañeros? ¿Qué hacen?

1. ¿Eres soltero/a?   _____

2. ¿Tienes veinte años?   _____

3. ¿Estudias y trabajas?   _____

4. ¿Eres muy trabajador/a?   _____

5. ¿Trabajas por las tardes?   _____

2–30   Entrevista.

1. ¿Cómo te llamas?
2. ¿Cómo estás?
3. ¿Dónde trabajas?
4. ¿Cuántas clases tienes?
5. ¿Cuál es tu clase favorita? ¿Por qué?
6. ¿Cuándo estudias?
7. ¿Quién es tu mejor amigo/a?
8. ¿Cómo es él/ella?

2–31   Situaciones.

1. Tell your friend that there is a party on Saturday. Your friend should a) find out where the party will take place and b) what time it begins.
2. Your partner has arranged a blind date for you tonight. You want to find out a) how old he/she is, b) where he/she is from, and c) what he/she is like.

PRONUNCIACIÓN: B, V and D

Listen carefully to the explanation of Spanish **b, v,** and **d** on your cassette. If you want to read the explanation on your own or follow along while you listen to your cassette, you will find it in your **Student Activities Manual.**

REPASO GRAMATICAL

1. ADJECTIVES

	MASCULINE	FEMININE
SINGULAR	chico alto	chica alta
PLURAL	chicos altos	chicas altas

	MASCULINE	FEMININE
SINGULAR	alumno español	alumna española
	alumno trabajador	alumna trabajadora
PLURAL	alumnos españoles	alumnas españolas
	alumnos trabajadores	alumnas trabajadoras

	MASCULINE	FEMININE
SINGULAR	amigo interesante	amiga interesante
	chico popular	chica popular
PLURAL	amigos interesantes	amigas interesantes
	chicos populares	chicas populares

2. PRESENT TENSE OF THE VERB SER

ser	to be		
yo	**soy**	nosotros/as	**somos**
tú	**eres**	vosotros/as	**sois**
Ud., él, ella	**es**	Uds., ellos/as	**son**

3. QUESTION WORDS

cómo	*how/what*	**cuál/es**	*which*
dónde	*where*	**quién/es**	*who*
qué	*what*	**cuánto/a**	*how much*
cuándo	*when*	**cuántos/as**	*how many*

 A escuchar

Tapescript. ¿Quiénes son? First, as you listen to the description, circle the words that you hear. Then complete the chart, based on the information you have obtained.

1. *Las chicas tienen veinte y veintiséis años y los chicos veintiuno y veintidós.*
2. *Los chicos no hablan francés.*
3. *Susana y Dolores hablan francés pero Dolores no habla alemán.*
4. *Susana y Manuel son sentimentales.*
5. *Susana trabaja en la Universidad de México, pero ella es cubana.*
6. *Dolores es cubana también y trabaja en Miami.*
7. *Manuel es chileno y Martín es de otro país de América del Sur.*
8. *Martín habla español y portugués.*
9. *Las chicas no son calladas, pero uno de los chicos es muy callado.*

2–32 ¿Quiénes son? First, as you listen to the description, circle the words that you hear. Then complete the chart, based on the information you have obtained.

1. **Las chicas / Los chicos** tienen veinte y veintiséis años y **las chicas / los chicos** veintiuno y veintidós.
2. **Las chicas / Los chicos** no hablan francés.
3. Susana y Dolores hablan francés pero **Dolores / Susana** no habla **alemán / inglés.**
4. **Susana y Manuel / Manuel y Dolores** son sentimentales.
5. Susana **trabaja / estudia** en la Universidad de México, pero ella es **cubana / colombiana.**
6. Dolores es **cubana / colombiana** también y trabaja en Miami.
7. **Martín / Manuel** es chileno y **Martín / Manuel** es de otro país de América del Sur.
8. Martín habla **español y portugués / alemán y francés.**
9. **Los chicos / Las chicas** no son calladas, pero uno de **los chicos / las chicas** es muy callado.

nombre	edad	nacionalidad	descripción	lenguas
		colombiano	callado	
			sentimental	español
	22		bonita	
	20	cubana		
				francés y alemán

72

2–33 ¿Cierto o falso?   First, read along as you listen to the description of the Latorre family. Then, indicate if each statement that you hear is **Cierto** (true) or **Falso** (false).

Ésta es Lidia. Lidia es baja, delgada, muy bonita, inteligente y trabajadora. Su nombre completo es Lidia Crespo de Latorre. Lidia es de Caracas. Antonio también es venezolano. Es gordo, bajo y muy simpático también. Tiene muchos amigos y para sus amigos, Antonio es Toño. Lidia es profesora de biología y Toño estudia alemán y francés en la Universidad Nacional de Caracas. Antonio tiene 28 años y Lidia, 30. Sus días son más o menos así.

Lidia trabaja en el colegio por la mañana. Por las tardes prepara sus clases y va al gimnasio. También camina mucho. Antonio estudia por las tardes y trabaja en una librería. Ellos hablan mucho y miran televisión. Tienen muchos amigos y los fines de semana bailan con ellos en la discoteca que está cerca de la universidad. Esta noche Lidia tiene que preparar unas clases y Toño un examen de francés.

	Cierto	Falso
1.	_____	_____
2.	_____	_____
3.	_____	_____
4.	_____	_____
5.	_____	_____

FUNDACION

UNIVERSIDAD CENTRAL

Reconocida Institucionalmente Resolución 15818 de 1978 Mineducación

**CALENDARIO DE ADMISIONES
SEGUNDO CICLO ACADEMICO 1986**

UNIDADES DOCENTES

PROGRAMAS PRESENCIALES

CONTADURIA	**Diurno** 10 semestres	**Nocturno** 11 semestres
ECONOMIA	**Diurno** 10 semestres	**Nocturno** 11 semestres
ADMINISTRACION DE EMPRESAS	**Diurno** 10 semestres	**Nocturno** 11 semestres
PUBLICIDAD	**Diurno** 6 semestres	**Nocturno** 7 semestres
PERIODISMO	**Diurno** 8 semestres	
INGENIERIA DE SISTEMAS	**Diurno** 10 semestres	

DEPARTAMENTO DE HUMANIDADES Y LETRAS

PROGRAMAS A DISTANCIA
INGENIERIA EN RECURSOS HIDRICOS
1er. ciclo: Tecnólogo en Recursos Hídricos (7 semestres)
2do. ciclo: Profesional (4 semestres)

ECOLOGIA
Ciclo Tecnológico (7 semestres)

A conversar

2–34 ¿Cómo son? Mire el dibujo de *Mafalda* y la tabla y conteste según el modelo.

MODELO: —¿Cómo es Don Preguntón?

—Don Preguntón es bajo, feo, inteligente y hablador.

—¿Y Mafalda?

	agradable	bajo/a	divertido/a	feo/a	inteligente	hablador/a	perezoso/a	simpático/a
Don Preguntón		X		X	X	X		
Mafalda	X		X		X	X		X
Felipe	X		X	X	X	X	X	X
Miguelito	X	X	X		X			X
Manolito			X	X		X		
Susanita			X	X	X		X	
Libertad	X	X	X		X			X
Guille	X	X	X				X	X
Quino				X	X		X	X

2–35 ¿De dónde es? Su compañero/a le va a preguntar de dónde son ciertas personas. Conteste según la información del mapa.

MODELO: —¿De dónde es Teresa Suárez?

—Es venezolana.

2–36 ¿Y su compañera/o? Pregunte y prepare un informe oral.

preguntas	respuestas	informe oral
1. ¿Cómo te llamas?	Me llamo Marta.	Su nombre es Marta.
2. ¿De dónde...?		
3. ¿Cuántos...?		
4. ¿Cómo...?		
5. ¿Quién...?		
6. ¿Cuál...?		

 *A leer*

2–37 ¿Sí o no? ¿Qué información escribe una persona en un CV (currículum vitae)?

	Sí	No
1. el color de los ojos	_____	_____
2. la dirección	_____	_____
3. el lugar dónde nació *(born)*	_____	_____
4. cuántos autos tiene	_____	_____
5. quiénes son los amigos	_____	_____
6. cuántos años tiene	_____	_____
7. dónde estudia	_____	_____
8. dónde come	_____	_____
9. dónde trabaja	_____	_____
10. cuántas horas trabaja	_____	_____
11. cuáles son las actividades favoritas	_____	_____
12. si es casada o soltera	_____	_____

2–38 Familia de palabras. Adivine *(guess)* qué verbo va con qué sustantivo *(noun)*. Luego, conteste las preguntas.

1. _____ pensar   a. el nacimiento
2. _____ nombrar   b. el movimiento
3. _____ mover   c. el nombramiento
4. _____ nacer   d. el llamamiento
5. _____ llamar   e. el pensamiento

6. ¿Cuál es la fecha de hoy?
7. ¿Qué cree usted que es **fecha de nacimiento?**
8. ¿Cuál es su fecha de nacimiento?
9. ¿Cuál es su lugar de nacimiento?

2–39 El CV de Cristina Pujades Martí. Compare las respuestas al ejercicio 2–37 con la información que escribe Cristina en el CV (página 77). Luego, conteste las preguntas.

1. ¿Comó se llama la persona que escribe este currículum vitae?
2. ¿Cuál es su dirección?
3. ¿De dónde es?
4. ¿Cuántos años tiene?
5. ¿Es casada?
6. ¿Vive en Barcelona en el año 1983?
7. ¿Dónde trabaja en el año 1986?
8. ¿Cuándo estudia biología en la Universidad Autónoma de Barcelona?
9. ¿Cuántas lenguas habla Cristina?

CRISTINA PUJADES–MARTÍ

Dirección: Escuelas Pías 24
                  Barcelona
                  España

Lugar de nacimiento: Figueras, Gerona, España

Fecha de nacimiento: 14 de mayo de 1970

Estado civil: soltera

Educación:	1983 / 1987	Bachiller, Instituto N°2 Figueras, Gerona
	1984 / 1990	Estudiante, "Goethe Schule", Curso de alemán para españoles
	1986 / 1991	Estudiante, "Berlitz" Curso de inglés
	1988 / 1992	Estudiante, Facultad de Biología y Ciencias Naturales, Universidad Autónoma de Barcelona
Trabajos:	1985 / 1987	Guía turística, Museo Dalí Figueras, Gerona
	1990 / 1992	Técnica en el laboratorio de química biológica con el profesor Oriol Bach

Lenguas:
Catalán, español, inglés y alemán

Deportes y tiempo libre:
Gimnasia y baile contemporáneo
Viajes y camping
Conciertos, museos y teatro

INVESTIGACIÓN

1. Cristina habla catalán. ¿Dónde hablan catalán?
2. ¿Quién es Dalí? Hay un museo con su nombre. Busque un cuadro (painting) de Salvador Dalí. ¿Cómo es el cuadro?
3. Gabriel García Márquez es un escritor famoso. ¿Son todas las personas del mapa famosas? ¿Quiénes son?
4. Pancho = Francisco
   Meche = Mercedes
   Lupe = Guadalupe
   ¿Conoces otros?
5. **Los** Latorre son Lidia y Antonio. Lidia es Lidia Crespo **de** Latorre. ¿Qué sabes de los **apellidos** en español? (Respuestas en la Lección 4)
6. ¿Cuáles son las diferencias entre un CV hispano y uno estadounidense?

A escribir

2–40 **¿Y usted?** Conteste de acuerdo con su propia experiencia.

1. ¿Cómo se llama?
2. ¿Cuál es su dirección?
3. ¿De dónde es?
4. ¿Cuántos años tiene?
5. ¿Es soltero/a?
6. ¿Vive en Barcelona?
7. ¿Dónde trabaja?
8. ¿Estudia en la Universidad Autónoma de Barcelona?
9. ¿Cuántas lenguas habla?
10. ¿Cuáles son sus actividades favoritas?

2–41 **Su currículum vitae.** Prepare un currículum similar al de Cristina.

_____

Dirección:

Lugar de nacimiento:

Fecha de nacimiento:

Estado civil:

Educación:

Trabajos:

Lenguas:

Deportes y tiempo libre:

VOCABULARIO

DESCRIPCIÓN

agradable	nice
alegre	happy, glad
alto/a	tall
antipático/a	unpleasant
bajo/a	short
bonito/a	pretty
buen	good
callado/a	quiet
casado/a	married
contento/a	happy, glad
corto/a	short
débil	weak
delgado/a	thin
feliz	happy
feo/a	ugly
fuerte	strong
gordo/a	fat
gran	great
guapo/a	good-looking, handsome
hablador/a	talkative
inteligente	intelligent
joven	young
largo/a	long
listo/a	smart, ready
malo/a	bad, evil, sick
moreno/a	brunet/brunette
nervioso/a	nervous
perezoso/a	lazy
pobre	poor
rico/a	rich, wealthy
rubio/a	blond
simpático/a	nice, charming
soltero/a	single, unmarried
tonto/a	silly, foolish
trabajador/a	hardworking
tranquilo/a	calm, tranquil
triste	sad
viejo/a	old

EL CUERPO

el bigote	moustache
los ojos	eyes
ojos azules	blue eyes
ojos de color café	brown eyes
ojos verdes	green eyes

el pelo	hair
pelo castaño	brown hair
pelo negro	black hair

HISPANOS

argentino/a	Argentinean, Argentine
boliviano/a	Bolivian
colombiano/a	Colombian
cubano/a	Cuban
chileno/a	Chilean
español/a	Spanish
mexicano/a	Mexican
panameño/a	Panamanian
peruano/a	Peruvian
puertorriqueño/a	Puerto Rican
salvadoreño/a	Salvadoran
venezolano/a	Venezuelan

VERBOS

desear	to wish, to want
me gusta	I like
ser	to be
te gusta	you like (familiar)
tengo	I have
tengo...años	I am . . . years old
tiene	he/she has, you have (formal)

PALABRAS INTERROGATIVAS

cuál/cuáles	which (one/s)
cuándo	when
cuánto/a	how much
cuántos/as	how many
de quién/de quiénes	whose
por qué	why

PALABRAS ÚTILES

de	of, from
del	(contraction of **de** + **el**) of the
el examen	exam
la familia	family
no...ni	neither . . . nor
otro/a	other
pero	but
porque	because
que	that
también	also, too

LECCIÓN 3

¿Qué hace en su tiempo libre? ¿Cuáles son sus actividades favoritas?

Actividades y planes

Goals. In this chapter students learn how to inquire about and discuss leisure activities, order food in a restaurant, make suggestions and future plans, and use numbers from 100 to 2,000,000. Also covered are: present tense of regular **-er** and **-ir** verbs, the present tense of **ir** and the use of the present tense of **ir** + **a** + *infinitive* to express the future.

COMUNICACIÓN

- Discussing and inquiring about leisure activities
- Ordering food in a restaurant
- Making suggestions and future plans
- Using numbers from 100 to 2,000,000

ESTRUCTURAS

- Present Tense of Regular **-er** and **-ir** Verbs
- Present Tense of **ir**
- **ir** + **a** + *infinitive*
- Present Tense Used to Express the Future
- Numbers: 100 to 2,000,000

CULTURA

- Leisure activities and meals in Spanish-speaking countries

Diversiones populares

Suggestion. Introduce each picture with abundant comprehensible input and the captions, using gestures whenever necessary to demonstrate new vocabulary. For example, *Estos jóvenes están enfrente del cine. Ellos van mucho al cine, especialmente los fines de semana. Hoy van a ver* (point to eye) *una película de ciencia ficción.* After the presentation of each picture ask several questions to check comprehension, as well as to personalize the material and heighten interest: *¿Dónde están los jóvenes? ¿Va usted al cine los fines de semana? ¿Va por la tarde o por la noche? A mí me gusta ver películas de ciencia ficción, ¿y a usted? ¿Cuál es una buena película de ciencia ficción?*

Following are some questions you may ask after introducing the pictures on this page: *¿Le gusta bailar en una fiesta? ¿Qué música le gusta? ¿Toca usted la guitarra? ¿Y canta canciones populares? ¿Cúando toca usted la guitarra?*

Estos jóvenes van mucho al cine. Hoy van a ver una película de ciencia ficción.

En las fiestas los muchachos y muchachas bailan, escuchan música o conversan.

Unos chicos tocan la guitarra y cantan canciones populares en una reunión.

Estas chicas disfrutan de un día de playa. Toman el sol, nadan en el mar y descansan.

El señor López del Río lee el periódico al aire libre.

Read the caption. Then talk about yourself and ask questions: *Yo leo el periódico por la mañana. Me gusta leer* (name of newspaper). *Por la tarde no leo el periódico, miro la televisión. Y usted, ¿lee el periódico por la mañana o por la tarde? ¿Qué periódico le gusta más?* You may introduce the word *revista,* e.g., *Yo también leo revistas* (show some magazines and write the word on the board). *Mis revistas favoritas son... ¿Qué revistas lee usted? ¿Cuál es su revista favorita?* If possible, show some Spanish newspapers and magazines published in this country and abroad.

Summary. *¿Qué hacen los muchachos y las muchachas en la fiesta? ...los chicos en la reunión? ...los jóvenes enfrente del cine? ...las chicas en la playa? ¿Qué hace el señor López del Río?...la familia?* You will often elicit numerous responses and may elaborate, e.g., *¿Bailan en la fiesta? ¿Fuman* (make gesture) *mucho? ¿Qué tipo de música escuchan?* Also personalize whenever possible.

La familia mira su programa favorito de televisión después de un día de trabajo.

CULTURA Although there have been significant improvements in television broadcasting in many Spanish-speaking countries, television reception is often of poor quality and program variety is generally limited to a few channels. Only a small percentage of families have access to cable programming. Therefore, with the advent of VCRs **(la videograbadora)**, renting movies on videocassette **(el video/videocasete)** has become a very common form of home entertainment, just as it is in the United States.

83

Actividades

3–1   Asociaciones.

1. la playa	a. ver una película
2. la fiesta	b. leer el periódico
3. el cine	c. tomar el sol
4. la biblioteca	d. mirar televisión
5. la casa	e. bailar y conversar

3–2   Mis actividades.   Para cada frase, diga lo que usted hace o no hace.

MODELO: Yo (no) canto canciones españolas. (mexicanas, francesas, portuguesas)

Yo canto canciones mexicanas. *o* Yo no canto canciones francesas.

1. Yo (no) toco la guitarra. (el piano, el violín, el saxofón)
2. Yo (no) escucho música moderna. (clásica, rock, popular)
3. En las fiestas yo (no) bailo. (canto, escucho música, hablo mucho)
4. En la playa yo (no) tomo el sol. (camino, nado en el mar, descanso)

3–3   Más actividades.   ¿Qué hacen ustedes en los siguientes lugares?

MODELO: en las fiestas

—En las fiestas yo bailo mucho. ¿Y tú?

—Yo bailo y hablo con mis amigos.

1. en la universidad
2. en el café
3. en el cine
4. en la clase de español
5. en la playa
6. en la discoteca

3–4   Ya sabe mucho.   Utilizando su conocimiento general, hagan una lista de todas las posibilidades para cada categoría. Luego, comparen su lista con la de otros grupos.

MODELO: títulos de obras famosas escritas en español

Don Quijote de la Mancha, El Cid Campeador, Cien años de soledad, Lazarillo de Tormes, La vida es sueño...

1. tipos de baile y música hispanos
2. tipos de comida hispana
3. playas latinoamericanas/españolas famosas
4. nombres de periódicos escritos en español
5. directores de cine hispanos
6. cantantes hispanos

La comida

En el restaurante

CONCEPTOS	Pesetas	Cta
Menú del día		
Entremeses		
Sopas		
Paella Especial		
Cernes		
Jamón		
Huevos		
Tortillas		
Pescados		
Legumbres		
Ensaladas		
Postres		
Pan		
Agua Mineral		
Vinos		
Cerveza		
Cafés		
Licores		
Tabaco		
Importe		
I. V. A. 6%		
TOTAL	6599	

VENTA «RIOFRIO»

CAMARERO: ¿Qué desean comer?

SRA. ROSAS: Espaguetis con crema y una ensalada.

SR. ROSAS: Para mí, un bistec y vegetales.

CAMARERO: ¿Y para beber?

SR. ROSAS: Vino de la casa, por favor.

La comida rápida

La "comida rápida" es muy popular entre los jóvenes. Las "hamburgueserías" de tipo americano existen en muchas ciudades del mundo hispano. Los restaurantes de comida rápida en los países hispanos frecuentemente combinan comida típica de los Estados Unidos con comidas típicas de la región. Por ejemplo, usted puede comer una hamburguesa con papas fritas o con arroz y frijoles negros. En muchos países, usted puede tomar vino o cerveza con su hamburguesa.

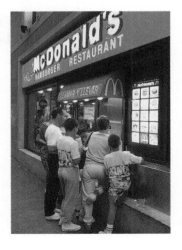

Más comidas y bebidas. Point out the food and have students repeat the names of each item. Ask questions using the new vocabulary: *¿Toma Ud. café en el desayuno? ¿Come Ud. cereal? ¿Qué come Ud. a la hora del almuerzo? ¿Qué comida no le gusta? ¿Cuál es su bebida/comida favorita? ¿Qué comida es mala para la salud? ¿Qué comida es cara (clarify by saying 20 ó 30 dólares)? ...barata? ...rica en vitaminas?*

Point out that *beber* and *tomar* may be used interchangeably: *Bebo agua/Tomo agua.* When referring to *sopa* or *helado*, most Spanish speakers use *tomar.*

Introduce *caliente* and *frío/a. La sopa está caliente. La cerveza está fría. Y el café, ¿está fría o caliente?*

Más comidas y bebidas

CULTURA Tap water is generally not served in restaurants in the Spanish-speaking world as it is in United States. Most restaurant goers order bottled mineral water (**agua mineral**) to drink with their meal, in either its carbonated (**con gas**) or noncarbonated (**sin gas**) forms.

Actividades

3–5   La dieta.   ¿Cuál tiene más calorías?

1. la sopa de tomate, las hamburguesas, la sopa de pollo
2. el pollo frito, el pescado, la ensalada
3. los vegetales, la fruta, las papas fritas
4. la cerveza, la leche, el café
5. el helado de chocolate, el cereal, el arroz

3–6   Las comidas.   Explíquele a su compañero/a qué come y bebe usted en el desayuno, en el almuerzo y en la comida.

MODELO: En el desayuno, yo como tostadas y bebo café. ¿Y tú?

3–7   Unos vegetarianos.   Usted y su amigo/a son vegetarianos/as. ¿Qué platos comerían de este menú?

SOPAS

Sopa de pollo	$4.500
Sopa de tomate	$3.000
Sopa de vegetales	$3.000
Sopa de pescado	$4.750

ENSALADAS

Ensalada de lechuga y tomate	$2.200
Ensalada de pollo	$6.250
Ensalada de atún	$7.000

PLATOS PRINCIPALES

Bistec con papas y vegetales	$16.400
Hamburgesa con papas fritas	$18.000
Pescado con papas fritas	$15.300
Arroz con vegetales	$ 6.600

3–8   En la cafetería.

MODELO: —El desayuno es muy bueno aquí. ¿Qué deseas comer?
—Huevos fritos y tostadas.

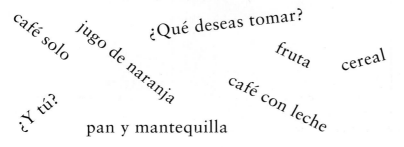

café solo, jugo de naranja, ¿Qué deseas tomar?, fruta, cereal, ¿Y tú?, café con leche, pan y mantequilla

Answers. 1. *las hamburguesas* 2. *el pollo frito* 3. *las papas fritas* 4. *la cerveza* 5. *el helado de chocolate*

For additional discussion. *La hora de comer:* ¿A qué hora es el desayuno? ...el almuerzo? ...la cena? (Point out that people eat considerably later in many Spanish-speaking countries, especially in Spain, and that the main meal is lunch.) *Las bebidas:* ¿Cuándo tomamos vino? ...leche? ...jugo de naranja? ...cerveza? ...agua? *La sopa:* ¿Cuántas variedades de sopa hay? (de tomate, vegetales, pollo, pescado). *El postre:* ¿Cuál es tu postre favorito?

Hundreds and thousands are presented in the third section of *Explicación y expansión.* You may want to preview some of the numbers at this time.

Situation 1. Have students enact this situation in groups of two (results to be reported to the class later). *"Su amigo está a dieta porque está un poco gordo. ¿Qué debe comer en el desayuno? ...el almuerzo? ...la cena?"*
Situation 2. Have students enact this situation in groups of two. Discuss later in class. *Su madre tiene un nivel de colesterol muy alto. ¿Qué comidas no debe comer? (huevos, leche, bistec, queso)*

Suggestion. Ask who in the class is a vegetarian. Discuss why.

Have several students go around the room and pretend to take quick orders, allowing others to call out items.

Optional. Have students prepare menus in groups of three (bring posterboard/crayons/markers). Collect menus. Have some students leave the classroom and enter in groups of two to four. They then sit and order from the menus as other students, acting as waiters, take the orders and bring imaginary food.

 *A leer*

Visuals are often incorporated into written texts, especially in ads and signs. These visuals can give you a preliminary idea of what you are about to read and will help you understand the information in the text.

Before reading the ad, look closely at the visuals and try to anticipate what you will read. Remember that cognates will also help you.

Mark the answer that best completes each statement.

1. All of the books refer to. . .
   _____ food
   _____ animals
   _____ nature

2. The title of the first book is *Queso*, a word you have not yet learned. Nevertheless, you can probably figure out that the book is about. . .
   _____ fruit
   _____ dishes
   _____ cheese

3. Below the book *Pescado*, there is another book with the title *Marisco*. The word marisco refers to. . .
   _____ only lobsters
   _____ shellfish
   _____ silver dishes

4. Below the book *Queso*, there is another book about fruit that is. . .
   _____ native
   _____ unusual
   _____ dietetic

5. The book *Las cocinas regionales de España* refers to. . .
   _____ Nestor Luján
   _____ tourism in Spain
   _____ Spanish cuisine

A escuchar

You will hear a young woman talk about herself and her activities. Complete the statements by marking the appropriate answer according to the information that you hear.

1. Diana es...
   _____ profesora
   _____ estudiante
   _____ dependienta

2. Ella habla...
   _____ una lengua
   _____ dos lenguas
   _____ tres lenguas

3. Vive en...
   _____ México
   _____ Cuba
   _____ los Estados Unidos

4. Los fines de semana ella y sus amigos...
   _____ estudian y trabajan
   _____ caminan y van a clases
   _____ van a restaurantes, al cine o a fiestas

Tapescript. *"Hola, me llamo Diana Rodríguez. Yo soy de Miami y trabajo en la universidad. Yo soy profesora de inglés como segunda lengua y en mi casa hablo inglés y español. También leo mucho en las dos lenguas. En Miami el inglés y el español son muy importantes y los jóvenes hablamos y usamos las dos lenguas en los estudios y en el trabajo. Los lunes, miércoles y viernes, después de mis clases, camino en el estadio de la universidad. Los fines de semana, voy con mis amigos al cine o a restaurantes a cenar. También hay pequeñas fiestas o reuniones en mi casa o en la casa de mis amigos. En estas reuniones hablamos, escuchamos música, bailamos o yo toco la guitarra y cantamos. Mis amigos son hispanos y norteamericanos así que cantamos canciones de Cuba, de México y de otros países."*

Enfoque

EL CINE: PASATIEMPO DE TODOS

El cine es un pasatiempo tan popular en los países de habla española como en los Estados Unidos. Muchas películas norteamericanas tienen gran éxito en Hispanoamérica y en España, y es común ver en los cines obras de directores como Steven Spielberg, Brian De Palma, Martin Scorcese o Clint Eastwood.

En algunos países las películas norteamericanas o de lengua diferente a la española, son dobladas al español. En otros, el público lee subtítulos y así comprenden lo que dicen los actores. De ambas formas, ir al cine es una de las maneras en la que los estudiantes de español pueden mejorar su conocimiento de este idioma.

El precio de las entradas al cine es por lo general mucho más bajo en los países hispanos que en los Estados Unidos. A continuación están los precios de las entradas en algunos de los países de habla española.

ENTRADAS AL CINE	
España	$ US 3-5.00
Colombia	$ US 1-2.00
Argentina	$ US 5-7.00
México	$ US 2-4.00
Costa Rica	$ US 3-4.00

1. PRESENT TENSE OF REGULAR -ER AND -IR VERBS

comer *to eat*			
yo	com**o**	nosotros/as	com**emos**
tú	com**es**	vosotros/as	com**éis**
Ud., él, ella	com**e**	Uds., ellos/as	com**en**

vivir *to live*			
yo	viv**o**	nosotros/as	viv**imos**
tú	viv**es**	vosotros/as	viv**ís**
Ud., él, ella	viv**e**	Uds., ellos/as	viv**en**

- The endings for **-er** and **-ir** verbs are the same, except for the **nosotros** and **vosotros** forms.

- The verb **ver** has an irregular **yo** form.

  ver: **veo,** ves, ve, vemos, veis, ven

*Review **-ar** verbs. Point out the similarities and differences with **-er** and **-ir** verbs. Try to use the words in a meaningful context as you present the conjugation.*

*Point out the common **-er** and **-ir** verbs. Use these verbs in a meaningful context, personalizing the questions, e.g., ¿Lee Ud. mucho? ¿Qué libros leen Uds.? Y sus amigos, ¿leen mucho también? ¿Dónde viven sus padres? Y Ud., ¿vive en una casa o en un apartamento?*

Actividades

3–9 Lugares y actividades. ¿Qué no hace usted en los siguientes lugares?

MODELO: en la playa — ver películas / tomar el sol / descansar

En la playa no veo películas.

1. en un café — comer un sándwich / comprar libros / tomar un refresco
2. en el gimnasio — hablar / beber cerveza / practicar basquetbol
3. en una discoteca — leer el periódico / bailar / escuchar música
4. en una fiesta — tocar la guitarra / cantar / mirar televisión
5. en la biblioteca — comer / leer / estudiar
6. en la clase de español — hablar español / nadar / practicar francés

Ahora, diga lo que su amigo/a no hace en estos lugares.

Expansion. 7. ¿Qué no hace usted en casa? 8. ...en el laboratorio de lenguas? 9. ...en la librería? 10. ...en el trabajo?

3–10 Intercambio. Hágale preguntas a su compañero/a sobre las actividades de estas personas.

MODELO: —¿Cuándo camina Alfonso?

—Los sábados por la mañana.

—¿Quién ve películas viejas?

—Dora Sánchez.

nombre	los sábados	los domingos
Julia Arango	estudia en la biblioteca va al cine con unos amigos	trabaja en la casa come con unos amigos
Alfonso Mencía	camina por la mañana ve programas de televisión	lee un buen libro baila en una discoteca
Dora Sánchez	descansa en la casa toca la guitarra y canta	ve películas viejas va a un café con amigos

Tell students that there can be up to eight questions for each person mentioned.

3–11 Firmas: ¿Cuáles de sus compañeros/as hacen estas cosas?

MODELO: nadar bien   ¿Nadas bien?

1. beber café en el desayuno _____
2. tocar la guitarra _____
3. comer en restaurantes italianos _____
4. ver programas cómicos por televisión _____
5. vivir en una casa _____
6. leer libros de ciencia ficción _____

Expansion. 7. *escribir muchas cartas (de amor)* 8. *vivir con los padres* 9. *cantar en el carro* 10. *bailar con frecuencia*

3–12 Sugerencias. ¿Qué deben o no deben hacer estas personas?

MODELO: Luis está muy enfermo.

Debe tomar sopa. No debe comer hamburguesas ni papas fritas.

1. Juan tiene un examen el lunes.
2. Francisco está débil y muy delgado.
3. Manuel y Victoria están en la playa.
4. Marta saca malas notas y ve televisión todos los días.
5. Luis y Emilia desean aprender español.

Clarify the word enfermo *in the model by saying* Yo estoy muy bien, pero Luis está muy mal, está enfermo. *Write* enfermo/a = mal *on the board. Ask questions, such as* ¿Está usted enfermo/a?

New words: *deber, enfermo, aprender.*
Expansion. 7. *¿Vas a la playa con frecuencia?* 8. *¿Debes estudiar mucho hoy?* 9. *¿Bebes cerveza?* 10. *¿Sacas buenas notas cuando estudias poco?*
Expansion. 6. *Juanito no tiene dinero.* 7. *Susana está a dieta.* 8. *Rolando es perezoso.* 9. *Yo no tengo —.*

3–13 Un/a alumno/a nuevo/a. Usted es un/a alumno/a nuevo/a en la universidad y le hace las siguientes preguntas a otro/a alumno/a.

1. ¿Vives en el dormitorio?
2. ¿Vas al gimnasio por las tardes?
3. ¿Dónde está el gimnasio?
4. ¿Comes en la cafetería?
5. ¿Es buena la comida?
6. ¿Qué comes a la hora del almuerzo?
7. ...

3–14 Entrevista. Entreviste a un/a compañero/a sobre sus diversiones. Utilice las siguientes palabras (y otras) para hacer sus preguntas.

MODELO: —¿Comes mucho en restaurantes?

—Sí.

—¿Dónde está tu restaurante favorito?

— ...

restaurantes · helado · ver · papas fritas · programas · comer · libros · biblioteca · periódicos · novelas · televisión · fruta · leer · sándwiches · ciencia ficción

Alternate. *Algunos amigos van a comer en su casa esta noche. ¿Qué desea preparar? Con otro/a compañero/a prepare una lista de las comidas que van a comer.*

3–15 Situaciones.

1. You are a waiter/waitress at a café and two of your classmates are the customers. Greet your customers and ask them what they would like to eat and drink. Be prepared to answer any questions they may have.

2. The soup you ordered at a restaurant has arrived cold. Call the waiter and explain that the soup is cold. The waiter should apologize. Tell the waiter that you want a salad instead of the soup.

You may wish to play act this activity yourself before the class to give them an idea of which key phrases to use, e.g., *¿Qué desea Ud?*

2. PRESENT TENSE OF IR

ir	*to go*		
yo	**voy**	nosotros/as	**vamos**
tú	**vas**	vosotros/as	**vais**
Ud., él, ella	**va**	Uds., ellos/as	**van**

- Use **a** to introduce a noun after the verb **ir.** Whenever **a** is followed by the article **el,** they contract to form **al.**

  Voy a la fiesta de María.   *I'm going to Maria's party.*
  Vamos al gimnasio.   *We're going to the gymnasium.*

- Use **adónde** when asking a question with the verb **ir.**

  ¿Adónde vas ahora?   *Where are you going now?*

3. THE PRESENT TENSE TO EXPRESS FUTURE

- You may also express future time with the present tense of the verb. The context shows whether you are referring to the present or the future.

  ¿Estudiamos esta noche?
  ¿Vamos a estudiar esta noche?}   *Are we going to study tonight?*

  ¿Estás en casa hoy a las ocho?   *Will you be at home at eight o'clock tonight?*

4. IR + A + **INFINITIVE TO EXPRESS FUTURE TIME**

▪ To express future time use the present tense of **ir** + **a** + the *infinitive* form of the verb.

Ellos **van a nadar** después.	*They're going to swim later.*
¿**Vas a ir** a la fiesta?	*Are you going to go to the party?*

▪ The following expressions denote future time.

esta noche	*tonight*
mañana	*tomorrow*
pasado mañana	*the day after tomorrow*
la semana próxima	*next week*
el mes/año próximo	*next month/year*

Expansion. 7. *yo / ver una película*
8. *tú / escribir una carta*
9. *ellos / tocar la guitarra*
10. *nosotros / llegar tarde*

3–16 Los lugares universitarios. Indique adónde van estas personas.

MODELO: Juan / libro

Juan va a una librería.

1. Javier y Mauricio / practicar ruso
2. Pablo / comer una hamburguesa
3. Alicia y Julia / usar la computadora
4. Roberto y Héctor / tomar el sol
5. Marta / tomar un refresco
6. Ud. / ...

3–17 Firmas. Averigüe quién va a estos lugares.

MODELO: —¿Vas a la biblioteca esta tarde/noche?

1. una clase de historia	_____
2. la cafetería	_____
3. el cine	_____
4. la playa	_____
5. el gimnasio	_____
6. el laboratorio de ciencias	_____

Actividades

3–18 ¿Qué vas a hacer?

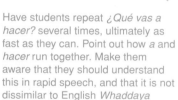

MODELO: esta noche / ver televisión

—¿Qué vas a hacer esta noche?

—Voy a ver televisión.

Have students repeat *¿Qué vas a hacer?* several times, ultimately as fast as they can. Point out how *a* and *hacer* run together. Make them aware that they should understand this in rapid speech, and that it is not dissimilar to English *Whaddaya gonna do?*

1. después / leer el periódico
2. esta tarde / escribir una composición para la clase
3. mañana / estudiar para el examen
4. pasado mañana / comer con unos amigos mexicanos
5. el sábado / descansar en la playa
6. el mes próximo / ir a México

3–19   Destinos.   ¿Adónde van y qué hacen allí?

MODELO: María / cine

María va al cine. Va a ver una película española.

1. Victoria / restaurante
2. Elena y Alberto / biblioteca
3. Rodrigo / playa
4. yo / casa
5. nosotros / café
6. Alina / la librería

Expansion. 7. *mi compañero/a de clase / discoteca* 8. *Rosario / estadio* 9. *tú / café* 10. *el / universidad*

3–20   Mi restaurante favorito.   Usted y su amigo van a ir a su restaurante favorito. Diga cuándo van a ir y qué van a comer y beber.

This is a good activity to be done in groups of two to four.

3–21   Los planes de Maribel para el sábado.   Diga lo que Maribel va a hacer y después diga lo que usted va a hacer.

Variation. Draw Maribel on the board and solicit spontaneous descriptions of what she is going to do. Then ask the students to compare and contrast their activities with those of Maribel.

1.

8:15 a.m.

2.

11:00 a.m.

3.

1:00 p.m.

4.

3:15 p.m.

5.

10:00 p.m.

3–22 Unas vacaciones. Mire este anuncio. Conversen sobre sus próximas vacaciones a uno de estos lugares, usando las siguientes preguntas para empezar la conversación.

1. ¿Adónde vas?
2. ¿Con quién vas?
3. ¿Qué lugares vas a ver?
4. ¿Cuándo vas?
5. ¿Cuántos días vas a estar allí?
6. ¿Qué vas a comprar?
7. ¿Por qué vas a ir a ese lugar?

CARTELERA DE VIAJES

ATALAYA TURISMO

27 años de experiencia, responsabilidad y profesionalismo

TODOS LOS PRECIOS INCLUYEN PASAJES AEREOS Y SERVICIOS TERRESTRES POR PERSONA BASE DOBLE

CARIBE

CANCUN, 7 días, oferta especial Junio u$s **845**

JAMAICA, 9 días, Sandals Inn "sistema todo incluido" exclusivo para parejas. u$s **1740**

VARADERO y CANCUN, 14 días con media pensión en Cuba. u$s **1455**

LA HABANA, TRINIDAD, VARADERO, 14 días con media pensión. u$s **1450**

ANTILLAS HOLANDESAS, 14 días Curaçao y Aruba con desayuno americano. u$s **1410**

LA HABANA, VARADERO y CAYO LARGO, 14 días lo mejor de Cuba, con media pensión y pensión completa. u$s **1925**

ARUBA Y CRUCERO, 16 días, Caracas, Grenada, Barbados, Martinica, Curaçao. u$s **2250**

SANTO DOMINGO y ARUBA, 15 días con media pensión en el Punta Cana Beach Resort y desayuno am. en Aruba. u$s **1720**

MEXICO

MEXICO Y PTO VALLARTA y/o MANZANILLO, 9 días sistema "todo incluido". u$s **1550**

MEXICO, TAXCO, ACAPULCO, 10 días lo tradicional tradicional. u$s **1265**

MEXICO, TAXCO, ACAPULCO, OAXACA, VILLAHERMOSA, MERIDA y CANCUN, 21 días playas y maravillas arqueológicas y coloniales. u$s **2575**

USA Y CARIBE

BAHAMAS, 9 días Grand Bahama, en el Club Fortuna con sistema "todo incluido". u$s **1175**

MIAMI e ISLAS VIRGENES (St. Thomas) 9 días con opcionales a St. John y Virgin Gorda. u$s **1560**

FLORIDA (Miami y Orlando) y **CANCUN** 17 días. u$s **1550**

PERU Y BOLIVIA

LIMA, AREQUIPA, CUZCO, MACHUPICHU, PUNO, LA PAZ, 12 días la ruta del Inca, en ómnibus, tren y aliscafo. u$s **1760**

PACIFICO SUR

TAHITI, MOOREA, BORA BORA El Paraiso! 13 días, desayuno. u$s **2690**

AUSTRALIA, NUEVA ZELANDA, POLINESIA, 28 días, un "superviaje" para conocer los atractivos de estos hermosos países. u$s **5950**

USA

MIAMI y ORLANDO, 9 días auto, hotel o departamento. u$s **899**

NEW YORK, 9 días Traslados y excursiones. u$s **1199**

CALIFORNIA, 14 días Los Angeles, San Diego, Gran Cañón, Las Vegas, San Francisco. En omnibus con guía en castellano. u$s **1935**

USA Y CANADA

NEW YORK, NIAGARA, TORONTO, OTTAWA, MONTREAL, QUEBEC, BOSTON, 14 días tour en ómnibus con guía en castellano. u$s **1815**

Solicite los programas detallados con variantes de hoteles e itinerarios a su agente de viajes

PAGOS EN CUOTAS CON MASTERCARD - VISA

Tucumán 335 P.3º Tel. 312-9599/5784/ 9473 311-7757 313-2736/3546 Fax: 315-8778 - DNT 404/77 · Leg.450

Operador Responsable **ATALAYA** TURISMO

3–23 Situaciones.

1. Your friend is planning to go to a concert. Find out where and when the concert is, who is going to sing, and who is going to play the guitar.

2. Tell your partner about your plans for tonight. Tell him/her a) where you are planning to go, b) with whom, and c) what you are planning to do. Inquire about his/her plans.

5. NUMBERS 100 TO 2,000,000

100	cien/ciento	1.000	mil
200	doscientos/as	1.100	mil cien
300	trescientos/as	2.000	dos mil
400	cuatrocientos/as	10.000	diez mil
500	quinientos/as	100.000	cien mil
600	seiscientos/as	150.000	ciento cincuenta mil
700	setecientos/as	500.000	quinientos/as mil
800	ochocientos/as	1.000.000	un millón (de)
900	novecientos/as	2.000.000	dos millones (de)

Point out the exceptions: *quinientos, setecientos, novecientos.*
Point out: *Y* is not used after *cien* or *ciento,* only between tens and units (e.g., *ciento cuarenta y cinco*).

▪ Use **cien** to say 100 and **ciento** for numbers from 101 to 199.

100 chicos	cien chicos
120 profesoras	ciento veinte profesoras.

▪ The numbers 200 through 900 agree in gender with the noun they modify.

200 escritorios	doscientos escritorios
200.000 casas	doscientas mil casas

▪ Use **mil** for one thousand.

1.000	mil alumnos, mil alumnas

▪ Use **un millón** to say one million. Use **un millón de** when a noun follows.

1.000.000	un millón
1.000.000 personas	un millón de personas

▪ Spanish normally uses a period where English uses a comma, and a comma where English uses a period.

1.000	$19,50

LENGUA   In Spanish, numbers higher than one thousand are not stated in pairs as they often are in English. For example, 1942 must be articulated as **mil novecientos cuarenta y dos,** whereas in English it is often given as *nineteen forty-two.*

Although this is changing somewhat, telephone numbers are generally not stated as individual numbers, but in groups of two whenever possible. This also depends on how the numbers are written, which varies from country to country.

237–515	=	dos — treinta y siete — cinco — quince
12–24–67	=	doce — veinticuatro — sesenta y siete
243–8970	=	dos — cuarenta y tres — ochenta y nueve — setenta.

Actividades

3–24 Para identificar. Su profesor/a va a leer un número de cada grupo. Identifique el número.

▪	114	360	850	524	▪	667	777	984	534
▪	213	330	490	919	▪	1.310	1.420	3.640	6.860
▪	818	625	723	513	▪	10.467	50.312	100.000	2.000.000

3–25 Problemas.

1. 437
   + 83

2. 731
   + 72

3. 893
   + 15

4. 237
   + 863

5. 1.500
   + 2.000

6. 650.000
   + 350.000

3–26 Firmas. Determine quién nació en los siguientes años.

MODELO: 1940

          ¿Naciste en 1940?

1966 _____	1972 _____
1967 _____	1973 _____
1968 _____	1974 _____
1969 _____	1975 _____
1970 _____	1976 _____
1971 _____	1977 _____

3–27 ¿Cuándo va a ocurrir?

MODELO: Mi amigo Roberto va a comprar una casa.

          En 1998.

1. Una mujer va a ser la presidenta de los Estados Unidos.
2. Vamos a usar autos eléctricos en los Estados Unidos.
3. Los astrónomos van a descubrir otro planeta.
4. Van a descubrir una cura para el cáncer.
5. No vamos a tener más petróleo.
6. El inglés, el japonés y el español van a ser las lenguas oficiales del mundo.
7. Voy a visitar la América del Sur.
8. Voy a comprar un auto nuevo.

3–28 Intercambio. El anuncio en la página siguiente es de Iberia, la aerolínea española que vuela a diferentes destinos en este hemisferio.

MODELO: —¿Cuánto cuesta ir a Lima?

          —Ciento ochenta y dos mil doscientas pesetas.

Hoy es día de playa.

- Rio de Janeiro 95.000 ptas. • San Juan de Puerto Rico 118.200 ptas.
- México 115.400 ptas. • La Habana y Varadero 131.900 ptas.
- Miami/Orlando 99.000 ptas. • Bogotá/Cartagena de Indias 149.300 ptas.
- Cancún 116.500 ptas. • San José de Costa Rica y Playa Tambor 139.000 ptas.
- Buenos Aires 153.200 ptas. • Guatemala y México 232.300 ptas.
- Panamá e Isla Contadora 143.300 ptas. • Santiago de Chile 230.700 ptas.
- Lima, Cuzco y Machu Picchu 182.200 ptas. • Santo Domingo/Playa Bávaro 119.500 ptas.
- Los Angeles 125.200 ptas. • Quito e Islas Galápagos 265.800 ptas.
- Caracas/Isla Margarita 136.000 ptas.

Todos los paquetes incluyen avión ida y vuelta desde Madrid, 7 noches de hotel en habitación doble y traslados. Precios válidos desde el 1 de noviembre y sujetos a posibles variaciones. Solicite el folleto en su agencia de viajes.

Vuela al verano.

IBERIA

3–29   Situaciones.

1. Itemize your expenses for next week. You will go to the movies, spend a day at the beach, eat at a restaurant, and go dancing. Tell your partner how much you are going to spend (**gastar**) for each activity.

2. Tell your partner some of the things you brought to class or that you have at home. Say how much each of these things costs.

3. Ask your partner 1) his/her address, 2) phone number, and 3) zip code (**código postal**).

PRONUNCIACIÓN: **g, j, r,** and **rr**

Listen carefully to the explanation of Spanish **g, j, r,** and **rr** on your cassette. If you want to read the explanation on your own or follow along while you listen to your cassette, you will find it in your *Student Activities Manual.*

REPASO GRAMATICAL

1. PRESENT TENSE OF REGULAR -ER AND -IR VERBS

comer _to eat_			
yo	com**o**	nosotros/as	com**emos**
tú	com**es**	vosotros/as	com**éis**
Ud., él, ella	com**e**	Uds., ellos/as	com**en**

vivir _to live_			
yo	viv**o**	nosotros/as	viv**imos**
tú	viv**es**	vosotros/as	viv**ís**
Ud., él, ella	viv**e**	Uds., ellos/as	viv**en**

2. PRESENT TENSE OF IR

ir _to go_			
yo	**voy**	nosotros/as	**vamos**
tú	**vas**	vosotros/as	**vais**
Ud., él, ella	**va**	Uds., ellos/as	**van**

3. FUTURE TENSE WITH IR+A

ir + **a** + _infinitive_	_will_ + _verb_
Ana **va a ser** la presidenta.	_Ana will be the president._

A escuchar

3–30 Las grabaciones telefónicas.   You are calling the museums listed below to find out their hours of operation and where they are located. Indicate the information on the chart below.

	Horas	Dirección
Museo de Arte	_____	_____
Museo de Historia	_____	_____
Museo de Antropología	_____	_____
Museo de Ciencias Naturales	_____	_____

3–31 ¿Quiénes van adónde y cuánto pagan?   First, as you listen to the following statements, circle the words that you hear. Then complete the chart, based on the information you obtain (point of reference: U.S.).

1. Agustina va a estar en **Perú / México.**
   Ella va a pagar **3.255 / 2.155** dólares.
2. Tomás paga **70.657 / 70.756** pesetas y él **no va / va**
   a Latinoamérica.
3. El vuelo 332 **no va / va** a España.
4. El vuelo 900 **no es / es** internacional.
5. Adriana **no va / va** a un país de Norteamérica en el vuelo 201.
6. El vuelo a Lima **es / no es** el 606.
7. La persona que va a México paga 1.567.000 pesos y **no toma**
   / toma el vuelo 201.
8. Pablo **va / no va** a viajar por Estados Unidos y paga 564 dólares.

nombre	destino	vuelo	precio
	Miami		
	Madrid		
	México		
	Lima		

Tapescript. *Las grabaciones telefónicas.*

1. *Buenos días. El Museo de Arte opera de martes a viernes desde las 10:00 hasta las 18:00 horas. Los invitamos a ver la exhibición de El Greco y Goya. Se encuentra en el salón Bastio. El museo está localizado en la Avenida Ponce de León 1.782. Para más información, llame al 23-45-86.*
2. *Hola, buenos días. Durante el verano, el Museo de Antropología está abierto los lunes, martes y viernes desde el mediodía hasta las 20:00 horas. Nuestra dirección es Calle de la Otra Banda, 23.102. Gracias por llamar.*
3. *Museo de Ciencias Naturales, muy buenos días. Nuestro horario durante las vacaciones de invierno es el siguiente: lunes a viernes desde las 9:30 hasta las 17:00 horas y los sábados desde las 11:00 hasta las 15:00. El museo está en la Avenida Bolívar 3.800. Esperamos verlos pronto.*
4. *Usted se ha comunicado con el Museo de Historia, situado en el centro de Caracas. El museo está abierto todos los días, de 9:00 a 16:00 horas. La entrada principal está en la calle San Martín 60.000. Muchas gracias.*

¿Quiénes van adónde y cuánto pagan?

1. *Agustina va a estar en Perú. Va a pagar 2.155 dólares.* 2. *Tomás paga 70.756 pesetas y no va a Latinoamérica.* 3. *El vuelo 332 va a España.* 4. *El vuelo 900 no es internacional.* 5. *Adriana va un país de Norteamérica en el vuelo 201.* 6. *El vuelo a Lima es el 606.* 7. *La persona que va a México paga 1.567.000 pesos y toma el vuelo 201.* 8. *Pablo va a viajar por Estados Unidos y paga 564 dólares.*

 *A conversar*

3–32 Confitería Compostela.   Su compañero/a le va a preguntar cuánto pagan ciertas personas. Conteste según el modelo.

MODELO: —¿Cuánto paga Juan?

—Juan paga 5.000. ¿Y Esteban?

CAFETERIA

Café	A 4.000
Café doble	A 7.000
Café c/crema	A 5.000
Capuchino	A 8.000
Capuchino a la italiana	A 12.000
Café c/leche	A 5.000
Café c/leche, pan y manteca ..	A 8.000
Café c/leche y 3 medias lunas ..	A 8.000
Té c/limón	A 5.000
Té c/leche	A 6.000
Té de leche	A 6.000
Tés medicinales	A 5.000
Leche fría	A 5.000
Leche caliente	A 4.000
Leche fría c/crema	A 6.500
Leche caliente c/crema	A 7.000
Chocolate a la madrileña	A _____
Chocolate espeso	A _____
Submarino	A 8.000
Toddy frío	A _____
Toddy caliente	A _____
Cindor	A _____
Yoghurt	A 5.000
Crema jarrita	A _____

CATEGORIA A

CONFITERIA

Compostela

SANDWICHERIA - BAR

CORDOBA 4502   MAR DEL PLATA

1. Juan / café con leche
2. Sonia / leche fría
3. Ana Inés / té con leche
4. María Soledad / leche caliente
5. Esteban / café doble
6. Fernando / té con limón

3–33 ¿Qué comen sus compañeros/as?   Hagan una encuesta (página 103) para averiguar qué comen sus compañeros/as.

MODELO: USTED: Susana, ¿comes huevos en el desayuno?

SUSANA: Sí, como huevos en el desayuno.

USTED: ¿Comes huevos en el almuerzo o en la cena?

SUSANA: No, no como huevos en el almuerzo ni en la cena.

	desayuno		almuerzo		cena	
	chicos	chicas	chicos	chicas	chicos	chicas
huevos						
café						
jugo						
leche						
sopa						
hamburguesa						
papas fritas						
ensalada						
pollo						

INVESTIGACIÓN

Más horarios
¿A qué hora tomas el desayuno?
¿Sabes cuáles son los horarios de las comidas en España y en otros países hispanos?
¿Qué es la merienda? Una merienda típica en España puede ser chocolate con churros. ¿Sabes qué es un churro?

3–34 ¿Qué vas a hacer?   Hágale varias preguntas a su compañero/a. Tome notas sobre las respuestas y prepare un informe oral para la clase.

MODELO: —¿Qué vas a hacer esta noche?

—Voy a comer en un restaurante. ¿Y tú?

—Yo voy a ir al cine con los chicos de la clase de francés.

1. esta tarde
2. después
3. mañana
4. pasado mañana
5. el próximo sábado
6. la semana próxima
7. el mes próximo
8. el año próximo

Again emphasize natural sounding speech when asking ¿Qué vas a hacer?

CULTURA   Mealtimes in Hispanic countries differ from those in the United States. People typically eat breakfast at around 7:00 or 8:00 A.M. Breakfast often consists of **café con leche** (strong coffee with hot milk) or **chocolate caliente** (hot chocolate) with bread, a sweet roll, and sometimes juice or fruit. This is a light breakfast, so people sometimes have a snack in the late morning. Cereals are becoming more popular, especially among the younger generation. The main meal of the day is lunch (**el almuerzo** or **la comida**), eaten between 1:00 and 3:00 P.M., depending on the country. Fast-food places are popular, especially among young people. Supper (**la cena** or **la comida**) is served after 7:00 or 8:00 P.M., and sometimes as late as 10:00 or 11:00 in Spain.

 *A leer*

3–35 Una tarjeta postal. Mire la postal y conteste las preguntas.

New words: *última, funcion.*

1. ¿En su ciudad hay muchos cines en la misma calle? ¿Dónde hay muchos cines? ¿Come y bebe usted cuando está en el cine? ¿A qué hora es la última función? ¿Cuál es la hora más popular para ir al cine?

   ¿Qué hora es...?

   14:30 _____   16:45 _____   23:00 _____   21:00 _____

   ¿Qué día es...?

   Mcoles. _____   Sáb. _____   Dom. _____

3–36 Vocabulario. Lea las siguientes oraciones para descubrir el significado de las palabras en **negrita**. Luego, conteste las preguntas.

- Los sábados pago 300 pesetas por una hamburguesa con papas fritas. Hoy hay un **descuento** del 50%. Hoy pago 150 pesetas.

- Maricela tiene 15 años. Ella no va a ver la película *Drácula* porque es (S A M 16) **sólo apta para mayores** de 16 años. Maricela es **menor** de 16.

- En los cines siempre vemos diez minutos de **variedades** antes de la película.

  1. ¿Estudia en los sábados por la noche o va al cine?
  2. Tiene un descuento del 50%. ¿Cuánto vas a pagar por una cena de 2.500 pesetas?
  3. ¿Es usted mayor de 18?
  4. ¿En los Estados Unidos las **variedades** son antes o después de la película?

3–37   El cine.   Lea los siguientes párrafos y usando los anuncios de
cine, determine qué van a ver estas personas.

1. Ernesto, Graciela y Martín van a un cine en la calle Lavalle. Son
   mayores de trece y menores de dieciséis. Van a ver una película a las
   tres y media de la tarde. ¿Qué película van a ver?

2. Marcelo y Alejandra van a ver una película en un cine que está en la
   calle Corrientes, número mil quinientos sesenta y cinco. Marcelo
   tiene 15 años y Alejandra tiene 16. Van a estar en el cine a las nueve
   de la noche y no van a ver una película con Robert de Niro. ¿Qué
   película van a ver?

3. El cine está en la calle Lavalle. Es la una de la mañana del sábado y
   Ángela va a la película por la noche. Ángela es mayor de diez y
   ocho. El número de teléfono del cine es tres, dos, dos, uno, cinco,
   uno, cinco. La película va a comenzar en cuarenta minutos. ¿Qué
   película va a ver?

4. Adriana y Mónica también van a ir a la calle Lavalle. Su cine está en
   el ochocientos veinte de esa calle. Son las seis de la tarde y la
   película va a comenzar en diez minutos. Ellas son mayores de
   dieciséis años. ¿Qué película van a ver?

A escribir

3–38 Preguntas.

1. ¿Qué hace usted los fines de semana? ¿Va a bailar, come en restaurantes, va al cine, baila en el club?
2. ¿Con quién hace estas actividades? ¿Con su compañero/a de cuarto, sus amigos, su novio/a, los chicos de la clase?
3. ¿Adónde van ustedes?
4. ¿Qué beben y qué comen?
5. ¿Cuánto dinero necesita?
6. ¿A qué hora está en casa?

3–39 ¿Qué van a hacer? Use las preguntas de arriba como base para escribir un párrafo sobre qué van ustedes a hacer este fin de semana.

VOCABULARIO[1]

COMUNICACIÓN

el periódico	*newspaper*
el programa	*program*

DIVERSIONES

la canción	*song*
la fiesta	*party*
la guitarra	*guitar*
la música	*music*
la película	*film*
película de ciencia ficción	*science fiction film*
la reunión	*meeting, get-together*

LUGARES

el cine	*movies*
el mar	*sea*
la playa	*beach*

EN UN CAFÉ O RESTAURANTE

el agua	*water*
el almuerzo	*lunch*
el arroz	*rice*
el atún	*tuna*
el bistec	*steak*
el café	*coffee*
el/la camarero/a	*waiter/waitress*
la cena	*dinner, supper*
el cereal	*cereal*
la cerveza	*beer*
la comida	*dinner, supper*
la crema	*cream*
el desayuno	*breakfast*
la ensalada	*salad*
los espaguetis	*spaghetti*
la fruta	*fruit*
la hamburguesa	*hamburger*
el helado	*ice cream*
el huevo	*egg*
el jugo	*juice*
la leche	*milk*
la lechuga	*lettuce*
el/la muchacho/a	*boy/girl*
la naranja	*orange*
el pan	*bread*
la papa	*potato*
las papas fritas	*french fries*

el pescado	*fish*
el pollo	*chicken*
el queso	*cheese*
el refresco	*soda*
el sándwich	*sandwich*
la sopa	*soup*
el té	*tea*
el tomate	*tomato*
la tostada	*toast*
el vegetal	*vegetable*
el vino	*wine*

DESCRIPCIÓN

caliente	*hot*
favorito/a	*favorite*
frío/a	*cold*
frito/a	*fried*

VERBOS

beber	*to drink*
cantar	*to sing*
comer	*to eat*
conversar	*to talk, to converse*
deber	*should, ought*
descansar	*to rest, to relax*
disfrutar (de)	*to enjoy*
escribir	*to write*
ir	*to go*
leer	*to read*
nadar	*to swim*
tocar	*to play (an instrument), to touch*
tomar	*to drink, to take*
tomar el sol	*to sunbathe*
ver	*to see*
vivir	*to live*

EXPRESIONES Y PALABRAS ÚTILES

¿adónde?	*where (to)?*
el año próximo	*next year*
al aire libre	*outdoors*
después	*after, afterwards*
estar a dieta	*to be on a diet*
mañana	*tomorrow*
pasado mañana	*the day after tomorrow*
para mí	*for me*

[1]See page 97 for the numbers 100 to 2,000,000.

LECCIÓN 4

El Cuidado de los Niños.

El costo semanal de una guardería para un niño de tres años.

$75

Referencia: Runzheimer International. Basado en costo para fines lucrativos del cuidado de los niños fuera del hogar. Precios de 1991.

Es costoso criar a un niño. Nuestra cuenta Edge Account y nuestra cuenta Premier ayudan a que su dinero rinda más.

¿Cómo es esta familia? ¿Cuántas personas hay? ¿Quiénes son? ¿Cómo son? ¿Cuántas personas hay en su familia? ¿Cómo se llaman y cómo son?

La familia

Goals. In *Lección 4* students learn to identify and describe family members and relationships, and physical and emotional states. They also will be able to provide information about a person's abilities, ask about and express ownership, preferences and desires, and family activities. The grammar includes: present tense of *e → ie* and *o → ue* stem-changing verbs, expressions with *tener,* possessive adjectives, and present tense of *hacer, poner,* and *salir.*

COMUNICACIÓN

- Identifying and describing family members and relationships
- Describing physical and emotional states
- Providing information about a person's abilities
- Asking about and expressing ownership
- Expressing preferences and desires
- Discussing family activities

ESTRUCTURAS

- Present Tense of **e → ie** and **o → ue** Stem-Changing Verbs
- Expressions with **tener**
- Possessive Adjectives
- Present Tense of **hacer, poner,** and **salir**

CULTURA

- Families in the Spanish-speaking world

A PRIMERA VISTA

Las familias

It is important to promote **casual communication** in Spanish. This lesson deals with the family, a very familiar topic that students feel at ease discussing, comparing, and contrasting. Talk about the first two photos introducing the words *abuelos, padres*, and *hijos*. You may mention that it is more common to see three generations eating out together or enjoying an outing than it is in the United States. It is also more common to have three generations living in the same house or apartment.

Then talk about the third picture and ask some simple questions to check understanding.

Present the family by carefully introducing and pronouncing the various family relationships (possibly on the chalkboard), pausing to ask questions to make sure students are following. Try to express a few relationships for each person, and break them down to their most basic level, e.g., *el abuelo es el padre del padre de Eduardo.*

Personalize by then asking the class *¿Quién tiene cuatro abuelos? ¿tres?*, etc. For now, just work toward recognition; later students will describe the family in detail.

Suggestions. Build confidence in discussing families by a) asking questions to identify different members in Eduardo's family; b) talking about your own family tree using chalkboard; then c) having the students work out their own family trees. Have them exchange their family tree with another student and ask each other questions about their respective families. Afterwards have the students share this information with the class. Encourage them to listen to the other responses rather than to plan what they are going to say if called on.

Una foto familiar: tres generaciones —abuelos, hijos y nietos.

Una familia joven pasea con sus hijos en el zoológico de Chapultepec en la ciudad de México.

Una familia puertorriqueña de Nueva York celebra el bautizo de su hija. Las relaciones entre los padrinos, los ahijados y sus padres son muy importantes en la cultura hispana.

110

La familia de Eduardo

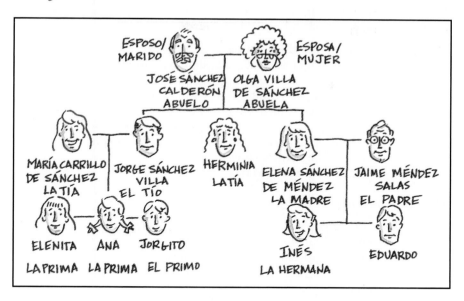

Eduardo habla de su familia.

Me llamo Eduardo Méndez Sánchez. Yo soy colombiano y vivo en un apartamento en Bogotá con mis padres y mi hermana Inés. Mi tío, el hermano de mi mamá, se llama Jorge. Mis tías se llaman María y Herminia. Mi papá no tiene hermanos; es hijo único. Elenita, Ana y Jorgito son mis primos. Son los sobrinos de mis padres.

Mis abuelos son los suegros de mi tía María. Ella es la nuera de mis abuelos y mi papá es el yerno. Mi madre es la cuñada de María. ¿Quién es el cuñado de mi padre?

La hermana de mi mamá es Herminia. Herminia y Sergio están divorciados. Ahora ella está casada con Osvaldo y Sergio está casado con Paula.

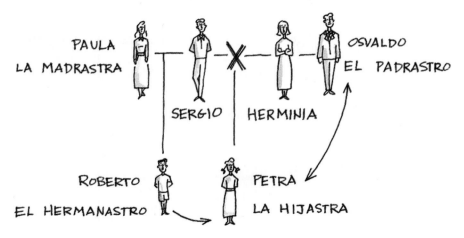

called on.

Optional. Variation on the suggestions on previous page. Have students report to the class what a classmate has said. For example, *Mi compañera dice que vive con su familia. Tiene tres hermanos y una hermana. Su hermana se llama... Su tía vive con ellos,* etc.

Optional. Have students work in small groups to make a list of the advantages and disadvantages of a large family. Have them compare their list with that of another group.

Explain that *novio* also means groom and *novia,* bride.

Optional. Present other members of the family by explaining the special relationship between *ahijados* and *padrinos,* and the meaning of *compadres* and *compadrazgo* (the relationship between the parents of the child and the godparents).

Point out that 1) the ending *-ito/a* (e.g., *Jorgito, Elenita*) is very common in Hispanic countries, especially to differentiate parents from children, 2) the ending expresses affection and may also denote smallness in size (*libro-librito*), and 3) there are also variations from one country to another.

Mention that Hispanics are often given more than one name (e.g., *Carlos Alberto, María del Carmen*) and that the name *María* is sometimes used as part of the name of a man (e.g., *José María, Carlos María*).

Variation: Bring magazine pictures of persons of different ages. Then ask *¿Es mi nieto o mi abuelo? ¿Es*

Actividades

4–1   La familia de Eduardo.   Complete las siguientes oraciones de acuerdo con el árbol genealógico de Eduardo.

1. La hermana de Eduardo se llama _____.
2. Don José y doña Olga son los _____ de Eduardo. Ellos tienen _____ hijas y _____ hijo.
3. Eduardo es el _____ de Jaime.
4. Jaime es el _____ de Eduardo, y Elena es la _____.
5. Inés y Ana son _____.
6. Don José y doña Olga tienen _____ nietos y _____ nietas.
7. Elena es la _____ de Jorgito, Elenita y Ana.
8. Inés es la _____ de Jorge y María.

4–2   Asociaciones.

1. la esposa de mi papá	a. primo
2. el hermano de mi prima	b. nieto
3. la madre de mi esposo/a	c. madre
4. el hijo de mi hijo	d. suegra
5. el hermano de mi mamá	e. cuñada
6. la hermana de mi esposo/a	f. tío

4–3   ¿Quién es y cómo es?   Escoja a algún familiar de Eduardo. Su compañero/a debe decir cuál es su parentesco con Eduardo y usar su imaginación para dar información adicional.

MODELO: ¿Quién es Elenita?

Es la prima de Eduardo. Tiene dieciocho años y estudia psicología. Es muy simpática y tiene muchos amigos.

4–4   Entrevista.   Descubra cómo es la familia de su compañero/a. Pueden usar algunas de estas palabras y expresiones en la conversación.

hermanos/as   ¿Cuántos ... tienes?

ir

tíos   padres   ¿Dónde vive(n)...?

estar   Tengo...   divorciado/a

primos/as   viejo/a

¿Cómo...?   casado/a

Más sobre la familia de Eduardo

Jorgito corre y juega con otros niños en el parque. En la casa, él quiere jugar con su perro Sansón, pero Sansón es muy perezoso y siempre tiene sueño.

Sansón es un perro muy bueno y muy tranquilo. Elenita y su novio piensan que es un poco tonto. Cuando Sansón sale y ve otros perros grandes, tiene mucho miedo.

Elenita va al gimnasio y Ana tiene clases de baile dos veces a la semana. Cuando llegan a la casa tienen mucha sed. ¿Y Sansón? Bueno, Sansón siempre tiene hambre.

Mi tío Jorge es una persona muy ocupada. Él siempre tiene prisa. Mi tía María Elena es muy tranquila. Ella nunca tiene prisa.

Por la noche mi abuela tiene frío, pero todos tenemos calor.

Use visuals, if possible, to introduce *correr* and *jugar*. Personalize: *Yo no corro por las tardes, prefiero caminar. Camino media hora más o menos, pero los fines de semana camino hasta una hora. ¿Y usted camina o corre? ¿Dónde? ¿Por la mañana o por la tarde? Yo no camino por la mañana porque tengo mucho sueño* (either yawn or show visual), *por eso camino por la tarde. ¿Tiene Ud. sueño a las siete de la mañana? ¿Y cuando estudia por la noche?* Then talk about the illustration and ask questions. You may follow a similar procedure for the other illustrations.

In these illustrations there are several expressions with *tener* + noun as a preview. These expressions will be formally introduced in the first section of the *Explicación y expansión*.

Here again you can ask students to report their findings to the class.

Have each student stand up to talk about his/her family. You may want to ask for a volunteer or choose one of the better students to begin. As the exercise progresses, enforce greater fluency, better flow, and more natural speech. If the class is too large or time too short, divide the class into two or more groups for delivery. Later ask the class what interesting information they remember from the family trees described.

As students circulate through the class they ask either one question per person, or all questions to five different people.

Actividades

4–5 Entrevista.

1. ¿Cuántas personas viven en tu casa? ¿Quiénes son? ¿Cómo son?
2. ¿Qué hacen por la noche?
3. ¿Tienes perro? ¿Cómo se llama?
4. ¿Cómo es tu perro?
5. …

4–6 Mi familia. Cada estudiante debe preparar un pequeño árbol genealógico y hablar sobre sus parientes.

MODELO: Mi hermano se llama Bob. Es soltero y tiene treinta años. Vive en Chicago y trabaja en un banco. Bob es alto y delgado y muy simpático.

4–7 Firmas. ¿Cómo son las familias de mis compañeros/as?

1. tener dos hermanos   _____
2. vivir con los padres   _____
3. tener muchos primos   _____
4. ser hijo/a único/a   _____
5. tener novio/a   _____

4–8 Características familiares. Pregúntele a su compañero/a sobre las características de sus familiares. Su compañero/a le contesta con una descripción de esa persona.

MODELO: —¿Tienes un pariente muy alto?

—Sí, mi tío. Él es muy alto y muy gordo. Está casado con mi tía Luisa y tienen tres hijos: Silvina, Magda y Carlos…

1. muy, muy delgado
2. de ojos verdes
3. de pelo largo
4. divorciado
5. perezoso
6. muy trabajador
7. …

Tapescript
1. Pedro tiene diez hermanos y todos viven con sus padres. Tienen seis tíos y catorce primos.
2. Alicia no tiene hermanos. Ella vive con sus padres. Alicia tiene un tío y dos primos.
3. Magdalena vive con sus padres y sus abuelos. Ella tiene cuatro hermanas, pero no tiene hermanos. Además tiene varios tíos y muchos primos.
4. Alberto vive solo. Sus padres viven en otra ciudad. Alberto tiene una hermana que vive con sus padres. Él no tiene tíos.

A escuchar

You will hear descriptions of four families. Mark the appropriate column to indicate whether the family is big or small.

	Grande	Pequeña
1.	___	___
2.	___	___
3.	___	___
4.	___	___

A leer

Read the following paragraph paying special attention to the visuals and answer the questions.

Stress reading for comprehension. Pay attention to cognates.

El trabajo y el cuidado infantil

En Hispanoamérica y en los Estados Unidos, muchas familias necesitan dos salarios para vivir. Como esta situación es más común entre los padres jóvenes, muchos hijos de menos de cinco años van a una guardería mientras los padres trabajan. Los padres divorciados o separados que trabajan y viven con sus hijos pequeños tienen el mismo problema.

Estos costos son bastante altos. Tal vez deberíamos ofrecer préstamos para mascotas.

Usted trabaja arduamente por su dinero. ¿Sabía usted que a través de Barnett puede invertir en fondos mutuos?

El Pan de Cada Día.
El número de familias estadounidenses con ingresos dobles está aumentando.

El 58% de todas las parejas casadas cuentan con dos ingresos.

Total: 30.3 millones de parejas.

Referencia: American Demographics, Oct. 1991

El Cuidado de los Niños.
El costo semanal de una guardería para un niño de tres años.

$75

Referencia: Runzheimer International. Basado en costo para fines lucrativos del cuidado de los niños fuera del hogar. Precios de 1991.

Es costoso criar a un niño. Nuestra cuenta Edge Account y nuestra cuenta Premier ayudan a que su dinero rinda más.

Can you find. . .

1. the percentage of families with two salaries?
2. the number of couples with two incomes?
3. the average weekly cost of day care?
4. the Spanish word for a day care center?

Enfoque

LA FAMILIA MODERNA

Buenos Aires

Los cambios en la sociedad moderna han afectado las características de la familia tradicional en los países del mundo hispánico. La familia tradicional era numerosa, constituida por los padres, los hijos y otros familiares. En muchos casos vivían en la misma casa los padres, varios hijos, los abuelos y algunos tíos y sobrinos.

Hoy día la típica familia hispana es menos numerosa. Mientras que en 1970 el promedio de hijos por familia era de 3,5, en 1990 esta cifra bajó a 2,85.

Esto se debe en parte a que en la actualidad las parejas se casan a una edad mayor. Mientras que en 1954 la edad promedio para el matrimonio era de 20 años, actualmente es de 25 años.

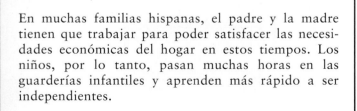

En muchas familias hispanas, el padre y la madre tienen que trabajar para poder satisfacer las necesidades económicas del hogar en estos tiempos. Los niños, por lo tanto, pasan muchas horas en las guarderías infantiles y aprenden más rápido a ser independientes.

Toledo

1. PRESENT TENSE OF E → IE AND O → UE STEM-CHANGING VERBS

pensar	*to think*		
yo	pienso	nosotros/as	pensamos
tú	piensas	vosotros/as	pensáis
Ud., él, ella	piensa	Uds., ellos/as	piensan

volver	*to return*		
yo	vuelvo	nosotros/as	volvemos
tú	vuelves	vosotros/as	volvéis
Ud., él, ella	vuelve	Uds., ellos/as	vuelven

- These verbs change the stem vowel **e** to **ie** and **o** to **ue** except in the **nosotros** and **vosotros** forms.[1]

- These stem changes occur whenever the stem vowel is stressed: pienso/pensamos; vuelvo/volvemos.

- Other common verbs and their vowel changes are:

e → ie		o → ue	
empezar	*to begin*	**almorzar**	*to have lunch*
preferir	*to prefer*	**costar**	*to cost*
querer	*to want, to love*	**dormir**	*to sleep*
		poder	*to be able to, can*

- **Tener** *(to have)* and **venir** *(to come)*, in addition to changing e→ie, have an irregular **yo** form.

	PRESENT TENSE	
	tener	**venir**
yo	tengo	vengo
tú	tienes	vienes
Ud., él, ella	tiene	viene
nosotros/as	tenemos	venimos
vosotros/as	tenéis	venís
Uds., ellos/as	tienen	vienen

To introduce stem-changing verbs, highlight the stem with a different color or bold letters if writing them on the board.

Use visuals, if possible, and comprehensible input to present some of these verbs. For example, *Este chico almuerza con sus amigos en una cafetería. Ellos almuerzan a la una. Yo no almuerzo a la una, almuerzo a las doce. Usted también almuerza a las doce y media, ¿verdad? Ah, pues nosotros almorzamos a la misma hora. ¿Quién más almuerza a las doce y media?* Write *almuerzo, almuerza(n),* and *almorzamos* on the board.

Preparation. Introduce the expression *tiempo libre.* Tell students what you prefer to do in your free time. Ask them what they prefer to do. Ask other students about what their classmates have said.

[1]Stem-changing verbs are identified in vocabulary lists as follows: **pensar** (ie); **volver** (ue).

117

Introduce a few names of sports with the verb *jugar*. Practice this verb with pictures of popular sports figures.

- The verb **jugar** (*to play a game or a sport*) changes the **u** to **ue**.

Mario juega muy bien, pero nosotros jugamos regular.

2. EXPRESSIONS WITH TENER

Personalize these expressions by asking questions, e.g., *¿Tiene Ud. calor? ¿Tiene sed? ¿Qué toma cuando tiene sed?* Ask other students about their classmates' answers.

- Spanish uses **tener** + *noun* in many cases where English uses *to be + adjective*. You have already seen the expression **tener...años.** These expressions always refer to people or animals but never to things.

Optional. Review *ser* and *estar* with *frío* and *caliente.* Posters can be very helpful for this review and the presentation of expressions with *tener.* Personalize when possible.

Suggestion. Present *no tener razón*

	hambre		hungry
	sed		thirsty
	sueño		sleepy
	miedo		afraid
tener	calor	to be	hot
	frío		cold
	suerte		lucky
	cuidado		careful
	prisa		in a hurry

- With these expressions use **mucho/mucha** to indicate *very.*

Tengo **mucho** calor. (frío, miedo, sueño, cuidado)
Tienen **mucha** hambre. (sed, suerte, prisa)

Ask a few questions using *tener que, querer,* and *pensar* with infinitives. Begin by telling what you have to, want to, and intend to do.

- Use **tener** + **que** + *infinitive* or **hay** + **que** + *infinitive* to express obligation.

Tengo que terminar hoy.   *I have to finish today.*
Hay que terminar hoy.   *It's necessary to finish today.*

Actividades

Answers. 1. e, 2. f, 3. d, 4. a, 5. c, 6. b.

4–9 Asociaciones.

1. Mi hermano va a comer mucho.
2. Mi hermana duerme 10 horas.
3. Mi primo está en el Polo Norte.
4. Mis abuelos toman mucha agua.
5. Mi mamá gana cuando juega a la lotería.
6. Son las 8:00 y necesito estar en casa a las 8:10.

a. Tienen sed.
b. Tengo prisa.
c. Tiene suerte.
d. Tiene frío.
e. Tiene hambre.
f. Tiene sueño.

4–10 Preferencias.

MODELO: café o té

—Yo prefiero té.

—Pues, yo prefiero café. *o* —Prefiero té también.

Expansion. 7. *ir a la playa o comer piza* 8. *volver a casa o almorzar con amigos* 9. *bailar o conversar* 10. *estudiar o trabajar*

1. el jazz o la música rock
2. la playa o el cine
3. la leche o la cerveza
4. mirar televisión o leer
5. la comida mexicana o la comida italiana
6. el béisbol o el basquetbol

4–11   ¿Qué quieren hacer estas personas?

MODELO: María quiere correr esta tarde.

Answers. *Carlos quiere dormir. Quieren leer el periódico. Marisa quiere comer espaguetis. Queremos bailar. Personalize by asking, Y Ud., ¿qué quiere hacer ahora?*

Carlos

Pablo y Alberto

Marisa

nosotros

yo

4–12   Las horas.   Averigüe a qué hora empiezan y a qué hora terminan las siguientes actividades.

MODELO: la clase de español

—¿A qué hora empieza la clase de español?

—Empieza a...

—¿A qué hora termina?

—Termina a...

1. la clase de historia
2. la música en una discoteca
3. las noticias
4. su programa favorito de televisión
5. los juegos de béisbol
6. las fiestas de sus amigos

Students do this activity in groups of two and then report findings to the class. Discuss when some popular television programs begin and what time parties generally start and end. Mention that people generally dance at Latin American parties and that the parties start and end late.

4–13   ¿Qué tienen estas personas?

MODELO: Pablo tiene frío.

4–14   ¿Qué piensan hacer estas personas?

MODELO: Mi hermano desea estar delgado.

Él piensa correr mucho (o estar a dieta, o comer poco).

1. Mi hermana tiene un examen mañana.
2. Mi tía está muy enferma.
3. Mis abuelos están de vacaciones.
4. Mi primo y yo vamos a un restaurante español.
5. Yo voy a ir a México.

4–15   Los Altagracia. ¿Qué tienen que hacer los miembros de esta familia?

MODELO: Pedrito necesita unos libros para sus clases.

Tiene que ir a la biblioteca / librería.

1. La madre quiere ver una película argentina.
2. El niño tiene mucha hambre.
3. Pedrito quiere sacar buenas notas.
4. El papá está muy gordo.
5. La madre trabaja mucho.
6. Magdalena quiere hablar francés muy bien.

4–16 Los sobrinos. Su sobrino tiene diez meses. Diga qué cosas puede y no puede hacer. Después su compañero/a le va a decir lo que puede hacer su sobrino.

MODELO: desayunar huevos fritos

Mi sobrino no puede desayunar huevos fritos.

1. caminar rápido
2. correr
3. tomar jugo
4. beber leche
5. comer hamburguesas
6. estar solo en la casa

Expansion. ¿Cuáles son otras cosas que puede o no puede hacer un niño de diez meses?

4–17 Entrevista.

1. ¿A qué hora almuerzas? ¿Dónde? ¿Con quién?
2. ¿Qué prefieres almorzar?
3. ¿Qué bebes en el almuerzo?
4. ¿Duermes una siesta después del almuerzo?
5. ¿Vuelves a la universidad después del almuerzo?

Do in groups of two. Or, time permitting, you may ask students to talk to several others.

New word: siesta:

4–18 Una fiesta. Usted y su compañero/a organizan una fiesta para el club de español. Deben explicarles los siguientes puntos a unos compañeros.

1. número de personas que vienen
2. a qué hora empieza la fiesta
3. personas que no pueden venir
4. comida y bebida que tienen para la fiesta
5. qué tienen que hacer sus compañeros/as

Allow each group to report on the type of party planned.

4–19 Situaciones.

1. Find out a) what city your partner prefers to visit, b) why, c) when he/she is planning to go, and d) with whom.
2. Pretend that you are in your favorite restaurant. Use the verb **querer** to tell your partner all of the things that you want to drink and eat. Your partner should do the same.

Summary. After this exercise, see if there is a consensus on what cities everyone prefers to visit, and what foods they want.

3. POSSESSIVE ADJECTIVES

mi, mis	*my*
tu, tus	*your*
su, sus	*your* (formal), *his, her, its, their*
nuestro, nuestra	*our*
vuestro, vuestra	*your* (familiar)

- Possessive adjectives always precede the noun they modify.

  mi mamá   **tu** hermana

- Possessive adjectives change number (and gender for **nosotros** and **vosotros**) to agree with the thing possessed, not with the possessor.

  mi casa, **mis** casas
  nuestro padre, **nuestros** padres, **nuestra** familia, **nuestras** primas

Suggestion. Present *mi(s)* by pointing to some objects, e.g., *mi libro, mi escritorio, mis lápices, mis bolígrafos.*
  Point out: *tu asiento* and *su asiento* = your seat. Use *tu(s)* and *su(s)* pointing to objects in the classroom. Ask questions to check comprehension.

Activity. Ask questions about students' families using *tu(s)* or *sus(s)*, e.g., ¿Cuántos hermanos tiene? ¿Cómo se llaman sus hermanos? ¿Dónde viven? Then encourage use of *su* and *sus* by asking students to recall information about others' families.

- **Su** and **sus** have multiple meanings. To ensure clarity, you may use **de** + *the name of the possessor* or *the appropriate pronoun.*

su tía
{
la tía de ella (la tía de Elena)
la tía de él (la tía de Jorge)
la tía de usted
la tía de ustedes
la tía de ellos (la tía de Elena y Jorge)
la tía de ellas (la tía de Elena y Olga)
}

Actividades

4–20 Comparaciones. Comparen las siguientes personas y cosas.

MODELO: —Mi bicicleta es negra y fea. ¿Cómo es tu bicicleta?

—Es azul y blanca.

1. la familia
2. el auto
3. el/la novio/a
4. la madre
5. el restaurante favorito
6. el/la profesor/a de inglés
7. la computadora
8. el perro
9. la casa

4–21 Cosas favoritas. Use la siguiente lista para averiguar las preferencias de su compañero/a.

MODELO: libro

—¿Cuál es tu libro favorito?

—Mi libro favorito es...

película	programas de televisión	amigo/a
clases	canciones	cantante

Ahora, cambie de compañero/a. Su segundo compañero/a debe averiguar las preferencias del primer compañero/de la primera compañera.

MODELO: —¿Cuál es su libro favorito?

—Su libro favorito es...

4–22 Información sobre la familia.

1. ¿Cuántos hermanos tienes?
2. ¿Cómo se llaman tus hermanos?
3. ¿Cuántos años tienen?
4. ¿Dónde viven tus hermanos?
5. ¿De qué color es el pelo de tu hermano mayor? ¿Y los ojos?
6. ¿Son simpáticos tus hermanos?

4–23 Nuestra universidad. Preparen un pequeño párrafo sobre su universidad usando la forma correcta de **nuestro**. Algunos temas que pueden usar son: profesores, clases, estudiantes y equipo de fútbol o basquetbol.

4–24   Situaciones.

1. You are doing some research regarding immigrants in this country. Diagram your partner's family tree as he/she describes it to you. Find out where the various family members are from.

2. You and your partner are opponents in a debate. You will argue the case for large families and your partner will defend his/her preference for small families.

4.   PRESENT TENSE OF HACER, PONER, AND SALIR

▪ The verbs *hacer, poner,* and *salir* are irregular in the present tense. After looking over the illustrations below, turn to page 124 and study the rules and forms for these verbs.

Present these verbs through visuals. Talk about the various activities of the people and compare with what you do to contrast the verbs forms. For example, *El padre pone la mesa. En mi casa yo no pongo* (write word on the board) *la mesa. Mi hijo pone la mesa. Y en su casa, ¿quién pone la mesa?*

El padre pone la mesa.

La madre prepara el desayuno.

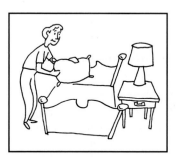

El hijo hace la cama.

Los abuelos ponen la televisión.

La familia desayuna y sale.

	hacer	**poner**	**salir**
yo	**hago**	**pongo**	**salgo**
tú	haces	pones	sales
Ud., él, ella	hace	pone	sale
nosotros/as	hacemos	ponemos	salimos
vosotros/as	hacéis	ponéis	salís
Uds., ellos/as	hacen	ponen	salen

(Present Tense)

- These verbs are regular except for the **yo** form.[2]

- **Poner** normally means *to put*. However, with electrical appliances, **poner** means *to turn on*.

Él va a **poner** los platos en la mesa.	*He's going to put the plates on the table.*
Yo **pongo** la televisión por la tarde.	*I turn on the TV in the afternoon.*

- **Salir** can be used with several different prepositions.

  a. To express that you are leaving a place, use **salir de.**

Yo **salgo de** mi cuarto ahora.	*I'm leaving my room now.*

  b. To express the place of your destination, use **salir para.**

Salgo para tu casa.	*I'm leaving for your house.*

  c. To express with whom you go out or the person you date, use **salir con.**

Ella **sale con** Mauricio.	*She goes out with Mauricio.*

Actividades

After this exercise, personalize by asking students what time they are going out this Friday.

4–25 ¿Cuándo salen? El curso termina el viernes. Usted y sus compañeros van a salir a horas diferentes. Diga a qué hora salen.

MODELO: Juan / 8 a.m.

Juan sale a las ocho de la mañana.

1. Alicia / 9 a.m.
2. Pedro y Julio / 11:00 a.m.
3. Mi amigo Luis / 3:00 p.m.
4. Tú / 2:30 p.m.
5. Yo / 1:00 p.m.
6. Mirta y Elda / 10:00 a.m.

---

[2]These verbs are marked with (g) in vocabulary lists.

4–26   Responsabilidades.   ¿Quién hace estas cosas en su casa?

MODELO: preparar la cena

—¿Quién prepara la cena?

—Mi mamá prepara la cena.

1. hacer la cama
2. preparar el desayuno
3. poner la mesa
4. poner la televisión
5. comprar la comida
6. sacar el perro

Alternate. Do this in groups of two and have students report later what their partner answered, using *su* or *sus*.

4–27   Las clases de español.

MODELO: —Mi hermano tiene la clase por la mañana.
¿Y tú?

—Yo tengo la clase por la tarde.   *o*   —Yo también
tengo la clase por la mañana.

1. Él hace la tarea por la noche. ¿Y tú?
2. Él llega a la clase a las nueve. ¿Y tú?
3. Él pone la tarea sobre el escritorio del profesor. ¿Y tú?
4. Él habla español en la clase. ¿Y tú?
5. Él sale de la clase a las diez. ¿Y tú?
6. Él estudia en la biblioteca después del almuerzo. ¿Y tú?

Expansion. 7. *Él vuelve a casa antes de la cena. ¿Y tú?* 8. *Él siempre saca buenas notas cuando estudia. ¿Y tú?* 9. *Él no pone mucha crema en su café. ¿Y tú?* 10. *Él prefiere estudiar en casa y no en la biblioteca. ¿Y tú?*

4–28   ¿De dónde salen, con quién y para dónde?   Complete el siguiente párrafo con la forma correcta de **salir** + **de, para** o **con.**

Answers. 1. *salen de, Salen para, sale con* 2. *salgo de, Salgo para, salgo para, salgo con*

1. Javier y Marcelo son hermanos. Ellos _____ su casa. _____ el cine.
Javier siempre _____ Marcelo los domingos por la tarde.

Ahora complete el siguiente párrafo de acuerdo con sus actividades.

2. Yo _____ la casa a las nueve de la mañana. _____ la universidad.
Llego a la universidad a las nueve y media. Las clases terminan a las
cuatro. A esa hora yo _____ la casa. Por las noches _____ mi novio/a.

4–29 Entrevista. Usted quiere saber qué hace su compañero/a en su tiempo libre. Hágale las siguientes preguntas.

1. ¿A qué hora sales de la universidad?
2. ¿Sales para tu casa o para el trabajo?
3. ¿Qué haces cuando llegas a tu casa?
4. ¿Cuándo pones la televisión?
5. ¿Qué programa prefieres?
6. ¿Con quién sales los fines de semana? ¿Adónde van?

4–30 Situación.

You and your partner are discussing what your family members/room-mates do in the morning. Say a) who sets the table, b) who prepares breakfast, c) who makes the beds, and d) what time you leave.

PRONUNCIACIÓN: l, m, n, and ñ

Listen carefully to the explanation of the Spanish **l, m, n,** and **ñ** on your cassette. If you want to read the explanation on your own or follow along while you listen to your cassette, you will find it in your *Student Activities Manual.*

Expansion. If students do not live with their parents, they can contrast their morning activities at home with those at their parents' house.

Tapescript
At the beginning of a syllable, the Spanish *l* and English *l* are very similar. At the end of a syllable, the Spanish *l* has the same pronunciation, while English *l* is quite different. Compare the pronunciation of the following words:

Lucas, Lucas; hotel, hotel,
Now listen and repeat.
lápiz libro mal papel el español alto
m, n
Spanish and English *m* are pronounced the same. Listen and repeat the following words:
mamá malo amable moreno mesa mexicano
At the beginning of a syllable, the Spanish and English *n* are pronounced the same. At the end of a syllable, however, the Spanish *n* may vary according to the consonant that follows it. Before *p, b,* and *v,* Spanish *n* is pronounced like an *m;* before *k, ca, co,* and *cu,* Spanish *n* is pronounced like *ng.*
un japonés un bolígrafo un viejo inglés un casete
ñ
Spanish *ñ* is similar to the pronunciation of *ni* in the English word *onion* or *ny* in *canyon.* Listen and repeat the following words.
español señora mañana pequeño tamaño

REPASO GRAMATICAL

1. **PRESENT TENSE OF E → IE AND O → UE STEM-CHANGING VERBS**

pensar *to think*			
yo	pienso	nosotros/as	pensamos
tú	piensas	vosotros/as	pensáis
Ud., él, ella	piensa	Uds., ellos/as	piensan

volver *to return*			
yo	vuelvo	nosotros/as	volvemos
tú	vuelves	vosotros/as	volvéis
Ud., él, ella	vuelve	Uds., ellos/as	vuelven

2. **PRESENT TENSE OF TENER AND VENIR**

Present Tense		
	tener	**venir**
yo	tengo	vengo
tú	tienes	vienes
Ud., él, ella	tiene	viene
nosotros/as	tenemos	venimos
vosotros/as	tenéis	venís
Uds., ellos/as	tienen	vienen

3. **PRESENT TENSE OF HACER, PONER, AND SALIR**

Present Tense			
	hacer	**poner**	**salir**
yo	**hago**	**pongo**	**salgo**
tú	haces	pones	sales
Ud., él, ella	hace	pone	sale
nosotros/as	hacemos	ponemos	salimos
vosotros/as	hacéis	ponéis	salís
Uds., ellos/as	hacen	ponen	salen

A escuchar

Un matrimonio.

1. ¿Cómo se llama la novia?
2. ¿Cómo se llama el novio?
3. ¿Cuándo va a ser el matrimonio?
4. ¿Dónde va a ser la ceremonia?
5. ¿En qué ciudad va a ser la ceremonia?
6. ¿Quién es el padre de José?
7. Si usted va a la ceremonia, ¿a qué hora tiene que estar allí?
8. ¿Cuál es el nombre completo de Isabel?
9. ¿Cuál va a ser el nombre completo de Isabel después del matrimonio?

Nora está muy mal.

Teresa: Hola, Nora ¿cómo estás?

Nora: Más o menos, Teresa. Mi familia no está muy bien.

Teresa: ¿De verdad?

Nora: Mi hermana, Gloria, está mala y no tiene trabajo. Mi cuñado, Federico, trabaja todo el día y no tiene tiempo para cuidar a Gloria. Mis padres están muy ocupados también.

Teresa: ¿Y los hijos de Gloria?

Nora: Mis sobrinos Ana y Ernesto trabajan y no tienen tiempo. La mayor, Susana, está en casa por la mañanas, pero trabaja todas las tardes.

Teresa: Bueno, Nora no está todo tan mal. Tu sobrina Susana está con tu hermana por las mañanas y tu cuñado Federico está con ella por las noches.

Nora: Sí, es verdad, no está todo mal.

Teresa: Sólo necesitas a una persona por las tardes. ¿Cierto?

Nora: Pues, sí. Sólo una persona por las tardes, hmm.

(conversation continues on next page)

128

4–31 Un matrimonio. Look at the marriage announcement below from a Chilean newspaper, *El Mercurio.* Answer the questions that you hear based on the announcement.

> FERNANDO Montes Correa, María Cristina Allende de Montes, Alfonso Donoso Flores y Vitalia Schmidt de Donoso participan a usted el matrimonio de sus hijos Isabel Margarita Montes Allende y José Francisco Donoso Schmidt, y le invitan a la ceremonia religiosa que se efectuará con misa de precepto en el Colegio del Sagrado Corazón (Santa Magdalena Sofía 277), el día sábado 8 de mayo, a las 19.30 horas.
> Santiago, abril de 1993.
>
> Matrimonio
> Donoso Schmidt -
> Montes Allende.

1. _____   6. _____
2. _____   7. _____
3. _____   8. _____
4. _____   9. _____
5. _____

4–32 Nora está muy mal. Take notes as you listen to the conversation between Nora and Teresa. Then listen again and mark the correct response.

1. Gloria es la...
   a. hermana de Teresa
   b. hermana de Nora
   c. amiga de Nora

2. Federico es el...
   a. cuñado de Nora
   b. padre de Ana
   c. padre de Susana

3. Susana trabaja...
   a. con la hermana de Ana
   b. por las tardes
   c. por las noches

4. Ana es la...
   a. hermana de Nora
   b. sobrina de Nora
   c. hija de Gloria y Federico

5. Los hijos de Gloria y Federico son...
   a. Teresa y Nora
   b. Ana, Ernesto y Susana
   c. Ernesto y Federico

6. Carlos es...
   a. sobrino de Nora
   b. hijo de Nora
   c. hermano de Nora

7. Teresa piensa que sus padres...
   a. están enfermos
   b. trabajan mucho
   c. no comen bien

8. Los abuelos de Teresa están...
   a. con Nora
   b. mal
   c. muy jóvenes

A conversar

4–33 ¿Cómo es su familia? Entreviste a un compañero/a.

1. familia grande o pequeña. ¿Quiénes son?
2. dónde viven los abuelos, los padres, los tíos, etc.
3. cuántos hermanos
4. hermano favorito. ¿Por qué?
5. cuántos tíos
6. tío favorito. ¿Por qué?
7. cuántos primos
8. primo favorito. ¿Por qué?
9. de dónde son los abuelos

4–34 Los parientes. Pregúnteles a sus compañeros/as cuántos parientes tienen.

nombre	hermanos/as	tíos/as	abuelos/as	primos/as
Totales				

4–35 Adivina, adivinador, quién es. Piense en una persona del dibujo y su compañero/a tiene que hacer preguntas para descubrir quién es.

MODELO: USTED: (Ud. piensa en Nereida Martín de Alvarado)

COMPAÑERO/A: ¿Es la tía de Luciano Morales Ponce?

USTED: No, no es Patricia Alvarado de Villa. No es Alba Paz de Alvarado.

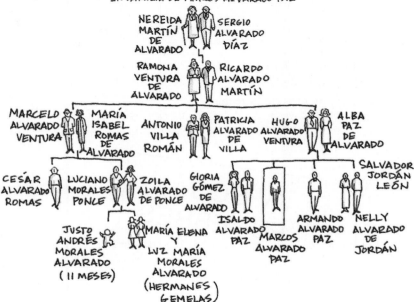

LA FAMILIA DE MARCOS ALVARADO PAZ

(**A escuchar** script continued from preceeding page)

Teresa: Tienes que pedir ayuda a tus parientes.

Nora: Sí, tienes razón. Hmm. Puedo pedir ayuda a mi hermano Carlos; él no trabaja.

Teresa: Ves que tienes suerte. Tienes una familia muy grande.

Nora: Sí, voy a llamar a Carlos. ¡Ay, perdona, amiga! Hablo, hablo y hablo de mis problemas y no escucho a los demás. ¿Tú cómo estás? ¿Qué hay de tu familia?

Teresa: Están todos bien. Mis padres trabajan mucho y piensan comprar una casa cerca de la nuestra.

Nora: ¿Y tus abuelos?

Teresa: Muy bien, ellos siempre bien. ¡Es increíble! Mis abuelos son viejos y están muy jóvenes.

 *A leer*

It is important to do the preparation before the students read the *aviso fúnebre.*

4–36 Vocabulario. Lea lo siguiente y luego conteste las preguntas.

- Familias de palabras

funeral	avisar	fallecer
funerario	aviso	fallecimiento
fúnebre		

- Sinónimos y antónimos

  morir = fallecer ≠ vivir
  pesar = tristeza ≠ felicidad

- Estoy muy triste porque mi abuela está muy, muy mal. Creo que va a **fallecer** muy pronto.

- Mis padres me anuncian el **fallecimiento** de mi abuela. El funeral va a ser mañana en el cementerio de Bogotá. Yo voy a escribir un aviso para el periódico.

  1. ¿En dónde anuncian los fallecimientos?

     a. en la sección de avisos clasificados
     b. en la sección de avisos fúnebres
     c. en la sección de avisos sociales

  2. ¿Quién participa el fallecimiento?

     a. la familia
     b. el gobierno
     c. los profesores

4–37 Unos avisos. Mire los recortes del periódico y conteste la pregunta.

¿Cree usted que los avisos son de...?

     a. los precios de los autos
     b. los funerales de la fecha
     c. los casamientos de la fecha

4–38 Un aviso fúnebre. Ahora, lea el aviso fúnebre del señor
Celestino Fernández. Luego, conteste las preguntas.

FERNANDEZ, Celestino,
q.e.p.d., falleció el 16-1-93, c.a.s.r. y
b.p. - Su esposa, María Rosa Iglesias; sus hijas María Inés y María
del Carmen; su hijo político Roberto A. Sánchez y su nieto Germán; sobrinos y d/d invitan a
acompañar sus restos al cementerio Parque Memorial, hoy a las 9.30
hs. C/v Lavalleja 1556, piso 1º, Dto.
«B». Se ruega no enviar ofrendas
florales. - EMPRESA MARIN,
Bulnes 1346, Cap., Tel. 88-8171, 89-
7839.

AVISOS FUNEBRES

DANESI, Lucía Nora, q.e.p.d.,
falleció el 16-1-93. - Su esposo, Miguel; su hijo Gustavo; sus padres, hermanos, hermanos políticos,
sobrinos, primos y d/d invitan a
acompañar sus restos al cementerio de la Chacarita, hoy a las 10.45
hs. C/v 33 Orientales 1071, sala «2».
- LA SUD AMERICANA, hijos de
Domingo Marotta, Avda. Garay
3719, Tel. 921-5415/5868.

ASENSIO QUIROS, Enrique,
q.e.p.d., falleció el 16-1-93, c.a.s.r. y
b.p. - Su esposa, Myriam Gutiérrez;
sus hijos Roxana y Miguel Aguirre
y Enrique; sus hermanos Adolfo e
Isabel Hernández (a); sus amigos
Jorge y Ana Marini y familia y Re-
beca Lacunza y d/d invitan a
acompañar sus restos al cementerio de la Chacarita, hoy a las 9 hs.
C/m Zavalía 2142, P.B., Dto. «B». -
CASA MAURICIO USAL, Monroe
3514, Tel. 541-7790.

GALLIPOLI, María Angélica
Peregrina, q.e.p.d., falleció el 15-
1-93. - Su hermana Zulema Esther
Gallipoli, sus primos y d/d invitan
a acompañar sus restos al Cem. de
la Recoleta hoy a las 11 hs. C/v
Acevedo 1120 Dto. «A». - SEPE-
LIOS AMERICA, Av. Córdoba
4739/41, tel. 772-8539/8654.

INVESTIGACIÓN

De nombres y apellidos.
El apellido Fernández
viene del nombre
Fernando. ¿Sabe
usted por qué?

¿En inglés hay apellidos
que tienen origen en
un nombre?

¿Cuál es el origen de los
siguientes apellidos?

Hernández   Ramiro
Álvarez   Martín
Martínez   Hernán
Gonzálvez   Álvaro
Ramírez   Gonzalo

¿Dónde ponemos el
apellido de la mamá?
La madre de Lucía es
Susan Pérez y el
padre es Ernesto
Ruiz. Lucía se llama
Lucía Ruíz-Pérez.
¿Y usted cómo se
llama? ¿Usa usted el
apellido de su
madre?

1. ¿Cómo se llama la esposa de Celestino Fernández?
2. ¿Cómo se llaman las hijas de María Rosa Iglesias?
3. ¿Cuántos nietos tiene la señora María Rosa Iglesias de Fernández?
4. ¿Cómo se llama el nieto?
5. ¿De quién cree usted que es hijo Germán?
6. ¿Cree usted que tiene hermanos el señor Fernández? ¿Por qué?

You may mention that *hijo político* is
a synonym of *yerno*. These are the
abbreviations used and what they
stand for:
q.e.p.d. = que en paz descanse
c.a.s.r. = con los auxilios de la santa
religión
b.p. = bendición papal
d/d = demás deudos

4–39 ¿Quiénes participan el fallecimiento? Escriba los nombres de
los parientes o una marca (/) si el nombre no está.

apellido	esposa/o	padres	hijos/as	nietos/as	sobrinos/as	hermanos/as	tíos/as	primos/as
Asensio Quiros								
Danesi								
Fernández								
Gallipoli								

A escribir

4–40   Una foto familiar.   Conteste estas preguntas de acuerdo con su experiencia.

1. ¿Cuándo toman fotos en su familia?
2. ¿En qué fechas hay reuniones familiares?
3. ¿Quiénes van a las reuniones?
4. ¿Qué hacen en las reuniones? ¿Hablan, bailan, cantan, escuchan música, comen, beben o miran televisión?
5. ¿Qué comen, qué beben y de qué hablan?
6. ¿Quién toma las fotos?

4–41   La familia González.   Escriba un párrafo usando la foto y contestando las siguientes preguntas.

1. ¿Cuándo toman la foto? ¿Por qué?
2. ¿Cómo son y cómo están las personas en la foto?
3. ¿Cuál es la relación entre las personas?
4. ¿Qué hacen en las reuniones?
5. ¿Qué comen, qué beben y de qué hablan?
6. ¿Quién toma la foto?

VOCABULARIO

LA FAMILIA

la abuela	*grandmother*
el abuelo	*grandfather*
la cuñada	*sister-in-law*
el cuñado	*brother-in-law*
el/la hermanastro/a	*stepbrother/stepsister*
el/la hermano/a	*brother/sister*
el/la hijo/a	*son, daughter*
hijo/a único/a	*only child*
el/la hijastro/a	*stepson/stepdaughter*
la madre	*mother*
la madrastra	*stepmother*
la nieta	*granddaughter*
el nieto	*grandson*
el/la niño/a	*child*
la nuera	*daughter-in-law*
el padrastro	*stepfather*
los padres	*parents*
el padre	*father*
el/la primo/a	*cousin*
el/la sobrino/a	*nephew/niece*
la suegra	*mother-in-law*
el suegro	*father-in-law*
el/la tío/a	*uncle, aunt*
el yerno	*son-in-law*

OTRAS RELACIONES

la esposa/mujer	*wife*
el esposo/marido	*husband*
la novia	*fiancée, girlfriend*
el novio	*fiancé, boyfriend*
el/la niño/a	*child*

DESCRIPCIONES

divorciado/a	*divorced*
ocupado/a	*busy*
tranquilo/a	*calm, tranquil*

VERBOS

almorzar (ue)	*to have lunch*
celebrar	*to celebrate*
correr	*to run*
costar (ue)	*to cost*
desayunar	*to have breakfast*
dormir (ue)	*to sleep*
empezar (ie)	*to begin, start*
hacer (g)	*to do, to make*
hacer la cama	*to make the bed*
jugar (ue)	*to play (game, sport)*
pasear	*to stroll, to take a walk*
pensar (ie)	*to think*
pensar + infinitive	*to plan to + verb*
poder (ue)	*to be able to, can*
poner (g)	*to put, to turn on*
poner la mesa	*to set the table*
preferir (ie)	*to prefer*
preparar	*to prepare*
querer (ie)	*to want, to love*
salir (g)	*to leave, to go out*
tener (g, ie)	*to have*
tener que + infinitive	*to have to + verb*
terminar	*to finish*
venir (g, ie)	*to come*
volver (ue)	*to return*

PALABRAS Y EXPRESIONES ÚTILES

el baile	*dance*
bueno	*well*
el dinero	*money*
dos veces	*twice*
hay que + infinitive	*it's necessary to + verb*
nunca	*never*
el perro	*dog*
siempre	*always*
la telenovela	*soap opera*
un poco	*a little*

See page 118 for expressions with **tener** + *noun*

LECCIÓN 5

ULTIMOS APARTAMENTOS

En la zona de Buganvilla. Lujoso apartamento para estrenar. 170m2. Tres alcobas, cuatro baños. Sala de televisión. Estudio. Sala y comedor independientes, zona completa de servicios. Garaje doble. Acabados de lujo. Salón comunal. Gimnasio. Exclusivo y hermoso edificio. Teléfono: 2492010.

¿Dónde vive usted? ¿en un apartamento, en una casa, en un condominio? ¿Vive usted cerca o lejos de la universidad? ¿Dónde vive su familia?

La casa y los muebles

Goals. This chapter focuses on housing, furniture, daily activities in the home, and discussion of daily schedules, as well as activities related to hygiene and grooming. The grammar includes the preterit tense of regular verbs, direct object nouns and pronouns, personal *a,* and reflexive verbs and pronouns.

COMUNICACIÓN

- Asking about and describing housing
- Discussing daily activities in the home
- Asking about and discussing daily schedules
- Expressing and describing activities related to grooming
- Talking about past events

ESTRUCTURAS

- Preterit Tense of Regular Verbs
- Direct Object Nouns and Pronouns
- Personal **a**
- Reflexive Verbs and Pronouns

CULTURA

- Housing in the Spanish-speaking world

En casa

Begin by describing the house, using gestures to help understanding (e.g., *Ésta es una casa en un barrio* [clarify by adding *una zona*] *elegante de Ponce, una ciudad que está al sur de Puerto Rico. Es una casa de dos pisos con un jardín al frente y a los lados. Tiene techo de tejas y rejas en las ventanas, dos elementos característicos de la arquitectura española. En las ciudades hispanas, muchas personas viven en el centro o cerca del centro, generalmente en edificios de apartamentos. Por la noche, hay muchas personas en las calles del centro de la mayor parte de las ciudades hispanas. Hay mucha vida en la calle, en los cafés y en las plazas. A otras personas no les gusta vivir en el centro. Prefieren vivir en las afueras, lejos del centro, etc.*)

Una casa en un barrio de Ponce, Puerto Rico. Algunas personas prefieren vivir cerca del centro, generalmente en edificios de apartmentos. Creen que los barrios de las afueras están muy lejos del trabajo y de los centros de diversión.

Personalize by asking whether the students live near/far from downtown, where they prefer to live, who lives in an apartment, house, etc.

Present the ordinal numbers. Practice using the rows and seats in the classroom (e.g., *primera fila, primer asiento, segundo asiento*). Use a transparency or the illustration in the book, or draw a building on the board, showing several floors. Point out that the first floor is normally called *planta baja*. Have a name of a family for each floor. Ask questions: *¿Viven los Mena en el segundo piso? ¿Viven en el cuarto? ¿Dónde viven? ¿Y dónde viven los González?* Students ask each other questions.

Have students go over the ads. You may mention that the first ad is from a Spanish newspaper and explain that *ptas.* is the abbreviation of *pesetas,* the monetary unit of Spain. Ask questions to check comprehen-

Para alquilar

décimo

noveno

octavo

séptimo

sexto

quinto

cuarto

tercero

segundo

primero

planta baja

ULTIMOS APARTAMENTOS

AL MAS ALTO NIVEL Y EN LA MEJOR ZONA **DE BRAVO MURILLO**

Garaje opcional aire acondicionado calidades lujo

ENTRADA: 1.100.000 ptas.
RESTO: 13 años

GEDECO

☎ 402 03 50-571 78 42

SANTA BARBARA

En la zona de Buganvilla. Lujoso apartamento para estrenar. 170 m2. Tres alcobas, cuatro baños. Sala de televisión. Estudio. Sala y comedor independientes, zona completa de servicios. Garaje doble. Acabados de lujo. Salón comunal. Gimnasio. Exclusivo y hermoso edificio. Teléfono: 2492010, Santa Fe de Bogotá.

CULTURA Notice that the first floor is normally called la **planta baja** in Hispanic countries. The second floor is called **el primer piso.**

EL TECHO

EL BAÑO / LA TOALLA
LA DUCHA
EL LAVABO
LA BAÑADERA
EL INODORO

EL CUARTO / LA CÓMODA
LA LÁMPARA / EL ESPEJO
LA CAMA
LA CALEFACCIÓN / EL ARMARIO

LA TERRAZA
EL AIRE ACONDICIONADO
EL DORMITORIO
LA ALMOHADA
EL RADIO
LAS SÁBANAS
LA MANTA
LA BARBACOA

LA ESTUFA / LA COCINA
EL FREGADERO
EL REFRIGERADOR
EL HORNO

EL GARAJE

EL CUADRO / EL TELEVISOR
LA CHIMENEA
EL SOFÁ / LA BUTACA
LA SALA

LAS CORTINAS
LA ALFOMBRA
EL COMEDOR

EL JARDÍN

sion. Then personalize: *¿Qué prefiere usted, un apartamento o una casa? ¿Por qué?*

Optional. Draw a house plan on the chalkboard or use pictures to facilitate presentation of the various rooms.

Go over the rooms and what furnishings one finds in them.

Suggestion. After presenting the rooms in the book, imagine that the classroom is a house. Walk around and "identify" the different "rooms" with various students in each, doing various imagined activities. For example, *Mark y Susan están en la cocina. ¿Qué hacen? Preparan la comida. ¿Qué hacen en la sala? Miran la televisión.*

Vocabulary hints. a) In many Spanish-speaking countries *el baño* is used for both shower and bath. *El baño, la bañera, la tina* may be used for bathtub. b) *Televisor* refers to the TV set while *televisión* refers to the programming: *El televisor está sobre la mesa,* but *Miramos la televisión.* c) Both *el radio* and *la radio* are used. Have the students prepare a list of what appliances they have, want, prefer, believe to be important, etc. Discuss.

Activity. Bring construction paper to class and have the students, in groups of two or three, design and draw their own house. They discuss in Spanish what kind of house they want, draw it, and then present it to the class and describe the contents.

CULTURA In general, Hispanic homes tend to be smaller and built more closely together than American homes, but spacious homes can be found in affluent neighborhoods. Living quarters for domestic help is especially characteristic of middle-class homes and apartments in Latin America, although this has begun to disappear in new constructions.

Actividades

Expansion. *desayunar, practicar el piano, estudiar*

5–1 Los cuartos de la casa. ¿En qué lugar(es) puede usted...?

	comedor	sala	cocina	garaje	cuarto	jardín
preparar la comida	——	——	——	——	——	——
poner el auto	——	——	——	——	——	——
ver televisión	——	——	——	——	——	——
correr y jugar	——	——	——	——	——	——
escuchar música	——	——	——	——	——	——
almorzar	——	——	——	——	——	——
dormir	——	——	——	——	——	——
cultivar vegetales	——	——	——	——	——	——
leer el periódico	——	——	——	——	——	——
conversar	——	——	——	——	——	——

Answers: 1. a, 2. f, 3. c, 4. e, 5. d, 6. b, 7. d, 8. d, 9. d, 10. b.

5–2 La casa. ¿En qué parte de la casa está(n)...?

1. la estufa
2. la barbacoa
3. el sofá y las butacas
4. la mesa de comer
5. la mesa de noche
6. el jabón y las toallas
7. la cama
8. la cómoda
9. las almohadas y las sábanas
10. la bañadera

a. la cocina
b. el baño
c. la sala
d. el dormitorio
e. el comedor
f. la terraza

5–3 Mi casa. Conteste las preguntas de su compañero/a, describiéndole los cuartos de su casa.

MODELO: —¿Cómo es (la sala)?

—Es pequeña. La alfombra es verde y hay un sofá grande, dos sillas modernas y una mesa con una lámpara.

5–4 ¿Cómo es tu...? Hágale las siguientes preguntas a su compañero/a.

1. ¿Vives en una casa o en un apartamento?
2. ¿Está cerca o lejos de la universidad?
3. ¿Es grande?
4. ¿Cuántos cuartos tiene?
5. ¿Tiene aire acondicionado y calefacción?
6. ¿Qué muebles tienes en la sala?
7. ¿Y en tu cuarto?
8. ¿Qué electrodomésticos hay en la cocina?

5–5 ¿Comprar, vender o alquilar?   Le otra vez el anuncio con el título
Santa Bárbara. Luego conteste las preguntas.

1. En este anuncio, *alcobas* quiere decir...
   a. dormitorios   b. salas   c. baños
2. Aquí se vende...
   a. una alcoba   b. una casa   c. un apartamento
3. *Zona de servicio* quiere decir que hay
   a. un area para la lavadora, secadora, etc.
   b. un comedor
   c. un cuarto para fiestas
4. El apartamento tiene...
   a. trece dormitorios b. dos dormitorios   c. tres dormitorios
5. La sala y el comedor estan...
   a. lejos   b. separados   c. juntos

¿De qué color es la alfombra?

anaranjado/a   gris   rojo/a

amarillo/a   blanco/a   morado/a   rosado/a

SANTA BARBARA

En la zona de Buganvilla. Lujoso
apartamento para estrenar. 170m2.
Tres alcobas, cuatro baños. Sala
de televisión. Estudio. Sala y comedor independientes, zona completa de servicios. Garaje doble.
Acabados de lujo. Salón comunal.
Gimnasio. Exclusivo y hermoso
edificio. Teléfono: 2492010, Santa
Fe de Bogotá.

5–6 ¿De que color son?   Pregúntele a su compañero/a de qué color
son los cuartos y los muebles en su casa o apartamento.

MODELO: la lámpara de la sala
           —¿De qué color es la lámpara de la sala?
           —(La lámpara de la sala) Es blanca.

1. la cocina   5. su dormitorio
2. las cortinas de la cocina   6. la alfombra de su cuarto
3. la sala   7. el baño
4. el sofá de la sala   8. las toallas en el baño

Las tareas domésticas

El señor Sánchez
lava los platos.

Ana seca los platos.

Eduardo limpia el baño
y su mamá pasa la aspiradora.

María cocina. Ella usa mucho
los electrodomésticos.

Elenita barre
la terraza.

El señor Méndez
saca la basura.

La abuela tiende la ropa en el jardín
y después la dobla cuando está seca.

Elenita plancha la ropa.

Actividades

5–7   Por la mañana.   ¿En qué orden hace usted estas cosas?

Have students do in groups of two or three.

_____ lavar los platos   _____ desayunar

_____ preparar el café   _____ secar los platos

_____ salir para la universidad   _____ hacer la cama

5–8   Las tareas domésticas.   Diga quién hace estas tareas domésticas en su casa. Después pregúntele a su compañero/a.

Do in groups of two.

MODELO: limpiar las ventanas

—En mi casa mi papá limpia las ventanas. ¿Y en tu casa?

—Mi mamá.

1. lavar los platos
2. preparar las comidas
3. pasar la aspiradora
4. secar los platos
5. hacer las camas
6. lavar la ropa
7. limpiar los baños
8. sacar la basura
9. planchar la ropa

5–9   Actividades en la casa.   Pregúntele a su compañero/a qué hace en diferentes lugares de la casa.

Summary. What does everyone do in the various rooms? Come to a consensus and report, using *nosotros*.

MODELO: —¿Qué haces en (el cuarto)?

—Yo duermo, veo televisión y también plancho.

5–10   Firmas.   Mi casa.

Have students ask either one question to everyone in the class, or all questions to five people, and report on their findings.

MODELO: tener un sofá en la sala

—¿Tienes un sofá en la sala?

1. vivir en un apartamento	_____
2. vivir en una casa	_____
3. vivir en un condominio	_____
4. estar su casa lejos de la universidad	_____
5. ser grande la casa/el apartamento/el condominio	_____
6. tener aire acondicionado	_____
7. tener terraza	_____
8. tener jardín	_____
9. cultivar flores en el jardín	_____
10. tener barbacoa	_____

These reflexives verbs are presented as lexical items only. Students are not asked to use other forms in the two activities that follow. Reflexive verbs will be formally introduced in the first section of the *Explicación y expansión*. Some instructors may wish to present *me despierto, me levanto,* etc. at this time, since students had *me llamo, se llama* in *Primer paso.*

Las actividades de Eduardo por la mañana

Eduardo se despierta temprano.

Se levanta.

Se cepilla/se lava los dientes.

Se afeita.

Se seca.

Se quita el/la piyama.

Se baña/ se ducha.

Se pone la camisa.

Se peina.

Se sienta a desayunar.

Actividades

5–11 Preguntas.

1. ¿A qué hora se despierta Eduardo?
2. ¿Dónde duerme Eduardo?
3. ¿A qué hora se levanta?
4. ¿Dónde se afeita?
5. ¿Con qué se seca?
6. ¿Dónde se peina?

5–12 Por la mañana. ¿En qué orden hace el Sr. Méndez estas cosas?

_____ Prepara el café.

_____ Se levanta.

_____ Sale para el trabajo.

_____ Se lava los dientes y se afeita.

_____ Se despierta.

_____ Toma el desayuno con su familia.

_____ Se pone la ropa para ir al trabajo.

_____ Se quita la piyama.

A escuchar

You will hear a short description about a family's problems. Then mark the appropriate ending to each statement below.

1. La familia vive en un apartamento de...

    _____ un cuarto

    _____ dos cuartos

    _____ tres cuartos

2. Jorge y su esposa tienen...

    _____ un hijo y una hija

    _____ dos hijas

    _____ tres hijos

3. Quieren un apartamento...

    _____ más grande

    _____ más pequeño

    _____ en las afueras

4. El problema es que ellos tienen...

    _____ poco dinero

    _____ poco tiempo para los niños

    _____ pocos amigos en el edificio

Tapescript. *Mi esposo Jorge y yo vivimos en un apartamento muy bonito en México. Tenemos dos hijas: Alina de siete años y Berta de nueve. Nuestro apartamento tiene dos cuartos y un solo baño y realmente necesitamos un apartamento más grande. Jorge y yo buscamos un apartamento de tres cuartos y dos baños, pero es difícil porque tenemos poco dinero y los apartamentos más grandes cuestan mucho. Pienso que vamos a estar en este apartamento seis meses o un año más.*

 *A leer*

Quickly scan the following ad from a furniture store to locate the answer to these questions.

1. What is the name of the store?
2. How many floors does it have?
3. Can you guess what **sótano** means?

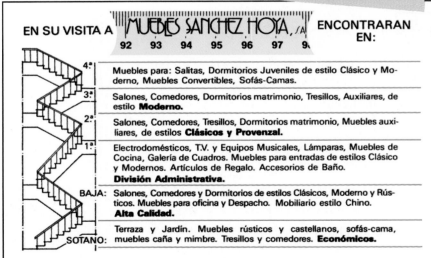

EN SU VISITA A **MUEBLES SÁNCHEZ HOYA, S.A.** ENCONTRARAN EN:

92 93 94 95 96 97 9

4ª: Muebles para: Salitas, Dormitorios Juveniles de estilo Clásico y Moderno, Muebles Convertibles, Sofás-Camas.

3ª: Salones, Comedores, Dormitorios matrimonio, Tresillos, Auxiliares, de estilo **Moderno.**

2ª: Salones, Comedores, Tresillos, Dormitorios matrimonio, Muebles auxiliares, de estilos **Clásicos y Provenzal.**

1ª: Electrodomésticos, T.V. y Equipos Musicales, Lámparas, Muebles de Cocina, Galería de Cuadros. Muebles para entradas de estilos Clásico y Modernos. Artículos de Regalo. Accesorios de Baño. **División Administrativa.**

BAJA: Salones, Comedores y Dormitorios de estilos Clásicos, Moderno y Rústicos. Muebles para oficina y Despacho. Mobiliario estilo Chino. **Alta Calidad.**

SOTANO: Terraza y Jardín. Muebles rústicos y castellanos, sofás-cama, muebles caña y mimbre. Tresillos y comedores. **Económicos.**

Scan the ad again, this time looking for the floor numbers. In Spanish, ordinal numbers agree with the nouns they modify: **cuarto piso** (4°) or **cuarta planta** (4ª). Now identify the floor(s) where you can buy the following:

1. muebles para la terraza _____ _____
2. un horno microondas _____ _____
3. una cama y una mesa de noche _____ _____
4. un escritorio _____ _____
5. muebles para el comedor _____ _____

Enfoque

LA ARQUITECTURA EN LOS PAÍSES HISPANOS

El viejo San Juan

La arquitectura colonial hispánica es una mezcla de las influencias de las culturas árabe y europea. Hoy en día, en muchas ciudades hispanoamericanas, tales como San Juan (Puerto Rico), Cartagena (Colombia), Lima (Perú) y otras, podemos ver casas de estilo colonial español. Entre sus características están los patios interiores, el uso de mosaicos multicolores y los balcones de madera.

Cartagena

1. PRETERIT TENSE OF REGULAR VERBS

Spanish has two simple tenses to express the past: the preterit and the imperfect (**el pretérito y el imperfecto**).[1] Use the preterit to express what was completed in the past.

	hablar	comer	vivir
yo	habl**é**	com**í**	viv**í**
tú	habl**aste**	com**iste**	viv**iste**
Ud., él, ella	habl**ó**	com**ió**	viv**ió**
nosotros/as	habl**amos**	com**imos**	viv**imos**
vosotros/as	habl**asteis**	com**isteis**	viv**isteis**
Uds., ellos/as	habl**aron**	com**ieron**	viv**ieron**

- Notice that the **nosotros** form of the preterit of **-ar** and **-ir** verbs is the same as the present form. The context will help you interpret if it is present or past.

  Llegamos a las tres. { *We arrive at three.* / *We arrived at three.* }

- Stem-changing **-ar** and **-er** verbs do not change in the preterit.

  pensar: pensé, pensaste, pensó, pensamos, pensasteis, pensaron

  volver: volví, volviste, volvió, volvimos, volvisteis, volvieron

- Some expressions that you can use with the preterit to denote past time are:

anoche	*last night*
anteayer	*day before yesterday*
anteanoche/antenoche	*night before last*
ayer	*yesterday*
el año pasado	*last year*
la semana pasada	*last week*
el mes pasado	*last month*

- Verbs ending in **-car, -gar,** and, **-zar** have a spelling change in the **yo** form.

  sacar: saqué, sacaste, sacó...

  llegar: llegué, llegaste, llegó...

  empezar: empecé, empezaste, empezó...

Actividades

5–13   ¿Qué hizo usted ayer?

Have students personalize items by adding activities to the list.

1. *por la mañana:* _____ desayuné

_____ escribí una composición

_____ tomé el sol en la playa

_____ compré un auto

_____ estudié español

_____ conversé con unos amigos

2. *Por la tarde:*   _____ almorcé en la cafetería

_____ escuché canciones populares

_____ practiqué tenis

_____ saqué libros de la biblioteca

_____ trabajé en el laboratorio

_____ volví a casa

3. *Por la noche:*   _____ preparé la cena

_____ miré televisión

_____ descansé en mi cuarto

_____ planché ropa

_____ salí con mis amigos

_____ hablé por teléfono

5–14   Hoy es diferente.   Su compañero/a le va a decir que las siguientes personas siempre hacen ciertas cosas. Usted le va a contestar que sí, pero que hoy no hicieron esas cosas.

Expansion.   7. *Amanda se baña todos los días.* 8. *Jorgito siempre piensa en nosotros.* 9. *Juan cocina bien.* 10. *Mis hermanos vuelven muy tarde.*

MODELO: Juan almuerza a la una.

—Juan siempre almuerza a la una.

—Sí, pero hoy no almorzó a la una.

1. Amanda canta muy bien.
2. Jorgito juega con su perro.
3. Mis compañeros beben un café.
4. Juan trabaja mucho.
5. La clase empieza a las nueve.
6. Mis hermanos corren en la playa.

5–15   Las actividades de Ernesto ayer.   Complete las oraciones, diciendo lo que Ernesto hizo ayer.

Expansion.   9. *mirar la televisión por...* 10. *bañarse...* 11. *quitarse la ropa.* 12. *acostarse a las...*

MODELO: salir de su casa a las...

Salió de su casa a las ocho.

1. llegar a la biblioteca a las...
2. estudiar con...una hora
3. caminar a la Facultad de Humanidades
4. hablar con la profesora...
5. entrar en la clase de psicología a las...
6. salir de la clase a las...
7. comer una hamburguesa en...

5–16   El sábado pasado.   ¿Qué hicieron Yolanda y Pedro?

5–17   El domingo pasado.   Piense en seis cosas que su compañero/a hace generalmente los domingos. Pregúntele si hizo estas cosas el domingo pasado.

MODELO: —¿Saliste con tu novio/a?

—Sí, salí (No, no salí) con mi novio/a.

Afterwards report on some activities to the class.

Un día de playa. Have students use the *nosotros* form when they report to the class.

5–18   Un día de playa.   Preparen una lista de todas las cosas que hicieron en la playa. Comparen su lista con la de otros dos estudiantes.

5–19 Situaciones.

1. You want to sell your house/apartment. Describe your house to the real estate agent, who will ask questions about the house (e.g., how much you want for it, when you bought it, how old it is, if it has a dishwasher).
2. You had dinner at a very fancy restaurant last night. Your partner should find out a) where you had dinner, b) with whom, c) what you ate, and d) who paid (**pagar**).

2. DIRECT OBJECT NOUNS AND PRONOUNS

¿Qué hacen estas personas?

¿Quién lava **el auto?**

Juan **lo** lava.

¿Quién saca **la basura?**

Alicia **la** saca.

Suggestion. You may wish to add that direct object pronouns answer the question What? or Whom? with respect to the verb. Have the students identify the direct object nouns in the drawings or in posters asking *¿qué?,* e.g., *Juan lava el auto. ¿Qué lava Juan?.* Follow with *¿a quién?,* e.g., *Juan mira a María. ¿A quién mira Juan?*

To practice direct object pronouns, rapidly drill students as to whether a) they have something of yours, e.g., *¿Tienes mi lápiz?* b) they need to use certain household items, e.g., *¿Necesitas usar la secadora? Sí, la necesito usar,* etc. Ask them if they eat certain items, e.g., *¿banana? Sí, la como.,* etc. Practice *me* and *te* afterwards by asking *¿Me ves? ¿Me escuchas? ¿Me comprendes? ¿Me necesitas?*

▪ Direct object pronouns may refer to people, animals, or things.

DIRECT OBJECT PRONOUNS	
me	*me*
te	*you* (familiar, singular)
lo	*you* (formal, singular), *him, it* (masculine)
la	*you* (formal, singular), *her, it* (feminine)
nos	*us*
os	*you* (familiar plural)
los	*you* (formal & familiar, plural), *them* (masculine)
las	*you* (formal & familiar, plural), *them* (feminine)

- When direct object nouns refer to a specific person, a group of persons, or to a pet, the word **a** precedes the direct object. This **a** is called the personal **a** and has no equivalent in English.

Amanda seca **los platos.**	*Amanda dries the dishes.*
Amanda seca **a la niña.**	*Amanda dries off the girl.*
¿Ves **a tus tíos?**	*Do you see your aunt and uncle?*

- Place the direct object pronoun before the conjugated verb form and after the word **no** when it appears.

  ¿Magdalena prepara **la comida?** No, **no la** prepara.
  ¿Quieres mucho **a tu perro?** Sí, **lo** quiero mucho.

- A direct object pronoun may be placed before the conjugated verb or be attached to the accompanying infinitive.

¿Vas a visitar a **Rafael?**	Sí, **lo** voy a visitar.
	Sí, voy a visitar**lo.**

- Since the question word **quién(es)** refers to people, use the personal **a** when **quién(es)** is used as a direct object.

  —¿**A quién(es)** vas a ver?
  —Voy a ver a Pedro.

Actividades

5–20   Responsabilidades en casa.

MODELO: —¿Limpiaste tu cuarto?

   —Sí, lo limpié.   *o* —No, no lo limpié.

1. ¿Sacaste la basura?
2. ¿Limpiaste la cocina? ¿Y el garaje?
3. ¿Barriste la terraza?
4. ¿Secaste los platos?
5. ¿Lavaste la ropa?
6. ¿Pasaste la aspiradora?

5–21   ¿Qué hacen ustedes en la clase?

MODELO: —¿Hablan español en la clase?

   —Sí, lo hablamos.

1. ¿Contestan preguntas?
2. ¿Leen periódicos?
3. ¿Escuchan casetes?
4. ¿Escriben diálogos?
5. ¿Estudian el vocabulario?
6. ¿Ven películas?

5–22   Mis actividades de ayer.   Pregúntele a su compañero/a sobre lo que hizo ayer.

MODELO: preparar el desayuno

   —¿Preparaste el desayuno?

   —Sí, lo preparé. *o* No, no lo preparé.

1. sacar al perro
2. barrer la terraza
3. limpiar tu cuarto
4. planchar las camisas
5. comprar el periódico
6. ver a tus amigos

Explain that both positions of direct object are used. Note: Object pronouns with present progressive and affirmative commands are presented in *Lecciones 6* and *8*. During the rest of the course be sure to integrate direct object pronouns into normal speech.

Expansion.   7. *Preparaste la comida?* 8. *¿Planchaste la ropa?* **Alternate.** Use same questions in the present tense to interview a classmate about his/her responsibilities at home.

Expansion.   7. *¿Bailan el merengue?* 8. *¿Beben cerveza?* 9. *¿Me escuchan en clase?* 10. *¿Cantan unas canciones?*

Expansion.   7. *tomar Coca-Cola.* 8. *escuchar música* 9. *desayunar huevos fritos* 10, *practicar el español*

5–23 ¿Cuándo haces estas cosas?

MODELO: limpiar el baño

—¿Cuándo limpias el baño?

—Lo limpio tres veces a la semana.

Expansion.   7. *poner la mesa*
8. *sacar la basura* 9. *planchar la
ropa* 10. *lavar las ventanas.*

1. lavar la ropa
2. preparar la comida
3. pasar la aspiradora
4. hacer la cama
5. escuchar música
6. leer el periódico

5–24   En mi cuarto.   Dígale a su compañero/a lo que usted va a hacer en su cuarto esta tarde. Él/Ella debe decir si también lo va a hacer o no.

MODELO: limpiar mi cuarto.

—Voy a limpiar mi cuarto.

—Yo (no) lo voy a limpiar. *o* voy a limpiarlo también.

Expansion.   7. *sacar la basura*
8. *leer el periódico* 9. *estudiar la lección*

1. mirar televisión
2. lavar las ventanas
3. pasar la aspiradora
4. hacer la cama
5. doblar la ropa
6. hacer la tarea

5–25   Entrevista.   Pregúntele a su compañero/a sobre sus relaciones con otras personas.

1. ¿Quién te comprende en tu casa?
2. ¿Quién te quiere?
3. ¿Quién te llama por teléfono?
4. ¿A quiénes llamas tú?
5. ¿A quién(es) quieres tú mucho?
6. ¿A quién(es) quieres un poco?

This type of activity requires that students listen carefully to the pronoun used in the question. Do some practice first. For example, look at one of your better students and ask him or her *¿Quién te mira?* The student should answer *El profesor/La profesora/Usted me mira.* Then ask the class *¿A quién mira el/la profesor/a?* Ask another student *¿Quién te escucha en tu casa? ¿A quién escuchas tú?*

5–26   Situaciones.

1. Your partner is looking for Maria, a mutual friend. Tell your partner that you saw her this afternoon. Your partner should find out at what time you saw her and where.
2. You are at a furniture store buying a sofa. Find out when they can deliver (**entregar**) it. The salesperson will tell you that they will deliver it next Monday morning. Tell him/her that you are not going to be home Monday morning, but that you will be home in the afternoon. The salesperson will tell you that they will deliver it in the afternoon.

3. REFLEXIVE VERBS AND PRONOUNS

yo	**me lavo**	*I wash myself*
tú	**te lavas**	*you wash yourself*
Ud.	**se lava**	*you wash yourself*
él	**se lava**	*he washes himself*
ella	**se lava**	*she washes herself*
nosotros/as	**nos lavamos**	*we wash ourselves*
vosotros/as	**os laváis**	*you wash yourselves*
Uds.	**se lavan**	*you wash yourselves*
ellos/as	**se lavan**	*they wash themselves*

▪ Spanish uses reflexive pronouns and verbs to express what people do to or for themselves.

> *Reflexive*
> Margarita **se acuesta.** (Margarita is the doer and the receiver.)

> *Non reflexive*
> Margarita acuesta a su hijo. (Margarita is the doer and her son is the receiver.)

▪ A reflexive pronoun refers to the same person as the subject. In English this is expressed by pronouns ending in *-self* or *-selves* (e.g., *myself, themselves*). In many cases, Spanish uses reflexives where English does not (e.g., **afeitarse,** *to shave*).

▪ Place reflexive pronouns before the conjugated verb and after the word **no** in negative constructions. Reflexive pronouns may precede the conjugated verb or be attached to the infinitive.

> Yo (no) **me** voy a acostar a las diez.
> Yo (no) voy a acostar**me** a las diez.

▪ When referring to parts of the body and articles of clothing, use definite articles, rather than possessives with reflexive verbs.

Me lavo **los** dientes.	*I brush my teeth.*
Me pongo **la** sudadera.	*I put on my sweatshirt.*

▪ The plural reflexive pronouns (**nos, os, se**) can be used to express reciprocal actions. In English, reciprocal actions are usually expressed with *each other* or *one another*.

> Ellos **se ven** todas las semanas.   *They see each other every week.*

▪ Some verbs change meaning when used reflexively.

acostar	*to put to bed*	**acostarse**	*to go to bed, to lie down*
dormir	*to sleep*	**dormirse**	*to fall asleep*
ir	*to go*	**irse**	*to go away, to leave*
levantar	*to raise, to lift*	**levantarse**	*to get up*
llamar	*to call*	**llamarse**	*to be called*
quitar	*to take away*	**quitarse**	*to take off*

Use yourself and your activities to present reflexive verbs. Write on the board different times and then say what you do on a typical morning. Then ask students to recall what time they do these activities, e.g., *¿A qué hora se levanta? ¿Qué hace a las 8:30?*

Suggestions. Practice these reflexive forms by telling what Eduardo does and by asking questions, e.g., *¿A qué hora se despierta Eduardo? ¿A qué hora se levanta? ¿Dónde se lava los dientes?* With posters ask *¿Qué hace(n) la(s) persona(s)?* Students describe the activity, e.g., *El chico se afeita; La señora se peina.* Create a story about Eduardo or have students create a story using several posters.

Reminder. Remind students that they are familiar with reflexives. *(Me llamo... ¿Cómo te llamas?)*

Point out that the position for reflexive pronouns is the same as that for object pronouns.

Suggestions. a) Illustrate that verbs can be either reflexive or not, by acting them out in class, e.g., *Quito los libros de la mesa. Me quito el reloj. Lo pongo en la mesa. Me pongo el reloj.* b) Use Total Physical Response activities with reflexive verbs, e.g., *levantarse, sentarse.*

Point out the use of the plural reflexive pronouns as reciprocal pronouns meaning *each other.* Point to students and indicate, using gestures, *Yo miro a Pepe. Pepe me mira. Nosotros nos miramos.* Give more examples, using such verbs as *buscar, llamar, necesitar,* and *querer.*

Actividades

5–27 **¿Qué hacemos?** Conversen sobre sus actividades diarias.

MODELO: —Yo me despierto a las siete.

—Y yo me despierto a las ocho.

1. Yo me levanto a las siete y media.
2. Después me lavo los dientes.
3. Yo desayuno muy poco por las mañanas.
4. Llego a la universidad a las nueve.
5. Salgo a las cuatro.
6. Yo me baño por la tarde.
7. Me acuesto a las once.
8. Me duermo más o menos a las doce.

5–28 **Un día típico de Marcela Gracia.** Después de leer estos párrafos, hablen de las actividades de Marcela usando la tabla que sigue.

MODELO:

nombre	Se llama Marcela Gracia.

Me llamo Marcela Gracia y vivo en Caracas. Soy locutora de televisión y siempre estoy muy ocupada.

Me despierto a las 6:00 y hago ejercicio. A las 6:30 me baño, me peino, me maquillo y luego desayuno. Me voy al trabajo a las 7:30.

Empiezo a trabajar a las 8:00. Tengo una reunión con mi jefe a las 9:30. Después hago muchas llamadas por teléfono entre las 10:00 y las 11:30. A veces tengo que salir para hablar con otras personas. Almuerzo a la 1:00 y vuelvo a los estudios a las 2:30. A esa hora me lavo los dientes, me peino y me maquillo otra vez. Mi programa empieza a las 3:30 y tengo que estar lista a las 3:15.

dónde vive
profesión
6:00 a 6:30
6:30 a 7:30
8:00
9:30
10:00 a 11:30
1:00 a 2:30
2:30 a 3:15
3:30

5–29 Mi hermano y yo.   Explique cómo el horario de usted es diferente al de su hermano.

MODELO: despertarse / 8:00 / 7:00

Mi hermano se despierta a las ocho y yo me
despierto a las siete.

	mi hermano	yo
levantarse	8:15	7:05
afeitarse	8:20	7:10
bañarse	8:30	7:15
peinarse	8:45	7:20

Expansion. *Las actividades de tu familia el lunes pasado.*

5–30 La familia Roselló.   Describa las actividades de la familia Roselló el lunes pasado.

MODELO: la mamá / levantarse / 6:30

La mamá se levantó a las seis y media.

1. el papá / despertarse / 6:45
2. la mamá / lavarse y peinarse
3. el papá / afeitarse / bañarse
4. el papá / despertar / a los niños
5. los niños / lavarse los dientes
6. la mamá / preparar el desayuno
7. los niños / desayunar / con sus padres
8. la familia / salir / 8:00

Expansion. 5. *prepararse para la clase* 6. *dormirse por la noche* 7. *levantarse por la mañana* 8. *ponerse la ropa*

5–31 ¿Cuánto tiempo necesitas?   Conversen sobre cuánto tiempo ustedes necesitan para hacer ciertas cosas. Usen la siguiente lista para empezar.

MODELO: lavarse

—¿Cuánto tiempo necesitas para lavarte?

—Necesito diez minutos para lavarme.

—Y yo necesito quince minutos.

1. bañarse
2. afeitarse/maquillarse
3. peinarse
4. desayunar

5–32 De vacaciones en Madrid.   ¿Qué cosas va a hacer mañana con su amigo/a?

MODELO: levantarse a las ocho

Nos vamos a levantar a las ocho (Vamos a levantarnos a las ocho).

1. bañarse
2. ponerse ropa cómoda
3. desayunar en un café
4. visitar el Museo del Prado
5. almorzar en un restaurante típico
6. ir al teatro
7. cenar con unos amigos
8. acostarse a la una

Tapescript
Pronunciación: ll, y, and x
ll and y
In most parts of the Spanish-speaking world, **y** and **ll** are pronounced like the English *y* in the word *yoke*, but with more friction. At the end of a word, **y** sounds very similar to the Spanish **i**.
Repitan las siguientes palabras.
 yo   llamo   ella
 estoy   muy bien
 muy alto
x
Before a consonant, the Spanish **x** is pronounced like **s** or **ks**.
Repitan las siguientes palabras.
 experiencia   explicación
 experimento   texto   extensión
Between vowels, **x** is pronounced like the English **ks** or the Spanish **gs**. It is never pronounced like the English *x*.
 examen   sexo   existir
 exacto   éxito

5–33 Situación.
Ask your partner a) what time he/she gets up on weekdays (**entre semana**), b) what he/she has for breakfast, c) what time he/she leaves for school and returns home, d) what he/she does in the evenings, and e) what time he/she goes to bed.

PRONUNCIACIÓN: ll, y, and x

Listen carefully to the explanation of Spanish **ll, y,** and **x** on your cassette. If you want to read the explanation on your own or follow along while you listen to your cassette, you will find it in your *Student Activities Manual.*

REPASO GRAMATICAL

1. PRETERIT TENSE OF REGULAR VERBS

	hablar	comer	vivir
yo	habl**é**	com**í**	viv**í**
tú	habl**aste**	com**iste**	viv**iste**
Ud., él, ella	habl**ó**	com**ió**	viv**ió**
nosotros/as	habl**amos**	com**imos**	viv**imos**
vosotros/as	habl**asteis**	com**isteis**	viv**isteis**
Uds., ellos/as	habl**aron**	com**ieron**	viv**ieron**

2. DIRECT OBJECT PRONOUNS

me	*me*
te	*you* (familiar, singular)
lo	*you* (formal, singular), *him, it* (masculine)
la	*you* (formal, singular), *her, it* (feminine)
nos	*us*
os	*you* (familiar plural)
los	*you* (formal & familiar, plural), *them* (masculine)
las	*you* (formal & familiar, plural), *them* (feminine)

3. REFLEXIVE VERBS AND PRONOUNS

yo	**me lavo**	*I wash (myself)*
tú	**te lavas**	*you wash (yourself)*
Ud.	**se lava**	*you wash (yourself)*
él	**se lava**	*he washes (himself)*
ella	**se lava**	*she washes (herself)*
nosotros/as	**nos lavamos**	*we wash (ourselves)*
vosotros/as	**os laváis**	*you wash (yourselves)*
Uds.	**se lavan**	*you wash (yourselves)*
ellos/as	**se lavan**	*they wash (themselves)*

MOSAICOS

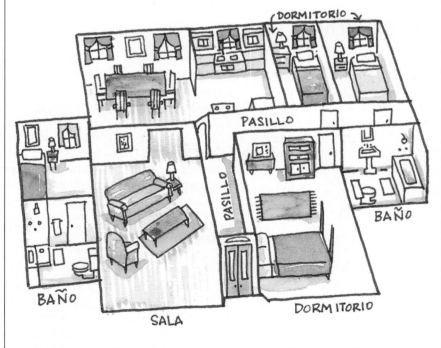

A escuchar

5–34 ¿Lógico o ilógico?   Listen to the following statements and indicate if each is **Lógico** (logical) or **Ilógico** (illogical).

	Lógico	Ilógico			Lógico	Ilógico
1.	_____	_____		5.	_____	_____
2.	_____	_____		6.	_____	_____
3.	_____	_____		7.	_____	_____
4.	_____	_____		8.	_____	_____

5–35 La casa de los Pérez-Esquivel.   Based on the drawing below, determine if the following statements are true or not.

	Sí	No			Sí	No
1.	_____	_____		5.	_____	_____
2.	_____	_____		6.	_____	_____
3.	_____	_____		7.	_____	_____
4.	_____	_____		8.	_____	_____

A conversar

5–36 ¿Qué tienen en su casa Oscar Arias y Margarita Penón de Arias?
Haga preguntas en base al dibujo y su compañero/a debe contestar.

MODELO: —¿Tienen los Arias dos dormitorios en su casa?

—No, no tienen dos dormitorios. Tienen tres dormitorios.

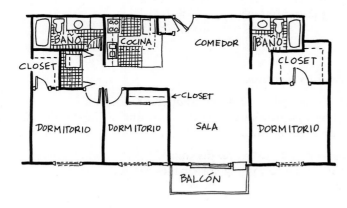

5–37 ¿Y Uds.? Describan su casa y las tareas de la casa. Luego decidan quién es el/la más afortunado/a y por qué. Preparen un informe para toda la clase.

5–38 Buscando apartamento. En grupos de tres, hagan esta actividad. Belén y Rafael Moneo buscan apartamento por unos meses en Barcelona. Su amiga Silvia les dice que hay un apartamento para alquilar en su edificio. Los Moneo quieren información sobre el apartamento y le hacen preguntas a Silvia. Lean sólo las instrucciones para su papel.

Have students report the information they obtain to the class.

Los Moneo quieren saber:	*Silvia sabe:*
1. cuántas habitaciones tiene	1. tiene tres habitaciones, una sala y un comedor muy grandes
2. cuántos baños tiene y si son con bañadera o con ducha	2. tiene dos baños con bañadera
3. cuánto es el alquiler	3. el alquiler es de 50.000 pesetas al mes
4. si tiene muebles	4. tiene muebles muy buenos
5. si tiene aire acondicionado y calefacción	5. no tiene aire acondicionado y la calefacción es muy vieja.
6. si tiene teléfono	6. tiene teléfono con contestador

MODELO: —¿En qué piso está el apartamento?

—En el cuarto piso.

—¿Cuántos dormitorios tiene?

—Tiene dos.

 *A leer*

5–39   ¿Qué quiere decir estos cognados?

dedicar	debate
incluir	similar
ocurrir	opinión; opinar
exclusivamente	salario
mantener; mantenimiento	sociedad
potencial	estereotipo

5–40   Prefijos y sufijos.

1. Cuando una persona no es competente, decimos que es incompetente. Si algo no es posible, decimos que es imposible. ¿Qué decimos cuando algo no es...?

innecesario, indirecto, inmoral, impersonal, improbable

necesario	personal
directo	probable
moral	

2. Cuando compramos algo, tenemos que pagar. Si tenemos el dinero o el crédito necesario para pagar, lo que compramos es pagable. Si no podemos pagar, lo que compramos es _____ .

3. Cuando admiramos algo, decimos que es admirable. Si aceptamos algo, decimos que es aceptable. Trate ahora de deducir el significado de las siguientes palabras.

respetable	negociable
adaptable	irritable
divisible	

5–41   Las expectativas.   Mire el título y el gráfico del artículo en la página siguiente y conteste. Hay más de una respuesta posible.

El artículo va a hablar de...

1. los derechos de la mujer
2. el trabajo de los hombres
3. el trabajo de las mujeres
4. el salario de las mujeres
5. el salario de los hombres
6. las horas que trabajan las mujeres en sus casas

Vocabulario

quedarse de piedra	*to be shocked*
ama de casa	*housewife*
compartida	*shared*
sino	*but*

La mujer orquesta

Compra y cocina
17 h 30 m semanales a 800 ptas/h= **14.000**

Limpieza ropa y calzado
6 h 18 m semanales a 1.200 ptas/h= **7.560**

Costura
2 h 48 m semanales a 600 ptas/h= **1.680**

Limpieza vivienda
17 h 30 m semanales a 800 ptas/h= **14.000**

Cuidado niños
6 h 18 m horas semanales a 600 ptas/h= **3.780**

TOTAL AL MES = 177.753

CARMEN TREJO

Las diferentes tareas que realizan las amas de casa y el tiempo que dedican a cada una de ellas dependen en gran medida del tamaño de su familia. Cuando alguien les remplaza, no suele cobrar por horas, sino un sueldo global bastante inferior

Una labor impagable

"Antonio se quedó de piedra cuando su esposa le presentó una cuenta de 250.000 pesetas por los trabajos de la casa. El precio incluyó los trabajos de la casa: la limpieza del piso, el lavado y planchado de la ropa. Esta situación imaginaria puede ocurrir en 6.000.000 de hogares españoles.

De acuerdo con un estudio de una compañía inglesa, las inglesas dedicadas exclusivamente a su hogar trabajan un total de 71 horas semanales en las diferentes tareas de mantenimiento, que van desde cocinar hasta cuidar el jardín. Esto representaría un salario de unas 60.000 pesetas. Los resultados del estudio no son muy científicos, pero el debate sobre el salario del ama de casa vuelve a surgir.

No hay un estudio similar en España, pero datos del Instituto de la Mujer dicen que la mujer española dedica, como promedio, 6 horas y 12 minutos por día a las tareas de la casa. Y que un 20,3% de las españolas dedican entre 6 y 10 horas diarias a sus hogares y un 15,4% más de 10. En realidad, nadie cree que deba darse un salario por este trabajo. Según la directora del Instituto de la Mujer, Purificación Gutiérrez, aceptar el pago sería aceptar el estereotipo de la "mujer en casa" y "el hombre fuera".

La directora del Instituto de la Mujer opina que hay que luchar para demostrar que "las tareas domésticas no son exclusivas de las mujeres, sino responsabilidad compartida de la familia y la sociedad".

Adaptación de *El País,* domingo 14 de febrero 1993

5–42 La lectura. Vuelva a la actividad 5–41 y fíjese si después de leer el artículo sus respuestas son las mismas.

5–43 ¿Cierto o falso?

1. Las mujeres quieren un salario por trabajar en la casa.
2. En España hay seis millones de amas de casa.
3. Muchas mujeres españolas dedican más de seis horas diarias al trabajo de la casa.
4. La mujer española no quiere que las tareas se compartan.
5. Purificación Gutiérrez no quiere un salario para la mujer.

A escribir

5–44 Ud. y su compañero/a acaban de alquilar un apartamento y quieren contar cómo fue el proceso paso a paso. Escríbales una carta a sus padres y use las preguntas como guía. Incluya un plano del apartamento.

1. ¿Cuándo empezaron a buscar?
2. ¿Qué periódicos consultaron?
3. ¿Cuántos apartamentos vieron?
4. ¿Cuándo vieron este apartamento?
5. ¿Cómo es el apartamento? ¿Cuántos cuartos tiene?
6. ¿Cuánto pagan de alquiler?
7. ¿En qué barrio está?

VOCABULARIO

EN UNA CASA

el aire acondicionado	*air conditioning*
el armario	*closet*
el baño	*bathroom*
la calefacción	*heating*
la cocina	*kitchen*
el comedor	*dining room*
el cuarto	*bedroom*
la chimenea	*fireplace*
el dormitorio	*bedroom*
la escalera	*stairs*
el garaje	*garage*
el jardín	*garden*
el pasillo	*hall*
el piso	*floor*
la planta baja	*first floor*
la sala	*living room*
el techo	*roof*
la terraza	*terrace*

MUEBLES Y ACCESORIOS

la alfombra	*carpet, rug*
la butaca	*armchair*
la cama	*bed*
la cómoda	*dresser*
la cortina	*curtain*
el cuadro	*picture*
el espejo	*mirror*
la lámpara	*lamp*
la mesa de noche	*night table*
el sofá	*sofa*

ELECTRODOMÉSTICOS

la aspiradora	*vacuum cleaner*
la lavadora	*washing machine*
el lavaplatos	*dishwasher*
el (horno) microondas	*microwave oven*
la plancha	*iron*
el/la radio	*radio*
el refrigerador	*refrigerator*
la secadora	*dryer*
el televisor	*television set*

PARA LA CAMA

la almohada	*pillow*
la manta	*blanket*
la sábana	*sheet*

EN EL BAÑO Y LA COCINA

la bañadera	*bathtub*
la basura	*garbage*
la ducha	*shower*
la estufa	*stove*
el fregadero	*sink*
el horno	*oven*
el inodoro	*toilet*
el jabón	*soap*
el lavabo	*bathroom sink*
el plato	*dish, plate*
la toalla	*towel*

VERBOS

acostar (ue)	*to put to bed*
acostarse	*to go to bed, to lie down*
afeitar(se)	*to shave*
bañar(se)	*to bathe*
barrer	*to sweep*
cocinar	*to cook*
despertarse (ie)	*to wake up*
doblar	*to fold*
dormirse (ue)	*to fall asleep*
irse	*to go away, to leave*
lavar(se)	*to wash*
lavarse/cepillarse los dientes	*to brush one's teeth*
levantar	*to raise*
levantarse	*to get up*
limpiar	*to clean*
pasar la aspiradora	*to vacuum*
peinar(se)	*to comb*
planchar	*to iron*
quitar	*to take out, to remove*
quitarse	*to take off*
secar(se)	*to dry*
sentarse (ie)	*to sit down*
tender (ie)	*to hang (clothes); to make (bed)*
usar	*to use*

LUGARES

las afueras	*outskirts*
el barrio	*neighborhood*
el centro	*downtown, center*
el país	*country*

EXPRESIONES ÚTILES

cerca (de)	*near*
lejos (de)	*far*

Expressions used with the preterit to denote past tense are on page 146. Colors are listed on page 139.

LECCIÓN 6

¿Cuántas estaciones hay? ¿Cuáles son? ¿En qué estación estamos ahora? ¿Qué deportes practica usted? ¿Le gusta ir a la playa? ¿Cuál es su playa favorita? ¿Cuándo va usted a la playa?

El tiempo y los deportes

Goals. In *Lección 6* students learn how to: 1. discuss the weather, the seasons, and sports; 2. describe on-going, physical activities using the present progressive; 3. practice *saber* and *conocer*; 4. use demonstrative adjectives and pronouns; 5. use the present tense of *e→i* stem-changing verbs.

COMUNICACIÓN

- Talking about the seasons and weather
- Expressing and describing physical activities
- Expressing ongoing actions
- Expressing knowledge of facts
- Expressing acquaintance of people and places

ESTRUCTURAS

- Present Progressive
- Demonstrative Adjectives and Pronouns
- **Saber** and **conocer**
- Present Tense of Stem-Changing **-ir** Verbs **(e→i)**

CULTURA

- Sports in the Spanish-speaking world

Las estaciones

En el invierno, el esquí es muy popular en Argentina, Chile y España.

Go over the captions providing additional comprehensible input. Maps of Spain and Central and South America will help students locate places. You may want to write some names on the board when you mention them. *El esquí es un deporte popular en España durante el invierno* (write word). *En el norte, hay centros de esquí importantes en los Pirineos, que son las montañas que separan a Francia y España. También hay otros centros de esquí cerca de Madrid, y en el sur, a pocos kilómetros de Granada. Durante los meses de diciembre, enero y febrero muchas personas van a estos lugares a esquiar. En la Argentina y Chile el esquí es también popular, pero como estos países están en el hemisferio sur, los meses de invierno son: parte del mes de junio, julio, agosto y parte de septiembre. En otras palabras, cuando las personas van a la playa en el hemisferio norte, en el hemisferio sur pueden esquiar en los Andes. En la Argentina, Bariloche es un centro muy importante de esquí. Está situado a unos 1.800 kilómetros al suroeste de Buenos Aires, en un parque nacional en los Andes. En Chile, cerca de Santiago, la capital, hay centros muy importantes de esquí como Portillo y Farellones.*

Ask questions to check understanding. For example, *¿Puede una persona esquiar en el norte de España? ¿Y en el sur? ¿En qué meses puede esquiar en España? ¿Y en Argentina o Chile? ¿Bariloche está en España o en la Argentina?* Personalize *¿Esquía usted en el invierno? ¿Dónde esquia usted? Y a usted, ¿le gusta esquiar? ¿Qué prefiere usted, esquiar o nadar? ¿Nada usted en el invierno?*

Hace calor en invierno en Puerto Rico, la República Dominicana y Venezuela, y el béisbol es el deporte más importante.

En la primavera, hace buen tiempo y muchas personas prefieren jugar al tenis o al golf. Estos dos deportes son populares casi todo el año.

En el verano, la gente va a la playa a jugar al voleibol, a nadar o a bucear. Hay playas muy bonitas en México, Puerto Rico, Cuba y el resto del Caribe.

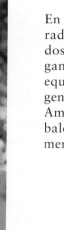

El ciclismo también es muy popular en el verano y la primavera. Hay excelentes ciclistas en España, Colombia y México.

En el otoño, empieza la temporada de fútbol y de basquetbol, dos deportes que también se juegan en el invierno. Hay excelentes equipos de fútbol en España, Argentina, Uruguay y en el resto de América del Sur. El basquetbol o baloncesto es popular, especialmente entre los jóvenes españoles.

Continue talking about other sports and the seasons. Ask questions and personalize. *El béisbol es el deporte más importante en el área del Caribe* (show on the map). *Los jóvenes practican este deporte todo el año, pero especialmente en el invierno. En los meses de verano* (write word), *junio, julio y agosto, hace mucho calor* (make gesture to clarify meaning) *y las personas prefieren ir a la playa. En los Estados Unidos hay muchos jugadores profesionales del Caribe, especialmente de la República Dominicana, como Ramón Martínez y José Rijo.* (You may mention other names and use this as additional input and exchange if students are familiar with them.) *Ésta es una foto* (point to picture) *de un partido de béisbol. Hay muchas personas en el estadio. ¿Va usted a los partidos de béisbol o prefiere verlos en la televisión? ¿Juega usted al béisbol? ¿Quiénes más juegan al béisbol? ¿Y al tenis? ¿Y al golf? En la primavera* (write word), *durante los meses de marzo, abril y mayo, generalmente hace buen tiempo. No hace mucho calor ni hace mucho frío* (make gesture) *y muchas personas prefieren jugar al tenis o al golf. También practican estos deportes en el otoño* (write word). *¿Cuáles son los meses del otoño? ¿Juega usted al tenis en el otoño? ¿Y en la primavera? ¿Juega usted al tenis en un estadio? No, usted juega en una cancha de tenis* (write words). *¿Juegan ustedes al voleibol? ¿Y al fútbol? ¿Nada usted en la playa o en una piscina* (write word)*?*

Point out that 1. football is normally called *fútbol americano;* 2. the words *volibol* and *básquetbol* or *baloncesto* are also used; 3. when speaking, many people say *jugar tenis, golf,* etc.

CULTURA The most popular sport in the Hispanic world is soccer (*fútbol*). In some countries, a national team is selected from the best players of different teams around the country. The national team then represents the country in annual international tournaments, and every fourth year plays in the World Cup (**la Copa del Mundo / la Copa Mundial**).

Actividades

(There can be other answers also.)
1. España, Colombia, México
2. Puerto Rico, la República Dominicana, Venezuela 3. España, Argentina, Uruguay 4. Argentina, Chile, España 5. México, Puerto Rico, Cuba

6–1   Los países y los deportes.   Escoja entre Argentina, Chile, España, Puerto Rico, México, Cuba, República Dominicana y Colombia para decir en qué países...

1. hay ciclistas muy buenos   ———   ———   ———
2. es muy popular el béisbol   ———   ———   ———
3. hay excelentes equipos
   de fútbol   ———   ———   ———
4. es muy popular el esquí   ———   ———   ———
5. hay playas muy bonitas   ———   ———   ———

Have students identify personalities they associate with different sports. Mention Hispanic athletes for different sports: Tennis—Arantxa Sánchez, Gabriela Sabatini, Conchita Martínez; Baseball—José Canseco, Juan González, Fernando Valenzuela.

6–2   Deportes.   ¿En qué estación se practican estos deportes?

	invierno	primavera	verano	otoño
1. el ciclismo	———	———	———	———
2. el fútbol	———	———	———	———
3. el esquí	———	———	———	———
4. el voleibol	———	———	———	———
5. el tenis	———	———	———	———
6. el basquetbol	———	———	———	———

New words: *asistencia, ninguno*

6–3   Encuesta.   Primero completen esta encuesta y luego comparen los resultados de su grupo con los de otro grupo.

1. deporte favorito ———
2. jugador/a favorito/a ———
3. asistencia a los partidos
   a) todos ———   b) pocos ———   c) ninguno ———
4. ver los partidos por televisión
   a) todos ———   b) pocos ———   c) ninguno ———

6–4   ¿Qué deporte es?   Identifique cada deporte.

1. Hay nueve jugadores en cada equipo y usan un bate y una pelota.
2. Es un juego para dos o cuatro personas; se juega con una pelota y raquetas.
3. Es un deporte popular en el invierno, pero necesitamos nieve para practicarlo.
4. En este deporte los jugadores no pueden usar las manos.
5. Para este deporte, que es muy popular en el verano y la primavera, necesitamos tener bicicleta.
6. Hay cinco jugadores en cada equipo que pueden lanzar *(throw)* la pelota a un cesto.

Find out what percentage of the class attends sports events and what percentage watches them on TV. What is (are) the favorite sport(s) of the students?

6–5   Tu deporte favorito.   Hágale las siguientes preguntas a su compañero/a. Después él/ella va a hacerle las misma preguntas a usted.

1. ¿Cuál es tu deporte favorito?
2. ¿Dónde lo practicas?
3. ¿Con quién lo practicas?
4. ¿Cuándo lo practicas?
5. ¿Ves los partidos de béisbol o de fútbol?

El tiempo

En el invierno nieva y hace frío.

A veces no hace sol. Hoy está nublado.

Otros días hace mal tiempo y llueve.

En la primavera hace buen tiempo.

En el verano hace sol. Hoy está despejado y hace mucho calor.

En el otoño hace fresco y hace viento.

To convert degrees Celsius to the Fahrenheit system, do the reverse. Subtract 32, and multiply by 5/9. (For example, 86°F − 32 = 54. 54 × 5 = 270. 270/9 = 30°C).

Mention that in addition to being able to convert temperatures, students also need to know how the various Celsius temperatures feel: *0°C—hace mucho frío; 0–10°C— hace frío; 20°C—hace fresco; 30°C—hace calor; 40°C—hace mucho calor.*

Actividades

6–6   Las temperaturas máximas y mínimas.   Escoja una ciudad española y complete el siguiente diálogo con su compañero/a. En los países hispanos se usa el sistema centígrado. Para convertirlo a Farenheit, debe multiplicar por 1.8 y sumarle 32 (e.g., 10°C × 1.8 = 18; 18 + 32 = 50°F).

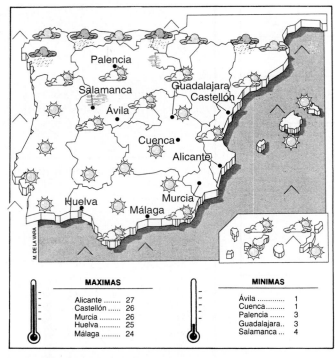

MAXIMAS		MINIMAS	
Alicante	27	Ávila	1
Castellón	26	Cuenca	1
Murcia	26	Palencia	3
Huelva	25	Guadalajara	3
Málaga	24	Salamanca	4

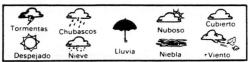

Tormentas   Chubascos   Lluvia   Nuboso   Cubierto
Despejado   Nieve   Lluvia   Niebla   Viento

USTED:	¿Qué temperatura hace en _____?
COMPAÑERO/A:	Unos _____ grados, más o menos.
USTED:	¿Por el día o por la noche?
COMPAÑERO/A:	Por _____.
USTED:	¿Cuánto es eso en Farenheit?
COMPAÑERO/A:	_____

6–7   Las estaciones y los deportes en mi ciudad.

Variation. Ask students to do this exercise using the weather conditions in the place where they come from.

MODELO:	Estudiante 1:	¿Qué tiempo hace en (estación)?
	Estudiante 2:	...
	Estudiante 1:	¿Qué deportes practican?
	Estudiante 2:	...

6–8 ¿Qué tiempo hace?

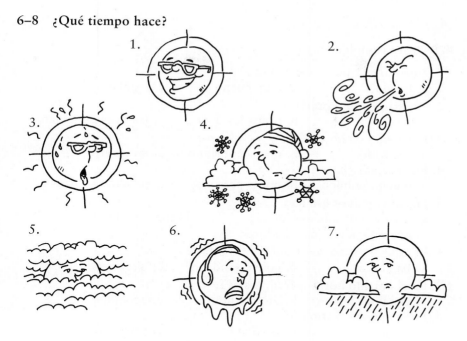

Un partido de béisbol

Nuestro equipo de béisbol practica todos los días. Yo creo que es un equipo excelente.

El partido de hoy es muy importante. Todos los aficionados están muy emocionados y ahora están aplaudiendo.

Uno de los jugadores no está de acuerdo con la decisión del árbitro. En estos momentos están discutiendo.

Es un partido muy reñido. El equipo contrario también es muy bueno, pero ninguno está ganando.

This is a good time to present the present progressive inductively. Try to practice it as much as you can before students ask for an explanation.

Suggestion. Introduce vocabulary in context. Talk about the drawings and ask yes/no questions. Model some phrases and have choral repetition. Ask questions such as, *¿Cuándo practican los jugadores? ¿Están jugando en estos momentos? ¿Por qué están emocionados los aficionados? ¿Quién está ganando?*

Suggestion. Point out that Spanish often borrows English sports vocabulary. These words are given a Spanish pronunciation: *cacher, nocaut.* Videotape segments of a baseball game from a Spanish TV sports program. Have students look for specific information.

Actividades

6–9   Para completar.

1. Nuestro equipo de béisbol es...
   a. bueno   b. muy bueno   c. regular
2. Nuestro equipo practica...
   a. a veces   b. todos los días   c. los fines de semana
3. El partido de hoy es...
   a. aburrido   b. muy importante   c. muy corto
4. En el estadio hay...
   a. mucho público   b. pocas personas   c. muchos árbitros
5. Los aficionados están...
   a. discutiendo con sus amigos   b. jugando béisbol
   c. aplaudiendo a los jugadores
6. El árbitro y uno de los jugadores están...
   a. bailando   b. conversando   c. discutiendo
7. En el partido nuestro equipo está...
   a. ganando   b. discutiendo   c. aplaudiendo
8. El equipo contrario está...
   a. ganando   b. corriendo   c. perdiendo

 A escuchar

You will hear a young man talking about his family's sports activities. As you listen, look at the chart and circle the sports that they play each season.

verano	otoño	invierno	primavera
esquí	fútbol	esquí	tenis
voleibol	tenis	basquetbol	golf
béisbol	golf	voleibol	ciclismo

You will now hear some weather forecasts. Place an X on the chart to indicate if each forecast predicts good or bad weather.

	Buen tiempo	Mal tiempo
1.	_____	_____
2.	_____	_____
3.	_____	_____
4.	_____	_____

Tapescript. *En mi familia todos practicamos deportes. En el verano voy a la playa con mis padres y mis hermanos para jugar al voleibol y esquiar. A mí me gusta mucho esquiar en el mar, pero en septiembre y octubre el agua está muy fría y no vamos más a la playa. El otoño es la estación perfecta para jugar al fútbol y mis hermanos y yo jugamos casi todos los fines de semana. Creo que el fútbol es nuestro deporte favorito. En el invierno toda la familia va a las montañas para esquiar en la nieve. Siempre hace frío pero pasamos unos fines de semana fabulosos. En la primavera, como hace buen tiempo, yo juego al tenis con mi padre. Él juega muy bien y muchas veces me gana. Como ves, en mi familia tenemos una vida muy activa.*

1. Mañana va a estar muy nublado. Va a hacer viento y también va a llover. 2. Hoy está muy despejado. Hace mucho sol y no hace ni frío ni calor. La temperatura es de unos 20 grados centígrados y esta tarde, de unos 22 grados. 3. Está nevando mucho en varias ciudades. Hay mucha nieve en las calles, no hay transporte público y las personas no pueden sacar su auto del garaje. Como resultado, muy pocas personas van a poder ir a trabajar hoy. Dicen que va a nevar todo el día y parte de la noche. 4. Mañana va a estar muy despejado. Vamos a tener bastante sol y un poco más de viento. Un día perfecto para ir a la playa.

CULTURA Hispanic sports fans generally do not boo opposing teams or particular players. Instead, they whistle when they want to show their displeasure. This kind of behavior may occur at a soccer game, a boxing match, or other popular sports events.

A leer

RD RADIO DEPORTES

TODOS LOS DEPORTES
TODOS LOS DIAS
CON TODOS LOS QUE
SABEN DE DEPORTES

BOGOTA 690
830
MEDELLIN 1.260
CALI 1.270
BUCARAMANGA

- Radio Deportes es la cadena especializada en transmisiones deportivas. Está presente en todos los eventos deportivos a nivel nacional e internacional que usted desea escuchar.

- Cuenta con el mejor equipo de narradores y comentaristas especializados en cada deporte. Que llevan toda la emoción. Todas las jugadas. Todo lo que sucede en las canchas. En las carreteras. En los escenarios deportivos.

- Además un grupo de periodistas realizan programas especializados donde se analizan con profundidad los hechos, sucesos y resultados del acontecer en el mundo deportivo.

CARACOL
MAS ▪ COMPAÑIA
MAS RADIO, MAS COLOMBIA.

Read the ad from a Colombian radio station and answer the questions.

1. La estación de radio se especializa en programas de...

_____ música   _____ comedias   _____ deportes

2. Los aficionados pueden escuchar los eventos que ocurren...

_____ sólo en ciudades colombianas

_____ de lunes a viernes

_____ en Colombia y otros países

3. En esta estación tienen...

_____ sólo narradores

_____ sólo comentaristas

_____ narradores y comentaristas

4. Para escuchar esta estación en Medellín debe sintonizar el número...

_____ 690   _____ 830   _____ 1.260

Ask students to read the heading and subheading to tell you what it is advertising. Ask questions. For example, ¿Qué es RD? ¿Qué estación de radio escucha usted? ¿Dónde escucha usted el radio? ¿Escuchan ustedes programas de deportes en el radio? ¿Prefieren escucharlos en el radio o verlos en la televisión? ¿Qué programas escuchan/ven ustedes? ¿Quién es su narrador favorito? ¿Por qué? Have students read the ad silently and then answer the questions with a partner. Remind them that they don't have to understand everything to answer the questions. Go over the answers with the whole class. You may add additional questions: Para escuchar Radio Deportes, ¿qué número debe sintonizar una persona que vive en Cali? ¿Y una persona que vive en Bogotá? ¿Piensa usted que Radio Deportes es buena? ¿Por qué?

Point out that both *el radio* and *la radio* are correct; the use of *el* or *la* depends on the country. Call students' attention to the words *nacional e internacional* (1st paragraph, lines 2 and 3), but *internacional y nacional*. Explain that *y* changes to *e* before the *i* sound. Give additional examples: *Isabel y Marta,* but *Marta e Isabel; hijo y padre,* but *padre e hijo.*

Activity. Divide the reading among four or five students and have them read each part as if it were a radio advertisement.

Ask students why it is important to have specialized commentators for sports broadcasts.

Expansion. Ask students in Spanish what local station is the best for sports. Have them practice giving the dial numbers of various stations.

Enfoque

DEPORTES Y ESPECTÁCULOS

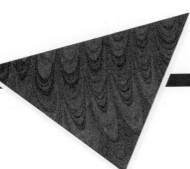

Madrid

Hay deportes que son mucho más populares en los países hispanos que en los Estados Unidos.

El fútbol es el deporte que más aficionados tiene, tanto en España como en toda América Latina. De hecho, los equipos hispanos siempre juegan un papel importante en los campeonatos mundiales de fútbol que se celebran cada cuatro años. Los equipos de Argentina y Uruguay han sido campeones mundiales en varias ocasiones.

Los toros (*bullfighting*) es uno de los espectáculos más tradicionales de España y algunos países de Hispanoamérica. Aunque muchos lo consideran demasiado violento, sus aficionados sostienen que torear es un arte que representa el eterno conflicto entre la vida y la muerte.

1. PRESENT PROGRESSIVE

	PRESENT INDICATIVE ESTAR	PRESENT PARTICIPLE -NDO
yo	estoy	
tú	estás	hablando
Ud., él, ella	está	comiendo
nosotros/as	estamos	escribiendo
vosotros/as	estáis	
Uds., ellos/as	están	

- Form the present progressive with the present of **estar** + the *present participle*. To form the present participle, add **-ando** to the stem of **-ar** verbs and **-iendo** to the stem of **-er** and **-ir** verbs.

  hablar → hablando
  comer → comiendo
  escribir → escribiendo

- When the stem of an **-er** or **-ir** verb ends in a vowel, add **-yendo.**

  leer → leyendo
  creer → creyendo

- The **-ir** verbs that change the stem vowel **o** to **ue** in the present (**dormir → duermo**), change the **o** to **u** in the present participle:

  Ellos están durmiendo.

- However, stem-changing **-ar** and **-er** verbs do not change in the present participle:

  Graciela está almorzando con Felipe y Susana.

- Use the present progressive to emphasize an action in progress at the moment of speaking.

  Marcela estudia mucho. *(normally)*
  Marcela está estudiando. *(at this moment)*

  Jorge juega frecuentemente en el parque. *(normally)*
  Jorge está jugando ahora en el parque. *(at this moment)*

- Spanish does not use the present progressive to express future time.

  Salgo esta noche.   *I'm leaving tonight.*

Suggestion. Use visuals or the chalkboard to show the present participle endings. Give additional examples in context referring to your own students or people in illustrations or pictures. Use familiar verbs and point to the appropriate ending of the present participles in the visuals or on the chalkboard. For example, *Ahora yo estoy hablando y ustedes están escuchando. En esta foto los chicos están esquiando y en esta otra foto están jugando al tenis. Este jugador está corriendo y ese otro jugador está bebiendo agua. Ahora los aficionados están saliendo del estadio.* Point out that the present participle is invariable, always ending in *-o*.

Give some examples using reflexive and direct object pronouns before the verb *estar* and after the present participle (this is explained in the Student Activity Manual). *¿Pedro se está peinando? Sí, está peinándose. ¿Juan está leyendo la lección? Sí, la está leyendo/Sí, está leyéndola.*

Personalize presentation of the present progressive by asking what everyone in class is doing right now: *Estoy escuchando, mirando al profesor, escribiendo, practicando español, contestando las preguntas.*

Actividades

6–10 **¿Qué cree usted?** Escoja la respuesta lógica.

1. Andrés tiene un examen esta tarde. Por eso, él...
   a. está estudiando con un compañero
   b. está jugando a tenis con su novia
   c. está conversando con sus amigos en un café

2. Mañana hay una competencia muy importante y los atletas...
   a. están bailando en la fiesta
   b. están practicando en el estadio
   c. están limpiando los muebles

3. Es la hora del desayuno y los niños...
   a. están jugando en el parque
   b. están corriendo en la calle
   c. están comiendo el cereal en el comedor

4. Esta noche vienen unos amigos a cenar a casa de los Gorostiza. Son las siete y la señora...
   a. está comprando un auto grande
   b. está cocinando un plato especial
   c. está nadando en la piscina

5. Uno de los jugadores de béisbol no está de acuerdo con la decisión del árbitro. Ellos...
   a. están conversando
   b. están discutiendo
   c. están buceando

6–11 **La vida activa.** ¿Qué están haciendo estas personas?

1.

2.

3.

4.

5.

6.

6–12   Un sábado a las diez de la noche.   Use su imaginación y diga dónde están y qué están haciendo los miembros de la familia Benavides. Compare sus respuestas con las de su compañero/a.

Have students build up a list of all ongoing activities and then combine certain ones using *mientras: Él está leyendo mientras los niños están jugando.*

La familia	Lugar	Actividad
Sr. Benavides		
Sra. Benavides		
Pedro (hijo, 20 años)		
Alicia (hija, 17 años)		
Rafael (hijo, 6 años)		
Abuela		

6–13   Lugares y actividades.   Imagínese en estos lugares. ¿Qué está ocurriendo a su alrededor?

New word: *alrededor*

MODELO: un café

Unas personas están conversando y tomando café. Otras están comiendo algo y un camarero está hablando con unos señores.

1. la clase de español
2. la biblioteca
3. una discoteca
4. su casa
5. un partido de béisbol
6. la playa
7. el parque
8. su barrio

6–14   Pantomimas.   Imite una actividad (e.g., *leer, cantar, dormir*) y sus compañeros deben decir qué está haciendo usted.

6–15   Situaciones.

1. Find out where your partner is from. Then ask four questions about the weather in his/her hometown and state.

2. Introduce yourself to another student in your class. Find out if he/she a) watches sports on television, b) which ones, and c) who is his/her favorite player.

3. It's the beginning of the semester and your mother/father is on the phone. He/She asks a) what you are studying, b) what you are doing right now, c) if you are eating well, d) if you are studying a lot, and other questions related to school and your social life.

Variation. Have students come to the front of the class and demonstrate one of the following actions. Make sure they use a form of *estar* with the past participle in a complete sentence: *bailar, caminar, comprar, escuchar, estudiar, mirar, practicar, tomar, trabajar, tocar, conversar, cantar, almorzar, jugar, pensar, acostarse, afeitarse, bañarse, cocinar, despertarse, doblar, lavarse, levantarse, limpiar, pasar la aspiradora, peinarse, planchar, preparar, quitarse, secar, sentarse, bucear, esquiar, ganar, nadar, nevar, leer, comer, beber, perder, barrer, escribir, dormir, salir, aplaudir, discutir.*

2. DEMONSTRATIVE ADJECTIVES AND PRONOUNS

Este jugador. Aquí.
Ese jugador. Allí.

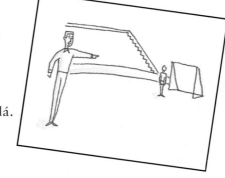

Aquel jugador. Allá.

- Demonstrative adjectives agree in gender and number with the noun they modify. English has two sets of demonstratives (this/these and that/those), but Spanish has three sets.

this	**este** jugador **esta** jugadora	*these*	**estos** jugadores **estas** jugadoras
that	**ese** equipo **esa** playa	*those*	**esos** equipos **esas** playas
that (over there)	**aquel** aficionado **aquella** persona	*those* (over there)	**aquellos** aficionados **aquellas** personas

- Use **este, esta, estos,** and **estas** when referring to people or things that are close to you in space or time.

  Este señor no está de acuerdo. *This gentleman doesn't agree.*
  Esta tarde vamos de compras. *We're going shopping this afternoon.*

- Use **ese, esa, esos,** and **esas** when referring to people or things that are not relatively close to you. Sometimes they are close to the person you are addressing.

  Esa raqueta es muy buena. *That racket is very good.*

- Use **aquel, aquella, aquellos,** and **aquellas** when referring to people or things that are even more distant.

  Aquel jugador es excelente. *That player (over there) is excellent.*

- These demonstratives can be used as pronouns. A written accent is usually placed on the stressed vowel to distinguish demonstrative pronouns from demonstrative adjectives.

> Compran **esta** raqueta y **ésa**.   *They are buying this racket and that one.*

- To refer to a general idea or concept, or to ask for the identification of an object, use **esto, eso** or **aquello**.

> Trabajan mucho y **eso** es muy bueno.   *They work a lot and that is very good.*
>
> ¿Qué es **esto**? Es un espejo.   *What is this? It's a mirror.*

Actividades

6–16   Aquí o allí.   Complete las oraciones con este, ese o aquel.

1. Yo estoy leyendo un libro y digo: "_____ libro es muy interesante".
2. Mi hermana quiere comprar un microondas. Ella está mirando uno y yo le digo: "_____ microondas es muy bueno".
3. Mi amigo dice que el auto azul que está lejos de la casa es de Pepe. Ye le digo: "_____ auto no es de Pepe".

¿Estas, esas o aquellas?

4. Yo estoy hablando de dos chicas que están cerca y digo: "_____ chicas salen con mis hermanos".
5. Tú estás comiendo una hamburguesa con papas fritas y dices: "_____ papas están frías".
6. Mi amigo está mirando unas casas que están un poco lejos y dice: "Ofelia vive en una de _____ casas".

6–17   Conversación.   Use adjetivos y pronombres demostrativos.

ADELA: Voy a comprar _____ raqueta.

IGNACIO: ¿Y por qué no compras más pelotas?

ADELA: Sí, voy a ver cuánto cuestan _____.

IGNACIO: Mira, _____ palos de golf son como los que compró tu hermano.

ADELA: ¿Cuáles? ¿_____?

IGNACIO: Sí, y _____ bates y _____ uniformes están muy buenos.

ADELA: _____ uniformes están horribles.

IGNACIO: Voy a hablar con _____ dependiente para ver si tienen otros.

ADELA: Pero tú no juegas al béisbol, ni estás en un equipo.

IGNACIO: Pero creo que voy a empezar.

....

LENGUA   Some Spanish speakers also use the word **este** or **pues** when they are trying to remember a word while speaking.

Voy a ver...**este**...el programa de Cristina.

Optional group activity. Divide the class into small groups of 2–3 people. Have students bring in a photo, which they will describe to others using **this, these:** *En esta foto hay cuatro personas. Ésta es mi hermana y éste es su esposo. Estos niños son mis sobrinos.* Other students ask questions: *¿Quién es ese señor? ¿Qué es eso que tiene en la mano?*, etc.

You may need to give some additional vocabulary to the students (e.g., *mochila, maletín, chaqueta*). You may also want to integrate practice of the possessive adjectives into this activity. For example, *Ésta no es mi mochila. ¿De quién es esta mochila?*

6–18 ¿De quién es? Ponga varios objetos de sus compañeros/as en diferentes lugares del salón de clase. Después pregúnteles de quién es cada objeto.

MODELO: —¿De quién es este (ese o aquel) bolígrafo?

—Este (ese o aquel) bolígrafo es de David.

6–19 ¿Qué es esto (eso, aquello)? Señale diferentes objetos de la clase y pídales a sus compañeros/as que los identifiquen.

6–20 Situaciones.

Ask your partner about two students in class, one sitting relatively close to you and the other farther away from you. Find out as much as possible about the students. Let your partner make up answers.

3.   SABER AND CONOCER (TO KNOW)

Both **saber** and **conocer** mean *to know*, but they are not used interchangeably.

Suggestion. Use visuals of well-known people to practice *saber* and *conocer:* for example, a picture of President Clinton. *Yo sé quién es esta persona. Es el presidente Clinton. Sé que vive en la Casa Blanca. Sé que tiene una hija. El presidente Clinton sabe tocar el saxofón. Yo sé quién es, pero no lo conozco.*

Point out the irregular first person. Remind students that *c* has the sound of *k* when used with *o* or *a*. Point out the *z* (not *s*) in *conozco*.

	saber	conocer
yo	sé	conozco
tú	sabes	conoces
Ud., él, ella	sabe	conoce
nosotros/as	sabemos	conocemos
vosotros/as	sabéis	conocéis
Uds., ellos/as	saben	conocen

- The **yo** form of both verbs is irregular; the other forms are regular.

- Use **saber** to express knowledge of facts or pieces of information.

    Él **sabe** dónde está el estadio.   *He knows where the stadium is.*

- Use **saber** + *infinitive* to express that you know how to do something.

    Yo **sé** cocinar.   *I know how to cook.*

- Use **conocer** to express acquaintance with someone or something. **Conocer** also means to meet. Remember to use the personal **a** when referring to people.

    Yo **conozco** a Pedro Rivas.   *I know Pedro Rivas.*
    No **conozco** ese equipo.   *I don't know that team.*
    Ella quiere **conocer** a Luis.   *She wants to meet Luis.*
    Conozco bien ese libro.   *I am very familiar with that book.*

Actividades

6–21   ¿Sabe usted quién es?

MODELO: Es una chica muy pobre que va a un baile. Allí conoce a un príncipe, pero a las 12:00 de la noche ella debe volver a su casa.

Sí, sé quién es. Es Cenicienta *(Cinderella).*

1. Es un gorila gigante con sentimientos humanos.
2. Es un hombre de otro planeta con una doble personalidad. Trabaja en una oficina, pero cuando se pone una ropa azul especial, puede volar.
3. Es un hombre joven, blanco, fuerte y educado por los gorilas en la jungla.
4. Es un detective privado. Es inglés, alto y delgado. Su asistente es un doctor.
5. Es una cantante cubanoamericana que vive en Miami. Es joven, morena y canta ritmos hispanos. Su marido trabaja con ella.

Expansion. 6. *Es un animal de los dibujos animados. Tiene orejas largas y es gris* (Bugs Bunny) 7. *Es una chica que vive en el bosque con siete enanitos* (Blancanieves)

6–22   Sé quién es, pero no lo conozco.   Pregúntele a su compañero/a si sabe quién es la persona mencionada y si la conoce.

MODELO: —¿Sabes quién es la mejor tenista de Argentina?

—Sí, yo sé quién es. Es Gabriela Sabatini.

—¿La conoces?

—No, no la conozco. *o* Sí, la conozco.

1. tu representante en el congreso
2. el/la presidente/a de la clase
3. el rector de la universidad
4. el jefe de tu papá o tu mamá
5. el rey de España
6. el/la estudiante más alto/a de la clase
7. el/la mejor jugador/a de basquetbol de la universidad

There are some words in this activity that students have not had. Students should not have any difficulty in understanding the cognates (e.g., *tenista, representante*). Other words may need some preparation. For example, *rector = presidente de una universidad; jefe = la persona para quien trabajamos; rey/reina = La suegra de la Princesa Diana de Inglaterra es la reina Isabel. En España hay un rey, Juan Carlos I. Su esposa es la reina Sofía* (bring pictures if possible).

6–23   ¿Qué sabes hacer?

MODELO: bailar música rock

—¿Sabes bailar música rock?

—Sí, sé bailar música rock. *o* No, no sé bailar música rock.

1. tocar guitarra
2. jugar al tenis
3. nadar
4. hacer tacos
5. planchar bien
6. trabajar con computadoras
7. usar el microondas
8. bucear

Use visuals and personalized questions to elicit the use of *saber* + infinitive: *¿Sabe patinar este niño? Y Ud., ¿sabe patinar?* Ask each student in class to name one thing that she or he can do.

6–24 **Saber o conocer.**

USTED:	¿_____ a esa chica?
COMPAÑERO/A:	Sí, yo _____ a todas las chicas aquí.
USTED:	Entonces, ¿_____ dónde vive?
COMPAÑERO/A:	No, no lo _____.
USTED:	Pero _____ su número de teléfono, ¿verdad?
COMPAÑERO/A:	No, tampoco lo _____.
USTED:	Y... ¿_____ cómo se llama?
COMPAÑERO/A:	Pues, la verdad es que no lo _____.
USTED:	¿Cómo dices que la _____? Tú no _____ dónde vive, tú no _____ su nombre.
COMPAÑERO/A:	Es que yo tengo muy mala memoria.

6–25 **Situaciones.**

Your partner has already met the new student in class. Tell your partner that you also want to meet him/her. Your partner will tell you how he/she is going to arrange for you to meet.

Point out that *boleto* and *billete* also mean ticket, but *entrada* (from the verb *entrar*) refers specifically to admission tickets.

Suggestion. Use visuals to highlight the stem change, or use colored chalk. Emphasize that the stem change only occurs when the syllable in the **stem** is stressed (*pide* vs. *pedimos*).

4. PRESENT TENSE OF STEM-CHANGING -IR VERBS (E → I)

Arturo pide dos entradas
para este partido importante.

pedir *(to ask for, to order)*			
yo	pido	nosotros/as	pedimos
tú	pides	vosotros/as	pedís
Ud., él, ella	pide	Uds., ellos/as	piden

- These **-ir** verbs change the stem vowel **e** to **i** except in the **nosotros** and **vosotros** forms. They also change the stem vowel **e** to **i** in the present participle.

El camarero está sirviendo el vino.

- Other common e → i verbs are:

conseguir	*to get*
decir	*to say*
reírse	*to laugh*
sonreírse	*to smile*
servir	*to serve*
seguir	*to continue, to follow*
vestirse	*to get dressed*

- In addition to changing e → i, the verb **decir** has an irregular **yo** form.

  decir: **di**go, dices, dice, decimos, decís, dicen

- The verbs **seguir** and **conseguir** also have the orthographic change **gu → g** in the **yo** form to maintain the same **g** sound.

  seguir: **si**go, sigues, sigue, seguimos, seguís, siguen

Actividades

6–26   ¿Qué se come...?   ¿Qué comida sirven en estos lugares?

MODELO: en un restaurante chino

    Sirven arroz frito y pollo con vegetales.

1. en un restaurante mexicano
2. en la cafetería de la universidad
3. en un restaurante italiano
4. en un restaurante de servicio rápido
5. en un café
6. en un restaurante francés

6–27   Comidas y bebidas.

MODELO: en un partido de béisbol

    —¿Qué pides en un partido de béisbol?

    —Pido un perro caliente y un refresco.

1. en un restaurante elegante
2. en un McDonald's
3. en un partido de fútbol
4. en un restaurante en una playa
5. en una pizzería
6. en un café al aire libre
7. en un cine
8. en una discoteca

6–28   Una invitación.

USTED: Conseguí dos entradas para el partido del sábado. ¿Quieres ir?

COMPAÑERO/A: Sí,... Todos dicen que va a ser...

USTED: El partido es a las... Yo puedo estar en tu casa a las..., más o menos. ¿Está bien?

COMPAÑERO/A: ... Y después yo te invito a cenar. ¿De acuerdo?

USTED: ...

6–29   ¿Qué sigue?

MODELO: 1, 2, 3...   —¿Qué sigue?
                        —Sigue el (número) 4.

1. 10, 20, 30, 40, 50...
2. lunes, miércoles...
3. alto, bajo; gordo, delgado; rubio...
4. 3, 6, 9...
5. bebé, niño, joven...

6. segundo, cuarto, sexto...
7. 200, 400, 600...
8. enero, febrero, marzo...
9. 1.000, 10.000, 20,000...
10. primero, tercero, qunto...

6–30   Programas de televisión.   Primero, contesten las preguntas y luego comparen sus respuestas.

1. ¿Ves programas de deportes?   Sí _____   No _____
   Si marcaste *sí,* ¿qué programa(s) prefieres?

   _____
   _____
   _____

2. ¿Ves programas cómicos?   Sí _____   No _____
   Si marcaste *sí,* ¿con qué programa te ríes más?

   _____

3. ¿Ves telenovelas?   Sí _____   No _____
   Si marcaste *sí,* ¿qué telenovela(s) ves?

   _____
   _____
   _____

Expansion. *5. para la clase 6. para la playa 7. para la casa de sus padres Rule 2*

6–31   La ropa.   Explique cuánto tiempo usted necesita para vestirse para ir a los siguientes lugares y si se pone ropa formal o informal.

MODELO: para ir a la universidad

           Me visto en 20 minutos y me pongo ropa informal.

1. para una fiesta elegante
2. para ir a las montañas
3. para jugar al béisbol
4. para una entrevista en un banco

6–32   Situación.

Your friend can get tickets for a very important game. Tell him/her that you also want some tickets. Your friend will ask how many you need. Say that you need two. Your friend will tell you to pick up (**recoger**) the tickets at his/her house at four.

PRONUNCIACIÓN: Stress and the written accent

Listen carefully to the explanation of stress and the written accent on your cassette. You will be asked to repeat and read certain words. You will find these words in your **Student Activities Manual.**

REPASO GRAMATICAL

1. PRESENT PROGRESSIVE: ESTAR + -NDO

	PRESENT ESTAR	PRESENT PARTICIPLE -NDO
yo	**estoy**	
tú	**estás**	**hablando**
Ud., él, ella	**está**	**comiendo**
nosotros/as	**estamos**	**escribiendo**
vosotros/as	**estáis**	
Uds., ellos/as	**están**	

2. DEMONSTRATIVE ADJECTIVES

this	{ **este** jugador **esta** jugadora	*these*	{ **estos** jugadores **estas** jugadoras
that	{ **ese** equipo **esa** playa	*those*	{ **esos** equipos **esas** playas
that (over there)	{ **aquel** aficionado **aquella** persona	*those* (over there)	{ **aquellos** aficionados **aquellas** personas

3. SABER AND CONOCER

	saber	**conocer**
yo	**sé**	**conozco**
tú	**sabes**	**conoces**
Ud., él, ella	**sabe**	**conoce**
nosotros/as	**sabemos**	**conocemos**
vosotros/as	**sabéis**	**conocéis**
Uds., ellos/as	**saben**	**conocen**

4. PRESENT TENSE OF STEM-CHANGING IR VERBS (E → I)

pedir *(to ask for, to order)*			
yo	pido	nosotros/as	pedimos
tú	pides	vosotros/as	pedís
Ud., él, ella	pide	Uds., ellos/as	piden

MOSAICOS

A escuchar

Tapescript. ¿Quiénes, juegan qué?

1. *En el verano, Jorge y sus amigos van a la playa los fines de semana para jugar voleibol. Ellos nadan y practican otros deportes, pero su deporte favorito es el voleibol.*
2. *Gabriela juega muy bien al tenis. Sus hermanos juegan al tenis también, pero Gabriela es la mejor jugadora de la familia.* 3. *El basquetbol es muy popular entre los jóvenes. Es un deporte fuerte y hay equipos femeninos que juegan muy bien. Ahora, especialmente en España, los aficionados pueden ver los partidos de basquetbol de los equipos profesionales norteamericanos.*
4. *Todos los inviernos, Mariana y su novio van a Bariloche a esquiar. Allí so reúnen con otros compañeros de la universidad y durante dos semanas esquían todos los días.* 5. *El equipo de béisbol de nuestra universidad es muy bueno. Este año tenemos a Héctor Ramírez y a otros jugadores excelentes. Creo que vamos a ganar el campeonato de béisbol de este año.* 6. *El fútbol es el deporte más popular en el mundo hispano y los jóvenes lo juegan en los parques, las playas y las calles. En los países del Caribe, donde hace bastante calor, el fútbol no es tan popular.* 7. *Uno de los deportes que pueden practicar las personas mayores es el golf. No es un deporte violento como el fútbol o el basquetbol. Además, cuando juegan al golf, caminan, están al aire libre y pueden conversar con sus amigos.*

6–33 ¿Quiénes juegan qué? Write the number of the description beside the corresponding illustration.

a. _____

b. _____

c. _____

d. _____

e. _____

f. _____

g. _____

6–34 ¿Lógico o ilógico? Indicate if the following statements are logical or illogical.

	Lógico	Ilógico		Lógico	Ilógico
1.	_____	_____	6.	_____	_____
2.	_____	_____	7.	_____	_____
3.	_____	_____	8.	_____	_____
4.	_____	_____	9.	_____	_____
5.	_____	_____	10.	_____	_____

A conversar

6–35 ¿Y usted? Pregúntele a cuatro o cinco compañeros qué deportes practican, cuándo, dónde y con quién. Luego haga una lista de los deportes más populares de la clase.

6–36 Radio Continental y el estado del tiempo en el mundo. Hagan un informe del tiempo en cuatro ciudades. Presenten el informe y luego preparen unas preguntas para que la clase responda.

MODELO: —Aquí Radio Continental con el informe del tiempo en el mundo. Lima, Perú: cielo despejado con una temperatura mínima de 20 grados y una máxima de 27.

—La Paz, Bolivia: nublado y lluvioso...

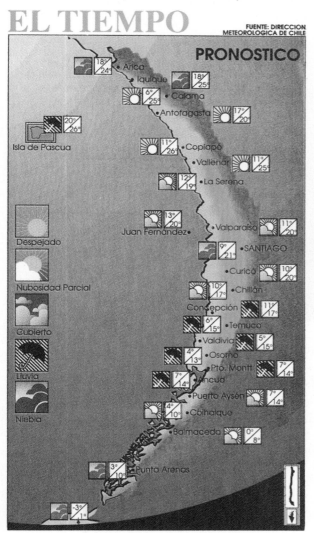

EL TIEMPO

FUENTE: DIRECCION
METEOROLOGICA DE CHILE

PRONOSTICO

El Mundo

23-04-93

Ciudad	Mín.	Máx.	Cond.
Amsterdam	17	19	Despejado
Asunción	17	25	Nublado
Atenas	14	23	Despejado
Berlín	11	20	Nublado
Bonn	11	22	Nublado
Bruselas	11	18	Nublado
Buenos Aires	18	25	Despejado
Caracas	17	30	Despejado
Ginebra	8	20	Despejado
La Paz	5	20	Nublado
Lima	18	24	Despejado
Lisboa	7	14	Lluvioso
Londres	7	11	Lluvioso
Los Angeles	14	25	Despejado
Madrid	9	18	Nublado
Manila	24	35	Despejado
México	10	26	Nublado
Miami	16	24	Nublado
Montevideo	9	21	Despejado
Nueva York	6	18	Nublado
Panamá	22	33	Despejado
París	13	16	Lluvioso
Pekín	5	20	Despejado
Quito	19	28	Despejado
Río de Janeiro	19	32	Despejado
Roma	5	18	Despejado
Tokio	18	24	Nublado
Varsovia	10	25	Despejado
Viena	10	22	Despejado
Washington	14	23	Nublado

Despejado

Nubosidad Parcial

Cubierto

Lluvia

Niebla

Arica 18°/24°
Iquique 18°/25°
Calama 6°/25°
Antofagasta 17°/20°
Isla de Pascua 20°/26°
Copiapó 11°/26°
Vallenar 11°/25°
La Serena 12°/19°
Juan Fernández 13°/20°
Valparaíso 11°/20°
SANTIAGO 9°/21°
Curicó 10°/20°
Chillán 10°/17°
Concepción 11°/17°
Temuco 6°/15°
Valdivia 5°/15°
Osorno 4°/13°
Pto. Montt 7°/14°
Ancud 7°/14°
Puerto Aysén 7°/14°
Coihaique 4°/10°
Balmaceda 0°/8°
Punta Arenas 3°/10°
-3°/1°

INVESTIGACIÓN

¿Navidad en verano? ¿Por qué es invierno en enero en España y es verano en Chile?

¿Lógico or ilógico?
1. Nieva en enero en Cuba. 2. Hace mucho calor en Puerto Rico en agosto. 3. El equipo está triste porque ganó el partido. 4. Los estudiantes esquían en las montañas en verano. 5. Hay muy poca gente en el estadio porque es un partido muy bueno. 6. En verano vamos a las playas y nadamos en el mar. 7. No conseguí las entradas porque es el último partido de la temporada. 8. Los aficionados aplauden la jugada. 9. Hace mucho frío en verano. 10. El parque tiene muchas flores y está muy verde en primavera.

A leer

6–37 ¿Qué le sugiere la palabra mar? Haga un mapa mental con sus ideas. Compare su mapa con el de un/a compañero/a. Aquí hay un ejemplo de un mapa mental de la palabra *lluvia*.

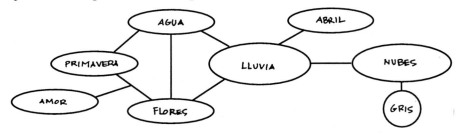

 6–38 Un cuadro de... Miren la siguiente acuarela (**acua** = agua) y escriban una descripción de tres o cuatro oraciones.

6–39 El título. ¿Qué le sugiere el título, *Acuarela de sal?*

6–40 Vocabulario Lea las definiciones y conteste las preguntas.

1. *olas* Las **olas** del Océano Pacífico son muy grandes. Para las personas que practican surf, las **olas** son muy importantes. ¿Usted practica surf?
2. *chillar* = hablar muy alto, gritar. Conozco a un niño muy mal educado; él llora y **chilla** cada vez que lo veo. ¿Conoce usted niños que chillan?

3. *desesperar*   des= no; = no esperar.

4. *clavar*   Yo necesito poner un cuadro en la sala. Voy a buscar clavos para **clavar**lo. ¿Cómo pone usted un cuadro o una acuarela en su cuarto?

5. *caracoles*   Hay muchos **caracoles** en la playa y en el mar. Mi abuelo tiene una gran colección de caracoles. ¿Usted colecciona caracoles?

6. *retazo*   = una parte, una sección. Veo un **retazo** de cielo por la ventana. ¿Ve usted un retazo de cielo por su ventana?

7. *sin embargo*   = pero. Comí todo el día y **sin embargo** tengo mucha hambre. ¿Estudia los verbos y sin embargo no los sabe?

8. *mojados*   El agua de la ola salpicó los zapatos de Lucía. Ahora, los zapatos de Lucía están **mojados.** ¿Están mojados sus zapatos?

ACUARELA DE SAL

De una colección de viajes, las manos del abuelo me traen una acuarela, un callado rumor de olas. Chinchina de repente quiere irse de mis brazos; chilla, se desespera. Ella dice que la casa tiene una nueva ventana... Pero, ¿qué quieren sus ojos, sus manos, sus pies?

La acuarela es tan limpia, tan transparente, tan exacta, que cuando el abuelo la clavó en la pared, Chinchina quiso correr, navegar y recoger caracoles, en la arena de la acuarela.

Aquello no era una ventana, no era un retazo del día salpicado de olas y de barcos. Sin embargo, ella tiene los ojos mojados. Parece que Chinchina tocó un poco el mar de la acuarela.

Manuel del Cabral (dominicano, contemporáneo)

Put students at ease. Point out that although the reading may seem difficult and beyond their abilities, they can understand more than they think and will be asked only what they can answer at their language level.

6–41   Lea rápidamente el texto y enumere los párrafos.

6–42   Vuelva a leerlo lentamente y conteste las siguientes preguntas.

Párrafo 1

1. ¿Qué trae el abuelo?
2. ¿Qué quiere Chinchina?
3. ¿Qué tiene la casa de nuevo, una ventana o un cuadro del mar?

Párrafo 2

1. ¿Cómo es la acuarela?
2. ¿Qué quiso hacer Chinchina?

Párrafo 3

1. ¿Cómo tiene los ojos Chinchina?
2. ¿Qué tocó Chinchina?

6–43   Observe el movimiento del texto, de la acuarela a Chinchina. Marque con un color las partes que se refieren a la acuarela y con otro color las partes que se refieren a Chinchina.

6–44   El texto termina con un efecto **mágico,** sólo posible en el mundo de los niños. ¿Cuál es el efecto mágico?

 *A escribir*

You may wish to focus on the first part of the activity (the description only).

6–45   Describa su lugar favorito para pasar unos días de descanso. Diga en qué estación usted va, qué tiempo hace allí y cuáles son sus actividades.

VOCABULARIO

DEPORTES	SPORTS
el baloncesto/ basquetbol	basketball
el béisbol	baseball
el ciclismo	cycling
el equipo	team
el esquí	skiing
el fútbol	soccer
el golf	golf
la temporada	(sports) season
el tenis	tennis
el voleibol	volleyball

EN EL ESTADIO	
la decisión	decision
la entrada	ticket
el partido	game

ESTACIONES	
el invierno	winter
el otoño	autumn
la primavera	spring
el verano	summer

PERSONAS	
el/la aficionado/a	fan
el árbitro	umpire, referee
el/la ciclista	cyclist
la gente	people
el/la jugador/a	player

TIEMPO	
la nieve	snow
el sol	sun
el viento	wind
despejado/a	clear
fresco/a	cool
nublado/a	cloudy

DESCRIPCIÓN	
contrario/a	opposite, contrary
emocionado/a	excited
importante	important
reñido/a	close, hard-fought (game)

VERBOS	
aplaudir	to applaud
bucear	to scuba dive
conocer (zc)	to know, to meet
conseguir (i)	to get
creer	to believe
decir (g, i)	to say
discutir	to argue
esquiar	to ski
ganar	to win, to earn
invitar	to invite
llover (ue)	to rain
nevar (ie)	to snow
pedir (i)	to ask for, to order
reírse (i)	to laugh
saber	to know
seguir (i)	to follow
servir (i)	to serve
sonreírse (i)	to smile
vestirse (i)	to get dressed

PALABRAS ÚTILES	
ahora	now
allí	there
aquí	here
casi	almost
si	if

EXPRESIONES ÚTILES	
a veces	sometimes
el resto	the rest
en estos momentos	right now, at this moment
estar de acuerdo	to agree
¿Qué tiempo hace?	What's the weather?
todos los días	everyday

LECCIÓN 7

—¿En qué puedo servirle?
—Quisiera comprar un regalo para mi hermano menor.
—¿Cuántos años tiene?

La ropa y las tiendas

Goals. In this lesson students discuss clothing, buying and selling, expressing needs, likes, dislikes, satisfaction, and dissatisfaction. The grammar includes indirect object nouns and pronouns, the verbs *dar* and *gustar* (and other verbs that require indirect object pronouns), and the preterit tense of *ir, ser,* stem-changing *-ir* verbs, and those *-er* and *-ir* verbs whose stems end in a vowel (*leer, creer,* and *oír*).

COMUNICACIÓN

- Talking about and describing clothing
- Asking for and telling prices
- Expressing needs
- Expressing likes and dislikes
- Expressing satisfaction and dissatisfaction
- Talking about past events

ESTRUCTURAS

- Indirect Object Nouns and Pronouns
- The Verb **dar**
- **Gustar** and Similar Verbs
- Preterit of **ir** and **ser**
- Preterit Tense of Stem-Changing **-ir** Verbs
  (e → i) (o → u)

CULTURA

- Shopping in the Spanish-speaking world

A PRIMERA VISTA

La ropa

...de mujeres

EL VESTIDO
LA BLUSA
LA FALDA
LOS PANTALONES
LA PULSERA
EL ANILLO
EL ARETE
LA SUDADERA
LA MEDIA
EL COLLAR
EL ZAPATO
EL ZAPATO (DE)TENIS

Suggestion. Use visuals or posters to talk about articles of clothing.

Hint. Describe the clothes you are wearing and then personalize by commenting on similar items worn by students in class. For example, *¿De qué color es la camisa que lleva? ¿Es bonita la blusa de...?*

Suggestion. Pretend you are going on a trip. Bring a packed backpack, place it on the desk or table, and describe each item of clothing as you take it out of the backpack. After you have done this, have students identify individual pieces as you hold them up. Discuss what is necessary to take on a trip.

You might bring clippings or posters to class. Identify and describe each piece twice and then give the articles of clothing to different students. Ask questions

...de hombres

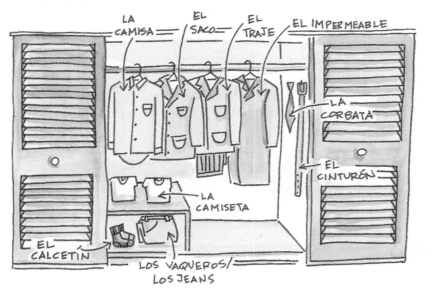

LA CAMISA
EL SACO
EL TRAJE
EL IMPERMEABLE
LA CORBATA
EL CINTURÓN
LA CAMISETA
EL CALCETÍN
LOS VAQUEROS/ LOS JEANS

Para el invierno

You may want to introduce some additional vocabulary: *la ropa interior* (underwear), *la chaqueta* (jacket), *la media pantalón/ el pantimedia* (pantyhose), *la bata de casa* (robe), *la moda* (fashion). You may also want to point out that in some countries the word *media* refers to stockings as well as socks.

Para el verano

Actividades

7–1   ¿Cuándo se pone...?

	Invierno	Verano
1. el traje de baño	_____	_____
2. el suéter	_____	_____
3. el abrigo	_____	_____
4. los pantalones cortos	_____	_____
5. las botas	_____	_____
6. las sandalias	_____	_____
7. los guantes	_____	_____
8. la bufanda	_____	_____
9. la camiseta	_____	_____
10. las gafas de sol	_____	_____

7–2   Su clase.   ¿Qué ropa llevan las personas en la clase?

MODELO: César lleva vaqueros, una camisa blanca y zapatos tenis.

7–3   Preguntas.   Pregúntele a su compañero/a qué ropa lleva cuando...

1. hace frío
2. va al trabajo
3. hace calor
4. practica deportes
5. llueve
6. va a la playa
7. va a una fiesta
8. está en su casa

Emphasize. 1. The indefinite article is generally used when describing what one wears: *Lleva **una camisa roja.*** 2. The correct adjective placement and agreement

Expansion. 9. hace mucho frío 10. va a una fiesta elegante 11. va a una boda 12. hace sol en la playa

De compras

Más moderno

Provide comprehensible input to introduce new vocabulary and expressions. *Ésta es una foto de un moderno almacén, El Corte Inglés, de Barcelona. En todas las ciudades importantes españolas hay un almacén de El Corte Inglés. Como el almacén de la foto está en Barcelona y allí hablan catalán y español, los avisos y letreros están escritos en estas dos lenguas. Dicen que hay rebajas* (write word on the board) *muy buenas. ¿Saben ustedes qué es una rebaja?* (Probably students will not be able to answer.) *Pues si este reloj cuesta $50, en una rebaja puedo comprarlo por $40 y a veces por menos. En El Corte Inglés una persona puede comprar ropa, muebles, accesorios, juguetes para los niños, electrodomésticos, etc. También puede comprar comida pues tiene un supermercado muy bueno donde venden toda clase de productos, y si quiere almorzar o tomar algo, puede ir a la cafetería o al restaurante. Ir a El Corte Inglés es como ir a muchas tiendas en un solo lugar. Allí venden de todo.* Ask questions to check comprehension. Have students describe the people in the picture and the clothes they are wearing. Check if they understood some of the signs in Spanish or Catalan.

For the second photo, introduce the word *escaparate* (window) and some of the vocabulary in the dialog (e.g., *talla, probarse, quedar, bien, cambiar*) through comprehensible input. Use visuals if necessary. Read the dialog while students follow it in their books. Have choral repetition if you so desire. Then have the students act out the dialog in pairs.

Personalize: *¿Se prueba usted la ropa en las tiendas? ¿Cuál es su tienda favorita? ¿Va usted a las tiendas cuando hay rebajas? ¿Qué talla usa usted?*

Un moderno almacén de la ciudad de Barcelona

MARTA: Las rebajas son magníficas. Mira esa chaqueta, de $50,00 a $38,00. ¿Por qué no entramos para ver si tienen tu talla?

ANA: Sí, y así me pruebo la chaqueta para estar segura que me queda bien. Está muy barata.

MARTA: O te pruebas la chaqueta en casa y si te queda mal, la cambias.

DEPENDIENTE:	¿En qué puedo servirle?
CLIENTE:	Quisiera comprar un regalo para una muchacha joven. Una bolsa, una billetera...
DEPENDIENTE:	Hay unas bolsas preciosas. Enseguida le muestro las que tenemos.

DEPENDIENTE:	¿Va a pagar con tarjeta de crédito o en efectivo?
SEÑOR:	En efectivo.

Point out the use of *quisiera* to soften the request. Give examples and have students practice the expression.

Present these dialogs following a procedure similar to what was used for the other dialog: preparation, reading aloud, and practice between two students.

Más tradicional

Muchas personas prefieren ir de compras a los mercados al aire libre. En este mercado de Mérida, México, unas mujeres están buscando ropa.

Talk about shopping at markets. You may introduce the word *regatear* (to haggle) and give examples. Then have students work in pairs pretending they want to buy something and then haggling to bring down the price.

Shopping in Hispanic America. Argentina, Paraguay, and Uruguay are known for their leather goods. In Bolivia, Peru, Ecuador, and Guatemala, one can find beautiful Indian weavings. There are excellent wines in Chile and Argentina. Some countries are known for their quality stones and silver work: Colombia for its emeralds and Peru and Mexico for their silver. If possible, bring Hispanic products or handicrafts to class and ask students to do the same. This will give you an opportunity to exchange ideas and at the same time expose students to this aspect of Hispanic culture.

Actividades

7-4 ¿Cuánto cuesta(n)...?

MODELO: —¿Cuánto cuestan los zapatos tenis?

—Cuestan $19.

Ask students to estimate the price of various other items.

7-5 ¿Dónde compras...?

MODELO: —¿Dónde compras los zapatos?

—Los compro en...

Use all items above; add food items if time allows: *¿una hamburguesa? ¿comida mexicana?*, etc.

7-6 ¿Quién es?   Describa la ropa que lleva un/a compañero/a sin decir su nombre. Sus compañeros deben tratar de adivinar quién es esa persona.

MODELO: —Lleva una falda roja, una blusa blanca y un suéter gris.

—Es...

Alternate. Have students do this exercise in groups of three or four.

 *A escuchar*

You will hear two short conversations. For the first conversation, mark the appropriate column to indicate if the statement is true or false.

Primera conversación

	Sí	No
1. Manuel sale para la universidad en ese momento.	_____	_____
2. El abuelo cree que la ropa de Manuel está muy bien.	_____	_____
3. Manuel lleva unos pantalones muy elegantes.	_____	_____
4. Los amigos de Manuel llevan ropa muy informal.	_____	_____
5. El abuelo cree que Manuel necesita otros amigos.	_____	_____

Segunda conversación

Mark the appropriate ending to each statement.

1. El cliente necesita un traje para...

_____ una fiesta

_____ el trabajo

_____ una reunión familiar

2. Él trabaja en...

_____ un banco

_____ un hospital

_____ una universidad

3. El dependiente recomienda un traje...

_____ café o negro

_____ gris o azul

_____ blanco

4. El precio del traje es...

_____ muy alto

_____ razonable

_____ absurdo

5. El cliente también necesita...

_____ unos zapatos

_____ unas camisetas

_____ una corbata

Tapescript. *Primera conversación*

Manuel: Adiós, abuelo, que llego tarde a la universidad.

Abuelo: Pero Manuel, ¿cómo vas a ir a la universidad con esa ropa? Siempre llevas una camiseta y los mismos vaqueros y zapatos de tenis. ¿Por qué no te pones algo más elegante?

Manuel: Pero abuelo, ¿qué prefieres? Un traje azul y una corbata de seda.

Abuelo: Creo que es una idea excelente.

Manuel: Ay, abuelo, ya nadie se pone ese tipo de ropa para ir a la universidad. Si todos mis amigos llevan la misma ropa que yo.

Abuelo: Bueno, ¡creo que necesitas otros amigos!

Segunda conversación

Dependiente: Buenos días señor. ¿En qué puedo servirle?

Ernesto: Buenos días. Necesito un traje para el trabajo. ¿Qué me puede recomendar?

Dependiente: ¿Y dónde trabaja usted, señor?

Ernesto: En un banco. Llevo sólo seis meses allí y realmente tengo poca ropa.

Dependiente: Bueno, entonces es mejor un traje oscuro, tal vez gris o azul. Este traje, por ejemplo, es muy bonito y tiene muy buen precio.

Ernesto: Sí, me gusta mucho. Y necesito una corbata también.

Dependiente: Tenemos unas corbatas muy bonitas. Enseguida le muestro las que tenemos.

A leer

Read the ads to determine where you would go to get the following:

1. Algo para su sobrino de cinco años
2. Un regalo para el Día de las Madres
3. Ropa informal para usted

Reread the ads. Can you tell which stores are having sales?

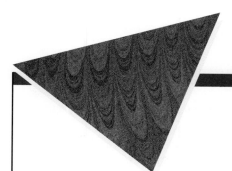

Enfoque

¡DE COMPRAS!

Ir de compras a uno de los grandes almacenes de Madrid, Buenos Aires o ciudad de México puede ser una experiencia fabulosa. Pero hay algunos detalles que conviene saber para poder tener una experiencia agradable y evitar malentendidos. Esos detalles se refieren principalmente a diferencias entre las costumbres de los Estados Unidos y los países de habla española. He aquí algunas sugerencias que puede usar para cuando haga un viaje a uno de estos países.

Los horarios Procure saber los horarios de los almacenes antes de salir. En España e Hispanoamérica casi todos los almacenes pequeños cierran a la hora del almuerzo. En España cierran de una y media a cuatro y media o cinco de la tarde y en Hispanoamérica un poco más temprano. Por lo general, los domingos todo el comercio permanece cerrado, aunque esto está cambiando en las grandes ciudades con centros comerciales modernos.

Forma de pago El uso de las tarjetas de crédito no es tan común como en los Estados Unidos y Europa, aunque esto también aumenta poco a poco. En los mercados al aire libre y en las tiendas pequeñas generalmente hay que pagar con dinero en efectivo.

El regateo En algunas de las tiendas pequeñas y en los mercados los productos a la venta no tienen etiquetas con precios. En la mayoría de los casos hay que preguntarle el precio al propietario o al dependiente y luego negociar con él o ella para obtener el mejor precio.

El Corte Inglés, Madrid

EXPLICACION Y EXPANSION

1. INDIRECT OBJECT NOUNS AND PRONOUNS

Ana María le da un regalo a su amigo.

¿Qué le dice su amigo?
 ¿Qué le contesta Ana María?

Act out a situation (e.g., *Yo le doy el bolígrafo a Mercedes. Mercedes le da el bolígrafo a Juan. ¿Qué le da Mercedes a Juan? ¿A quién le da el bolígrafo Mercedes?* [If necessary point to Juan.] *Mercedes le da un lápiz a Luisa. ¿Qué le da Mercedes a Luisa? ¿A quién le da un lápiz Mercedes?*). Write on the board one of the two sentences you have used. Circle *le* and the indirect object noun. Draw an arrow pointing to *le* and the indirect object noun, saying that they are the indirect object. Talk about the illustration. *Hoy es el cumpleaños del amigo de Ana María. Ella le da un regalo a su amigo.* Have students answer the two questions.

INDIRECT OBJECT PRONOUNS			
me	*to or for me*	**nos**	*to or for us*
te	*to or for you* (familiar)	**os**	*to or for you* (familiar)
le	*to or for you* (formal), *him, her, it*	**les**	*to or for you* (formal), *them*

- Indirect object nouns and pronouns tell to whom or for whom an action is done.

    El profesor **me** explica la lección. / *The professor explains the lesson to me.*

- Indirect object pronouns have the same form as direct object pronouns except in the third person: **le** and **les**.

- Place the indirect object pronoun before the conjugated verb form. It may be attached to an infinitive or to a present participle.

    Te voy a comprar un regalo.
    Voy a comprar**te** un regalo. } *I'm going to buy you a present.*

    Juan **nos** está preparando la cena.
    Juan está preparándo**nos** la cena. } *Juan is preparing dinner for us.*

- When the indirect object noun is used, the corresponding indirect object pronoun is normally used.

    Yo **le** compro un regalo **a** Victoria. / *I'm buying Victoria a present.*

Point out that direct and indirect object pronouns use the same forms except for the third person. Then compare: *Te veo a las dos* with *Te habla Paula.*

200

- To eliminate ambiguity, **le** and **les** are often clarified with the preposition **a** + *subject pronoun*.

Le hablo **a usted.**	*I'm talking to you. (not to him)*
Siempre **les** compro algo **a ellos.**	*I always buy them something.*

- For emphasis, use **a mí, ti, nosotros/as,** and **vosotros/as** with the indirect object pronouns.

Pedro **te** habla **a ti.**	*Pedro is talking to you. (not to someone else)*

Emphasize. Clarification with the preposition *a* + subject pronoun is not a substitute for *le* or *les*, even though it seems redundant.

Point out that the explanatory phrase is often a noun, too: *Le escribo cartas a mi tía Olga.*

Note. Double object pronouns are introduced in *Lección 15.*

2. THE VERB DAR (TO GIVE)

dar	Present	Preterit
yo	doy	di
tú	das	diste
Ud., él, ella	da	dio
nosotros/as	damos	dimos
vosotros/as	dais	disteis
Uds., ellos/as	dan	dieron

- **Dar** is almost always used with indirect object pronouns. Notice the difference between **dar** *(to give)* and **regalar** *(to give as a gift).*

Ella le **da** el casete a Pedro.	*She gives Pedro the cassette.*
Ella le **regala** el casete a Pedro.	*She gives Pedro the cassette. (as a gift)*

- In the preterit, **dar** uses the endings of **-er** and **-ir** verbs.

Point out that the first person of *dar* in the present is irregular. Compare *dar* to *ir* and *estar.*

Hands-on Activity. Get three different items and sit in front of the class with a volunteer. (Be sure to use both masculine and feminine items.) Give each item to the volunteer, one by one, and say what you are doing: *Le* (or *te) doy el papel. Le doy la mochila. Le doy los lápices.* Then have the volunteer say what you are doing: *Me da el papel. Me da la mochila. Me da los lápices.* Have the whole class work on giving things back and forth to each other, using *me* or *te.* Later, have students work in groups of three and use *Le doy...,* etc. This activity can be expanded to include longer verbal phrases, such as *Te quiero dar este lápiz verde,* etc.

Actividades

7–7 Cuidar a un niño. ¿Qué hace usted cuando cuida a un niño?

MODELO: preparar la comida
(Yo) le preparo la comida.

1. dar la comida
2. poner la televisión
3. quitar los zapatos
4. poner la piyama
5. lavar los dientes
6. leer un cuento

New word: *cuento*

7–8 Su profesor/a. ¿Qué hace o no hace su profesor/a?

MODELO: hacer preguntas — Nos hace pregutas.
limpiar la casa — No nos limpia la casa.

1. hablar en español
2. preparar el almuerzo
3. dar buenas notas
4. lavar la ropa
5. explicar las lecciones
6. regalar entradas

Expansion. 7. vender hamburguesas 8. decir siempre la verdad 9. presentar las lecciones

7–9   Para vivir una vida sana.   Use su imaginación o las sugerencias que están más abajo.

MODELO: —¿Qué me recomiendas?

—Te recomiendo comer muchos vegetales.

—¿Qué más me recomiendas?

—Te recomiendo descansar después de las comidas.

1. comer pescado y vegetales
2. caminar
3. beber mucha agua
4. nadar en la piscina
5. ir al gimnasio
6. no tomar mucha cerveza
7. no comer papas fritas
8. …

7–10   Regalos.   Después de preparar una lista, dígale a su compañero/a qué le va a regalar a cada persona.

7–11   La mamá y el niño.   ¿Qué ocurre en los siguientes dibujos?

1.

2.

3.

4.

7–12   ¿Qué digo en estas situaciones?

MODELO: Es el cumpleaños de su prima y usted va a verla.

Le digo: "Feliz cumpleaños".

1. Sus padres le regalan una sudadera muy bonita.
2. Usted tiene dos entradas para un concierto y llama a un/a amigo/a.
3. Usted está en un café y viene el camarero.
4. Su novio/a quiere ir a esquiar a las montañas, pero hace mal tiempo.
5. Un amigo lo/la invita para ir al cine, pero usted tiene un examen mañana.
6. Usted está en una tienda para comprar un cinturón y viene el dependiente.

7–13   Entrevista.

USTED:	¿Te gusta escribir?
COMPAÑERO/A:	...
USTED:	¿A quién le escribes?
COMPAÑERO/A:	...
USTED:	¿Quién te escribe a ti?
COMPAÑERO/A:	...

Expansion. ¿...preparar comidas deliciosas? ¿...dar dinero? ¿...mandar tarjetas postales? ¿...hacer preguntas filosóficas?

7–14   Situación.

You are at a department store. Your partner will play the part of the salesperson. Tell him/her that a) you are looking for a present for a 20-year old young lady, b) that you are not sure what you should buy, and c) the amount that you can spend (**gastar**). Let him/her make suggestions.

Variation. ...un regalo para un muchacho de siete años; ...un regalo para su abuela; ...un regalo para su novio/a.

3.   GUSTAR AND SIMILAR VERBS

—¿Te gusta esta camisa?

—No, no me gusta.

—Me gustan éstas. ¿Y a ti?

—Me gustan mucho.

Using drawings of food items, mention a few things you like. Poll the students, eliciting responses as to what they like and dislike (and why).

Emphasize that expressions of "to like" in English must be formed through the construction "to please." Practice converting a few expressions: We like this song. *Nos gusta esta canción.* They like to swim. *Les gusta nadar.*

Point out. 1. The definite article is used when referring to things in a general sense. 2. The subject usually follows the verb. For example, We like children. *Nos gustan* **los niños.** I like music. *Me gusta* **la música.**

▪ Spanish uses the verb **gustar** to express likes and dislikes. However, **gustar** is not used the same way as the English verb *to like*. **Gustar** is similar to the expression *to be pleasing (to someone)*.

> Me gusta ese vestido.   *I like that dress. (That dress is pleasing to me.)*

▪ In this construction, the subject is the person or thing that is liked. The indirect object pronoun shows to whom something is pleasing.

Me		*I*	
Te		*You (familiar)*	
Le	gusta el traje.	*You (formal), He, She*	like(s) the suit.
Nos		*We*	
Os		*You (familiar)*	
Les		*You, They, You (formal and familiar)*	

If students have difficulty with *gustar* constructions, it may be better to work with *interesar, encantar,* and *parecer* for a while, as they offer a better parallel to English: Your story interests me. *Me interesa tu cuento.* Furthermore, these constructions are useful to introduce at this time.

Activity. ¡Me gustan las frutas! Bring fruit or posters. Ask students to say what fruit they like and divide the class into groups of 'fans' of a certain fruit. (Hint: you need at least one of each of the four combinations of *le/s* with *gusta/n: A Mark le gustan las uvas. A ellos les gustan las peras. A Mary le gusta la manzana. Les gusta la naranja.*) Have each student stand up, describe her or his own taste, with either *Me gusta(n)...*(if alone), or *Nos gusta(n)...*, and continue through the class with a description of the others' preferences.

New word: *cara*

You may add that to soften a request, Spanish speakers also use *me gustaría*. Give examples with *quisiera* and *me gustaría,* such as *Quisiera/Me gustaría cambiar esta camisa.* Have students work in pairs to express what they would like to buy, try on, exchange, etc.

Practice the preterit of *gustar*. For example, *¿Qué película vio usted la semana pasada? ¿Le gustó? Y usted, ¿vio esa película? Le gustó?*

Personalize. Have students find out three additional things that their partner likes to do.

- Generally, only two forms of **gustar** are used: **gusta, gustan.** If *one* person or thing is liked, use **gusta.** If *two* or more persons or things are liked, use **gustan.** To express what people like or do not like to do, use **gusta** followed by infinitives.

Me **gusta** ese collar.	*I like that necklace.*
¿A usted no le **gustan** esos anillos?	*Don't you like those rings?*
Me **gusta caminar** por la mañana.	*I like to walk in the morning.*
¿No **te gusta** correr y nadar?	*Don't you like to run and swim?*

- Other Spanish verbs that follow the pattern of **gustar** are **encantar** *(to delight, to love),* **interesar** *(to interest, to matter),* **parecer** *(to seem),* and **quedar** *(to fit, to have something left).*

Actividades

7–15   ¿Te gusta...?   Averigüe tres cosas que le gusta hacer a su compañero/a y tres cosas que no le gusta hacer.

MODELO: salir los sábados

—¿Te gusta salir los sábados?

—Sí, me gusta. o—No, no me gusta.

1. estudiar por las noches
2. llevar ropa muy formal
3. ir a los almacenes los sábados
4. dormir por la tarde
5. comprar ropa cara
6. ver telenovelas
7. ir a los partidos de fútbol
8. discutir con la gente
9. correr cuando hace mucho frío
10. llevar collares y anillos

7–16   Reacciones.

MODELO: el helado / las fiestas

—¿Te gusta el helado?

—Sí, me gusta el helado.

—¿Te gustan las fiestas?

—No, no me gustan las fiestas.

Lugares	Personas	Actividades
esta universidad	el presidente	esquiar
las tiendas	Julio Iglesias	nadar
las cafeterías	los niños	ir de compras
la playa	Gloria Estefan	leer periódicos

7–17 Los gustos de un/a amigo/a. ¿Qué le gusta o no le gusta a su mejor amigo/a?

Personalize. Ask students to find out three additional things that their partner's best friend likes to do.

MODELO: las camisas azules / llevar corbata
Le gustan las camisas azules, pero no le gusta llevar corbata.

jugar al golf	la música popular	bailar
nadar	la ropa moderna	los deportes
jugar al tenis	bañarse con agua fría	ir de compras
beber *Coca-cola*	levantarse a las siete	la comida china
las canciones popu-lares	los programas de radio	los conciertos

7–18 Problemas.

Expansion. Play a game to see who can follow money transactions and answer quickly. 5. Tienes $26. Compras un video por $21. ¿Cuánto dinero te queda? 6. Sales de tu casa por la mañana con $75. Durante el día almuerzas por $10, te compras un suéter por $35 y pagas $20 por gasolina. ¿Cuánto dinero te queda? 7. Tengo $200 en mi bolsa/cartera y quiero salir esta noche. Si gasto $40 por la cena, $60 por las entradas al teatro, $15 por el taxi y $10 por una botella de champán, ¿cuánto dinero me va a quedar? 8. Tienes $150 en total — $50 en tu cartera y $100 en ti chaqueta. Alguien roba tu chaqueta. ¿Cuánto dinero te queda?

MODELO: —Pilar tiene $50,00. Paga $20,00 por un suéter. ¿Cuánto dinero le queda?

—Le quedan $30,00.

1. Ernesto tiene $75,00. Le da $20,00 a su hermano. ¿Cuánto dinero le queda?
2. Érica tiene $20,00. Va al cine y a cenar con una amiga. El cine cuesta $6,00 y la cena $12,00. ¿Cuánto dinero le queda?
3. Yo tengo $40,00. Compro un suéter por $39,00. ¿Cuánto dinero me queda?
4. Mis amigos tienen $30,00. Van a la playa y almuerzan en un restaurante al lado del mar. El almuerzo cuesta $25,00. ¿Cuánto dinero les queda?

 7–19 ¿Comprador/a compulsivo/a? Complete el cuestionario y luego compare sus resultados con los de sus compañeros/as.

Palabras útiles: me fijo *(I notice)*, **la solicitud** *(application)*, **tacaño/a** *(stingy)*

Take a show-of-hands survey of who answered *Sí*, starting with zero, and ending up with the most compulsive shopper in the class.

	Sí	No
1. Le doy mucha importancia a la ropa.	___	___
2. Me fijo en la ropa que llevan las personas.	___	___
3. Les pido solicitud de crédito a todas las tiendas.	___	___
4. Cuando voy a una tienda, siempre compro algo.	___	___
5. Les recomiendo a mis amigos tiendas y almacenes nuevos.	___	___
6. Cuando tengo dinero, siempre voy de compras.	___	___
7. Si no tengo dinero, uso las tarjetas de crédito.	___	___
8. Me gusta toda la ropa que veo.	___	___

Sí = 2 puntos   **No** = 0 puntos

De 8 a 16 puntos. Usted es un/a comprador/a compulsivo/a.

De 4 a 7 puntos. Usted es un/a comprador/a normal.

De 0 a 3 puntos. Usted es un poco tacaño/a. Le recomendamos renovar su ropa.

7–20 Situaciones.

1. You are in your favorite clothing store: a) tell the clerk what you need (e.g., pants, shoes, and so on), b) ask for the price of each item, c) say if you like each one or not, and d) decide if you will buy it/them.

2. You are going to take some friends to your favorite place (e.g., **un almacén, una playa, una ciudad**). Tell them what you like about it and what you will show them. Your friends should ask some pertinent questions about this place.

MODELO: Los voy a llevar a la universidad. A mí me gusta mucho la piscina. También me gusta la biblioteca. Yo les voy a mostrar la cafetería, el estadio y la piscina.

4. PRETERIT OF IR AND SER

Point out that there are no accent marks on *fui* and *fue*.

ir and ser			
yo	**fui**	nosotros/as	**fuimos**
tú	**fuiste**	vosotros/as	**fuisteis**
Ud., él, ella	**fue**	Uds., ellos/as	**fueron**

- **Ir** and **ser** have identical forms in the preterit. The context will clarify the meaning.

El Sr. Molina **fue** vendedor. *Mr. Molina was a salesman.*
El Sr. Molina **fue** a ver al *Mr. Molina went to see the*
vendedor. *salesman.*

5. PRETERIT TENSE OF STEM-CHANGING -IR VERBS (E → I) (O → U)

Suggestion. Use colored visuals or colored chalk to highlight stem changes. Compare with the present tense.

Reminder. There is no stem change for *-ar* and *-er* verbs in the preterit.

Additional verbs: *vestir, sentir, repetir.*

Reminder. Present progressive: *Está pidiendo, ...sirviendo, ...siguiendo.*

preferir			
yo	preferí	nosotros/as	preferimos
tú	preferiste	vosotros/as	preferisteis
Ud., él, ella	prefirió	Uds., ellos/as	prefirieron

dormir			
yo	dormí	nosotros/as	dormimos
tú	dormiste	vosotros/as	dormisteis
Ud., él, ella	durmió	Uds., ellos/as	durmieron

- The preterit endings of stem-changing **-ir** verbs are the same as those for regular **-ir** verbs.

- All **-ir** verbs whose stem vowel **e** changes to **ie** or **i** in the present tense change the same vowel to **i** in the **usted, él, ella** form and the **ustedes, ellos, ellas** form.

- **Dormir,** whose stem vowel **o** changes to **ue** in the present tense, changes the same vowel to **u** in the **usted, él, ella** form and the **ustedes, ellos, ellas** form.

6. PRETERIT OF -ER AND -IR VERBS WHOSE STEM ENDS IN A VOWEL

leer			
yo	leí	nosotros/as	leímos
tú	leíste	vosotros/as	leísteis
Ud., él, ella	leyó	Uds., ellos/as	leyeron

oír	to hear[1]		
yo	oí	nosotros/as	oímos
tú	oíste	vosotros/as	oísteis
Ud., él, ella	oyó	Uds., ellos/as	oyeron

- The preterit endings of verbs whose stem ends in a vowel are the same as those of regular **-er** and **-ir** verbs, except for the **usted, él, ella** form and the **ustedes, ellos, ellas** form, which end in **-yó** and **-yeron.**

Actividades

7–21   Los horarios de unos amigos.   ¿Qué hicieron estas personas?

New word: *noticias*

MODELO: —¿Quién fue a un café? *o* ¿Qué hizo Raquel?
—Raquel fue a un café.

	Carlos	Raquel	Susana y Mirta
por la mañana	leer el periódico	dormir hasta las diez	ir a las tiendas, comprar dos blusas
por la tarde	ir a la playa con su novia	ir a un café, pedir ensalada	leer un libro
por la noche	oír las noticias	preferir estar en casa con sus amigas	invitar a unos amigos a cenar, servir espaguetis

[1]The present tense forms of **oír** are: **oigo, oyes, oye, oímos, oís, oyen.**

7–22   Encuesta.   Después de terminar la encuesta, compartan la información con otros grupos.

1. ¿Quiénes leyeron el periódico ayer?
2. ¿Quiénes oyeron las noticias?
3. ¿Quiénes fueron al cine?
4. ¿Quiénes miraron televisión?
5. ¿Quiénes durmieron siete horas o más?
6. ¿Quiénes durmieron menos de seis horas?

7–23   ¿Quién fue?

MODELO: el primer presidente de los Estados Unidos

Fue George Washington.

1. un gran físico que formuló la teoría de la relatividad
2. un atleta famoso que ganó cuatro medallas de oro en las Olimpiadas de 1936 en Berlín
3. un autor inglés que escribió dramas muy famosos como Hamlet
4. dos hermanos que inventaron los aviones
5. el primer piloto que cruzó el Atlántico

Ahora piensen en alguien importante y digan algunas de las cosas que hizo. Sus compañeros/as deben tratar de averiguar quién fue.

7–24   Situaciones locas.   Lean estas situaciones locas y digan cuál les parece más loca o más simpática. Después preparen dos situaciones locas para compartir con la clase.

1. Ayer escribimos una carta de diez mil palabras.
2. Ayer mi gato le ganó una pelea al elefante del zoológico.
3. Anoche leí tres libros en una hora.
4. Anoche cené en un restaurante francés muy elegante y sólo pagué quince centavos.
5. Ayer el equipo de la universidad le ganó a los Yankees 40–0.

7–25   ¿Qué hizo usted el sábado pasado?   La policía está investigando un crimen y le pide un resumen detallado de sus actividades. Su compañero/a va a hacer el papel de la policía.

7–26   Situación.

You are talking with a friend about the shopping you did yesterday. Tell him/her that you read about the sales in the newspaper. He/She should find out what you bought, where, and the clothes that were on sale.

PRONUNCIACIÓN: Stress and the written accent (continuation)

Listen carefully to the continuation of the explanation of stress and the written accent on your cassette. You will be asked to repeat and read certain words. You will find these words and the explanation in your *Student Activities Manual.*

REPASO GRAMATICAL

1. INDIRECT OBJECT PRONOUNS

me	*(to), (for) me*	**nos**	*(to), (for) us*
te	*(to), (for) you (fam.)*	**os**	*(to), (for) you (fam.)*
le	*(to), (for) you (formal)*	**les**	*(to), (for) you (formal)*
	him, her, it		*them*

2. THE VERB GUSTAR

Indirect object pronoun + **gusta/gustó** + *singular noun/pronoun*

Indirect object pronoun + **gustan/gustaron** + *plural noun/pronoun*

3. PRETERIT OF IR AND SER

ir, ser			
yo	fui	nosotros/as	fuimos
tú	fuiste	vosotros/as	fuisteis
Ud., él, ella	fue	Uds., ellos, ellas	fueron

4. PRETERIT TENSE OF STEM-CHANGING -IR VERBS (E → I) (O → U)

preferir			
yo	preferí	nosotros/as	preferimos
tú	preferiste	vosotros/as	preferisteis
Ud., él, ella	prefirió	Uds., ellos, ellas	prefirieron

dormir			
yo	dormí	nosotros/as	dormimos
tú	dormiste	vosotros/as	dormisteis
Ud., él, ella	durmió	Uds., ellos, ellas	durmieron

A escuchar

Tapescript. ¡Qué problema!

Las chicas compraron camisetas.
Andrea también compró unos aretes.
Roberto compró medias, pero no
compró camisetas.
Andrea y Darío compraron zapatos.
Carolina compró un traje de baño y
una falda.

Palabras cruzadas.
1. *pantalón* 2. *zapato* 3. *corbata*
4. *vestido* 5. *media* 6. *bota* 7. *camisa*

¿Lógico o ilógico?
1. *Es invierno. Necesito unas botas,*
guantes y una chaqueta. 2. *Vamos a*
la playa. Llevamos una bufanda y un
abrigo. 3. *Hace mucho calor. Me*
pongo una camiseta, una falda y
llevo gafas de sol. 4. *El señor Es-*
pinosa va a una fiesta. Se pone una
falda y un vestido muy elegante.
5. *Cuando salgo a correr, me pongo*
una sudadera y zapatos tenis.

7–27 ¡Qué problema!   Andrea, Carolina, Roberto, and Darío left their shopping bags at the counter and now they are all mixed up. Listen and decide to whom each shopping bag belongs.

_____

_____

_____

_____

7–28 Palabras cruzadas. Complete the crossword with the correct word. Then put the number next to each item.

7–29 ¿Lógico o ilógico?

	Lógico	Ilógico			Lógico	Ilógico
1.	___	___		4.	___	___
2.	___	___		5.	___	___
3.	___	___				

Later ask the "buyers" in each group to compare stores as to price, friendliness, etc. and report to the class.

A conversar

7–30 ¡De rebajas! Divida la clase en grupos de cuatro estudiantes. Cada grupo debe:

- hacer un aviso con las rebajas de una tienda de ropa. ¿Cómo se llama la tienda? ¿Cuándo son las rebajas?

- poner avisos con la ropa que tiene descuento

- elegir dos dependientes/dependientas

Las otras dos personas de cada grupo van de compras a otros grupos.

7–31 En un mercado. Usted tiene que comprar algo en un mercado (una blusa, un sombrero, una alfombra, etc.). Pregunte el precio. Su compañero/a le va a decir cuánto cuesta. Regatee para obtener el mejor precio posible. Puede usar expresiones como:

¡Es muy caro/a!
No tengo tanto dinero. Sólo puedo pagar...
¡Imposible! Me cuesta más...

INVESTIGACIÓN

- ¿Sabe usted regatear? Averigüe qué significa **regatear**. Usted tiene que regatear en este ejercicio. ¡Suerte!

- Usted paga con **soles**. ¿En qué país está usted?

A leer

7–32 Un anuncio. Mire el anuncio del centro comercial *Apumanque* de la próxima página y conteste.

1. Según el aviso, ¿qué necesita para pasar el invierno bajo la lluvia?
2. ¿Qué venden en una óptica?
3. ¿Qué venden en la sección de menaje?
4. ¿Puede usted dar un sinónimo de la palabra **vestuario**?
5. ¿Qué otra palabra conoce usted para **calzado**?
6. Tiene el pelo muy largo y quiere tenerlo más corto. ¿A dónde va?

7--33 En *Apumanque*.

1. Dolores quiere hacerle un regalo a su amiga. Piensa que un par de guantes, unos aretes o alguna otra joya va a gustarle mucho a Sandra. ¿A qué tipo de tienda debe ir Dolores?
2. A Julián le fascinan las cosas de cuero y sabe que en Chile la ropa es muy buena y barata. Quiere comprar una chaqueta, una billetera o un cinturón y también unas botas. ¿A cuántas tiendas puede ir?
3. Alfonso y Mónica desean comer algo. ¿A qué lugar deben ir?
4. La clase de Francisco planea un viaje a las montañas y hoy tres de los compañeros están en *Apumanque* para comprar o alquilar esquíes y ropa para esquiar. ¿Dónde pueden conseguir todo esto?
5. Marcela y Gregorio quieren ir a comprar medias y calcetines para toda la familia. ¿A qué tiendas deben ir?
6. Es el cumpleaños de su madre y usted quiere comprarle unos aretes o alguna otra joya. ¿A cuántas tiendas puede ir usted?

Preparation. Talk about *centros comerciales* in Hispanic countries. Mention that although there are not as many per city as in the United States, they are becoming popular. You may also talk about *calles peatonales,* such as *la calle Florida* in Buenos Aires. Ask students if they go to shopping centers, when, with whom, what they do there, etc.

PARA CANTAR BAJO LA LLUVIA

APU MAN QUE
DONDE ESTA LA ACCION

Cuando conozca la gran variedad que Apumanque tiene para esta temporada Otoño - Invierno, podrá cantar bajo la lluvia. Porque en Apumanque tenemos abrigos, parkas, sweaters, calcetines de lana, botas, bufandas, impermeables, gorros y todo lo que necesita para pasar un invierno bajo la lluvia. Para cantar bajo la lluvia.... venga a Apumanque.

Confiterías : 5 Tiendas

Peluquerías : 2 Tiendas

Discos, cassettes y Compact Disc : 5 Tiendas

Artículos para deportes : 5 Tiendas

Menaje : 20 Tiendas

Librerías y artículos de escritorio : 6 Tiendas

Vestuario masculino : 23 Tiendas

Ópticas : 4 Tiendas

Vestuario juvenil : 26 Tiendas

Joyerías, fantasía y accesorios : 17 Tiendas

Artículos fotográficos : 5 Tiendas

Perfumerías : 5 Tiendas

Vestuario femenino : 64 Tiendas

Lencería : 11 Tiendas

Artículos de cuero y calzado : 37 Tiendas

Cordonerías, medias y calcetines : 8 Tiendas

... y mucho más en las 336 tiendas y 33 rubros de Apumanque

TEMPORADA **OTOÑO INVIERNO**

A escribir

7-34 Una carta breve. Un/a estudiante de intercambio va a pasar el mes de enero en su casa. Él/ella quiere saber qué clase de ropa debe llevar. Escríbale una carta muy breve diciéndole qué ropa va a necesitar y algunos de sus planes para su visita.

INVESTIGACIÓN

Para aumentar el vocabulario

La persona que vende libros se llama libr**ero**; la tienda donde venden libros se llama libr**ería**. ¿Cómo se llama la persona que vende...? ¿Cómo se llama la tienda donde venden...?

fruta	frut ___	frut ___
zapatos	zapat ___	zapat ___
perfume	perfum ___	perfum ___
confite	confit ___	confite ___
joya	joy ___	joy ___
pan	panad ___	panad ___

VOCABULARIO

LOS ACCESORIOS

el anillo	*ring*
el arete	*earring*
la billetera	*wallet*
la bolsa	*purse*
el cinturón	*belt*
el collar	*necklace*
el guante	*glove*
la pulsera	*bracelet*

LAS COMPRAS

el almacén	*department store*
la caja	*cash register*
el centro comercial	*shopping center, mall*
el probador	*fitting room*
la rebaja	*sale*
el regalo	*present*
la talla	*size* (of clothing)
la tela	*material*
la tienda	*store*

LA ROPA

el abrigo	*coat*
la blusa	*blouse*
la bata	*night gown*
la bota	*boot*
la bufanda	*scarf*
el calcetín	*sock*
la camisa	*shirt*
la camiseta	*t-shirt*
la corbata	*tie*
la chaqueta	*jacket*
la falda	*skirt*
las gafas de sol	*sunglasses*
la gorra	*cap*
el impermeable	*raincoat*
los jeans	*jeans*
la media	*stocking*
los pantalones	*pants*
los pantalones cortos	*shorts*
el/la piyama	*pajamas*
la sandalia	*sandal*
el sombrero	*hat*
la sudadera	*jogging suit, sweat shirt*
el suéter	*sweater*
el traje	*suit*
el traje de baño	*bathing suit*

los vaqueros	*jeans*
el vestido	*dress*
el zapato	*shoe*
el zapato tenis	*tennis shoe*

DESCRIPCIÓN

ancho/a	*wide*
barato/a	*inexpensive, cheap*
caro/a	*expensive*
chico/a	*small*
estrecho/a	*narrow, tight*
mediano/a	*medium*
perfecto/a	*perfect*
precioso/a	*beautiful*
rebajado/a	*marked down*

VERBOS

cambiar	*to change, to exchange*
contestar	*to answer*
dar	*to give*
encantar	*to delight, to love*
encontrar (ue)	*to find*
entrar	*to go in, to enter*
gustar	*to like, to be pleasing to*
interesar	*to interest*
llevar	*to wear, to take, to carry*
mostrar (ue)	*to show*
pagar	*to pay*
parecer	*to seem*
prestar	*to lend*
probarse (ue)	*to try on*
quedar	*to fit, to have something left*
regalar	*to give* (a present)

Combinan muy bien.	*They go together.*
Creo que sí.	*I think so.*
¿En qué puedo servirle?	*May I help you?*
estar de moda	*to be fashionable*
Me gustaría cambiar esto.	*I would like to change this.*
Me queda ancho.	*It's too wide.*
Me queda estrecho.	*It's too narrow.*

PALABRAS Y EXPRESIONES ADICIONALES.

The following words and expressions can be very useful when shopping in a Hispanic country.

el pañuelo	*handkerchief*
el calzón/calzoncillo	*underwear*
el camisón	*robe*
el sostén	*brassiere*
el escaparate	*display window*
el probador	*fitting room*
telas	*materials*
algodón	*cotton*
de color entero	*solid (color)*
de cuadros	*plaid, checked*
de rayas	*striped*
lana	*wool*
seda	*silk*

LECCIÓN 8

Nombre y Apellido: .... Nº .... Piso .... Dto. ....

Domicilio: .... Prov.: .... Tel. Part.: ....

Localidad: ....

(1er. Cambio): ....

(2do. Cambio): ....

DATOS PERSONALES:

Edad: .... años. Nacionalidad: .... Estado Civil: .... Nació en ....

el ...../ ....../ ..... C. I. Nº .... Exp. por: .... L.E./L.C./D.N.I. Nº ....

D.M. .... Caja de Jubilaciones: .... Afiliado Nº ....

Libreta de Trabajo Nº .... Libreta de Menores Nº ....

Conductor Nº .... Categoría: .... Otorgado por: ....

FAMILIA:

NOMBRES	PARENTESCO	FECHA DE NACIMIENTO			ESTAN A SU CARGO	OBSERVACIONES
		DIA	MES	AÑO		

ESTUDIOS CURSADOS:

Secundarios: ....

¿Busca trabajo?

El trabajo

Goals. In this lesson the focus is on the workplace and the professions. Students will learn how to express opinions and give instructions better. The grammar includes constructions with *Se* + verb, formal commands, and some irregular preterit verbs.

COMUNICACIÓN

- Talking about the workplace and professions
- Expressing opinions
- Giving instructions
- Giving formal orders

ESTRUCTURAS

- **Se** + Verb
- Formal commands
- Some Irregular Preterits

CULTURA

- Work and economic environment in Spanish-speaking countries

A PRIMERA VISTA

Las profesiones

Una "chef" de Puerto Rico muestra algunas de sus especialidades.

Un profesor venezolano dando una clase de álgebra.

Dra. Alicia Gonica de Pérez

Cardióloga

Consultorio
Instituto de Salud
Calle de la Otra Banda 54
San José, Costa Rica
Teléfonos 367-7812 / 367-5434

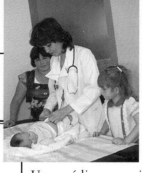

Una médica examina a un bebé en San José, Costa Rica.

Unos bomberos después de apagar un fuego en San Miguel de Allende, México.

Un pescador de Mallorca descansa después de una noche de trabajo.

Dos locutores de radio esperan la señal para comenzar un programa.

Una ejecutiva de Bogotá, Colombia, atiende la llamada telefónica de un cliente.

DANIEL DE J. ARBOLEDA

Ing. Jefe de Mantenimiento

Apartado Aéreo 1179
Tels. 266 92 90 - 266 64 64
Ext. 232 - Fax: 66 92 70
Télex: 66773
Medellín, Colombia

Smurfit
Cartón de Colombia

Un técnico revisa los controles de una compañía petrolera.

EMPAQUES SANTA ANA S.A.

Ing. Eric Ml. Capra
Gerente General

2-7766, Ventas/Despacho 82-7147, Fax (506) 82-6966
x 2114 COMECA, Apdo. 410-6150, San José, Costa Rica

Dos hombres de negocios preparan un informe financiero en Quito, Ecuador.

Una peluquera de Madrid peinando a una de sus clientes.

When referring to a woman pilot, *la piloto* is normally used.

Optional. Announce job openings to the class:
1. Half of the class gets cards with names of jobs offered. They then have five minutes to prepare information about the jobs, as well as questions to ask prospective employees.
2. Then give cards with the same names of jobs to the other half of the class. These students are "looking" for work. They have five minutes to prepare questions about the job they want. Then they must find students with the same job names on their cards, match up, and interview.
3. Afterwards have job seekers report to the class as to why they did/did not want or get the job. (The reporting can be fun, as you can ask both the candidate and interviewer why the job didn't go through, and get conflicting stories.)

Opinions. Mention that in most other industrialized countries employees get four to seven weeks of paid vacation. Do two weeks of vacation offer enough time to travel, be with their children, relax? What alternatives are there for those who need longer vacations?

Otras profesiones, oficios y ocupaciones

el/la abogado/a	*lawyer*
el actor/la actriz	*actor/actress*
el ama de casa	*housewife, homemaker*
el/la analista de sistemas	*systems analyst*
el/la arquitecto/a	*architect*
el/la astronauta	*astronaut*
el/la bibliotecario/a	*librarian*
el/la cajero/a	*cashier*
el/la cantante	*singer*
el/la científico/a	*scientist*
el/la contador/a	*accountant*
el/la chofer	*driver*
el/la carpintero/a	*carpenter*
el/la dentista	*dentist*
el/la electricista	*electrician*
el/la enfermero/a	*nurse*
el hombre/la mujer de negocios	*businessman/businesswoman*
el/la ingeniero/a	*engineer*
el/la intérprete	*interpreter*
el/la juez/a	*judge*
el/la mecánico/a	*mechanic*
el/la obrero/a	*worker*
el/la periodista	*journalist*
el/la piloto	*pilot*
el/la plomero/a	*plumber*
el policía/la (mujer) policía	*policeman/policewoman*
el/la recepcionista	*receptionist*
el/la secretario/a	*secretary*
el/la psicólogo/a	*psychologist*
el/la psiquiatra	*psychiatrist*
el/la vendedor/a	*salesman/saleswoman*
el/la veterinario/a	*veterinarian*

Actividades

8–1 Asociaciones. Asocie una o más profesiones con los siguientes lugares de trabajo.

1. el hospital
2. el aeropuerto
3. la clase
4. la estación de radio
5. una tienda de ropa
6. el consultorio
7. la peluquería
8. el banco
9. un estudio de Hollywood
10. un restaurante

8–2 Las profesiones y las características personales. ¿Cómo deben ser estas personas?

Expansion. 7. *un ejecutivo* 8. *un mecánico* 9. *un cocinero* 10. *una abogada*

MODELO: un piloto

inteligente / joven / perezoso / ...

Debe ser inteligente y serio. No debe ser perezoso.

1. un/a psiquiatra
   valiente / romántico/a / irónico/a / antipático/a / inteligente / ...
2. un actor/una actriz
   guapo/a / atractivo/a / simpático/a / delgado/a / alto/a / ...
3. un hombre/una mujer de negocios
   autoritario/a / serio/a / perezoso/a / viejo/a / responsable / ...
4. un/a recepcionista ...
5. un/a astronauta ...
6. un ama de casa ...

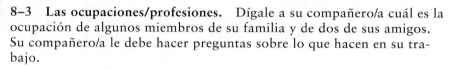

8–3 Las ocupaciones/profesiones. Dígale a su compañero/a cuál es la ocupación de algunos miembros de su familia y de dos de sus amigos. Su compañero/a le debe hacer preguntas sobre lo que hacen en su trabajo.

Alternate. Have students work in groups of three and find out: *¿Cuáles son las ventajas y desventajas de los siguientes trabajos: médico / enfermero / bombero / ama de casa / profesor / piloto? ¿En qué trabajos …hay más estrés? …se gana más dinero? …hay más vacaciones?*

Have students report their partners' plans to the class.

8–4 Entrevista.

USTED: ¿Dónde trabajas?

COMPAÑERO/A: _____. Soy _____.

USTED: ¿Te gusta tu trabajo?

COMPAÑERO/A: _____.

USTED: ¿Qué quieres ser en el futuro?

COMPAÑERO/A: _____.

CULTURA Hispanic businesses are traditionally more hierarchical than American firms, so the boss's word is treated as if it were law. While the boss may in fact be very low-key, he or she will typically expect employees to carry out orders without asking many questions. Therefore, executives are less likely to be on a first-name basis with their employees, although this norm has become more relaxed in some countries in recent years. Nevertheless, American companies in Spain and Latin America sometimes follow the standards of the home office, especially for workers visiting from the United States.

In business situations, it is generally best to use the formal forms of address even with people your own age until the roles are clarified. However, if a social equal uses **tú** in a business situation, you may respond in kind. Despite this increasing informality, age and experience are very important factors in Hispanic businesses. Thus, it is important to address older people with **usted** unless they tell you otherwise, and special care should be taken to demonstrate one's abilities to more experienced foreign co-workers.

En una entrevista

El Sr. Suárez va a una entrevista para el puesto de director financiero.

Go over the drawings and describe what is happening. Ask questions about the persons depicted, such as: *¿Cómo se siente el Sr. Sánchez? …nervioso? ¿Cómo es la Sra. Castro?*

Recycle. *¿Qué ropa lleva …el señor Sánchez? …Elena? …la Sra. Castro?*

Actividades

8–5 ¿Sí o no?

	Sí	No
1. La entrevista es a las tres y media.	___	___
2. El señor se llama Virgilio Sánchez.	___	___
3. La entrevista es para el puesto de director financiero.	___	___
4. La secretaria se llama Elena.	___	___
5. La presidenta de la compañía es la Sra. Castro.	___	___

8–6 Buscando trabajo. Diga en qué orden hace usted estas cosas.

_____ Me llaman de la Compañía Rosell para una entrevista.

_____ Leo los anuncios del periódico.

_____ Voy a la compañía para la entrevista.

_____ Preparo mi currículum para la Compañía Rosell.

_____ Me ofrecen el puesto de vendedor.

8–7 Entrevista para un trabajo.

USTED: Su nombre, por favor.

COMPAÑERO/A: …

USTED: ¿Dónde trabaja usted y qué hace allí?

COMPAÑERO/A: …

USTED: ¿Por qué quiere trabajar en nuestra compañía?

COMPAÑERO/A: …

Additional questions. *¿Cuándo puede empezar? ¿Cuánto desea ganar Ud.? ¿Tiene experiencia?*

A escuchar

You will hear a woman talk about her profession. Mark the appropriate ending to each statement based on what you hear.

1. Elena Suárez es...

　_____ doctora

　_____ enfermera

　_____ profesora

2. Ella trabaja en...

　_____ un consultorio

　_____ una escuela

　_____ un hospital

3. Ella trabaja con los...

　_____ adultos

　_____ niños

　_____ viejos

4. Elena Suárez trabaja...

　_____ poco

　_____ ni mucho ni poco

　_____ mucho

Tapescript. *Me llamo Elena Suárez. Soy doctora y trabajo en un hospital en el centro de la cuidad. Como soy pediatra, trabajo con los niños, –desde los bebés hasta los de doce años aproximadamente. La medicina es una carrera difícil, pero para mí es la profesión más importante que hay. Los médicos trabajamos mucho y el poco tiempo libre que tenemos es muchas veces para los pacientes y no para nosotros. Yo decidí a los catorce años que quería ser doctora, y realmente fue una decisión muy buena.*

A leer

Buscando trabajo

Las siguientes personas están buscando trabajo:

1. Pedro Heredia Solís, 35 años. Graduado universitario, experiencia de vendedor y supervisor en un almacén de ropa.

2. Adela Sánchez Toraño, 28 años. Estudios comerciales, experiencia de cuatro años en la compañía Calamur. Habla español, inglés y francés.

3. Juan Gómez Machado, 25 años. Dos años de estudios universitarios, experiencia como camarero en un café.

4. Ana Gabriela Martiori, 24 años. Graduada universitaria con especialización en periodismo. Tres años de experiencia como editora de un periódico local. Idiomas: francés, inglés, italiano y alemán.

¿Cuál de los anuncios de la próxima página debe contestar cada una de las personas y por qué?

Discuss the importance of knowing Spanish, expecially in looking for a job in an area with a large Spanish-speaking population. For what professions might one need to know Spanish? (Hint: all health-care professions, teaching, business, emergency services.)

Have students read the description of the first person and then skim the ads to match the person with the correct ad. They should then read the ad carefully in order to explain why they chose it and answer other questions. Students can work in pairs to match the remaining persons and ads.

You may point out some abbreviations often found in ads (e.g., *apdo./aptdo. apartado; c/ calle; n.º número; M.ª María*). Mention the fact that they ask for a recent picture in the first ad. Ask if this is done in this country.

Game. Photocopy job ads from Spanish-language newspapers and magazines and distribute among students. In groups of two, have students 1. talk about the ads 2. decide what job they want 3. "call" to ask for an interview.

IMPORTANTE EMPRESA NACIONAL CON VARIOS
CENTROS DE TRABAJO EN ESPAÑA PRECISA:

SECRETARIA DE DIRECCION

SE SOLICITA:
— Edad comprendida entre 25-35 años.
— Formación especializada en Secretariado Internacional.
— Dominio de los idiomas francés e inglés.
— Experiencia mínima de 3 años en puesto similar.

SE OFRECE:
— Trabajo en las oficinas centrales de Madrid.
— Ambiente agradable e integración en una empresa de gran prestigio.
— Retribución atractiva, negociable y acorde al nivel que se exige.

Interesados escribir adjuntando currículum vitae y fotografía reciente a: SM2, c/ Pedro Muguruza, n.° 8, 28036 MADRID, haciendo constar: Referencia S.D.

Importante empresa de hostelería, ubicada en Valladolid, precisa

JEFE DE COCINA

PARA NUEVO RESTAURANTE ITALIANO

Retribución a convenir, según valía y experiencia.

Interesados, enviar *currículum* al aptdo. de Correos 431 de Valladolid

---

EMPRESA TEXTIL EN EXPANSIÓN PRECISA

REPRESENTANTES

Para la venta de polos, camisetas y camisas en las siguientes zonas de España: Canarias, Mallorca, Madrid, País Vasco, Valencia, Cataluña, Andalucía y Castilla y León.
Interesados, mandar *currículum vitae* a la siguiente dirección: Señorita M.ª Belén García Casado. Plazuela del Pozo, 7, 1.°, 09300 Roa (Burgos). Teléfonos (947) 54 02 86. Tardes, de 5 a 7 horas.

EMPRESA DE TRADUCCIÓN
PRECISA
correctores

para textos técnicos y publicitarios. Se requiere un alto nivel lingüístico y experiencia probada.

Enviar CV Ref. JA
Apdo. 882 FD
28080 MADRID

CL
SERVICIOS LINGÜÍSTICOS

Trabajo interesante. Usted está buscando trabajo. ¿Qué anuncio contesta y por qué? Si no le interesan estos anuncios, explique qué tipo de trabajo le interesa a usted y por qué.

Enfoque

LA BÚSQUEDA DE EMPLEO

TASAS DE DESEMPLEO (1992)	
España	20,1%
México	18,5%
Colombia	22,3%
Panamá	16,0%
Argentina	18,2%
Ecuador	25,6%

Seleciona:

Jefe de Adquisiciones

Ref.: Q-770

- Requerimos contratar un ejecutivo, con formación en: Ingeniería Comercial, Administración de Empresas o afines; con dominio del idioma inglés y experiencia no menor a cuatro años en compañías multinacionales, industriales o de consumo.

- Sus principales tareas serán: el control de todo lo referente a compras y adquisiciones en mercados nacionales e internacionales, la coordinación de la carga de trabajo y el manejo total del área de importaciones. Es importante además que monitoree las órdenes de trabajo en relación con facturas, controle gastos y esté familiarizado preferentemente con el sistema MRP II.

- El contratado se vinculará a una empresa multinacional que maneja líneas farmacéutica y de consumo masivo, con marcado prestigio en la comercialización de sus productos, además tendrá la posibilidad de desarrollo profesional en base.

Nivel de remuneración muy co

Interesados enviar su curricul
casilla # 17-01-2319 ó Avda. 12
Edif. Grand Centurión, piso 6,
(JEFE DE ADQUISICIONES).

PRESTIGIOSA EMPRESA EUROPEA

Establecida en el Ecuador desde hace 30 años, desea ampliar su Departamento de Asesoras Educativas con un selecto grupo de señoras y señoritas, de cultura superior; de 30 a 55 años de edad; Sicólogas, pedagogas, parvularias, amas de casa con experiencia en la formación de sus hijos para encargarles una tarea de gran importancia relacionada con la educación integral del niño en el hogar.

OFRECE:

Excelente ambiente de trabajo
Interesantes ingresos económicos
Afiliación al IESS
Estabilidad laboral, más todos los beneficios de ley
Entrenamiento y capacitación diaria

Entrevistas ÚNICO DÍA: Lunes 6 de septiembre de 1993 de 08h30 a 12h00 y de 14h00 a 17h00

Dirección: Barón de Carondelet 280 y Sánchez de Avila entre Avdas. América y 10 de Agosto (tras Hospital Vozandes)

En caso de no poder asistir a la entrevista, favor enviar su hoja de vida. Att. Sra. Rina de Cornejo

NOTA   De preferencia señoras o señoritas que residan en el sector sur y centro de la ciudad

LAS SELECCIONADAS RECIBIRÁN SEMINARIO GRATUITO

(401648)

La búsqueda de trabajo en Hispanoamérica y España puede presentar dificultades que no encontramos en los Estados Unidos. Por varios motivos el mercado de trabajo en países hispanos es muy poco flexible y difícil de penetrar, especialmente para los jóvenes.

En general la tasa de desempleo es mucho más alta que en los Estados Unidos y países europeos. Hay países donde la tasa de desempleo está por encima del 20% desde hace muchos años. Esto significa que cada empleo que sale al mercado es muy codiciado y muchos solicitantes, a pesar de ser candidatos excelentes, pueden demorar varios años antes de ser contratados en el campo de su especialización.

Por otra parte, en muchos países persiste la costumbre de conseguir empleo mediante los contactos familiares y personales. Esta tradición ocasiona con frecuencia que se les ofrezcan los mejores puestos a aquellas personas que tienen las mejores "conexiones".

225

1. SE + VERB

Se habla español.	*Spanish is spoken.*
Se necesitan enfermeros.	*Nurses (are) needed.*
Se vende (un) auto en buenas condiciones.	*Car in good condition for sale.*
Se venden libros aquí.	*Books (are) sold here.*

- Spanish uses the **se** + *verb* construction when emphasis is on the action and not on the person(s) responsible for the action. The noun (what is needed, sold, etc.) usually follows the verb.

- Remember, a plural noun requires a plural verb, and a singular noun, a singular verb.

- **Se** followed by the **usted, él, ella** verb form is also used to express the English indefinite *one.*

    Se come muy bien aquí.   *One eats very well here.*

Actividades

8–8   Para preparar unos espaguetis.   ¿En qué orden se preparan?

_____ Se pone salsa de tomate sobre los espaguetis.

_____ Se hierve el agua con un poco de sal.

_____ Se ponen los espaguetis en el agua que está hirviendo.

_____ Se escurren los espaguetis.

_____ Se pone queso sobre los espaguetis y la salsa.

_____ Se cocinan los espaguetis unos ocho minutos.

Point out. Students have had the *¿Cómo se dice?* construction before.

Introduce the *se* + verb construction by indicating certain things that are done in class, as well as those things that are not done: *¿Se come en la clase? No.*

Variation. Ask students: What is done and what is not done at a football game, a meeting, a party, in class.

Point out. The noun, singular or plural, agrees with the verb. For example: *Se come buen pescado aquí. Se comen buenas hamburguesas aquí.*

New words: *hierve, salsa, ecurrir*

8–9 Asociaciones.

Actividades

1. se baila y se canta
2. se vende ropa
3. se practica español
4. se juega al fútbol
5. se sirve vino
6. se duerme bien
7. se necesita mucho dinero
8. se nada y se toma el sol

Lugares

a. un almacén
b. un estadio
c. una discoteca
d. el laboratorio
e. una cama grande
f. Nueva York
g. una playa
h. un restaurante italiano

Suggestion. After doing this activity, ask students to say what is done in certain places, and have their classmates try to guess the place.

Alternate. *En casa. ¿Qué se hace …en la cocina? …en el dormitorio? …en el baño? …en el comedor? …en el patio? …en el garaje? …en la sala?*

8–10 Organizando la oficina.

Su compañero/a le va a preguntar dónde se ponen algunos muebles y otras cosas de la oficina. Usted debe contestar de acuerdo con el dibujo.

MODELO: la butaca

—¿Dónde se pone la butaca?

—Se pone entre las mesas pequeñas.

1. la mesa larga
2. las dos mesas pequeñas
3. la lámpara
4. las dos sillas
5. la computadora

Optional. After doing this activity, give students pictures of rooms, offices, etc., and have them tell their partners, using *se*, where they should place the furniture and objects according to the picture.

8–11 Anuncios locos.

Lean estos anuncios "locos" y digan cuáles les gustan más. Después preparen un anuncio loco para compartir con la clase.

1. Se vende un loro (*parrot*) porque habla mucho.
2. Se necesita urgentemente un robot para hacer todas las tareas de español.
3. Se busca un/a compañero/a de cuarto que no ronque (*snore*).
4. Se compra un fantasma para aterrorizar a mi suegro/a. También se acepta un Drácula o un Frankenstein.
5. Se necesitan tres extraterrestres para organizar un club mixto de baile.

8–12 Un anuncio serio.

Escriban un anuncio para un puesto en una oficina o para vender algo.

8–13 Situaciones.

1. You are the president of an important company that is going to start a new advertising campaign (**campaña de publicidad**). Bring two ads that you like and show them to the person in charge of advertising. He/She should ask you a) why you like them and b) where you want to place them.
2. You are interviewing a prospective employee for your company. Ask him/her a) where he/she read the ad for the job, b) where he/she is working, c) why he/she wants to change jobs, and d) why he/she wants to work for your company.

Alternate. Have students write a radio ad about the great opportunities available in a certain job, and then announce it to the class. (It helps if you can record one announcement for a job in Spanish from the radio, to give them an idea of how such an ad can sound.)

You can ask students for a brief written report, to be either handed in or read to the class.

2. FORMAL COMMANDS

Llene la solicitud, por favor.

- Commands (**los mandatos**) are the verb forms used to tell others to do something. Use formal commands with people you address as **usted** or **ustedes**. To form these commands, drop the final **-o** of the **yo** form of the present tense and add **-e** for **-ar** verbs and **-a** for **-er** and **-ir** verbs.

REGULAR FORMAL COMMANDS				
		USTED	USTEDES	
hablar:	hablo	habl**e**	habl**en**	*speak*
comer:	como	com**a**	com**an**	*eat*
escribir:	escribo	escrib**a**	escrib**an**	*write*

- Verbs that are irregular in the **yo** form of the present tense maintain the same irregularity in the command.

STEM-CHANGING FORMAL COMMANDS				
		USTED	USTEDES	
pensar:	p**ie**nso	p**ie**nse	p**ie**nsen	*think*
dormir:	d**ue**rmo	d**ue**rma	d**ue**rman	*sleep*
poner:	pon**g**o	pon**g**a	pon**g**an	*put*

- The use of **usted** and **ustedes** is optional. When used, they normally follow the command.

  Pase. *Come in.*
  Pase usted.

- To make a command negative, place **no** before the affirmative command.

  No salga ahora. *Don't leave now.*

- Object and reflexive pronouns are attached to the end of affirmative commands (note the written accent over the stressed syllable). Object and reflexive pronouns precede a negative command, but are not attached.

Cómprela.	Háblele.	Siéntese.
No **la** compre.	No **le** hable.	No **se** siente.

- The verbs **ir, ser,** and **saber** have irregular command forms.

  ir: vaya, vayan   ser: sea, sean   saber: sepa, sepan

- Verbs ending in **-car, -gar, -zar,** and **-guir** have spelling changes.

sacar:	saco	→	sa**que**, sa**quen**
jugar:	juego	→	jue**gue**, jue**guen**
almorzar:	almuerzo	→	almuer**ce**, almuer**cen**
seguir:	sigo	→	si**ga**, si**gan**

Actividades

8–14 ¿Dónde se dirían estas cosas?   ¿Cuáles de estos mandatos escucharía o leería usted en a) la sala de emergencia de un hospital o en b) un almacén?

1. Envíe su solicitud para la tarjeta de crédito por correo.
2. No hable con los pacientes.
3. Compren sus regalos de cumpleaños aquí.
4. Pague en la caja.
5. No haga visitas después de las 9 de la noche.

8–15   Mandatos de la jefa.

MODELO: llamar al Sr. Palma

   Llame al Sr. Palma.

1. contestar esta carta
2. buscar la carta del Sr. Vega
3. llamar a la Sra. Narváez
4. pedir más información al banco
5. conseguir esa dirección
6. terminar el proyecto

8–16   Mandatos del entrenador de un equipo.

MODELO: practicar todos los días

   Practiquen todos los días.

1. comer bien
2. tomar mucha agua
3. acostarse a las once
4. dormir ocho horas
5. llegar temprano a la práctica
6. correr todas las mañanas
7. prepararse bien para los partidos
8. levantarse a las ocho

8–17   Preguntas de un/a estudiante.   Su compañero/a debe hacer el papel del/de la profesor/a y debe contestar que sí a las preguntas.

MODELO: ¿Estudio esta lección?
     Sí, estúdiela.

1. ¿Contesto estas preguntas?
2. ¿Escucho el casete?
3. ¿Escribo estas palabras?
4. ¿Leo la lección ocho?
5. ¿Hago la tarea?
6. ¿Termino la composición para mañana?

Optional. Practice forming commands by stating what you want to do, and having the class confirm it. (Avoid using direct objects for now.) *Quiero dormir más. ¡Duerma más! Quiero estudiar / volver a casa / venir con Uds. / ser responsable / conversar con ella / entrar a tiempo / escribir más rápido,* etc.

New word: *temprano*

8–18 Las cosas que no debe hacer un/a estudiante.   Ahora, cambien de papel y el/la profesor/a debe contestar que no a las preguntas.

MODELO: —¿Contesto las preguntas en inglés?
          —No, no las conteste en inglés.

1. ¿Escucho canciones americanas en la clase?
2. ¿Escribo los anuncios en inglés?
3. ¿Termino la tarea en la clase?
4. ¿Hablo francés con mis compañeros?
5. ¿Compro otro cuaderno?

8–19 ¿Qué deben hacer estas personas?

MODELO: El Sr. Álvarez no está contento en su trabajo.
          Busque otro trabajo. o Hable con su jefe.

1. El Sr. Jiménez necesita un vendedor en su compañía.
2. Una persona está tocando la puerta de su oficina.
3. Sus amigos quieren hablar con el profesor Gómez.
4. El Sr. Peña quiere saber qué película van a poner en la televisión esta noche.
5. La Sra. Hurtado no quiere vivir en una casa y está buscando un apartamento.
6. Su hermano quiere comprarle un regalo a su novia.

8–20 Las órdenes del señor/de la señora Rico.   Uno de los estudiantes va a hacer el papel de un/a millonario/a que les da órdenes a las personas que hacen todo el trabajo en su casa. El / La otro/a estudiante puede hacer preguntas para continuar el diálogo.

MODELO: —Lave el Rolls-Royce azul, por favor.
          —Muy bien. ¿Y llevo el Rolls-Royce blanco al mecánico?

8–21 Situaciones.

1. You will be out of town for a week for a series of job interviews. Your neighbor has volunteered to watch your apartment while you are away. Tell him/her what to do and not to do in your absence. Some possibilities: **revisar la grabadora, sacar el perro, darle comida al gato,** etc.
2. Tell a person who is new to this country how to write a check step-by-step. Explain where a) to put the date, b) to write the payee's name, c) to write the amount (**cantidad**) in numbers, d) to write the amount in words, and e) to sign the check.

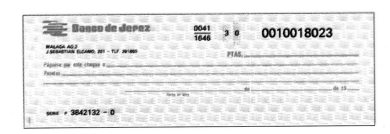

Optional. Now practice forming commands by asking what you ought to do, while using direct and/or indirect objects. Allow students to give either affirmative or negative commands, but insist that they use the direct pronouns. *¿Debo …comer estas galletas? …comprar ese carro? …practicar el piano? …pagar la cuenta? …decir la verdad? …poner la música?*

Suggestion. Describe a situation involving yourself. Ask the class, "*¿Qué debo hacer?*" to elicit a command. Sample situations: *No tengo dinero. (Trabaje. Pídales dinero a sus padres.) Tengo hambre. (Prepare algo. Coma.) Me siento triste. (Salga con nosotros.) Estoy gordo(-a). No tengo amigos,* etc.

Suggestion. Divide the class into four groups. Have each of four "millionaires" walk around his/her group and give commands. Later he/she comes back and asks, "*¿Qué hizo Ud.?*", whereupon the student responds, "*Limpié la cocina*", etc. This offers a chance to contrast the command, "*Limpie…*", with the preterite, "*Limpié…*".

Activity. Give students ten minutes to write a "*Querida Antonia*" ("Dear Abby") letter, asking advice regarding a problem. Then collect the letters and redistribute them, so other students can act as "Antonia" giving advice using commands in ten minutes.

2. Alternate. Tell students they work in a bank and need to write concise instructions for new customers. Have them do it in groups, and then judge who wrote the best, most concise instructions.

3. SOME IRREGULAR PRETERITS

- These three verbs have irregular preterit forms. All of them have an **i** in the stem and do not stress the last syllable in the **yo** and **usted, él, ella** forms.

Infinitive	New Stem	Preterit Forms
hacer	**hic-**	hice, hiciste, hizo, hicimos, hicisteis, hicieron
querer	**quis-**[1]	quise, quisiste, quise, quisimos, quisisteis, quisieron
venir	**vin-**	vine, viniste, vino, vinimos, vinisteis, vinieron

- The verbs **decir, traer,** and all verbs ending in **-ducir** (e.g., **traducir** *to translate*) have a **j** in the stem and use the ending **-eron** instead of **-ieron. Decir** also has an **i** in the stem.

Infinitive	New Stem	Preterit Forms
decir	**dij-**	dije, dijiste, dijo, dijimos, dijisteis, dijeron
traer	**traj-**	traje, trajiste, trajo, trajimos, trajisteis, trajeron
traducir	**traduj-**	traduje, tradujiste, tradujo, tradujimos, tradujisteis, tradujeron

Actividades

8–22 ¿Qué hizo ayer en el trabajo?   Ayer usted quiso hacer muchas cosas en su trabajo pero fue imposible.

MODELO: preparar el informe

—¿Preparaste el informe?

—Quise prepararlo, pero fue imposible.

1. llamar a la abogada
2. escribir las cartas
3. terminar el proyecto
4. cambiar la computadora
5. hablarle al gerente
6. almorzar con ese cliente
7. preparar el contrato
8. indicarle el precio
9. contestar el teléfono
10. enviar el currículum

Make up a short narration using visuals to introduce these verbs and others previously introduced.

Point out. *c → z* before *-o* in *hizo.*

Reminder. *¿Qué hiciste? ¿Qué hizo Ud.?, ¿Qué hicieron Uds.?* are very common, information-gathering questions that do not generally elicit a response using the verb *hacer.* Have students practice asking these questions quickly by giving them three minutes to find out (and remember) what five other people did last night. When asking students to report, make sure that you ask the question fast: *¿Qué hizo él? ¿Qué hicieron sus compañeros de clase?*

---

[1]The verb **querer** in the preterit followed by an infinitive normally means to try, but to fail to do something.

8–23 ¿Qué hicieron ayer? En grupos de cuatro, cada estudiante va a hacer el papel de una de estas personas y hablar de sus actividades ayer. Los otros le deben hacer preguntas para obtener más información.

Make sure students actually practice asking the questions, instead of just waiting for other students to conjugate the verbs in the responses.

1. La doctora Ileana Suárez

MODELO: llamarme

Un paciente me llamó.

venir al consultorio / traerme su historia médica / decirme los síntomas / ...

2. El ingeniero Ramiro López

ir a la oficina / hablar con el arquitecto / revisar un proyecto / conversar con los técnicos / ...

3. Elena Montoya, una mujer de negocios

ir a ver a unos clientes / traducir unos anuncios / llegar a la oficina a las once / ...

4. Sara Santiago, una locutora de televisión

entrevistar a unos políticos / hacer una reportaje en la televisión / volver a los estudios por la tarde / ...

8–24 La historia de una tarjeta postal. Lea los siguientes párrafos y cambien los verbos al pretérito.

Students may overemphasize the verb conjugations when reading the paragraph. See who can read this passage in the most natural way.

Dos de mis mejores amigos _____ (ir) a Perú en agosto. Desde allí me _____ (enviar) una tarjeta postal, pero no _____ (escribir) bien la dirección. _____ (Volver) a los Estados Unidos en octubre, enseguida me _____ (llamar) y _____ (venir) a verme a mi apartamento. Ellos me _____ (traer) un suéter precioso y me _____ (decir) que el viaje _____ (ser) magnífico. Los tres _____ (hablar) mucho de Perú y yo les _____ (hacer) muchas preguntas. Después ellos me _____ (preguntar) por la tarjeta postal. Yo les _____ (decir): "¿Qué tarjeta?" En ese momento el cartero _____ (llegar) con la tarjeta de mis amigos.

8–25 Situaciones.

1. Your partner went out of town last weekend. Ask a) where he/she went, b) what he/she did, and c) when he/she returned. Then your partner will ask you similar questions to find out what you did during the weekend.
2. Tell your partner about the things you did at work or school this week. Your partner will ask you questions about your activities.

PRONUNCIACIÓN: Stress and the written accent (conclusion)

Listen to the conclusion of the explanation of stress and the written accent on your cassette. You will be asked to repeat and read certain words. These words and their explanations are in your *Student Activities Manual.*

REPASO GRAMATICAL

1. SE + VERB

> **Se** + **usted, él, ella** *verb form*   + *singular noun*
> Se necesita un vendedor.
> **Se** + **ustedes, ellos**/**as** *verb form* + *plural noun*
> Se necesitan unos vendedores.

2. FORMAL COMMANDS

REGULAR FORMAL COMMANDS				
		USTED	USTEDES	
hablar:	hablo	habl**e**	habl**en**	*speak*
comer:	como	com**a**	com**an**	*eat*
escribir:	escribo	escrib**a**	escrib**an**	*write*

3. SOME IRREGULAR PRETERITS

INFINITIVE	NEW STEM	PRETERIT FORMS
hacer	**hic-**	hice, hiciste, hizo, hicimos, hicisteis, hicieron
querer	**quis-**	quise, quisiste, quise, quisimos, quisisteis, quisieron
venir	**vin-**	vine, viniste, vino, vinimos, vinisteis, vinieron
decir	**dij-**	dije, dijiste, dijo, dijimos, dijisteis, dijeron
traer	**traj-**	traje, trajiste, trajo, trajimos, trajisteis, trajeron
traducir	**traduj-**	traduje, tradujiste, tradujo, tradujimos, tradujisteis, tradujeron

MOSAICOS

 A escuchar

Tapescript. Las profesiones.

1.   *Susana Alcántara de Ortega trabaja muchas horas. Ella es médica y le encanta su trabajo. Su marido, Ricardo, es psiquiatra y también trabaja en un hospital.*

2.   *Los mejores amigos de los Ortega son Fernando y Graciela Herrera. Ellos se conocieron en el hospital. Fernando es un enfermero en la sección donde trabaja Susana, y Graciela es dentista. Se divierten mucho juntos y cuando no están en el hospital les encanta ir al cine.*

3.   *Esteban Menéndez va a muchas casas y siempre está en los baños o en las cocinas. Es un plomero muy bueno.*

4.   *Isabel Campos hace casas y a veces trabaja con un ingeniero. Ella estudió arquitectura y le gusta mucho su trabajo de arquitecta.*

5.   *A Marcelo Rivera le gusta comer y le encanta cocinar. Él trabaja en un restaurante de Bogotá. Todos dicen que él es muy buen cocinero.*

6.   *El trabajo de policía es muy duro, pero Estela Romero es muy feliz con su trabajo y gana un buen sueldo. Además a ella le gusta mucho estar en las calles y ver a la gente.*

7.   *A Ernesto siempre le gustaron los aviones. A los ocho años le dijo a su mamá: yo quiero ser piloto. Ahora a los treinta años es el mejor piloto de Aeroperú.*

8.   *Arturo Puig, como muchos actores, siempre tiene problemas con su pelo. Pero por suerte ahora tiene una peluquera que se llama Elvira Pereyra. Elvira viaja con todos los actores por todo el mundo. Elvira piensa que trabajar con actores es difícil y también muy divertido.*
¿Lógico o ilógico? The tapescript for activity 8–27 appears at the top of page 235.

8–26   Las profesiones.   Write the name of the person next to the corresponding illustration.

8–27   ¿Lógico o ilógico?

	Lógico	Ilógico		Lógico	Ilógico
1.	____	____	5.	____	____
2.	____	____	6.	____	____
3.	____	____	7.	____	____
4.	____	____	8.	____	____

A conversar

8–28 Adivina, adivinador. Su compañero/a dice lo que hace esta persona y usted dice la profesión de la persona. Cambien de papel.

MODELO: —Es la persona que viene a arreglar el baño de mi casa.

—¡Oh! ¡Qué difícil! Es el plomero.

8–29 Las profesiones. La clase se divide en dos grupos, **A** y **B**. Las personas del grupo **A** deben hacerles preguntas a las del grupo **B** hasta encontrar las personas de la profesión que buscan. Después deben hacerles dos o tres preguntas sobre su experiencia, sus estudios, etc. Las personas del grupo **B** deben estar preparadas para contestar esas preguntas.

Las profesiones son:

abogado/a	programador/a
actor/actriz	vendedor/a
arquitecto/a	mecánico/a
veterinario/a	peluquero/a
electricista	obrero/a
ingeniero/a	bombero/a

8–30 Don Mandón. Uno de ustedes va a hacer el papel del mandón y los otros deben cumplir sus órdenes. Cambien el papel del mandón después de tres órdenes.

8–31 Buscando trabajo. Elijan un aviso y completen la solicitud de empleo de la siguiente página.

¿Lógico o ilógico?

1. Se escucha música rock y salsa en una entrevista de trabajo.
2. Se trabaja mucho en la oficina del presidente de la compañía.
3. En el hospital se peina a las personas que van a ver a la doctora.
4. Se ven muchos animales cuando vamos al veterinario.
5. Se necesita experiencia para ser un buen director.
6. Se habla con muchos bomberos en la peluquería.
7. Se necesitan muchos técnicos en una compañía petrolera.
8. Se conoce a los recepcionistas en las habitaciones de los hoteles.

INVESTIGACIÓN

Mandar significa dar órdenes. Un hombre que siempre está dando órdenes es un mandón. ¿Y una mujer?

JEFE DE SERVICIO

necesita importante empresa de **SERVICIOS FUNERARIOS**

Se requiere: Experiencia de 5 años en empresa del sector en puesto de similar responsabilidad. **Se ofrece:** Buenas perspectivas de desarrollo profesional. Integración en empresa en expansión.

Interesados, enviar CV y fotografía reciente, especificando pretensiones económicas, al apartado de Correos 61.242 de Madrid.

COLEGIO PRIVADO

necesita

DIRECTOR/A

LUGAR DE RESIDENCIA NOROESTE DE LA PENÍNSULA

Requisitos:

✓ Titulación adecuada.
✓ Experiencia contrastada en cargo similar.
✓ Madurez y responsabilidad.
✓ Capacidad de organización, coordinación y trabajo.
✓ Relaciones públicas.

Sueldo interesante, a convenir.

Interesados, enviar "currículum", con fotografía reciente, al apartado de Correos 61.298, 28080 Madrid.

EMPRESA DE ÁMBITO NACIONAL

necesita para **Madrid y Comunidad**
(Interesados en provincias contactar telefónicamente)

8 VENDEDORES/AS

250.000 Pta./mes, ampliamente superables

Se exige: Experiencia en ventas directas. Buena presencia y deseos de superación. Mayor de 22 años. Coche propio (no imprescindible). Incorporación inmediata.

Se ofrece: Trabajo programado por la empresa. Formación a cargo de la misma. Visitas previamente concertadas. Producto sin competencia. Promoción inmediata a quien demuestre valía. Fijo más comisión. S.S.R.G. pasado periodo de prueba.

Interesados, llamar a los teléfonos 521 90 96 - 521 36 93 - 521 91 62. Lunes día 3, de 8 a 15 horas, señorita Pilar.

Nombre y Apellido: .... Nº .... Piso .... Dto. ....

Domicilio: .... Tel. Part.: ....

                        Prov.: ....

Localidad: ....

(1er. Cambio): ....

(2do. Cambio): ....

DATOS PERSONALES: Estado Civil: .... Nació en ....

Edad: .... años. Nacionalidad: ....   L.E./L.C./D.N.I. Nº ....

el ...../ ...../   C. I. Nº .... Exp. por: ....   Afiliado Nº ....

D.M. .... Caja de Jubilaciones: ....   Registro de

Libreta de Trabajo Nº .... Libreta de Menores Nº ....

Conductor Nº .... Categoría: .... Otorgado por: ....

FAMILIA:

NOMBRES	PARENTESCO	FECHA DE NACIMIENTO			ESTAN A SU CARGO	OBSERVACIONES
		DIA	MES	AÑO		

ESTUDIOS CURSADOS: Secundarios: ....

Primarios: .... Idiomas: ....

Universitarios: ....

Otros Estudios: ....

....

TRABAJOS ANTERIORES: (Comenzando por el último o actual)

                      Ramo: .... Domicilio: ....

Empresa: .... Tel. .... Tiempo: ....

           Localidad: .... Personal a cargo /Si - No Nº ....

Cargo final: .... Sección: ....

Fecha de Ingreso: ...../ ...../ ..... Fecha de Egreso: ...../ ...../ ..... Motivo: ....

Sueldo: .... Tareas desarrolladas: ....

....

8–32 Un día típico en mi trabajo. Describa sus actividades diarias en el trabajo. Si usted no trabaja, imagine que usted aceptó uno de los puestos de los anuncios. Describa lo que hace.

 *A leer*

8–33 El futuro. El artículo que van a leer se titula "¿Qué hay que saber para triunfar en el 2000?". En un grupo, decidan qué deben saber ustedes para triunfar en el futuro. Preparen una lista.

Ask two or three students the same question to get a variety of responses. For example: *¿Qué conocimientos son importantes para usted? ¿Y para usted? Juan cree que los conocimientos de informática son importantes. ¿Está usted de acuerdo? ¿Por qué cree usted que son importantes?*

8–34 Antes de leer. Aumentar el vocabulario.

1. **conocer, conocimientos**
   Los conocimientos que obtenemos en la universidad son muy importantes para el futuro. ¿Qué conocimientos son importantes para usted?

2. **valorar** (dar valor, dar importancia)
   Hoy valoramos mucho los conocimientos de informática. ¿Qué valora usted en sus relaciones con otras personas?

3. **el idioma** (la lengua)
   Yo hablo tres idiomas: inglés, español y francés. ¿Qué idiomas habla usted?

4. **imprescindible** (esencial, indispensable)
   Es imprescindible llegar a tiempo a una entrevista. ¿Qué es imprescindible para usted?

5. **empresa** (compañía, negocio)
   Ana trabaja en una empresa de transporte. ¿Trabaja usted en una empresa?

6. **exigir** (demandar)
   En esa empresa, les exigen mucho a los empleados. ¿Exige mucho el/la profesor/a en esta clase?

7. **título** (documento que dice que terminamos los estudios)
   Pilar recibió su título de abogada la semana pasada. ¿Tiene usted un título?

8. **hacer falta** (necesitar)
   A Patricio le hace falta más experiencia para ese puesto. ¿Qué le hace falta a usted para esta clase?

8–35 Más palabras.

augurar	*to forecast, to predict*	**quejarse**	*to complain*
medio ambiente	*environment*	**rentable**	*profitable*

8–36 Uso de ciertas palabras.

el título pelado (sólo el título)

Muchas empresas quieren algo más que el título pelado.

ojo (tener cuidado, prestar atención)
¡Ojo con ese señor! Tiene mucha influencia.

¿Qué hay que saber para triunfar en el año 2000?

La formación de cualquier profesional no se detiene en la realización de los estudios en un centro determinado, y la obtención de un título. Empresarios, profesionales y *headhunters* coinciden hoy en día en afirmar el valor que tiene ampliar los conocimientos durante o después del periodo de estudios para la obtención del título profesional. De entre todos los conocimientos que un joven puede adquirir, hay algunos que se valoran más. Éstos son algunos de los que pueden garantizar, en el presente y el futuro, el triunfo profesional, en forma muchas veces de jugoso sobresueldo.

Idiomas: Las empresas ya no valoran el conocimiento del inglés; lo exigen. Conocer el francés, el alemán o el italiano es muy positivo si se quiere trabajar en empresas oriundas de estos países. El conocimiento de idiomas menos habituales (japonés, árabe, lenguas escandinavas) puede abrir puertas a trabajos en multinacionales. Sin embargo, el conocimiento de los idiomas, de por sí, no garantiza la valoración profesional.

Estancias en el extranjero: Las empresas españolas, en su mayoría, tienden a valorar más a un demandante de empleo que tenga una proyección más allá de nuestras

- Imprescindible saber inglés
- Haber estudiado o ampliado estudios en el extranjero
- Dominio de la informática
- Especializarse en: tecnologías modernas, telecomunicaciones, diseño urbanístico, preservación del medio ambiente, ingeniería de caminos
- Experiencia en puestos de responsabilidad y gestión de empresas
- Derecho: los abogados siempre hacen falta

fronteras. Resulta rentable completar la formación académica con una estancia en el extranjero.

Informática: Las principales empresas del sector en España llevan años quejándose de que en España faltan 11.000 titulados de informática. Por supuesto, hay mucha gente que la estudia, pero en cursos equivocados. Se siguen enseñando lenguajes como el Basic, cuando para el lenguaje C, considerado el más importante hoy en día, faltan expertos.

Nuevas tecnologías: Los expertos auguran que todas las tecnologías ligadas a las telecomunicaciones tendrán demanda en los próximos años; se estima que en el año 2000, el sector de telecomunicaciones y adyacentes (electrónica, telemática) supondrá el 25 por ciento de la actividad económica mundial. Por otra parte, se augura una demanda fuerte para el diseño urbanístico y el medio ambiente. En el caso concreto de España faltan ingenieros de caminos, y otras profesiones relacionadas con la construcción.

Economía y empresariales: La demanda es alta, pero, ojo al *máster,* porque el título *pelado* cada vez les dice menos a los contratadores. Toda formación adicional y específica será bien recibida.

Derecho: Los abogados, ya se sabe, son incombustibles. Siempre hacen falta. Las empresas prefieren abogados sin especializar que se puedan adaptar a cualquier trabajo. Dos son las excepciones: en primer lugar, la formación en materia de gestión empresarial. Y, en segundo lugar, si hay una especialización muy valorada a la hora de entrar en nómina: el derecho comunitario. Esta última demanda se agudizará cada vez más.

8–37   Preguntas.

1. ¿Qué palabras en inglés vio usted en el artículo? Márquelas con un círculo.
2. Según el artículo, ¿cuáles son los idiomas importantes para las empresas en España?
3. ¿Prefieren las empresas a las personas que realizaron algunos estudios o que trabajaron fuera de España un tiempo? ¿Está usted de acuerdo con esto?
4. Según el artículo, ¿cuántos graduados de informática se necesitan?
5. ¿Qué campos o especializaciones van a ser muy importantes en el futuro?
6. ¿Qué dice el artículo sobre las posibilidades de trabajo para los abogados?

8–38   Una comparación.   Comparen la lista que escribieron sobre lo que hay que saber para triunfar en el futuro y lo que dice el artículo. ¿Qué diferencias y semejanzas encuentran?

VOCABULARIO

PROFESIONES Y OFICIOS

el/la abogado/a	*lawyer*
el actor	*actor*
la actriz	*actress*
el ama de casa	*housewife, homemaker*
el/la analista de sistemas	*systems analyst*
el/la arquitecto/a	*architect*
el/la astronauta	*astronaut*
el/la bibliotecario/a	*librarian*
el bombero	*fireman*
el/la cajero/a	*cashier*
el/la cantante	*singer*
el/la carpintero/a	*carpenter*
el/la científico/a	*scientist*
el/la cocinero/a	*cook*
el/la contador/a	*accountant*
el/la chofer	*driver*
el/la dentista	*dentist*
el/la director/a	*director, manager*
el/la electricista	*electrician*
el/la enfermero/a	*nurse*
el/la gerente	*manager*
el hombre/la mujer de negocios	*business man/woman*
el/la ingeniero/a	*engineer*
el/la intérprete	*interpreter*
el/la juez/a	*judge*
el/la mecánico/a	*mechanic*
el/la médico/a	*medical doctor*
el/la obrero/a	*worker*
el/la peluquero/a	*hairdresser*
el/la periodista	*journalist*
el/la piloto	*pilot*
el/la plomero/a	*plumber*
el policía/la (mujer) policía	*policeman, police-woman*
el/la (p)sicólogo/a	*psychologist*
el/la (p)siquiatra	*psychiatrist*
el/la recepcionista	*receptionist*
el/la secretario/a	*secretary*
el/la vendedor/a	*salesman, sales-woman*
el/la veterinario/a	*veterinarian*

LUGARES

el banco	*bank*
la compañía	*company*
la habitación	*room*
el hospital	*hospital*
el hotel	*hotel*
la peluquería	*beauty salon, barber-shop*

TRABAJO

el apartado de correos	*P.O. box*
la entrevista	*interview*
la experiencia	*experience*
el puesto	*position*
la solicitud	*application*
el sueldo	*salary*

VERBOS

asistir a	*to attend*
cerrar (ie)	*to close*
despedir (i)	*to dismiss, to fire*
entender (ie)	*to understand*
enviar	*to send*
indicar	*to indicate*
llenar	*to fill out*
pasar	*to come in*
preguntar	*to ask (a question)*
traer	*to bring*
traducir	*to translate*

Almanaque

República Argentina

▼ GEOGRAFÍA Y DEMOGRAFÍA

Área: 2.780.092 km². Es el país más grande de habla española; tiene una extensión cuatro veces más grande que el estado de Texas.

Clima: Templado en la capital, con una temperatura promedio de 23°C en el verano y 9°C en el invierno.

Población: 32.860.000

Ciudades principales: Buenos Aires — capital (10.500.000), Córdoba (969.000), Rosario (750.455), Mendoza (597.000), San Miguel de Tucumán (497.000)

Grupos étnicos y raciales: Europeos (españoles, italianos, otros) 98%, mestizos y otros (2%).

Religión: Católica (90%), protestante (2%), judía (2%)

▼ DATOS HISTÓRICOS

Había indígenas en varios niveles de desarollo cultural: desde las afueras del imperio Inca en el noroeste hasta los más primitivos en Tierra del Fuego en el sur.

1536–1816	Colonia española	1982	Guerra de las Malvinas contra Inglaterra, principio de la crisis de la deuda
1816	Independencia		
1865–1870	Guerra contra Paraguay		
1880–1920	Época de gran inmigración europea	1983	Transición a la democracia
1946–1955	Presidencia de Juan D. Perón	1989	El presidente Carlos Menem empieza una reforma económica
1973–1974	Segunda presidencia de Perón		
1976–1983	Dictadura militar		

▼ SOCIEDAD

Personas famosas: General José de San Martín, libertador; Gabriela Sabatini, estrella de tenis

Literatura: Julio Cortázar (1914–1984), *Las armas secretas* (1967); Jorge Luis Borges (1900–1986), *El informe de Brodie* (1970)

Música: El tango, música moderna y música folclórica gaucha

Cine: *No habrá más penas ni olvido* (1983) dir. Héctor Olivera; *La historia oficial* (1985) dir. Luis Puenzo; *La cruz invertida* (1988) dir. Mario David; *Verónico Cruz* (1988) dir. Miguel Pereira

República de Bolivia

▼ GEOGRAFÍA Y DEMOGRAFÍA

Área: 1.098.581 km² (más o menos el área de Texas y California juntos)

Clima: Depende de la altura. En el Altiplano hace frío (10°C) durante todo el año, mientras que en los llanos hace un clima tropical (25°C).

Población: 7.243.000

Ciudades principales: La Paz — capital administrativa (1.669.000), Santa Cruz (529.000), Cochabamba (403.000)

Grupos étnicos y raciales: Indígenas 55% (quechua 30%, aimara 25%), mestizos 25–30%, europeos 5–15%

Religión: Católica 95%, protestante 5%, cultos tradicionales e indígenas

▼ DATOS HISTÓRICOS

Antiguo centro de cultura aimara

1300–	Conquistado por los incas
1538–1825	Colonia de España
1879–1880	Guerra del Pacífico contra Chile; pierde el acceso al mar
1932–1935	Guerra del Chaco; pierde territorio al Paraguay
1952–1964	Reformas económicas, nacionalización de minas, reforma agraria
1987	El gobierno de Jaime Paz Zamora comienza a abrir la economía y a reducir la deuda exterior

▼ SOCIEDAD

Literatura: Renato Prada Oropeza (1937–   ) *Argal* (1967)

Arte: Arte tradicional y moderno

Música: La música tradicional de los quechuas y aimaras evoca la soledad del altiplano. La cueca es un baile típico.

República de Colombia

▼ GEOGRAFÍA Y DEMOGRAFÍA

Área: 1.141.748 km² (una extensión similar a la de Texas y Nuevo México juntos)

Clima: Templado en las regiones altas durante todo el año; tropical en las costas

Población: 33.170.000

Ciudades principales: Santa Fe de Bogotá — capital (4.819.000), Medellín (1.664.000), Cali (1.637.000), Barranquilla (1.000.000)

Grupos étnicos y raciales: Mestizos 58%, europeos 20%, mulatos 14%, africanos 4%

Religión: Católica 95%

▼ DATOS HISTÓRICOS

Habitada por grupos indígenas por milenios

1525–1810	Colonia de España
1822	Fundación de la Gran Colombia con Venezuela, Ecuador y Panamá
1830	Venezuela y Ecuador se separan de la unión
1899–1902	"Guerra de los Mil Días" (guerra civil)
1903	Panamá declara su independencia de Colombia

1946–1958	"La Violencia", época de inestabilidad política y guerra civil en que murieron más de 200.000 personas
1980–1992	La lucha contra el narcotráfico continúa

▼ SOCIEDAD

Personas famosas: Francisco de Paula Santander, general y político

Literatura: Gabriel García Márquez (1928–   ), Premio Nóbel (1982), *Cien años de soledad* (1967); José Eustasio Rivera (1888–1928), *La vorágine* (1924)

Arte: Alejandro Obregón, Fernando Botero, Édgar Negret

Música: Cumbia, vallenatos, música del Caribe — salsa y merengue

República de Costa Rica

▼ GEOGRAFÍA Y DEMOGRAFÍA

Área: 51.100 km² (un poco más pequeño que el estado de Virginia Occidental)

Clima: Depende de la altura y de la zona — en San José es templado (18°C), en las costas es tropical (árido en la costa del oeste, húmedo en la del Caribe).

Población: 3.151.000

Ciudades principales: San José — capital (890.000)

Grupos étnicos y raciales: Europeos y mestizos 96%, africanos 3%, indígenas 1%

Religión: Católica 95%

▼ DATOS HISTÓRICOS

1522–1821	Colonia de España
1823–1838	Miembro de las Provincias Unidas de Centroamérica
1938	Independencia
1948	Guerra civil concluye en la abolición de las fuerzas armadas
1980–1990	Se toman medidas para proteger los bosques tropicales
1987	El presidente Oscar Arias obtiene el Premio Nóbel de la Paz por sus esfuerzos en la búsqueda de la paz en Centroamérica

▼ SOCIEDAD

Literatura: Quince Duncan (1940–   ) *Una canción en la madrugada* (1970)

Platos típicos: Tamal — masa de maíz con cerdo, papas y verduras

República de Cuba

▼ GEOGRAFÍA Y DEMOGRAFÍA

Área: 110.861 km² (más o menos el tamaño de Pensilvania)

Clima: Tropical (27°C); de mayo a octubre es época de lluvias

Población: 10.785.000

Ciudades principales: La Habana — capital (2.077.000),
Santiago de Cuba (397.000), Camagüey (274.000)

Grupos étnicos y raciales: Mulatos 51%, europeos 37%, africanos 11%

Religión: Católica, religiones afrocubanas (palo monte y santería),
protestante

▼ DATOS HISTÓRICOS

Habitada por indios siboneyes y taínos

1492	Cristóbal Colón llega a la isla
1511–1898	Colonia de España
1895–1898	Guerra de Independencia
1902	Se establece la República de Cuba
1952–1958	Golpe militar y dictadura de Fulgencio Batista
1959	La revolución lleva a Fidel Castro al poder
1961	Fidel Castro declara a Cuba primer estado marxista–leninista de América
1989	Se empeoran las condiciones económicas en Cuba con la caída del comunismo mundial

▼ SOCIEDAD

Literatura: José Martí (1853–1895), *Versos sencillos* (1891); Alejo Carpentier (1904–1980),
El arpa y la sombra (1979)

Música: Conga, rumba, cha-cha-cha, mambo, salsa y nueva trova

Cine: *Clandestinos* (1987) dir. Fernando Pérez; *La inútil muerte de mi socio Manolo* (1989) dir. Julio
García Espinosa; *Memorias del subdesarrollo* (1968) y *La útima cena* (1977) dir. Tomás Gutiérrez
Alea; *María Antonia* (1990), dir. Sergio Giral

República de Chile

▼ GEOGRAFÍA Y DEMOGRAFÍA

Área: 756.626 km² (más grande que el estado de Texas)

Clima: Varía entre calor seco al norte y frío húmedo al sur. La temperatura promedio del valle central es de 28°C en el verano (enero y febrero) y 10°C en el invierno (julio y agosto). Cae bastante lluvia en el centro.

Población: 13.395.000

Ciudades principales: Santiago — capital (5.236.000), Concepción (307.000), Viña del Mar (305.000), Valparaíso (290.000)

Grupos étnicos y raciales: Europeos y mestizos 95%, indígenas 3%

Religión: Católica 89%, protestante 11%

▼ DATOS HISTÓRICOS

Habitado por los araucanos

1536–1818	Colonia de España	1973	Gobierno militar asume el poder
1818	Independencia	1986	Comienza fuerte crecimiento económico
1879–1880	Guerra del Pacífico. Ganó en el norte territorio rico en minerales del Perú y Bolivia.	1990	Vuelta a la democracia con la elección de Patricio Aylwin. La economía sigue creciendo rápidamente y es hoy por hoy la más dinámica de Sudamérica.
1964–1970	El presidente Eduardo Frei inicia reformas		
1970–1973	El presidente Salvador Allende extiende aún más las reformas agraria y política		

▼ SOCIEDAD

Personas famosas: Bernardo O'Higgins, Libertador y 'Director Supremo" (1817–1823)

Literatura: Gabriela Mistral (1889–1957), Premio Nóbel (1945); Pablo Neruda (1904–1973), Premio Nóbel (1971); María Luisa Bombal (1910–1981), *La última niebla* (1935)

República del Ecuador

▼ GEOGRAFÍA Y DEMOGRAFÍA

Área: 285.561 km² (extensión similar a la del estado de Colorado)

Clima: Tropical en la costa, moderado en las zonas altas; temperatura promedio: Guayaquil 24°C, Quito 15°C

Población: 10.880.000

Ciudades principales: Quito — capital (1.500.000), Guayaquil (2.000.000)

Grupos étnicos y raciales: Mestizos 62%, indígenas 22%, africanos 10%, europeos 6%

Religión: Católica 95%

▼ DATOS HISTÓRICOS

Existen grupos indígenas desde hace milenios

1300	Conquistado por los incas
1528–1822	Colonia de España
1822–1830	Miembro de la Gran Colombia
1830	Independencia

1980–1990   Se asigna gran parte del gasto público a mejorar los sistemas de educación y salud, con resultados significativos. El control de la industria petrolera pasa al gobierno.

▼ SOCIEDAD

Literatura: Demetrio Aguilera Malta (1909–1982), *El secuestro del general* (1973); Jorge Icaza, *Huasipungo* (1934)

Música: Música folclórica

República de El Salvador

▼ GEOGRAFÍA Y DEMOGRAFÍA

Área: 21.041 km² (más o menos la extensión de Massachusetts)

Clima: Tropical (27°C temperatura promedio), con lluvias de mayo a octubre

Población: 5.473.000

Ciudades principales: San Salvador — capital (1.400.000)

Grupos étnicos y raciales: Mestizos 89%, indígenas 10%, europeos 1%

Religión: Católica 97%

▼ DATOS HISTÓRICOS

1524–1821	Colonia de España	1969	Guerra contra Honduras
1822–1838	Miembro de las Provincias Unidas de Centroamérica	1970–1975	Resurge el conflicto guerrillero
1838	Independencia	1979–1992	Guerra civil

▼ SOCIEDAD

Literatura: Manlio Argueta (1936–   ), *Cuzcatlán* (1986)

Música: Mariachi y música folclórica

Platos típicos: Gallo en chicha

Reino de España

▼ GEOGRAFÍA Y DEMOGRAFÍA

Área: 504.750 km² (más pequeño que el estado de Texas)

Clima: Templado en el norte (temperatura promedio: 9–18°C), pero estaciones más extremas en el centro con temperaturas promedio en el verano de 24°C y en el invierno de 5°C

Población: 39.465.000

Ciudades principales: Madrid — capital (3.120.000), Barcelona (1.707.000), Valencia (758.000), Sevilla (678.000)

Regiones y lenguas: Castilla y otras regiones (español), Cataluña, Galicia (gallego), País Vasco (vasco).

Religión: Católica 99%

▼ DATOS HISTÓRICOS

100 a.C.	Parte del Imperio Romano	1936–1939	Guerra civil
500	España pasa a los visigodos	1939–1975	Dictadura de Francisco Franco
711–712	Los moros conquistan España	1975	Monarquía y transición a la democracia
718	Empieza la reconquista por parte de los cristianos	1992	Juegos Olímpicos en Barcelona
1492	El país se libera de los moros Cristóbal Colón llega a América		

▼ SOCIEDAD

Literatura: Miguel de Cervantes Saavedra (1547–1616), *Don Quijote de la Mancha;* Ana María Matute (1926–   ); Camilo José Cela (1916–   ), Premio Nóbel (1989)

Arte: 'El Greco' (1541–1614), Francisco de Goya (1746–1828), Pablo Picasso (1881–1973), Diego Velázquez (1599–1660)

Música: Flamenco, música regional y popular

Cine: *Mujeres al borde de un ataque de nervios* (1988) dir. Pedro Almodóvar

República de Guatemala

▼ GEOGRAFÍA Y DEMOGRAFÍA

Área: 108.889 km² (más o menos la extensión del estado de Tennessee)

Clima: Depende de la altura; tropical en zonas bajas (28°C), templado en las montañas (20°C)

Población: 9.386.000

Ciudades principales: Ciudad de Guatemala — capital (1.095.000), Quetzaltenango (72.922), Puerto Barrios (46.882), Antigua (30.000)

Grupos étnicos y raciales: 'Ladinos' 45% (mestizos e indígenas de habla española), indígenas 55%.

Religión: Mayormente católica 80%, algunos protestantes 10%. Se practica también el culto tradicional de los mayas.

▼ DATOS HISTÓRICOS

300–900	Apogeo de la civilización maya
1523–1821	Colonia de España
1822–1838	Miembro de las Provincias Unidas de Centroamérica
1838	Independencia
1944	Revolución, acompañada de reformas

1954–1985	Régimen militar opresivo gobierna el país
1976	Terremoto (más de 22.000 muertos)
1985	La elección de Marco Vinicio Cerezo señala la vuelta a la democracia, pero la violencia continúa

▼ SOCIEDAD

Personas famosas: Rigoberta Menchú, Premio Nóbel de la Paz (1992)

Literatura: Miguel Ángel Asturias, (1899–1974) Premio Nóbel de literatura (1967), *Leyendas de Guatemala* (1930), *El señor presidente* (1948)

Arte: Artesanía indígena; mezcla de lo indígena y lo moderno

Música: Mariachi y otros ritmos de origen indígena

República de Honduras

▼ GEOGRAFÍA Y DEMOGRAFÍA

Área: 112.088 km² (un poco más grande que Tennessee)

Clima: Tropical en la costa, templado en el interior, con lluvias de mayo a noviembre

Población: 5.342.000

Ciudades principales: Tegucigalpa — capital (550.000), San Pedro Sula (399.000)

Grupos étnicos y raciales: Mestizos 90%, indígenas 7%, africanos 2%, europeos 1%

Religión: Católica 97%

▼ DATOS HISTÓRICOS

Parte del imperio maya

1524–1821	Colonia de España	1969	Guerra contra El Salvador
1822–1838	Parte de las Provincias Unidas de Centroamérica	1989	Elección del presidente Rafael Leonardo Callejas
1838	Independencia		

▼ SOCIEDAD

Literatura: Roberto Sosa (1930–) *Mar interior* (1967)

Música: Música folclórica y mariachis

Platos típicos: Tamales, tortillas, arroz con frijoles

Estados Unidos Mexicanos

MÉXICO

▼ GEOGRAFÍA Y DEMOGRAFÍA

Área: 1.958.201 km² (tres veces más grande que Texas)

Clima: Templado en las zonas altas del norte y centro (con frío en el invierno); tropical en las zonas bajas y en el sur

Población: 91.000.000

Ciudades principales: México, D.F. — capital (20.000.000), Guadalajara (3.000.000), Monterrey (2.700.000)

Grupos étnicos y raciales: Mestizos 60%, indígenas 30%, europeos 9%

Religión: Católica 97%, protestante 3%

▼ DATOS HISTÓRICOS

Existen culturas indígenas desde la antigüedad. Las más conocidas son la cultura maya y la azteca.

1519	Hernán Cortés llega al Yucatán y comienza la conquista española
1521	Fin del Imperio Azteca
1810	Independencia
1846–1848	Guerra contra los Estados Unidos; México pierde gran parte de su territorio
1862–1867	Los franceses invaden e instalan a Maximiliano como emperador de México
1876–1910	Época del dictador Porfirio Díaz, modernización económica
1910–1917	Revolución mexicana
1934–1940	Reforma agraria bajo el presidente Cárdenas
1938	Nacionalización de las compañías petroleras extranjeras
1982	Surge la crisis de la deuda
1985	Terremoto en la capital
1989	El presidente Carlos Salinas acelera la reforma económica. La economía se abre y vuelve a crecer.

▼ SOCIEDAD

Personas famosas: Alfonso García Robles (1911–   ), Premio Nóbel de la Paz (1982)

Literatura: Carlos Fuentes (1928–   ), *La muerte de Artemio Cruz* (1962); Laura Esquivel (1950–   ), *Como agua para chocolate* (1989); Octavio Paz (1914–   ), *Piedra del sol* (1957) Premio Nóbel (1990); Elena Poniatowska (1933–   ), *La noche de Tlaltelolco* (1971)

Arte: Diego Rivera (1886–1957), José Clemente Orozco (1883–1949), Rufino Tamayo (1900–1991)

Música: Mariachis y otros ritmos tradicionales

Cine: *Eréndira* (1983) dir. Ruy Guerra; *Como agua para chocolate* (1992) dir. Alfonso Arau; *Macario* (1960) dir. Roberto Galvadón

República de Nicaragua

▼ GEOGRAFÍA Y DEMOGRAFÍA

Área: 129.640 km² (tan extenso como el estado de Florida)

Clima: Tropical en las costas, templado en el interior, con lluvias de mayo a noviembre

Población: 3.805.000

Ciudades principales: Managua — capital (1.000.000)

Grupos étnicos y raciales: Mestizos 69%, europeos 17%, africanos 9%, indígenas 5%

Religión: Católica 95%

▼ DATOS HISTÓRICOS

Habitada por varios grupos indígenas desde la antigüedad

1522–1821	Colonia de España
1823–1838	Miembro de las Provincias Unidas de Centroamérica
1838	Independencia
1924–1938	Augusto César Sandino lucha contra las fuerzas de ocupación norte-americanas
1972	Terremoto destruye gran parte de Managua
1934–1979	Dominación del país por la familia Somoza
1979–1990	El presidente Daniel Ortega y los Sandinistas asumen el poder; los 'contras' resisten y la situación económica empeora
1990	Elecciones democráticas eligen al gobierno de Violeta Chamorro y termina la guerra civil

▼ SOCIEDAD

Literatura: Rubén Darío (1867–1916), *Azul* (1888)

Cine: *Alsino y el Cóndor* (1983) dir. Miguel Littín

República de Panamá

▼ GEOGRAFÍA Y DEMOGRAFÍA

Área: 75.517 km² (un poco más extenso que Virginia Occidental)

Clima: Tropical (temperatura promedio: 27°C); lluvias de mayo a noviembre

Población: 2.503.000

Ciudades principales: Ciudad de Panamá — capital (440.000)

Grupos étnicos y raciales: Mestizos y mulatos 70%, africanos 14%, europeos 10%, indígenas 6%

Religión: Católica 93%, protestante 6%

▼ DATOS HISTÓRICOS

1513	Vasco Núñez de Balboa es el primer europeo que ve el Océano Pacífico luego de cruzar el istmo de Panamá
1518–1821	Colonia de España
1821–1903	Forma parte de Colombia
1903	Independencia; el gobierno cede el control de la zona del canal a los Estados Unidos
1914	Se abre el canal de Panamá
1977	Nuevo tratado asegura la entrega del canal a Panamá para finales del siglo
1989	EE.UU. invade a Panamá y captura al general Manuel Noriega, acusado de complicidad en narcotráfico

▼ SOCIEDAD

Platos típicos: Picante de almejas, Sancocho — cazuela de carne y verduras

Musica: tamborito

República del Paraguay

▼ GEOGRAFÍA Y DEMOGRAFÍA

Área: 406.752 km² (un poco más pequeño que el estado de California)

Clima: Templado al este del río Paraguay, semiárido y tropical al oeste

Población: 4.871.000

Ciudades principales: Asunción — capital (607.000)

Grupos étnicos y raciales: Mestizos 95%, europeos e indígenas 5%

Religión: Católica 90%, menonitas y demás protestantes

▼ DATOS HISTÓRICOS

Habitado por los guaraníes desde la antigüedad

1537–1811   Colonia de España
1865–1870   Guerra contra la Triple Alianza de
             Argentina, Brasil y Uruguay;
             muere la mitad de la población y
             el país pierde gran parte de su
             territorio.

1954–1989   Dictadura del general Alfredo
             Stroessner
1990   El presidente Andrés Rodríguez
             anuncia reforma política
1993   Elecciones democráticas

▼ SOCIEDAD

Literatura: Augusto Roa Bastos (1917–   ), *Yo, el supremo* (1974)

Platos típicos: Costillas de cerdo en vinagre, Tallarines (espaguetis) con salsa de hongos, Chepa —
pan de queso, Torta de pasa

República del Perú

▼ GEOGRAFÍA Y DEMOGRAFÍA

Área: 1.285.216 km² (tres veces más grande que California)

Clima: Templado y muy seco en la costa (21°C), frío en la sierra (13°C), y húmedo y tropical en la selva (27°C)

Población: 22.585.000

Ciudades principales: Lima — capital (5.826.000), Arequipa (634.000), Callao (589.000)

Grupos étnicos y raciales: Indígenas 45%, mestizos 37%, europeos 15%

Religión: Católica 89%, protestante 5%, cultos tradicionales

▼ DATOS HISTÓRICOS

1300–1500	El imperio inca se extiende hacia el norte y el sur de Cuzco, la capital
1535–1821	Colonia de España
1968	Golpe militar, iniciación de reformas agrarias
1980–1990	Entra en un período de democracia pero también de mucha inestabilidad: el narcotráfico, las actividades guerrilleras del 'Sendero Luminoso', la alta inflación, el desempleo — todos contribuyen a un sentido generalizado de frustración
1992	El presidente Alberto Fujimori suspende el Congreso

▼ SOCIEDAD

Literatura: Mario Vargas Llosa (1936–   ), *La ciudad y los perros* (1963); José María Arguedas (1911–1969), *Los Ríos Profundos* (1958); Hernando De Soto (1941–   ), *El otro sendero* 1986)

Música: Música típica de los quechuas

Cine: *La boca del lobo* (1988) dir. Francisco J. Lombardi

Puerto Rico

▼ GEOGRAFÍA Y DEMOGRAFÍA

Área: 9.104 km² (tres veces más grande que Rhode Island)

Clima: Tropical (temperatura promedio: 26°C), con lluvias de mayo a octubre

Población: 3.528.000

Ciudades principales: San Juan — capital 1.200.000

Grupos étnicos y raciales: Mulatos, europeos, africanos

Religión: Católica 85%, protestante 4.7%

▼ DATOS HISTÓRICOS

Habitado por los indios taínos

1508–1898	Colonia de España	1952	Se convierte en un estado libre asociado
1898–1952	Posesión de los Estados Unidos		

▼ SOCIEDAD

Personas famosas: Rita Moreno, actriz

Literatura: Rosario Ferré (1942–   ), *Árbol y sus sombras* (1989)

Música: Salsa, la plena

República Dominicana

▼ GEOGRAFÍA Y DEMOGRAFÍA

Área: 48.442 km² (más o menos la extensión de Vermont y New Hampshire juntos)

Clima: Tropical (27°C), con lluvias de mayo a octubre

Población: 8.124.000

Ciudades principales: Santo Domingo — capital (2.411.900), Santiago de los Caballeros (490.000)

Grupos étnicos y raciales: Mulatos 73%, europeos 16%, africanos 11%

Religión: Católica 95% y ritos afroantillanos

▼ DATOS HISTÓRICOS

1496	Los españoles fundan Santo Domingo	1930–1961	Época del general Rafael Trujillo
1821	Independencia	1965	Inestabilidad política e invasión norteamericana y de la OEA
1822–1844	Ocupación por Haití		

▼ SOCIEDAD

Música: Merengue

Platos típicos: Sopa hamaca — con pescado y verduras, Carne de cerdo guisada, Sancocho prieto de siete carnes, Torta de coco

República del Uruguay

▼ GEOGRAFÍA Y DEMOGRAFÍA

Área:　177.414 km² (extensión similar a la del estado de Washington)

Clima:　Templado (16°C), con lluvias todo el año

Población:　3.130.000

Ciudades principales:　Montevideo — capital (1.310.000)

Grupos étnicos y raciales:　Europeos 88%, mestizos 8%, africanos 4%

Religión:　Católica 96%, protestante 2%, judía 2%

▼ DATOS HISTÓRICOS

1624–1828	Colonia de España
1828	Independencia
1903–1929	Época del presidente José Batlle y Ordóñez; reforma social convierte el país en "la Suiza de Latinoamérica"

1973–1989	Dictadura militar
1989	Vuelve la democracia con la elección del presidente Luis Alberto Lacalle

▼ SOCIEDAD

Literatura:　Juan Carlos Onetti (1909), *La vida breve* (1968)

Música:　candombe, milonga

Platos típicos:　Chivito, Cacerola de pavo, Calamares a la plancha, Cazuela de mariscos, Pan de maíz, Postre chaja

República de Venezuela

▼ GEOGRAFÍA Y DEMOGRAFÍA

Área: 912.050 km² (el tamaño de los estados de Texas y Oklahoma juntos)

Clima: Es tropical en la costa y las áreas bajas, hay nieve perpetua en los picos de los Andes. La temperatura promedio es de 27°C en Caracas.

Población: 20.430.000

Ciudades principales: Caracas — capital (1.290.000), Maracaibo (1.206.000), Valencia (955.000), Barquisimeto (723.000)

Grupos étnicos y raciales: Mestizos y mulatos 67%, europeos 21%, africanos 10%, indígenas 2%

Religión: Católica 96%, protestante 2%

▼ DATOS HISTÓRICOS

1520–1822	Colonia de España
1822–1829	Miembro de la Gran Colombia
1829	Independencia
1922	Primera producción de petróleo
1958	Comienza actual período democrático, ininterrumpido hasta hoy en día
1976	Nacionalización de compañías extranjeras de petróleo

1989–1992   El presidente Carlos Andrés Pérez inicia reforma económica que resulta en crecimiento acelerado (9,2% en 1991)

1993   El presidente Pérez es destituido y sometido a juicio por cargos de corrupción

▼ SOCIEDAD

Personas famosas: Simón Bolívar, Libertador (1783–1830)

Literatura: Rómulo Gallegos (1884–1969), *Doña Bárbara* (1929); Arturo Uslar Pietri (1906–   ) *Lanzas coloradas* (1944)

Música: joropo, salsa

LECCIÓN 9

El ciclismo es una de las muchas maneras de mantenerse en forma.

Los ejercicios y la naturaleza

Goals. *Lección 9* deals with parts of the body, physical condition, height, weight, and the environment. The grammar includes informal commands, comparisons of inequality and equality, and more irregular preterits.

COMUNICACIÓN

- Talking about and describing body movements
- Describing physical condition and the environment
- Giving informal orders, instructions, and advice
- Expressing height and weight
- Making comparisons

ESTRUCTURAS

- Informal Commands
- Comparisons
    Comparisons of Inequality
    Comparisons of Equality
- More Irregular Preterits

CULTURA

- Physical fitness and exercise in the Spanish-speaking world

¿Cómo se mantiene en forma?

Caminar es la solución para
las personas que prefieren
estar al aire libre y hacer
un ejercicio ligero.

Para otras personas que quieren un ejercicio más fuerte, montar en
bicicleta es la respuesta.

Los ejercicios aeróbicos son muy populares entre la gente joven, especialmente los que desean estar en forma o bajar de peso.

Actividades.

9–1 Asociaciones.

Partes del cuerpo	Acciones
1. la boca	a. tocar el piano
2. los ojos	b. comer algo
3. los dedos	c. caminar
4. el pelo	d. leer un libro
5. la cabeza	e. peinarse
6. los pies	f. pensar

You may do this in groups of four. Try to find out what activity is most popular among the students.

9–2   Más asociaciones.   ¿En qué parte del cuerpo se ponen estos accesorios y esta ropa?

1. el calcetín	a. la muñeca
2. el anillo	b. el dedo
3. el guante	c. el cuerpo
4. la blusa	d. la oreja
5. el collar	e. el cuello
6. el arete	f. la cabeza
7. el reloj	g. el pie
8. el sombrero	h. la mano

9–3   Preferencias.   Indique que actividad prefieren y por qué.

1. caminar	4. hacer ejercicios aeróbicos
2. correr	5. montar en bicicleta
3. nadar	6. jugar al tenis

9–4   La unificación del cuerpo.   Su compañero/a le va a mencionar dos partes del cuerpo. Usted le debe contestar con la parte del cuerpo que une las otras dos.

MODELO: mano, brazo

—¿Qué une la mano y el brazo?

—La muñeca los une.

1. la cabeza, el pecho
2. el hombro, la mano
3. la pierna, el pie
4. el pecho, el brazo

9–5   Para estar en forma.   Hágale preguntas a su compañero/a sobre la utilidad de las actividades en la tabla.

Actividad	Resistencia	Flexibilidad	Fuerza	Relajación
atletismo	••	••••	•••	••
baile	•••	••••	•	••••
ciclismo	••••	••	•••	•
fútbol	•••	•••	•••	•
golf	•	••	•	••••
jogging	••••	••	••	••••
marcha	••	•	•	••••
montaña	•••	•	••	••
natación	••••	••••	••••	••••
squash	•••	•••	••	••
subir escaleras	•••	•	••	•
tenis	••	•••	••	••
trabajos domésticos	•	••	•	•
yoga	•	•••	•	••••
• *May poco útil* ••• *Bastante útil*				
•• *Útil* •••• *Muy útil*				

MODELO: —¿Qué actividades son muy útiles para tener
flexibilidad? *o* Si quiero tener mucha flexibilidad, ¿qué debo practicar?

—El atletismo, el baile y la natación.

9–6 ¿Cuál es su talla? Las siguientes personas hacen muchos ejercicios, pero no todas tienen el mismo físico. Determine si son de talla pequeña, mediana o grande, de acuerdo con las tablas de abajo.

1. Jorge: 1,63 m y 65 kg
2. Elena: 1,78 m y 61 kg
3. Eduardo: 1,90 m 68 kg
4. María Eugenia: 1,68 m y 57 kg
5. Adalberto: 1,73 y 75 kg
6. Carmen: 1,50 y 54 kg

PESO IDEAL — HOMBRES

Estatura (con zapatos) metros	Talla pequeña kilogramos	Talla mediana kilogramos	Talla grande kilogramos
1,58	51-54	53-58	57-64
1,60	52-55	55-60	59-65
1,63	54-56	56-60	60-67
1,65	55-58	58-63	61-70
1,68	57-60	60-65	63-71
1,70	58-62	61-67	64-73
1,73	60-64	63-69	67-75
1,75	62-66	64-71	69-77
1,78	63-68	67-74	70-79
1,80	65-70	69-75	72-81
1,83	68-72	70-77	74-83
1,85	69-73	73-80	76-86
1,88	71-76	74-82	78-88
1,90	73-78	75-83	81-90
1,93	75-80	78-86	83-92

PESO IDEAL — MUJERES

Estatura (con zapatos) metros	Talla pequeña kilogramos	Talla mediana kilogramos	Talla grande kilogramos
1,47	42-44	43-48	47-54
1,50	43-46	44-50	48-55
1,52	43-47	48-51	49-57
1,55	45-48	47-53	51-58
1,58	46-50	48-54	52-59
1,60	48-51	50-55	53-61
1,63	49-53	51-57	55-63
1,65	50-54	53-59	57-64
1,68	52-56	54-61	58-66
1,70	53-58	56-63	60-68
1,73	55-59	58-65	62-70
1,75	57-61	60-67	64-72
1,78	59-63	62-68	66-74
1,80	61-65	63-70	68-76
1,83	63-67	65-72	69-78

Explain the use of the metric system in the Hispanic world. Measure the chalkboard, desks, etc. (If you have no metric tape measure, you can make one. A meter is approximately 39.5 inches long.) Have students estimate length in meters before measuring. Put students in pairs to measure each other's height. **Optional.** Introduce *centímetro*.

Metric system. In order to look up your ideal weight on the chart, first determine your height in meters. Either measure yourself using a metric measuring tape or convert from inches by multiplying your height (in inches) by 2.54 to yield height in centimeters: e.g., 6' = 72" x 2.54 cm = 182.88. Round it out to 183 cm, and change to the appropriate measure of 1.83, or 1 meter, 83 cm. Then check the table to find your ideal weight. To convert the ideal weight you find, multiply the weight in kilos by 2.2. Conversely, to find your weight in kilos, divide your weight in pounds by 2.2. Round out to the nearest kilo.

Suggestion. Review commands and parts of the body, assuming the role of an aerobics instructor and asking the whole class to participate. You may need to introduce some verbs, such as *mover, saltar,* and *doblar* (e.g., *muevan los brazos, doblen las rodillas, salten dos veces*).

If possible bring to class advertisements or articles on physical fitness clipped from Hispanic publications. Divide the class into small groups and distribute the clippings. Each group should look for the main points in the ad or article and report to the rest of the class: what services or activities are offered or recommended, where the facility is located, cost, etc.

CULTURA The metric system is used throughout the Hispanic world. Therefore, weight is measured in kilos instead of pounds (2.2 pounds per kilo), and height in meters instead of feet (3.3 feet per meter).

La naturaleza

¿Por cuánto tiempo estará sin contaminarse el agua de este lago en los Andes?

Los árboles ayudan a purificar el aire. Los ecologistas luchan por mantener los bosques tropicales y evitar la contaminación.

Actividades

9–7   Para evitar la contaminación.   Preparen una lista de cosas que se pueden hacer para evitar la contaminación. Comparen su lista con la de otros grupos.

9–8   Las opiniones de mi compañero/a.

1. ¿Crees que es importante tener parques nacionales? ¿Por qué?
2. ¿Qué se puede hacer en los parques nacionales?
3. ¿Cómo podemos cuidar los parques nacionales?

Cuidar

Un paisaje en el valle Putumayo en los Andes de Colombia. Hay que cuidar y conservar los recursos naturales para el futuro.

El contacto con la naturaleza es muy importante para muchas personas. Por eso van al campo o a las montañas y se olvidan de la vida en las grandes ciudades, al menos por unas horas.

9–9   Mi lugar favorito en el verano.   Dígale a su compañero/a adónde prefiere ir usted durante las vacaciones (las montañas, un bosque tropical, un lago, etc.) y explíquele por qué. Después, su compañero/a debe hacer lo mismo.

9–10   Conservación de los recursos naturales.   Preparen una lista de cosas que se pueden hacer para conservar los recursos naturales. Comparen su lista con la de otros grupos.

See which group can name the most things one can do to conserve natural resources.

9–11 Su contribución al medio ambiente. Escojan las cosas que ustedes hacen para ahorrar energía. Comparen lo que ustedes hacen con lo que hacen otros compañeros/as.

Ask why it does or does not save energy.

1. caminar o usar el transporte público
2. usar menos el lavaplatos
3. usar mucha agua caliente para bañarse
4. mantener la casa muy fría con aire acondicionado en el verano
5. mantener la casa a una temperatura cómoda, en el invierno con la calefacción
6. comprar autos más eficientes
7. secar la ropa al sol
8. lavar la ropa con agua fría

9–12 Los efectos del estrés. Su compañero/a está muy cansado/a y usted trata de hablarle y aconsejarle. Puede usar algunas de estas sugerencias.

MODELO: —Me parece que estás muy cansado/a.
            —Es cierto, es muy difícil trabajar y estudiar.

Debes olvidarte de todo durante unos días.

No puedo dormir bien.

Estoy nervioso/a.   Debes cuidarte.

Conozco un hotel pequeño muy económico al lado de un lago.

Me gustaría ir.   ¿Por qué no vas a las montañas?

A escuchar

You will hear a short description about a variety of exercises. After listening to the description, complete the chart below.

1. Un ejercicio muy fácil: _____
2. Dos ejercicios más activos: _____
   _____
3. Dos ejercicios muy buenos
   para practicar con los amigos: _____
   _____
4. Un deporte ideal para
   el invierno: _____

Tapescript. *Los ejercicios son muy importantes para estar en forma o para bajar de peso. Es muy bueno caminar, sobre todo porque es un ejercicio fácil y muy agradable. Para los que quieren un ejercicio más activo, pueden correr o también montar en bicicleta. Los que prefieren hacer ejercicios con los amigos o compañeros, pueden jugar al tenis o hacer ejercicios aeróbicos. Por fin, si desea un deporte para el invierno, el esquí es un deporte fabuloso.*

A leer

Éste es un anuncio de un gimnasio de Bogotá, la capital de Colombia. Primero mire el anuncio fijándose en los elementos visuales y en el tamaño de las letras. Después, lea el anuncio con cuidado y conteste las siguientes preguntas, marcando la columna apropiada.

	Sí	No
1. Las personas pueden ir los domingos al gimnasio.	____	____
2. Pueden ir antes del trabajo.	____	____
3. En este gimnasio sólo hacen ejercicios físicos.	____	____
4. Pueden ir hombres y mujeres.	____	____
5. Aceptan tarjetas de crédito.	____	____

Usted y su compañero/a van a inaugurar un gimnasio. Preparen un anuncio explicando lo que ustedes les pueden ofrecer a sus clientes. Comparen su anuncio con los de otros compañeros/as.

CULTURA In recent years, as in the United States and Europe, the interest in physical fitness and exercise has risen in the Spanish-speaking world. There are many **gimnasios** in large cities, as well as public and private health clubs. Although, in general, people smoke **(fumar)** much more than in the United States, there is increasing awareness of the dangers of smoking and the number of smokers is beginning to decrease.

Preparation. Talk about the importance of doing exercise. Ask questions to find out who does exercise, what kind, and when. Introduce the work *madrugar*, saying that you or one of the students gets up very early. For example: *Yo me levanto a las seis de la mañana para hacer ejercicio/caminar. Yo madrugo* (write *madrugar* on the board). *Una persona que se levanta muy temprano, a las cinco o a las seis, es madrugador. ¿A qué hora se levanta usted? ¿Es... madrugador/a?*

After students have read the ad and answered the questions, you may ask more questions and/or provide more information about it. *¿Hay palabras en inglés en el anuncio? ¿Cuáles? ¿Dónde usan la palabra "in" en el anuncio? (63 IN CLUB, INspirado) ¿Por qué sabe usted que aceptan tarjetas de crédito? ¿Por qué se llama 63 IN CLUB el gimnasio? ¿Qué otras actividades, además de ejercicios, ofrece este gimnasio?*

You may also point out that it is very easy to find an address in Bogotá since *calles* go from east to west, *carreras* go from north to south, and the number tells you where the house or building is located. In the address given in the ad (*calle 63A No. 17–49*), you know that the gymnasium is on 63A St. 49 meters from *carrera 17*.

Enfoque

EL AMAZONAS EN PELIGRO

Aunque no es el río más largo, el Amazonas está considerado el río más caudaloso del mundo debido al inmenso volumen de agua que corre por sus tributarios y por su vertiente principal. La cuenca del Amazonas cubre un área de más de 7 millones de kilómetros cuadrados, región comparable a las dos terceras partes del territorio de los Estados Unidos. Debido a su densa vegetación selvática esta área es conocida como el "pulmón" del planeta. Hoy en día la región está amenazada por miles de campesinos que invaden la selva en busca de tierra para cultivar. Se calcula que entre 1979 y 1990 se han desforestado 22 millones de hectáreas de la región amazónica, lo que los científicos consideran una pérdida irreparable para el medio ambiente del planeta. En los últimos años los gobiernos de Colombia, Perú y Brasil han impuesto medidas que intentan controlar la desforestación, logrando que entre 1989 y 1990 decreciera un 23%.

1. INFORMAL COMMANDS

Consejos para caminar al aire libre

Respira por la nariz.
Mueve los brazos libremente.
Lleva zapatos cómodos.
Cuídate y no te canses,
especialmente los primeros
días.

- Use informal commands with those whom you address as **tú.** To form
the affirmative **tú** command, use the present indicative **tú** form without the final **-s.**

PRESENT INDICATIVE		AFFIRMATIVE TÚ COMMAND
llamar:	llamas	llama
leer:	lees	lee
escribir:	escribes	escribe

- To form the negative **tú** command, use the **usted** command + **-s.**

USTED COMMAND		NEGATIVE TÚ COMMAND
llamar:	llame	no llames
leer:	lea	no leas
escribir:	escriba	no escribas

Point out that direct commands are the most direct way of asking some-one to do something. Write the *tú* form of some verbs (for example, *lees, caminas, escribes*) on the board. Erase the final *-s*. Do some TPR using informal commands.

Model several *tú* commands going from the negative to the affirmative (*no, leas/lee,no me llames/llama*), then give the negative and have stu-dents supply the affirmative.

Model several more commands going from the affirmative to the neg-ative (*come/no comas, escribe/no escribas*); give the affirmative com-mand and have students give the negative.

Warm-up. Have each student think up a sentence requesting advice starting with ¿*Debo?* (¿*Debo estu-diar más?, ¿Debo salir con Miguel?*). Then ask other students to give their advice in a *tú* command. Ask if other students disagree with the advice given and if so, ask them to give the opposite advice.

- Some **-er** and **-ir** verbs have shortened affirmative **tú** commands, but their negative command takes the long form like other verbs.

  poner: pon, no pongas

  salir: sal, no salgas

  tener: ten, no tengas

  venir: ven, no vengas

  hacer: haz, no hagas

  decir: di, no digas

  ir: ve, no vayas

  ser: sé, no seas

- Placement of object and reflexive pronouns with **tú** commands is the same as with **usted** commands.

Affirmative	Negative
Cómprala.	No la compres.
Háblale.	No le hables.
Siéntate.	No te sientes.

- The plural of **tú** commands in Spanish America is the **ustedes** command.

Escribe (tú).	Escriban (ustedes).

Actividades

Alternate. Give students ten minutes to write a letter to a good friend, asking advice regarding a problem. Then collect the letters and redistribute them, so other students can act as the friend and give advice using commands (also in ten minutes).

9–13 Consejos. ¿Qué consejo da usted en cada situación?

1. Su compañero saca notas muy bajas en la clase de química.
   a. Mira más programas de televisión.
   b. Practica en el laboratorio.
   c. Ve al cine con tu novia.
2. Su hermano quiere estar más delgado.
   a. No comas hamburguesas.
   b. No hagas ejercicio.
   c. No bebas té.
3. Su amiga quiere organizar una fiesta.
   a. Ve al cine por la noche.
   b. Camina en el campo.
   c. Invita a un grupo simpático.
4. A su amiga le gusta una sudadera que vio en una tienda.
   a. Cómprala.
   b. Muévela.
   c. Contéstala.
5. Su compañero quiere ir a un partido de fútbol muy importante.
   a. Saluda a tus amigos.
   b. Consigue la entrada hoy.
   c. Practica en el estadio.

9–14 Cuidando a un niño. Dígale todas las cosas que debe hacer.

MODELO: despertarse
          Despiértate.

1. levantarse
2. lavarse la cara y los dientes
3. vestirse
4. ponerse las medias y los zapatos
5. venir a desayunar
6. beber el jugo de naranja
7. comer el cereal
8. salir a jugar

Alternate situation. Now students should play the part of a child's friend who tells him not to follow the orders. Make all the commands negative.

9–15 Contra la depresión. Dígale a su amigo/a deprimido/a qué debe hacer para salir de su depresión.

MODELO: ir al cine
          Ve al cine.

1. caminar por las mañanas
2. salir con amigos
3. hacer ejercicio
4. hablar con un psicólogo
5. escuchar música alegre
6. practicar deportes

9–16 Más ideas contra la depresión. Hagan una lista de las cosas que una persona deprimida debe o no debe hacer. Luego, compartan su lista con la clase.

9–17 Consejos para una entrevista. Preparen una lista de lo que una persona debe hacer y no debe hacer para causar una buena impresión. Usen la forma del mandato.

MODELO: Llega temprano. *o* No hables demasiado.

Compare lists. Ask students to tell you the best piece of advice.

If you did not present *derecho/a* and *izquierdo/a* with the parts of the body, introduce them now so that students can come up with more complex commands.

9–18 Órdenes. Cada estudiante debe darle una orden a otro estudiante del grupo. Este estudiante debe hacer lo que le indicaron.

MODELO: Pon la mano derecha sobre el hombro izquierdo.

9–19 Situaciones.

1. You are expecting company for the weekend. A friend has come to help you with the housework. Tell your friend to a) open *(abrir)* the windows, b) vacuum the living room, c) put towels in the bathroom, and d) prepare a salad.

2. You are organizing a surprise party for a friend. Two classmates are going to help. Tell them a) what they should do, b) whom they should call, etc. Your classmates should give you some ideas for the party.

For situation two, use *ustedes* commands.

2. COMPARISONS

Comparisons of inequality

Eduardo pesa 80 kilos.
Eduardo pesa menos que Álvaro.

Álvaro pesa 95 kilos.
Álvaro pesa más que Eduardo.

Juliana mide 1 metro 70.
Juliana es más alta que Adela.

Adela mide 1 metro 57.
Adela es más baja que Juliana.

- Use **más...que** or **menos...que** to express unequal comparisons with nouns, adjectives, and adverbs.

COMPARISONS OF INEQUALITY	
Él tiene { **más** / **menos** } trajes **que** yo.	He has { *more* / *fewer* } suits than I.
Ella es { **más** / **menos** } activa **que** él.	She is { *more* / *less* } active than he.
Ana habla **más** rápidamente **que** yo.	Ana speaks faster than I.

- Use **de** instead of **que** before numbers.

> Humberto tiene **más de** veinte años.
> Jorge pesa **menos de** 80 kilos.

- The following adjectives have regular and irregular comparative forms.

bueno	**más bueno/mejor**[1]	*better*
malo	**más malo/peor**[1]	*worse*
pequeño	**más pequeño/menor**	*smaller*
joven	**más joven/menor**	*younger*
grande	**más grande/mayor**	*bigger*
viejo	**más viejo/mayor**	*older*

Este gimnasio es $\begin{Bmatrix} \text{mejor} \\ \text{peor} \end{Bmatrix}$ que aquél.

- The following adverbs have irregular forms for comparisons of inequality.

bien	→ mejor	Yo canto **mejor** que Héctor.
mal	→ peor	Héctor canta **peor** que yo.
mucho	→ más	El cartero camina **más** que usted.
poco	→ menos	Ese niño come **menos** que tu hijo.

Actividades

9–20 Comparación de dos estudiantes.

Gloria López Reyes	Felipe Saura Torres
Edad: 19 años	**Edad:** 20 años
Altura: 1,60 m	**Altura:** 1,80 m
Peso: 50 kilos	**Peso:** 84 kilos
Promedio: A	**Promedio:** B
Actividades: Club de Latín, Presidenta del Club de Ciencias	**Actividades:** Club de Baile, Redactor del periódico
Honores: Beca de matemáticas	Honores: Premio por sus editoriales
Intereses: lectura, arte, música clásica	Intereses: deportes, baile, música popular, guitarra

MODELO: activo
Felipe es más activo que Gloria.
Gloria es menos activa que Felipe.

1. serio	8. trabajador
2. delgado	9. popular
3. atlético	10. joven
4. inteligente	11. interesante
5. alegre	12. alto
6. fuerte	13. bajo
7. simpático	14. hablador

---

[1]**Más bueno** and **más malo** are not used interchangeably with **mejor** and **peor**. **Más bueno** and **más malo** refer to a person's moral qualities.

Expansion. Ask students to compare their houses with the Vázquez' house.

9–21 La casa de los Vázquez y la casa de los Llano.

MODELO: terraza 25 m² (metros cuadrados) / terraza 20 m²
La terraza de (la casa de) los Vázquez es más
grande que la terraza de los Llano.

La casa de los Vázquez	La casa de los Llano
a 5 km del centro	a 2 km del centro
2 pisos	1 piso
sala 18 m²	sala 20 m²
comedor 12 m²	comedor 10 m²
cocina 16 m²	cocina 18 m²
4 habitaciones	3 habitaciones
3 baños	2 baños
garaje 1 auto	garaje 2 autos
precio 200.000,00 pesos	150.000,00 pesos

9–22 Personas famosas. Compare las siguientes personas.

1. Arnold Schwarzenegger y Andy García
2. Madonna y Cher
3. Michael Jordan y Charles Barkley
4. Julio Iglesias y Plácido Domingo
5. el Presidente y el Vicepresidente

9–23 Usando metros y kilos. Averigüen cuánto miden en metros y cuánto pesan en kilos usando la tabla de equivalencias. Después hagan comparaciones entre ustedes dos y otros compañeros.

Remind students that it is important to know one's height in meters, especially for travel.

Estatura		Peso	
pies	metros	libras	kilos
5	1,52	90	41
5,1	1,55	100	45,5
5,2	1,58	110	50
5,3	1,60	120	54,5
5,4	1,62	130	59
5,5	1,65	140	63,5
5,6	1,68	150	68
5,7	1,70	160	72,5
5,8	1,73	170	77
5,9	1,75	180	81.5
5,10	1,78	190	86
5,11	1,80	200	91
6	1,83	210	95
6,1	1,85	220	100
6,2	1,88	230	104,5
6,3	1,90	240	109

9–24   Situaciones.

1. You and your partner should select two cars and compare them according to size, price, appearance, prestige, weight, etc.
2. Compare your university with a rival school. Some possible areas of comparison are: a) athletic teams, b) size, c) number of students, d) tuition, e) professors, and f) departments.

Comparisons of equality

Hay **tantas** chicas **como** chicos en la clase de ejercicios.

Felipe es **tan** fuerte **como** Arturo.

Ana es **tan** alta **como** Lucía.

Felipe y Carlos pesan **tanto como** Arturo.

CARLOS

COMPARISONS OF EQUALITY	
tan ... como	as . . . as
tantos/as ... como	as many . . . as
tanto/a ... como	as much . . . as
tanto como	as much as

- Use **tan ... como** to express equal comparisons with adjectives and adverbs.

Él es **tan** alto **como** ella.	*He is as tall as she.*
Mirta escribe **tan** bien **como** Pepe.	*Mirta writes as well as Pepe.*

- Use **tanto(s)/tanta(s) ... como** to express equal comparison with nouns.

Lola tiene **tanto** trabajo **como** su amiga.	*Lola has as much work as her friend.*
Hay **tanta** leche **como** café.	*There is as much milk as coffee.*
Hay **tantos** lagos **como** ríos.	*There are as many lakes as rivers.*
Hay **tantas** enfermeras **como** técnicos.	*There are as many nurses as technicians.*

- Use **tanto como** to express equal comparison of activities.

La enfermera trabaja **tanto como** el doctor.	*The nurse works as much as the doctor.*

Actividades

9–25 Comparaciones.

1. Soy tan inteligente como...
2. Un tigre come tanto como...
3. Mi novio/a es tan guapo/a como...
4. En Nueva York hay tantos teatros como...
5. Los Ángeles es tan bonito como...
6. King Kong es tan feo como...

9–26 Intercambio. Comparen a estos cuatro estudiantes.

MODELO: —Vilma tiene tantos hermanos como Marta.

—Sí, y tiene más hermanos que Ricardo.

Try to elicit information quickly, so that the use of the constructions becomes automatic: For example, *¿Pedro y Vilma? Tiene tantas clases como Vilma. ¿y dinero? ¿y Pedro y Marta?*, etc.

	Pedro	Vilma	Marta	Ricardo
clases	5	5	4	6
dinero	$15	$8	$15	$8
hermanos	3	4	4	3
discos	225	253	253	309
casetes	45	38	56	56

New word: *viajar*

9–27 Dos médicos excelentes. El Dr. López y la Dra. Garcés son iguales en todo. Compárelos.

MODELO: famoso

El Dr. López es tan famoso como la Dra. Garcés.

1. bueno
2. tener pacientes
3. inteligente
4. viajar
5. enfermeras
6. saber
7. trabajar
8. tener libros
9. ganar dinero

9–28 ¿Qué auto debemos comprar? Comparen los dos autos que aparecen más abajo y decidan cuál van a comprar y explíquenle a su compañero/a por qué.

marca	año	precio	cilindros	consumo de gasolina
Ford Escort GT	1991	$6.000	4	30 kms. por galón
Chevrolet Camaro	1989	$5.000	6	25 kms. por galón

9–29 Opiniones. Exprese su opinión comparando las siguientes personas o cosas. Puede usar las palabras que aparecen entre paréntesis o usar otras palabras.

MODELO: comida china y comida italiana (buena)

La comida china es tan buena como la comida italiana. *o*

La comida china es mejor/peor que la comida italiana.

1. Tina Turner y Liza Minelli
   (famosa / rica / simpática / alta)
2. autos norteamericanos y autos japoneses
   (bueno / grande / caro / cómodo / fuerte)
3. dos ciudades (e.g., Nueva York y San Francisco)
   (teatros / cines / restaurantes / habitantes / hoteles)
4. dos programas de televisión
   (triste / largo / bueno / simpático / malo)

 9–30 Su opinión. Escojan dos películas que puedan ganar el Óscar este año y compárenlas. Pueden incluir artistas, acción, duración, fotografía o música. Después comparta las opiniones con otro grupo.

See what consensus there is over films yet to be judged, but also ask what they thought of last year's winners.

 9–31 Situación.

Compare two sports with respect to activity, players, interest, and so on. Say why you prefer one over the other. Ask your partner about his/her favorite sport.

3. MORE IRREGULAR PRETERITS

Note. There are no written accents on any of these forms.

INFINITIVE	NEW STEM	PRETERIT FORMS
estar	**estuv-**	estuve, estuviste, estuvo, estuvimos, estuvisteis, estuvieron
tener	**tuv-**	tuve, tuviste, tuvo, tuvimos, tuvisteis, tuvieron
poder	**pud-**	pude, pudiste, pudo, pudimos, pudisteis, pudieron
poner	**pus-**	puse, pusiste, puso, pusimos, pusisteis, pusieron
saber[1]	**sup-**	supe, supiste, supo, supimos, supisteis, supieron

Provide some comprehensible input using some of these irregular preterits. For example: *El año pasado estuve en Miami. Estuve en un hotel de la playa y pude practicar español porque en Miami viven muchos hispanos. Jugué a la lotería, pero no tuve suerte. No gané un centavo, pero pasé unos días muy agradables allí.* Personalize: *¿Dónde estuvo usted el verano pasado? ¿Le gustó el lugar? ¿Pudo hablar español con otras personas?*

Introduce *sentirse* using visuals. Give examples using *estar* and then repeat them using *sentirse: Este señor está muy bien. Se siente muy bien. Pero este otro señor está mal. Se siente mal.* Personalize.

These irregular verbs have a **u** in the preterit stem. As in the group of verbs presented in *Lección 8*, the **yo** and **usted, él,** and **ella** forms do not stress the last syllable.

---

[1]**Saber** in the preterit normally means *to learn* or *to find out.* **Supe que llegaron anoche.** *I learned that you arrived last night.*

Actividades

9–32 Antes del partido. Usted es el/la entrenador/a de un equipo de voleibol que tiene un partido en otra ciudad. Usted le va a preguntar dónde los/las jugadores/as pusieron ciertas cosas y su compañero/a le va a contestar.

MODELO: Miguel / el uniforme (su mochila)

—¿Dónde puso Miguel el uniforme?

—Lo puso en su mochila.

1. Jorge y Arturo / su ropa (el auto)
2. Alicia / los zapatos tenis (su bolsa)
3. ustedes / las botellas de agua (el maletín)
4. Pedrito / su sudadera (su mochila)
5. (tú) / las direcciones (mi billetera)

9–33 Excusas. Las siguientes personas no pudieron ir al partido de béisbol ayer por la tarde. Primero, diga qué excusa dieron estas personas y luego explique por qué no pudo ir usted.

MODELO: Irma / sentirse mal ayer.

Irma no pudo ir al partido porque se sintió mal anoche.

1. Esperanza / tener que ir al médico.
2. Norma y Elvira / tener un examen ayer.
3. Fermín y Cecilia / perder los boletos.
4. Tú / ir a la biblioteca.
5. Aurelio / tener que terminar la tarea.
6. Yo...

9–34 En contacto con la naturaleza. Usted decidió pasar unos días muy tranquilos en contacto con la naturaleza. Escoja uno de los lugares que se indican abajo y conteste las preguntas de su compañero/a. Después cambien de papel.

| los lagos | las montañas | el campo | la playa |

1. ¿Adónde fuiste?
2. ¿Cuánto tiempo estuviste allí?
3. ¿Qué pudiste hacer allí?
4. ¿Pudiste hablar español con otras personas?
5. ¿Tuviste alguna experiencia inolvidable?
6. ...

9–35 El domingo pasado. Dígale a su compañero/a cómo fue el domingo pasado (agradable, aburrido, fantástico, etc.). Él/Ella es muy curioso/a y le va a hacer preguntas para saber lo siguiente: lugares donde estuvo, con quién(es) y qué hizo.

9–36 El dinero desapareció. Usted está en un viaje de negocios y leyó en el periódico que alguien entró anoche en el Banco Internacional y se llevó cinco millones de pesos. Hay varios detectives investigando el robo, pero todos están de acuerdo con que el ladrón es el gerente del banco y van a decir por qué lo supieron.

New words: ladrón, contestador automático

MODELO: la secretaria / el gerente recibir una llamada misteriosa

La secretaria lo supo porque el gerente recibió una llamada misteriosa.

1. el detective / escuchar un mensaje en el contestador automático
2. los policías / el gerente llegar a su casa en un auto nuevo
3. su cuñado / lo oír hablar con un banco de Suiza
4. los empleados / comprar una casa de medio millón de dólares
5. tú / encontrar una bolsa llena de dinero en su oficina
5. yo...

9–37 El viaje de mis amigos. Hágales preguntas a dos de sus compañeros/as para obtener la siguiente información.

Answers. 1. ¿En qué ciudad estuvieron? 2. ¿A qué hotel llamaron? 3. ¿Cuánto tiempo estuvieron allí? 4. ¿Qué lugares y personas conocieron? 5. ¿Qué platos típicos comieron? 6. ¿Qué otras cosas hicieron/ pudieron hacer?

MODELO: dinero / gastar

—¿Cuánto dinero gastaron?

—Gastamos $800.

1. ciudad(es) / estar
2. nombre del hotel / llamar
3. tiempo / estar
4. lugares y personas / conocer
5. platos típicos / comer
6. otras cosas / poder hacer

9–38 La fiesta de anoche. Su compañero/a quiere saber más de la fiesta. Conteste sus preguntas.

After the interview, this can be a writing exercise. Give students ten minutes to write, then have them report to the class what they found out.

MODELO: —¿Cuántas personas fueron a la fiesta?

—Fueron unas 50 personas.

1. ¿Conociste a alguien interesante?
2. ¿Con quién fuiste?
3. ¿Pudiste bailar?
4. ¿Qué comiste?
5. ¿Qué bebiste?
6. ¿Qué te pusiste para la fiesta?

9–39 Situaciones.

1. There is a new comedy in town. Tell your partner a) that you were able to get tickets, b) that you met the principal actor after the show (**la función**), and c) that he autographed your program. Your partner will ask you some questions about the show and the actors.
2. You went on a business trip to Mexico City. Your friend should find out a) if you slept on the plane (**el avión**), b) how long you were in Mexico, c) if you were able to visit all your clients, and d) if you had any problems with your ticket.

REPASO GRAMATICAL

1. AFFIRMATIVE AND NEGATIVE INFORMAL COMMANDS

	PRESENT INDICATIVE	AFFIRMATIVE TÚ COMMAND
llamar:	llamas	llama
leer:	lees	lee
escribir:	escribes	escribe

	USTED COMMAND	NEGATIVE TÚ COMMAND
llamar:	llame	no llames
leer:	lea	no leas
escribir:	escriba	no escribas

2. COMPARISONS OF INEQUALITY

más + *adjective* + **que**
menos + *adjective* + **que**
más/menos + *adverb* + **que**

3. COMPARISONS OF EQUALITY

tan + *adjective/adverb* + **como**	as + *adjective/adverb* + as
tantos/as + *noun* + **como**	as many + *noun* + as
tanto/a + *noun* + **como**	as much + *noun* + as
tanto como	as much as

4. MORE IRREGULAR PRETERITS

INFINITIVE	NEW STEM	PRETERIT FORMS
estar	**estuv-**	estuve, estuviste, estuvo, estuvimos, estuvisteis, estuvieron
tener	**tuv-**	tuve, tuviste, tuvo, tuvimos, tuvisteis, tuvieron
poder	**pud-**	pude, pudiste, pudo, pudimos, pudisteis, pudieron
poner	**pus-**	puse, pusiste, puso, pusimos, pusisteis, pusieron
saber	**sup-**	supe, supiste, supo, supimos, supisteis, supieron

A escuchar

9–40 El cuerpo humano. Write the corresponding number of the body part that relates to the statement read by the speaker.

1. _____   5. _____   9. _____
2. _____   6. _____   10. _____
3. _____   7. _____
4. _____   8. _____

9–41 ¿Lógico o ilógico?

    Lógico   Ilógico

1. _____ _____   6. _____ _____
2. _____ _____   7. _____ _____
3. _____ _____   8. _____ _____
4. _____ _____   9. _____ _____
5. _____ _____   10. _____ _____

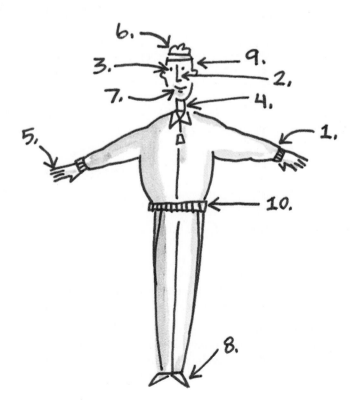

Tapescript.
El cuerpo humano. 1. *Necesito unas gafas de sol para esta tarde.* 2. *La señora Pérez le compró unos zapatos a su hijo.* 3. *Los estudiantes cantan en el coro de la universidad.* 4. *Maria Luisa tiene unos collares muy bonitos.* 5. *Llevo un sombrero grande cuando voy a la playa proque no me gusta tomar el sol.* 6. *Le regalaron a Rafael un cinturón muy bonito.* 7. *Hace mucho viento y debes peinarte antes de la entrevista.* 8. *Carmen toca el piano muy bien.* 9. *No sabe qué hora es porque no tiene reloj.* 10. *Es muy importante respirar aire puro.*

¿Lógico o ilógico?
1. *Me pongo un arete en la oreja.*
2. *Mi padre es tan joven como yo.*
3. *Tú tienes tantos ojos como nosotros.* 4. *Ustedes tienen más de cuatro dedos en cada mano.* 5. *Para beber una cerveza uso mis pies.*
6. *Los estudiantes saben más que el profesor.* 7. *Los anteojos de sol se ponen en la cabeza.* 8. *Ellas necesitan la muñeca para oír los casetes.*
9. *El zapato en el cuello te queda muy bien.* 10. *Mi prima tiene menos años que mi tía.*

¿Cuál es más grande?
1. Argentina tiene tantos habitantes como Dominica. 2. Perú es más grande que Honduras. 3. Los Estados Unidos tiene menos habitantes que Panamá. 4. Venezuela tiene más habitantes que Paraguay. 5. Argentina tiene más habitantes que Brasil. 6. Uruguay es menos grande que Colombia.

9–42 ¿Cuál es más grande? Based on the table below, determine if the statements that you hear are **Cierto** or **Falso**.

DIVISIÓN TERRITORIAL DE AMÉRICA			
Nombre	**Sup. (km²)**	**Población**	**Capital**
Argentina	2.795.960	30.000.000	Buenos Aires
Bolivia	1.098.581	600.000	Sucre–La Paz
Brasil	8.511.965	132.000.000	Brasilia
Colombia	1.138.914	30.000.000	Bogotá
Costa Rica	50.900	2.600.000	San José
Cuba	110.922	10.000.000	La Habana
Chile	756.636	12.000.000	Santiago
Dominica	751	85.000	Roseau
Rep. Dominicana	48.442	6.000.000	Santo Domingo
Ecuador	275.341	9.000.000	Quito
El Salvador	21.400	5.000.000	San Salvador
Estados Unidos	9.363.124	228.000.000	Washington
Guatemala	108.889	8.000.000	Guatemala
Honduras	112.088	4.000.000	Tegucigalpa
México	1.972.547	75.000.000	México
Nicaragua	148.000	2.500.000	Managua
Panamá	75.650	2.000.000	Panamá
Paraguay	406.752	3.400.000	Asunción
Perú	1.285.215	18.000.000	Lima
Uruguay	186.926	3.000.000	Montevideo
Venezuela	912.050	15.000.000	Caracas

	Cierto	Falso			Cierto	Falso
1.	——	——		4.	——	——
2.	——	——		5.	——	——
3.	——	——		6.	——	——

A conversar

9–43 Adivina, adivinador. Piense en tres instrucciones por lo menos. Su compañero/a debe adivinar para qué son las instrucciones.

MODELO: —Toma un huevo del refrigerador. No lo rompas. Cierra el refrigerador. Pon agua a hervir. Pon el huevo en el agua. Cocínalo de siete a diez minutos. No lo cocines más de diez minutos porque la parte amarilla del centro se pone negra.

—Son las instrucciones para hacer un huevo duro *(hard boiled)*.

9–44 Más comparaciones.   Utilicen la tabla de la página 264 y hagan preguntas usando las comparaciones de igualdad y de superioridad.

MODELO: —¿Es Colombia más grande que Bolivia?

—Sí, Colombia es más grande que Bolivia.

You may want to assign countries to avoid any repetition.

9–45 Un poco de geografía.   Busquen información sobre dos países de la tabla de la página 264 en su libro de texto y en la biblioteca. Hagan una comparación utilizando estas categorías para su comparación: número de habitantes, superficie, densidad de población (número de personas por superficie), nivel de educación, etc. Preparen un informe para la clase.

You may want to assign countries to avoid any repetition. You may also ask for comparisons of capital cities, country populations, and even weather, as well as comparisons with your own city, state, or country.

9–46 ¿Quién es?   Elija una de las fotos de los niños. Su compañero/a debe descubrir cuál eligió haciéndole preguntas con los comparativos.

Compare the babies as to weight and number of siblings.

MODELO: *(Usted elige a Camilo Olmedo.)*

—¿Tiene menos años que Gabriel Pérez Moreno?

—Sí, tiene más años que Gabriel.

—¿Es mayor que Fernando Vigil?

—No, es menor que Fernando.

—¿Tiene tantos hermanos como Gabriel?

—Sí, tiene tantos hermanos como Gabriel.

—¿Es Camilo Olmedo?

—Sí.

RIVAS BIXIO, Francisco
13 kilos, 1 hermano

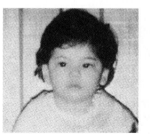
GARCÍA, Eyelen
6.5 kilos

PÉREZ MORENO, Gabriel
9 kilos, 2 hermanos

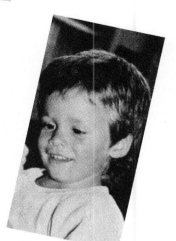
VIGIL, Fernando
32 kilos

BORDIGA, Tatiana
5 kilos, 1 hermano

OLMEDO, Camilo
14 kilos, 2 hermanos

MARTÍN, Matías
30 kilos, 3 hermanos

BONESI, Mayra
11 kilos, 2 hermanos

 *A leer*

9–47 Vocabulario. Estas palabras son cognados. ¿Puede deducir su significado?

el silencio
interrogar
transparente
calma
inundar

9–48 Otras palabras. Complete las oraciones con la palabra adecuada del vocabulario.

mudo *mute, silent*   **el latido** *beat*
el escudo *shield*   **la espada** *sword*
profundo *deep*   **enamorado** *in love*
el dolor *pain*   **la mirada** *look*
agudo *sharp*

1. Enrique está muy _____ de su novia.
2. El lago es muy _____ allí.
3. Los ojos de la niña tienen una _____ profunda.
4. El pobre hombre tuvo un _____ _____ en el pecho *(breast)* y los _____ de su corazón se hicieron lentos.
5. El hombre de la Edad Media necesita una _____ y un _____ para defender su tierra, su enamorada y su vida.
6. No pude hablar; me dejó _____.

9–49 Antes de leer. Conteste las preguntas antes de leer el poema.

1. ¿Qué le sugiere la palabra **silencio**?
2. Cuando uno está callado, en *perfecto silencio,* ¿qué puede oír? ¿El estar en silencio le permite a usted observar, mirar y ver mejor? ¿Puede usted preguntar con sus ojos, con su mirada?
3. ¿Alguna vez puede comunicarse con la mirada? ¿Cuándo?
4. Los párrafos de un poema se llaman **estrofas**. ¿Cuántas estrofas tiene el poema?
5. Las líneas de una poema se llaman **versos**. ¿Cuántos versos tienen las estrofas?
6. El poema habla del silencio. Imagine que usted quiere estar en absoluto silencio. ¿Qué órdenes le daría a su hermano/a para que no lo/la moleste?
7. Mientras lee el poema, <u>subraye</u> todos los mandatos. Luego complete la tabla en la próxima página.

Practice the vocabulary in context. Words such as *corazón, latido, dolor, agudo* could be used within the same context so it will be easier for the students to understand and remember them. For example: el *corazón* (point to its location or draw one on the board) *es una parte muy importante de nuestro cuerpo. Cuando una persona hace ejercicio, los latidos del corazón aumentan. Es importante no comer grasas y hacer ejercicio para evitar las enfermedades del corazón y un ataque al corazón. ¿Qué siente una persona que tiene un ataque al corazón? Siente un dolor fuerte y agudo en el pecho. Esto puede ser muy serio y es necesario llamar al 911 inmediatamente.* Ask questions to check understanding.

You may adapt this activity to the level and interest of the class. The simplest alternative is to do only questions 4, 5, and 7. The most complete review would include the *Análisis.*

Verbo	Mandato afirmativo	Mandato negativo

INVESTIGACIÓN

Los mandatos son muy enfáticos y en español hay otras maneras de pedir algo. Por ejemplo, es más amable usar expresiones como:

- por favor
- necesito pedirte/ le/les un favor
- tengo que pedirte/ le/les un favor
- ¿Puede/s ayudarme a + *infinitivo*? ¿Qué ocurre en su lengua? ¿Son los mandatos la forma más amable de pedir algo?

El Silencio

No digas nada. No preguntes nada.
Cuando quieras hablar, quédate mudo;
que un silencio sin fin sea tu escudo,
y al mismo tiempo tu perfecta espada.

No llames si la puerta está cerrada,
no llores si el dolor es más agudo.
No cantes si el camino es menos rudo,
no interrogues sino con la mirada.

Y en la calma profunda y transparente
que poco a poco y silenciosamente
inundará tu pecho de este modo.

Sentirás el latido enamorado
con que tu corazón recuperado
te irá diciendo todo, todo, todo.

Francisco Luis Bernárdez (1900–1978)

9–50 Análisis. Lea el poema nuevamente y conteste las siguientes preguntas.

1. El escudo y la espada son armas. Las armas son poderosas. En el poema hay una metáfora que dice:

> "...que un **silencio** sin fin sea tu **escudo**,
> y al mismo tiempo tu perfecta **espada**."

   ¿Cree usted que el silencio puede ser tan poderoso como una espada y un escudo? ¿En qué situaciones?

2. En la última estrofa hay repetición. Según el poema, el silencio va a decir **todo, todo, todo.** ¿Puede pensar en una situación en la cual el silencio lo dice todo?

A escribir

9–51 Consejos de jóvenes. Elija de la siguiente lista el tema que más le guste y escriba las instrucciones correspondientes usando por lo menos cinco mandatos afirmativos y cinco negativos.

Instrucciones para

- vivir muchos años
- tener éxito en los estudios
- tener un planeta limpio

VOCABULARIO

EJERCICIOS

los ejercicios
aeróbicos — *aerobics*

ESTATURA

el metro — *meter*
el pie — *foot*

PESO

la libra — *pound*
el kilo(gramo) — *kilo(gram)*

EL MEDIO AMBIENTE

el árbol — *tree*
el bosque — *forest*
la contaminación — *pollution*
el/la ecologista — *ecologist*
el lago — *lake*
la montaña — *mountain*
la naturaleza — *nature*
el paisaje — *landscape*
los recursos naturales — *natural resources*

DESCRIPCIONES

cómodo/a — *comfortable*
ideal — *ideal*
ligero/a — *light*
mayor — *bigger, older*
mejor — *better*
menor — *smaller, younger*
peor — *worse*

VERBOS

ayudar (a) — *to help*
bajar de peso — *to lose weight*
contaminar — *to contaminate, to pollute*
cuidar — *to take care of*
evitar — *to avoid*
luchar — *to fight*
mantener (g, ie) — *to maintain*
medir (i) — *to measure*
montar (en) — *to ride*
mover (ue) — *to move*
pesar — *to weigh*
respirar — *to breathe*

EXPRESIONES ÚTILES

al menos — *at least*
en forma — *in shape*
especialmente — *especially*
las que/los que — *those who*
más...que — *more than, . . . er than (e.g., shorter than)*
menos...que — *less than, fewer than*
por eso — *that's why*
tan...como — *as . . . as*
tanto/a...como — *as much . . . as*
tantos/as...como — *as many . . . as*

[1]For parts of the body, see page 243.

LECCIÓN 10

¿Qué desayunó usted esta mañana? ¿Qué almorzó ayer? ¿Qué bebe normalmente en las comidas? ¿Toma café durante el día? ¿Qué tipo de postre prefiere?

La comida

Goals. *Lección 10* deals with buying, ordering, preparing, and eating food. Students learn to use the present subjunctive to make requests and express: opinions, wishes, joy, satisfaction, fear, and worry.

COMUNICACIÓN

- Planning menus and talking about food
- Buying groceries
- Expressing wishes and hope
- Making requests
- Expressing opinions
- Expressing fear and worry, joy, and satisfaction
- Extending, accepting, or declining an invitation

ESTRUCTURAS

- The Subjunctive
- The Present Subjunctive to Express Wishes and Hope
- The Present Subjunctive with Verbs and Expressions of Doubt
- The Present Subjunctive with Verbs of Emotion

CULTURA

- Food in the Spanish-speaking world

Pronounce clearly the names of the food items on this page and have the class repeat. Personalize by having students describe certain items and tell what items belong together, both in food groups and as a meal.

Optional. Point out how words differ according to location. In Mexico: *frijoles, chícharos, durazno, elote;* In Spain: *judías, guisantes, melocotón, maíz.* Point out the difference between Spanish and Mexican tortillas. Use simple definitions of items and have students identify them: *Se venden en McDonald's con las hamburguesas. Se usa para cocinar. Se usa para preparar una ensalada. Popeye como esto.*

Recycle. Have students discuss in groups of two or three what items they (dis)like. Emphasize use of the definite article, such as, *Me gustan los frijoles.* Find out what foods students (dis)like the most.

Have students talk about meals during a typical day at home.

Discuss the pros and cons of vegetarianism.

Activity. Have students prepare a list of what they buy and eat in a typical week.

Suggestion. Have students make a list of foods to buy to prepare meals for the following occasions: a picnic, a Sunday brunch. Have them prepare the menu, the shopping list with approximate prices of each item, and the quantities.

Optional. Bring photocopied menus from a Hispanic restaurant. In groups of three, have students order a meal in Spanish as though they were at a restaurant. Encourage conversation on their plans for the coming days.

En el supermercado

272

AVES, CARNES Y PESCADOS

LOS CAMARONES — EL PESCADO

12,00 KILO

7,00 KILO

EL POLLO — EL PAVO

5,00 KILO

6,00 KILO

EL JAMÓN — LA CARNE

4,50 KILO — 4,00 KILO — 5,00 KILO

EL CERDO

CONDIMENTOS

LA SAL — LA PIMIENTA — LA MOSTAZA — LA VAINILLA

0,40 — 1,00 — 1,25 — 0,80

LA HARINA — EL/LA AZÚCAR — EL VINAGRE

1,20 — 1,49 KILO — 0,60

LA MAYONESA — EL ACEITE

1,20 — 1,50

EL PAN

LAS GALLETAS

0,50 — 1,50

LOS REFRESCOS

0,40 CADA UNO

EL VINO BLANCO — EL VINO TINTO

4,50 — 4,00

Note on conversations. A conversation is like a game of tennis, with the "ball" constantly moving back and forth. Of the two main types of questions, information questions (*¿Qué...? ¿Cuándo...? ¿Cómo...? ¿Quién...?*, etc.) can elicit short answers (e.g., *¿Dónde queda La Paz? En Bolivia.*). Yes/no questions, however, invite conversation. If you answer such a question with just a yes or no, you send the "ball" back to your partner, and force him/her to provide fresh input in order for the conversation to continue. In addition, if you answer a yes/no question with the same complete phrase as in the question, you may come across as angry. Compare the feeling that each of the following answers conveys: *¿Juegas al béisbol?*
a. *No.* (I don't feel like talking to you.)
b. *No, no juego al béisbol.* (I don't feel like talking to you and you're bothering me.)
c. *No, pero a mi hermano le encanta jugar.* (Here you show you're interested in continuing the exchange, and have given your partner a lead sentence to pursue.)
In all practice situations, try to encourage students to express their personalities in Spanish, by allowing conversation to follow the students' interests.

Optional. Convert the class into a restaurant. Have students play roles of maitre d', waiter/waitress, customers. Ask them to discuss where to sit, what to order, what they like, etc. Encourage creativity: the customer complains about the food, the service, etc.

Bring in menus from Hispanic restaurants to talk about Hispanic cuisine and the differences among countries and regions.

Optional. To introduce the vocabulary in this section, pretend you have invited friends over for dinner and that you want to serve their favorite dish. You have not bought the ingredients yet. Identify what dish you are serving and then talk about what you will have to buy to prepare it. Keep in mind the vocabulary presented in this lesson.

Actividades

10–1 Los precios. Pregúntele a su compañero/a el precio de algunos de los comestibles en el supermercado.

MODELO: —¿Cuánto cuestan las zanahorias?

—Cuestan 48 centavos el kilo.

10–2 Un inventario. Haga una lista de la comida que tienen en el refrigerador y en la despensa. Después otros compañeros/as les van a preguntar qué tienen ustedes.

Refrigerador	Despensa
_____	_____
_____	_____
_____	_____
_____	_____
_____	_____
_____	_____
_____	_____

10–3 Preparativos para una cena. Preparen un menú y una lista de lo que tienen que comprar para una cena. Después las personas de otro grupo les van a hacer las siguientes preguntas.

1. ¿Cuál es el menú?
2. ¿Qué tienen que comprar?
3. ¿A cuántas personas van a invitar?
4. ¿Cuánto va a costar la cena?

¿Dónde se compra...?

Las frutas tropicales como los plátanos, mangos, piñas y papayas son muy populares en el área del Caribe.

Describe the photos; ask questions; personalize. Point out that many influences have created a great diversity in Hispanic food. On the one hand when the Spaniards first came to the New World, they discovered a tremendous variety of unknown foods. Tomatoes, potatoes, chili, chocolate, and many other foods became staples not only in Spain but in all of Europe. European food, in turn, also influenced Hispanic cooking. Other factors such as climate and geography also serve to explain the great variety of food within and across Hispanic countries. Mexico is a good example. Each region has its special sauces, fruit, vegetables, and ways of preparing food.

Los dulces maravillo-
sos de una pastelería
en la ciudad de
México.

España es uno de los países que tiene más variedad de pescados y
mariscos. En la dieta del español, el pescado ocupa un lugar muy
importante.

Los mercados al aire libre son lugares donde se puede comprar toda
clase de comidas y artesanías, además de ser importantes centros de
reunión.

Una invitación a cenar

SRA. MENA: Pedro, tenemos que invitar a los Sosa a cenar.

SR. MENA: Es verdad. Ellos nos invitaron el mes pasado. ¿Por qué no los llamas ahora? Podemos reunirnos este fin de semana o el próximo.

SRA. MENA: ¿Crees que puedan cenar con nosotros el sábado?

SRA. SOSA: ¡Ay, María! Lo siento muchísimo, pero este sábado tenemos entradas para el teatro.

SRA. MENA: Ah, ¡qué lástima! ¿Y el otro sábado?

SRA. SOSA: Encantados. Tenemos muchos deseos de verlos.

CULTURA Dining etiquette in Spanish-speaking countries differs somewhat from that in the United States. In Spanish-speaking countries, it is customary for people to place both forearms on the table while eating. In Spain and other countries, people eat with the fork in the left hand and the knife in the right hand. Fruit is generally peeled and eaten with a knife and fork.

Actividades

10–4   Entrenando a un/a camarero/a.   Dígale dónde debe poner cada cosa de acuerdo con el dibujo anterior.

MODELO: —Ponga el cuchillo a la derecha del plato.

—¿Y dónde pongo la copa?

10–5   La lista de compras de la señora Mena.   ¿Qué va a tener que comprar la señora Mena? Complete la lista de las compras que necesita según lo que quiere servir.

Quiere servir

fruta

vegetales

ensalada

dos tipos de carne

comida para el desayuno

una cena italiana

Lista de compras

_____
_____
_____
_____
_____
_____
_____
_____
_____
_____

10–6   Una cena.   Usted está muy ocupado/a porque tiene invitados esta noche. Dígale a su compañero/a todas las cosas que tiene que hacer. Su compañero/a le puede preguntar a quién va a invitar y qué va a servir.

Recycle. Use informal commands and verbs dealing with cleaning the house.

10–7   Mi receta favorita.   Entre usted y su compañero/a, escojan una receta simple. Escriban los ingredientes y después expliquen a otro grupo de estudiantes cómo se prepara. Las siguientes palabras pueden facilitarle su explicación: **batir** *(to beat)*, **añadir** *(to add)*, **hervir** **(ie)** *(to boil)*, **freír** **(i)** *(to fry)*, **cortar** *(to cut)*.

Have students present a few of their recipes.

CULTURA   Many Spanish speakers in the U.S. retain the culinary traditions of their homeland, which vary greatly from country to country. These traditions often include typical recipes, methods of cooking, and even different hours for eating meals. For example, in Miami and other areas where there is a large Cuban population, black beans and rice, as well as fried bananas are standard fare.

LENGUA   When giving a recipe in Spanish, people normally use commands (e.g., **cocine** or **cocina**), or a **se** + *verb* construction (**se cocina el arroz**).

Tapescript.
Descripción 1
Al Sr. Benítez le encanta cocinar.
Todos sus amigos dicen que él es un
cocinero excelente. La Sra. Benítez
está encantada porque a ella no le
gusta la cocina. Esta noche vienen
dos matrimonios a cenar y el Sr.
Benítez va a ir al supermercado.
Necesita comprar los ingredientes
para el plato que piensa preparar
para esta noche. La Sra. Benítez
sólo tiene que poner la mesa. Ella
dice que es maravilloso no tener que
trabajar ni cocinar cuando hay invita-
dos.
Now you will hear the related statements.
1. El Sr. Benítez cocina muy bien.
2. A la Sra. Benítez le gusta mucho
cocinar.
3. El Sr. y la Sra. Benítez van a
preparar la cena para esta noche.
4. La Sra. Benítez trabaja mucho
cuando tiene invitados.
Descripción 2
Los invitados son norteamericanos y
los Benítez quieren servir platos de
la cocina hispana. Por eso, el Sr.
Benítez va a preparar paella, un
plato típico de España, que es tam-
bién muy popular en Hispanoaméri-
ca. Su esposa le dice que sólo nece-
sita comprar pollo y camarones,
porque en la casa tienen arroz, ce-
bolla, tomates y los otros ingredien-
tes de la paella.
Now you will hear the related statements.
1. Los invitados de los Benítez son
españoles.
2. El Sr. Benítez va a preparar un
plato español.
3. El Sr. Benítez va a comprar pollo
y camarones.
4. La Sra. Benítez le dice que debe
comprar arroz y tomates.

Preparation. Talk about various
kinds of fruit. Say which ones you
like. Introduce *maduro,* contrasting it
with *verde.* Personalize by asking
questions.

As a follow-up activity, have students
in small groups write a short paragraph about the advantages of eating fruit and present it to the class.

A escuchar

You will hear two short descriptions about Mr. Benítez and his
cooking, followed by some statements related to them. Mark the
appropriate column to indicate whether each statement is true or
false. Do not worry if there are words you may not understand.

| | **Descripción 1** | | | **Descripción 2** | |
	Sí	No		Sí	No
1.	____	____	1.	____	____
2.	____	____	2.	____	____
3.	____	____	3.	____	____
4.	____	____	4.	____	____

A leer

Lea el siguiente artículo e indique todas las cualidades del plátano en la
lista a continuación.

____ pocas calorías ____ poca grasa ____ mucha fibra
____ poco nutritivo ____ vitamina ____ potasio

**PLÁTANOS
Cuanto más
maduros,
mejor**

El plátano no sólo es una de las frutas más sabrosas
y nutritivas que se conocen sino también una de las
más sanas. Su contenido en grasa es prácticamente nulo
y por ello aporta muy pocas calorías. Un plátano pequeño
tan sólo tiene 80. En cambio el plátano tiene una gran cantidad
de fibras solubles como la pectina que tiene la propiedad de
disminuir el colesterol. Cuanto más maduros son, más cantidad
de pectina contienen.
Además los plátanos tienen mucha vitamina B6 y minerales
como potasio y magnesio.
El plátano con yogur y germen de trigo resulta un energético y
sabroso desayuno para niños y adultos.

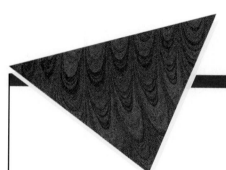

Enfoque

LOS MERCADOS AL AIRE LIBRE

En muchas ciudades de Hispanoamérica, y aún hoy día en España, los mercados abiertos o al aire libre son el foco comercial de la comunidad. Especialmente en las poblaciones pequeñas estos mercados ofrecen la oportunidad a artesanos, campesinos y agricultores de vender sus productos a los mejores precios. Los compradores, por su parte, pueden adquirir productos frescos y naturales.

Oaxaca, México

EXPLICACION Y EXPANSION

1. THE PRESENT SUBJUNCTIVE

Mention that English also has the subjunctive, although it is not so highly developed as in Spanish: For example, It is important that you **be** on time. It is urgent that he **pay** the bill by tomorrow.

Point out the similarity of the *usted* command and the subjunctive (e.g., Venga → Quiero que venga).

In previous lessons, you used the present tense of the indicative mood to state facts (what is happening, what regularly happens, or what has happened) and to talk about what you are certain will occur. Thus, in the sentence **Yo sé que Pepe siempre va a clase,** the speaker is stating the facts as he or she knows them to be true: Pepe always goes to class.

Spanish uses the subjunctive mood to talk about things that are not factual. In this chapter you will learn about the uses of the subjunctive to talk about what you want, hope, or doubt will happen. You will also learn about the use of the subjunctive with verbs of emotion.

SR. MENA: ¿Qué traigo del supermercado?

SRA. MENA: Necesito que traigas un kilo de camarones frescos y lechuga y tomate para la ensalada.

SR. MENA: ¿Eso es todo?

SRA. MENA: Sí. Ojalá que vuelvas rápido y me puedas ayudar.

Reminder. To obtain the subjunctive of most verbs, go to the first person singular form of the indicative, drop the *-o*, and add back the opposite ending. Review the present tense of irregular verbs. Use contextually.

- To form the present subjunctive, use the **yo** form of the present indicative, drop the final **-o,** and add the subjunctive endings. Notice that as with **usted/ustedes** commands, **-ar** verbs change the **-a** to **-e,** and **-er** and **-ir** verbs change the **-e** and **-i** to **-a.**

	hablar	comer	vivir
yo	hable	coma	viva
tú	hables	comas	vivas
Ud., él, ella	hable	coma	viva
nosotros/as	hablemos	comamos	vivamos
vosotros/as	habléis	comáis	viváis
Uds., ellos/as	hablen	coman	vivan

- The present subjunctive of verbs with irregular indicative **yo** form are:

conocer:	conozca, conozcas...	tener:	tenga, tengas...
decir:	diga, digas...	traer:	traiga, traigas...
hacer:	haga, hagas...	venir:	venga, vengas...
poner:	ponga, pongas...	ver:	vea, veas...
salir:	salga, salgas...		

- The following verbs have irregular forms:

  ir: vaya, vayas...   saber: sepa, sepas...   ser: sea, seas...

- The present subjunctive of **hay** is **haya.**

- The stem-changing **-ar** and **-er** verbs follow the same pattern as the present indicative.

  pensar: piense, pienses, piense, pensemos, penséis, piensen
  volver: vuelva, vuelvas, vuelva, volvamos, volváis, vuelvan

- The stem-changing **-ir** verbs follow the same pattern as the present indicative, but have an additional change in the **nosotros** and **vosotros** forms.

  preferir: prefiera, prefieras, prefiera, prefiramos, prefiráis, prefieran
  dormir: duerma, duermas, duerma, durmamos, durmáis, duerman

2.   THE SUBJUNCTIVE USED TO EXPRESS WISHES AND HOPE

- When the verb of the main clause expresses wishes or hope, use a subjunctive verb form in the dependent clause. Notice in the examples below that there is a different subject in each clause.

Main clause	Dependent clause	
La jefa **quiere**	que Lalo **haga** el trabajo.	*The boss wants Lalo to do the work.*
Yo **espero**	que Félix **termine** temprano.	*I hope Felix will finish early.*

- When there is only one subject, use an infinitive instead of a clause with the verb in the subjunctive.

  Yo **espero terminar** temprano.   *I hope to finish early.*
  La jefa **quiere hacer** el trabajo.   *The boss wants to do the work.*

- Common verbs that express want and hope are **desear, esperar, necesitar, pedir, preferir, permitir, prohibir,** and **querer.**

- With the verb **decir,** use the subjunctive in the dependent clause when expressing a wish or an order. Use the indicative when reporting information.

  Dice que los niños **duermen.**   *She says (that) the children are sleeping.* (reporting)

  Dice que los niños **duerman.**   *She says (that) the children should sleep.* (an order)

To clarify the change in subject, have students say and do one thing they would like to do and one thing they want a classmate to do: *Quiero borrar la pizarra. Quiero que Clara cierre la puerta.*

Variation. Ask students to tell you what they want you to do.

With visuals showing people performing various activities, give examples using the verbs *permitir* and *prohibir* followed by the subjunctive and then the infinitive: For example, *El doctor le permite que camine. El doctor le permite caminar. Le prohíbe que juegue al béisbol. Le prohíbe jugar al béisbol.*

Note that the construction in English "I want you to do this" has no direct parallel in Spanish and can cause confusion. Once reworded into "I want that you do this," however, it makes sense and is similar to English constructions, such as "I hope / prefer / recommend that you do this."

Activity 1. Act like a small child and have the students be your parents. You say, *"No quiero comer,"* upon which students respond, *"Quiero (espero) que comas,"* etc. Say other examples, such as: *"No quiero salir, correr, escuchar, trabajar, practicar, bañarme, ir, acostarme, venir, sentarme,"* etc. You may also use direct and indirect objects in your sentences, for which students must supply the pronouns in their response: *No quiero comer este taco. Quiero que lo comas.*

Activity 2. Ask students if they want to do something: *¿Quieres limpiar la casa?* Have them respond that they prefer that you do it: *No, prefiero que Ud. la limpie.*

■ With the verbs **pedir, permitir,** and **prohibir,** Spanish sometimes uses an indirect object.

Me prohíbe que (yo) entre.	*He forbids me to go in.*
Les permite que salgan esta noche.	*He allows them to go out tonight.*

■ The expression **ojalá (que),** which originally meant *May Allah grant that. . .,* is always followed by the subjunctive. Its English equivalent is *I/we hope. . .* The word **que** is optional after **ojalá.**

Ojalá (que) ellos **vengan** temprano.	*I hope they'll come early.*
Ojalá (que) **pueda** ir al gimnasio.	*I hope I can go to the gym.*

Activity 3: Ask students to list things that they would like to have happen in the future, using *Ojalá:* For example, *Ojalá que yo pueda ser feliz toda mi vida.*

Actividades

Expansion. 7. *Olivia / hacer los tacos* 8. *Tú / encontrar buena música* 9. *Jesús / llegar temprano para ayudarnos* 10. *Quique / limpiar la sala después*

10–8 Una reunión del club de español. Digan lo que usted y su compañero/a quieren o prefieren que hagan otras personas para esta reunión.

MODELO: Marta / traer vasos
Queremos / Preferimos que Marta traiga los vasos.

1. Alberto / invitar a los profesores
2. Julia y Ángeles / preparar la ensalada
3. Vilma / comprar los refrescos
4. Roberto / traer el estéreo
5. Juan y Berta / poner la mesa
6. Tú / llamar a unos estudiantes

Have students come up with other things David said to do.

10–9 La excursión del sábado. David está organizando una excursión y dejó esta nota. Explíquele a su compañero/a lo que dice David en la nota.

MODELO: preparar unos sándwiches

David dice que preparemos unos sándwiches.

> *Llamar a Federico.*
> *Buscar a María.*
> *Desayunar bien antes de salir.*
> *Salir temprano.*
> *Traer refrescos.*

10–10   Unos invitados a cenar.
La Sra. de Sánchez está muy ocupada. ¿Qué quiere/necesita/espera
ella que hagan estas personas?

1. Elenita

2. Ana

3. Jorgito

4. Sr. Sánchez

5. los Mena

10–11   Cuidando a mi hermanito/a. Usted tiene que cuidar a su her-
manito/a hoy. Su compañero/a va a hacer el papel de su hermanito/a y
usted le va a decir a su compañero/a lo que (no) quiere que haga. Su
compañero/a le va a contestar que si quiere hacer esas cosas.

New expression: *portarse bien*

Expansion. 9. *mirar la televisión*
10. *gastar dinero* 11. *poner el gato
en el microondas*

MODELO: salir a la calle

—No quiero que salgas a la calle.

—Pero yo quiero salir a la calle.

1. ir a la playa con los amigos
2. ver televisión con su hermana
3. ir al cine
4. cenar en casa
5. jugar al voleibol después de comer
6. acostarse temprano
7. bañarse antes de acostarse
8. portarse bien

10–12 Una entrevista para un trabajo. Preparen una lista con las cosas que ustedes esperan o necesitan hacer.

MODELO: Necesito (Espero) salir temprano.

10–13 Una fiesta en el club de español. Responda a los comentarios de su compañero/a usando **ojalá que...**

MODELO: —Dicen que van a servir comida.

—Ojalá que sirvan comida mexicana.

1. Marta cree que van a tocar música.
2. Creo que van a ir algunos de los estudiantes de nuestra clase.
3. Berta quiere invitar a sus primos.
4. La fiesta va a terminar después de las doce de la noche.

10–14 Permisos y prohibiciones. Hagan una lista de las actividades que permiten o prohíben en una fábrica o en una oficina.

MODELO: Permiten que los empleados salgan temprano
para ir al médico.

Prohíben que los empleados beban cerveza en
la cafetería.

10–15 Situaciones.

1. Ask a classmate which Hispanic foods he/she likes best. Ask him/her about other ethnic foods.
2. Find out about the food that your partner buys every week,
   a) where he/she buys it,
   b) how much it costs, and
   c) who cooks the meals.
3. You are unable to go to the market this week because you were in an accident. Call a friend and ask him/her to go for you. Tell your friend what you want him/her to buy. You will need some items from the following categories: a) **carne**, b) **verduras**, c) **frutas**, and d) **bebidas**.

Here you may either have individual students read an item they have written, or you may prefer to have each of several groups present a list.

Preparation. Tell students about important people you are friends with and of the fabulous trips you take. Exaggerate. Students should react by using *"Dudo que..."*

Suggestion. Create statements about personalities, activities, the university, etc. to elicit opinions from students: *El equipo de béisbol es excelente.*

Variation. You may have students guess whether the person is lying or not by stating, *"Creo que..."* or *"Dudo que..."*

3. THE SUBJUNCTIVE WITH VERBS AND EXPRESSIONS OF DOUBT

- When the verb in the main clause expresses doubt or uncertainty, use a subjunctive verb form in the dependent clause.

  Dudo que ella **conozca** a
  Amanda.

  *I doubt that she knows
  Amanda.*

- When doubt is implied with the verbs **creer** and **pensar** in questions or in the negative, use a subjunctive verb form in the dependent clause. If no doubt is implied, use the indicative.

  ¿Crees que { **lleguen**
  llegan } hoy?

  *Do you think they'll arrive
  today?*

  No, no creo que **lleguen** hoy.

  *No, I don't think they'll arrive
  today.*

▪ Since the expressions **tal vez** and **quizá(s)** convey doubt, the subjunctive is normally used.

Tal vez
Quizá(s) } ella **pruebe** el postre.   *Perhaps she'll try the dessert.*

Actividades

10–16   ¿Qué cree usted?   Digan su opinión sobre las cosas que se afirman más abajo.

MODELO: —Hay vida en Marte.

—Yo creo que hay vida en Marte. *o*

—Yo dudo/no creo que haya vida en Marte. *o*

—Tal vez/Quizá(s) haya vida en Marte.

1. Los Yankees tienen los mejores jugadores.
2. El yogur tiene muchas calorías.
3. Todos debemos beber mucha agua.
4. Los amigos son más importantes que el dinero.
5. Los médicos visitan a los enfermos en su casa.
6. El pescado es mejor que la carne para la salud.
7. Es importante hacer ejercicio regularmente.
8. La comida afecta nuestra personalidad.

10–17   Un/a mentiroso/a.   Uno de ustedes va a exagerar y decir las cosas que hace, las personas que conoce, etc. Los/as otros/as dos van a decir que lo dudan.

MODELO: —Yo hablo todos los días con Eddie Murphy.

—Dudo que él hable todos los días con Eddie Murphy.

—Yo también lo dudo.

10–18   Una cita muy especial.   Usted y su compañero/a van a hacer una lista de lo que ustedes esperan que pase en esa cita y lo que dudan que pase. Comparen sus listas con las de otros estudiantes.

New word: *cita*

MODELO: —Espero que me invite a comer.

—Dudo que vayamos a un restaurante elegante.

10–19   Opiniones.   Determine la opinión de sus compañeros/as sobre los siguientes temas. Comparen la opinión del grupo con la de otros grupos.

MODELO: las vacaciones

—Creo que las vacaciones son importantes
  para todos. Y tú, ¿qué crees?

—Dudo que las vacaciones muy cortas sean
  buenas para todos.

1. la lotería
2. la televisión
3. la universidad

4. los doctores
5. la vida en los Estados Unidos
6. los deportes

10–20 Situación.

Go to your local market and find the section where they have Hispanic/Spanish foods. Write down the names of the foods you can find, the prices, and if possible, what they are used for. During the next class meeting, interview a classmate about what he/she discovered. Then he/she will do the same with you. Report your findings to the class.

4. THE PRESENT SUBJUNCTIVE WITH VERBS OF EMOTION

- When the verb of the main clauses expresses emotion (e.g., fear, happiness, sorrow), use a subjunctive verb form in the dependent clause.

  Sentimos que no **puedan** venir.   We're sorry (that) they cannot come.

  Me alegro de que **estés** aquí.   I'm glad that you're here.

- Common verbs that express emotions are **alegrarse (de), sentir, gustar,** and **temer.**

10–21 Un amigo enfermo. Usted va a visitar a su amigo en la clínica. ¿Qué le dice usted a su amigo?

1. Siento que...
2. Me alegro de que...
3. Espero que...
4. Deseo que...
5. Temo que...

10–22 Reacciones emocionales. ¿Qué diría usted al saber lo siguiente?

MODELO: tu papá / comer mucha grasa

Papá, no me gusta que comas tanta grasa.

(No) Me gusta...	(No) Me molesta...	Me encanta...
Temo...	¡Qué bueno...!	¡Es increíble...!

1. una amiga / siempre invitarte a un restaurante elegante
2. tu hermano / comer con las manos
3. tu abuela / ir a clases de ejercicios aeróbicos
4. tu hermana / comer sólo carbohidratos
5. tu mamá / acompañarte a una hamburguesería
6. tu prima / ser vegetariana
7. ...

10–23 Opiniones. Su compañero/a le va a hablar de lo que va a hacer su amigo Luis en México. Exprese sus opiniones empezando con una de estas expresiones: **me alegro de que, siento que, me gusta que** o **temo que.**

lunes	martes	miércoles	jueves
salir para Mérida	va a comer en un restaurante caro	ir a Uxmal	ir a la capital
su hermano no puede ir	no tiene mucho dinero	no puede ir a Tulúm	quedarse con sus tíos

10–24 Una reunión. Complete la siguiente conversación con su compañero/a.

USTED: El sábado nos vamos a reunir en casa de Asunción. ¿Puedes ir?

COMPAÑERO/A: No,...

USTED: Siento que... ¿Y tu hermano?

COMPAÑERO/A: Sí,...

USTED: Me alegro de que...

10–25 Situación.

Tell your friend that you are going to start taking an aerobics class. He/She should say that he/she is glad you are doing it. Invite him/her to join you. He/She should decline and explain why.

REPASO GRAMATICAL

PRESENT SUBJUNCTIVE

	hablar	comer	vivir
yo	hable	coma	viva
tú	hables	comas	vivas
Ud., él, ella	hable	coma	viva
nosotros/as	hablemos	comamos	vivamos
vosotros/as	habléis	comáis	viváis
Uds., ellos/as	hablen	coman	vivan

MOSAICOS

A escuchar

INVESTIGACIÓN

El gazpacho es una sopa fría típica del sur de España. Sus ingredientes básicos son tomate, pimiento, pepinos y ajo. Muchas familias tienen una receta especial que consideran la "original". ¿Hay algún plato típico de su región? ¿Son todas las recetas iguales o también tienen muchas familias una "original"?

10–26   Una receta.   Sara wants to serve gazpacho soup at a dinner for some friends, but is unsure of the recipe. She left a message for her father and is now calling again to see if he can help with the ingredients. As you listen to the conversation, mark all ingredients that Sara will need for the gazpacho.

_____ tacos	_____ jamón	_____ sal
_____ ajo	_____ pan	_____ tomates
_____ zanahoria	_____ cebolla	_____ chocolate
_____ pavo	_____ aguacate	_____ limón
_____ pepino	_____ agua	_____ aceite

10–27   ¿Logico o Ilógico?

	Lógico	Ilógico
1.	_____	_____
2.	_____	_____
3.	_____	_____
4.	_____	_____
5.	_____	_____
6.	_____	_____
7.	_____	_____

10–28   Otra vez un lío.   Carolina, Roberto, Darío, and Andrea went grocery shopping and they have exactly the same bags. While waiting in one of the shops they put their bags on the floor and got them mixed up. Help them figure out which bag belongs to whom.

_____ _____ _____ _____

Tapescript. Una receta.
—Diga.
—Hola, Papá, soy Sara. ¿Recibiste mi mensaje?
—Sí, espera un momento que busco la receta...Aquí la tengo: Gazpacho.
—¿Ésta es la receta de tu madre verdad?
—La de toda la vida. Quieres estar segura que tienes todos los ingredientes, ¿cierto?
—Sí, mira, tengo cuatro tomates, pepino, cebolla, pimiento, ajo, aceite, vinagre y sal.
—Bueno, para cuatro tomates puedes usar medio pepino, media cebolla, medio pimiento y el resto a tu gusto.
—Es verdad. ¿Y debo mojar el pan en un poco de agua?
—Sí, así queda más suave. Despúes le pones más agua, uno o dos vasos. Depende del gusto de cada persona. Mi madre le ponía poca.
—Papá, la cena es mañana. ¿Puedo hacer el gazpacho hoy?

A conversar

10–29 Encuesta. Pregúnteles a sus compañeros/as si les gustan, les gustan mucho, les encantan o no les gustan las siguientes cosas. Luego haga comparaciones con los resultados.

alimento	gusta	gusta mucho	encanta	no gusta
los camarones				
el azúcar				
las espinacas				
la gelatina				
la pimienta				
el pepino				
el queso				

10–30 ¡Ojalá! Usted quiere saber qué esperan sus compañeros/as acerca del lugar donde viven. Haga preguntas y su compañero/a debe responder. Luego prepare un informe para la clase. Utilice el subjuntivo con expresiones de duda, esperanza, deseo, etc.

MODELO: —¿Qué esperas que haga el gobernador del estado?

—Espero que el gobernador limpie las ciudades.

Informe: Mi compañero/a espera que el gobernador limpie las ciudades.

10–31 ¿Qué esperamos del sexo opuesto? En distintas hojas, escriban las siguientes oraciones incompletas. Luego circulen la hoja y cada uno debe completar la oración de forma original. Luego comparen todas las hojas y vean qué esperan sus compañeros/as del sexo opuesto.

MODELO: Creo que los hombres son iguales que las mujeres.

(No) Creo que los hombres / las mujeres

(No) Quiero que los hombres / las mujeres

Ojalá que los hombres / las mujeres

(No) Siento que los hombres / las mujeres

(No) Temo que los hombres / las mujeres

(No) Me alegro de que los hombres / las mujeres

(No) Espero que los hombres / las mujeres

(No) Necesito que los hombres / las mujeres

(No) Deseo que los hombres / las mujeres

Tal vez los hombres / las mujeres

Quizás los hombres / las mujeres

Prefiero que los hombres / las mujeres

—Sí, cómo no. Una de las claves es que esté muy, muy frío. ¿Y qué más vas a servir?

—Una ensalada de aguacate y luego cerdo a la mostaza; y de postre, creo que peras al horno.

—Fantástico. Bueno, hija, espero que todo salga muy bien. Ya sabes que si necesitas algo me llamas.

¿Lógico o ilógico? (página 288)

1. Me lavo los dientes con la servilleta.

2. Ponemos los vasos en la mesa.

3. Los platos y los vasos están en el lavaplatos.

4. Necesitamos que ustedes pongan el vinagre en el café.

5. Para la salsa necesitas tomates, ajo y cebolla.

6. La ensalada lleva aguacate, lechuga, pimientos y zanahorias.

7. Puso el vino y las copas en el baño.

Otra vez un lío.

1. Carolina no fue a la frutería porque no necesita ni frutas ni verduras.

2. Roberto y Andrea compraron mayonesa.

3. Darío y Roberto compraron limones.

INVESTIGACIÓN

La palabra **ojalá** viene del árabe. Otras palabras que usted conoce tienen el mismo origen. Por ejemplo: aceite, alcalde, alfombra, almacén, azúcar, cero, zanahoria, etc. ¿Cuándo estuvieron los árabes en España? ¿Fue éste un período importante en la historia de España? ¿En qué parte de España vivieron más tiempo?

10–32 Preparativos de una fiesta. Para una fiesta que van a dar tienen que decidir las actividades, el número de invitados, la comida, las bebidas, dónde poner la mesa, los muebles, la música, etc. Usted es muy práctico/a pero su compañero/a es poco práctico/a. Discutan las propuestas y traten de influir en su compañero/a.

MODELO: —Es mejor que compremos tenedores plásticos.

—No. Es mejor usar nuestros tenedores.

10–33 Antes de leer. Mire la lista de postres. ¿Cuáles de estos postres son de origen hispano?

INVESTIGACIÓN

¿Usted siempre come postre? En la mayoría de los países hispanos el postre es parte de la comida. Se sirve al final y puede ser fruta o algo más elaborado. ¿Conoce usted algún postre de origen hispano? ¿Qué ingredientes tiene? ¿Cómo se hace? ¿Comió alguna vez tortillas? ¿Qué tipo de tortilla? ¿Sabe qué diferencia hay entre la tortilla española y la tortilla mexicana?

SANTA TERESITA

M E N U

POSTRES		POSTRES HELADOS	
Fruta de estación	$1,30	Copa "Santa Teresita"	$7,00
Ensalada de frutas	$2,20	Sundaes de Butterscotch	$6,50
Ensalada de frutas con helado	$3,20	Banana Split	$6,00
Duraznos en Almíbar	$2,00	Charlotte	$3,00
Ananá en Almíbar	$2,50	Almendrado	$2,50
Flan casero	$1,50	Bombón Escocés	$2,80
Panqueque con duice de leche	$2,50	Bombón Suizo	$2,80
Panqueque de banana	$5,00	Torta de almendras	$2,80
Waffle con dulce de leche	$2,50	Don Pedro	$4,50
Waffle con crema Chantilly	$3,00	Helado tres gustos	$2,50
Waffle con helado	$3,00	Milk Shake	$3,00
Frutas con crema Chantilly	$3,00		
Porción de crema Chantilly	$0,80		
Porción de dulce de leche	$0,60		

Esta casa as atendida por sus dueños, habiendo alcanzado notoriedad por la calidad de su servicio y la cordialidad de su atención. En tal sentido rogamos a Ud. nos acerque su inquietud. Estamos para servirlo.

Muchas gracias

10–34   Mire la receta de abajo y conteste.

1. Usted va a leer las instrucciones para hacer...
   a. una ensalada
   b. una carne
   c. un postre

2. Las instrucciones son para hacer...
   a. flan
   b. gelatina
   c. postre de vainilla

3. Para hacer este flan usted cree que necesita...
   a. una caja de gelatina Goya
   b. una caja de flan Goya
   c. huevos, leche y azúcar

4. Hacer este flan es...
   a. tan fácil como hacer gelatina
   b. más difícil que hacer un flan con huevos, leche y azúcar
   c. tan difícil como hacer una paella

5. Este flan se hace en...
   a. tres pasos
   b. cinco pasos
   c. más de diez pasos

10–35   Un postre típico.   Ahora lea las instrucciones para hacer el Flan Goya. Luego vuelva a la actividad anterior y cambie las respuestas si es necesario.

GOYA. flan

INSTRUCCIONES:

1. **El caramelo:** En una olla pequeña, cocine a fuego lento 1/2 taza de azúcar hasta que esté dorada y acaramelada. Rápidamente ponga el azúcar acaramelada en un molde. Mueva el molde en forma circular. El caramelo debe cubrir las paredes del molde. Déjelo enfriar en el refrigerador por unos minutos.

2. Coloque el contenido del paquete en una olla mediana. Añada lentamente dos tazas de leche. Déjela hervir a fuego moderado durante dos minutos. Revuelva continuamente con una cuchara de madera.

3. Quite la olla del fuego y vuelque el contenido en el molde acaramelado. Déjelo enfriar en el refrigerador por tres horas o más. Desmolde y sirva.

En su búsqueda de productos latinos en el supermercado, ¿encontraron productos Goya?

10–36 Preguntas. Lea otra vez las instrucciones y elija la/s respuesta/s correcta/s.

1. El caramelo se hace con...
   a. huevos y azúcar   b. azúcar   c. azúcar y agua

2. Para hacer el caramelo hay que cocinar el azúcar a fuego...
   a. lento   b. mediano   c. fuerte

3. El caramelo cocinado se pone en...
   a. un molde   b. cuatro moldes   c. una olla

4. Antes de añadir los otros ingredientes, el caramelo debe estar...
   a. frío   b. caliente   c. al tiempo

5. La leche se añade a...
   a. la olla   b. al contenido del paquete   c. al molde con el caramelo

6. La leche debe hervir dos minutos a fuego...
   a. lento   b. moderado   c. fuerte

7. El flan debe enfriarse en...
   a. el refrigerador   b. el baño   c. el jardín

10–37 ¿Recuerda los mandatos? ¿Puede identificar los mandatos en las instrucciones? Aunque no los entienda, usted ya sabe que son mandatos. ¿Puede descubrir el significado por el contexto?

A escribir

10–38 Una carta. Escríbale una carta a un amigo en México y descríbale su plato favorito. Siga el siguiente esquema en su composición.

- En la introducción, explique el origen del plato.

- En el desarrollo, incluya los ingredientes y explique algo sobre ellos. Después dé las instrucciones para hacer el plato.

- Finalmente, explique cómo debe servirse: frío, caliente, con qué otros platos, qué tipo de vino o bebidas, etc.

- En la conclusión, diga que le puede escribir si tiene comentarios o preguntas sobre la receta.

VOCABULARIO

COMIDA

el aceite	*oil*
el aguacate	*avocado*
el ajo	*garlic*
el azúcar	*sugar*
el camarón	*shrimp*
la carne	*meat*
la cebolla	*onion*
el cerdo	*pork*
la espinaca	*spinach*
la galletita	*cookie*
la gelatina	*gelatin*
la harina	*flour*
el limón	*lemon*
el maíz	*corn*
la mantequilla	*butter*
la manzana	*apple*
la margarina	*margarine*
el marisco	*seafood*
la mayonesa	*mayonnaise*
la mostaza	*mustard*
el pavo	*turkey*
la pera	*pear*
la pimienta	*pepper*
el pimiento verde	*green pepper*
el pepino	*cucumber*
el plátano	*banana*
la sal	*salt*
la salsa de tomate	*tomato sauce*
la uva	*grape*
la vainilla	*vanilla*
la verdura	*vegetable*
el vinagre	*vinegar*
el vino tinto	*red wine*
el yogur	*yogurt*
la zanahoria	*carrot*

EN LA MESA

la bandeja	*tray*
la botella de vino	*bottle of wine*
la copa	*(stemmed) glass*
la cuchara	*spoon*
la cucharita	*teaspoon*
el cuchillo	*knife*
el mantel	*tablecloth*
el plato	*plate, dish*
la servilleta	*napkin*
la taza	*cup*
el tenedor	*fork*
el vaso	*glass*

LUGARES

el área (f.)	*area*
el supermercado	*supermarket*
el teatro	*theater*

UNA CENA

la dieta	*diet*
la invitación	*invitation*
el invitado	*guest*

VERBOS

alegrarse (de)	*to be glad (about)*
dudar	*to doubt*
esperar	*to hope, to expect, to wait for*
invitar	*to invite*
permitir	*to permit, to allow*
prohibir	*to prohibit, to forbid*
quedar	*to be, to remain*
sentir (ie, i)	*to be sorry*
temer	*to fear*

PALABRAS ÚTILES

ojalá	*I/we hope*
quizá(s)/tal vez	*maybe*

EXPRESIONES ÚTILES

Es verdad.	*That's right.*
¡Qué lástima!	*What a shame!*
Tener deseos de	*to feel like*

LECCIÓN 11

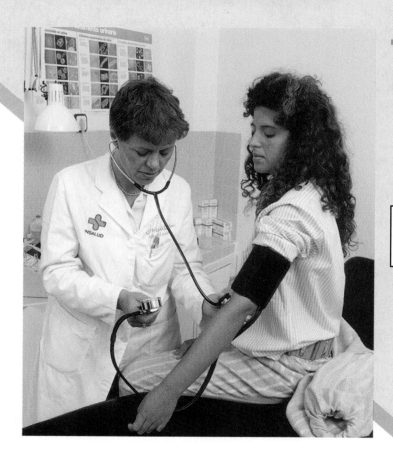

CLÍNICA DE ASMA
Y ALERGIAS
Dr. Rubén Shturman

AMSTERDAN 219-A 2° PISO
294-3866   584-0153

Dra. Gabriela Jacobo de Alcaraz
CIRUJANO DENTISTA
86-48-44
CONSULTORIO 314

SEGUNDO PISO

**Dr. Fco. Javier
Amador Cumplido**
CIRUGÍA Y ENFERMEDADES
DE LOS OJOS
86-43-57
CONSULTORIO 204

Dr. Héctor Molina Oviedo
PSIQUIATRA
86-51-49
CONSULTORIO 102

Dra. Silvia Corona López
MEDICINA INTERNA
86-51-49
CONSULTORIO 102

Dr. Jaime A. Rodríguez Peláez
PEDIATRA NIÑOS Y
ADOLESCENTES
86-17-15
CONSULTORIO 212

El médico examina a la paciente. ¿Qué opina usted
de los médicos y del sistema de salud de los Estados
Unidos?

La salud y los médicos

Goals. In this lesson students learn to describe health conditions and medical treatments, and express opinions, attitudes, expectations, and wishes. The grammar includes: indicative and subjunctive after impersonal expressions, the equivalent of English *"Let's…"*, the superlative, pronouns after prepositions, and relative pronouns.

COMUNICACIÓN

- Describing health conditions
- Talking about medical treatments
- Expressing opinions
- Expressing attitudes
- Expressing expectations and wishes

ESTRUCTURAS

- Indicative and Subjunctive After Impersonal Expressions
- The Equivalents of English *Let's*
- The Superlative
- Pronouns After Prepositions
- Relative Pronouns

CULTURA

- Doctors, hospitals, and pharmacies in the Spanish-speaking world

¿Qué tienes?

Jorgito está enfermo

Sugestion. Talk about the first two drawings to familiarize students with the vocabulary. You may also write on the board some of the words you have presented, especially if you are going to use them later when personalizing. *Jorgito no está bien. Está enfermo. Fíjense en la cara de Jorgito. Tiene mala cara* (make gesture) *y se siente muy mal. Tiene dolor de garganta* (touch your throat) *y tose* (cough). *Su mamá está muy preocupada y quiere saber si Jorgito tiene fiebre y le pone el termómetro. Jorgito tiene 39 grados. Recuerden que en los países hispanos no se usa el sistema Farenheit (39° centígrados es más o menos 102° Farenheit). Ella está más preocupada ahora y quiere que Jorgito tome una aspirina. Además, ella va a llamar al médico.*

Ask some yes/no questions to check understanding: *¿La mamá está enferma? ¿Jorgito tiene dolor de espalda? ¿Jorgito tiene dolor de garganta? ¿Jorgito tiene fiebre?* Point to yourself and say: *Tengo 37°. ¿Tengo fiebre?* Ask additional questions based on the temperature chart: *Si una persona tiene 40°, ¿tiene fiebre? ¿Y si tiene 38°? ¿Cuál es el equivalente de 102° Farenheit en centígrados?*

Go over the first two dialogs as a class or have students go over them in pairs. The student reading the role of Jorgito should sound ill. Ask either/or and information questions to check understanding: *¿Jorgito se siente bien o mal? ¿Tiene dolor de cabeza o de garganta? ¿Qué fiebre tiene Jorgito?*

Follow a similar procedure to present the rest of the story. Personalize: *¿Cuándo va usted al médico?*

SRA. VILLA: ¿Qué te pasa, Jorgito? Tienes muy mala cara. ¿Estás enfermo?

JORGITO: Me siento muy mal y tengo dolor de garganta. Anoche tosí mucho.

SRA. VILLA: Déjame ver si tienes fiebre.

SRA. VILLA: Jorgito, tienes 39 grados. Quiero que tomes una aspirina. Enseguida llamo al médico.

JORGITO: ¿El médico?

¿Tienes fiebre?

	Centígrado		Farenheit
	40°	=	104°
	39°	=	102°
	38°	=	100°
	37°	=	98.6° (normal)

CULTURA In Spanish-speaking countries, doctors do not earn equally high salaries as do their counterparts in the United States. Nevertheless, doctors typically are highly regarded as men and women of science and learning and enjoy an important social status. Medical malpractice suits are almost unheard of in most countries, and patients are far less likely to seek a second opinion, especially if they have limited financial resources.

When seeking medical assistance in a Spanish-speaking country, remember that many doctors spend a relatively long time listening to their patients' problems. This may mean a much longer wait in the doctor's office! Nevertheless, this personal touch is considered very important by most patients, and they might be offended if the doctor completed the diagnosis too quickly.

DOCTOR: Vamos a ver, Jorgito. Cuéntame cómo te sientes.

JORGITO: Ahora me duele la cabeza y también me duelen los oídos.

DOCTOR: Vamos a examinarte los oídos y la garganta. Abre bien la boca y di "Ah".

DOCTOR: Tienes una infección en los oídos. No es seria, Jorgito, pero es necesario que te cuides. Señora Villa, ¿Jorgito es alérgico a los antibióticos?

SRA. VILLA: No, doctor.

JORGITO: Mamá, no quiero que me ponga una inyección.

DOCTOR: No, qué va. Te voy a recetar unas pastillas. Debes tomarlas cada cuatro horas.

JORGITO: Está bien, doctor.

DOCTOR: Además, tienes gripe. Debes descansar y beber mucho líquido. Aquí está la receta, señora.

SRA. VILLA: Gracias, doctor.

¿Qué hace Ud. cuando le duele la garganta? ¿Es usted alérgico/a a los antibióticos? ¿Para qué son los antibióticos? ¿Qué le receta el médico cuando tiene fiebre?

Review parts of the body. Then expand by acting as if you had various aches and pains, complaining, *Me duele(n)...* To have students practice these expressions, you say *¿Tengo dolor de...?* Students respond with *Sí, le duele(n)...*

Point out that *receta* means prescription or recipe. You may begin by talking about the prescription and asking some questions. *Ésta es una receta de un médico de la Asociación Médica de los Andes, un grupo de doctores que trabaja en la Fundación Santa Fe de Bogotá, uno de los mejores hospitales privados de Bogotá. ¿Cómo se llama el médico que escribió la receta? ¿Y el paciente? El médico le recetó unas pastillas o tabletas al paciente. No es fácil comprender la letra del médico, pero ¿saben ustedes cuántas pastillas o tabletas debe tomar el paciente? ¿Cada cuántas horas?* You may add the following regarding the word *receta: En español, la palabra receta se refiere a las medicinas y las instrucciones que dan los médicos, pero también se usa para referirse a las instrucciones para preparar un plato, como por ejemplo, el gazpacho. ¿Qué clase de receta le puede dar usted a un amigo?*

ASOCIACION MEDICA DE LOS ANDES
AVENIDA 9 No. 117-20 CONS. 303 BOGOTA, COLOMBIA

TELS: 612 2434
215 2893
215 2300
EXT. 229
TAS: 616 25 00

FELIPE GOMEZ JARAMILLO, M.D.
SECCION DE UROLOGIA

Jaime Perez.
Marzo 19/93

1- Nooflroxacina
tomar 1 tab cada 12 horas.   tab #14.

Actividades

11-1 La enfermedad de Jorgito. Marque las respuestas correctas.
Puede haber más de una respuesta correcta.

1. Los síntomas de Jorgito son...

    _____ dolor de oídos   _____ dolor de garganta   _____ fiebre

    _____ dolor de espalda   _____ dolor de estómago   _____ alergias

2. El médico cree que Jorgito...

    _____ tiene gripe   _____ tiene una infección en los oídos

    _____ no ve bien   _____ es alérgico a los antibióticos

3. Según el médico, Jorgito necesita...

    _____ ir a un especialista de los oídos   _____ descansar

    _____ tomar unas pastillas   _____ beber mucho líquido
    cada cuatro horas

4. A Jorgito no le gustan...

    _____ los médicos   _____ los refrescos

    _____ las pastillas   _____ las inyecciones

Point out that answers are in the subjunctive because there is an understood *"Recomiendo..."* at the beginning of each sentence. You may also want to mention that in speech, people often leave out these assumed introductory expressions, but still retain the subjunctive to preserve the uncertain nature of the statement.
Answers.   1.b 2.c 3.a 4.b 5.c 6.a

11-2   Usted es el/la doctor/a. ¿Qué recomienda en estos casos?

1. Su paciente tiene una infección en los ojos
    a. que nade en la piscina
    b. que tome antibióticos
    c. que lea mucho

2. A su paciente le duele mucho la espalda
    a. que vaya a la playa
    b. que beba mucho líquido
    c. que no haga mucho ejercicio

3. Su paciente tiene fiebre y le duele el cuerpo
    a. que descanse y tome aspirinas
    b. que coma mucho y camine
    c. que vaya a su trabajo y después al cine

4. Estamos en primavera y su paciente es alérgico al polen
   de muchas plantas
    a. que vaya al campo para respirar el aire
    b. que duerma en una habitación con aire acondicionado
    c. que trabaje en el jardín

5. A su paciente le duele mucho un pie
    a. que corra tres kilómetros todos los días
    b. que tome clases de baile
    c. que descanse y no camine

6. A su paciente le duele la garganta y tiene tos
    a. que hable poco y no salga
    b. que vaya a esquiar con sus amigos
    c. que cante en el concierto de esta noche

11–3 ¿A quién debo llamar? Explíquele a su compañero/a sus síntomas o lo que usted necesita. Su compañero/a le va a decir a quién debe llamar de acuerdo con los anuncios.

New word: piel

SEGUNDO PISO	
Dr. Fco. Javier Amador Cumplido CIRUGÍA Y ENFERMEDADES DE LOS OJOS **86-43-57** *CONSULTORIO 204*	**Dra. Silvia Corona López** MEDICINA INTERNA **86-51-49** *CONSULTORIO 102*
Dr. Héctor Molina Oviedo PSIQUIATRA **86-51-49** *CONSULTORIO 102*	**Dr. Jaime A. Rodríguez Peláez** PEDIATRA NIÑOS Y ADOLESCENTES **86-17-15** *CONSULTORIO 212*

CLÍNICA DE ASMA Y ALERGIAS
Dr. Rubén Shturman

AMSTERDAN 219-A 2° PISO
294-3866   584-0153

Dra. Gabriela Jacobo de Alcaraz
CIRUJANO DENTISTA
86-48-44
CONSULTORIO 314

Dr. Raúl Elguezábal R.
MEDICINA
FAMILIAR Y CIRUGÍA
86-34-73 EU. 428-4846
CONSULTORIO 309

MODELO: —Necesito un examen médico para un nuevo trabajo.

—Llama a la Dra. Corona López.

1. Me duele la cabeza cuando leo o miro televisión.
2. Siempre me siento triste y deprimido/a y no puedo dormir.
3. Mi hermano pequeño está enfermo y tiene fiebre.
4. No puedo respirar bien y tengo la piel irritada.
5. Me duelen mucho los dientes cuando como.
6. Necesito una operación.

11–4 Médicos y pacientes. Escoja el consejo o diagnóstico adecuado para cada caso.

Answers. 1.b 2.g 3.c 4.a 5.f 6.d 7.e

1. Me duele mucho la rodilla.
2. No veo bien cuando leo.
3. Como mucha carne y huevos.
4. Tengo mucha tos.
5. Me duele el cuerpo y tengo fiebre.
6. No puedo respirar en la primavera o cuando cambia el tiempo.
7. Soy diabético/a y no sigo la dieta muy bien.

a. Estas pastillas son muy buenas para la garganta.
b. Descanse y no camine.
c. Puede tener el colesterol muy alto.
d. Puede ser una alergia o asma.
e. Si usted come dulces o azúcar, va a necesitar más insulina.
f. Quizás tenga usted gripe.
g. Creo que necesita cambiar de gafas.

Médicos, farmacias y hospitales

En los países hispanos hay menos restricciones sobre las medicinas y se puede obtener muchas de ellas sin receta médica. En casos que no son graves, los clientes siguen los consejos del farmacéutico, estableciéndose de esta forma una relación personal entre ellos.

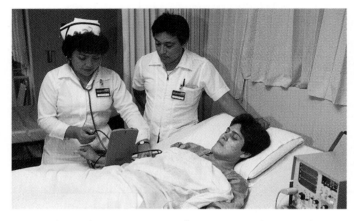

Un médico observa a una enfermera que le toma la tensión a un paciente en un hospital de Mérida, México.

En muchos países hispanos, los médicos recién graduados tienen que trabajar en zonas rurales o muy pobres como una forma de servicio social, antes de establecer su consultorio propio o trabajar en un hospital.

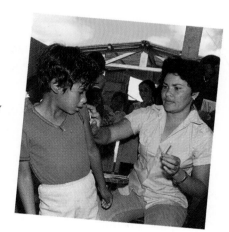

Actividades

11–5   Una consulta.

DOCTOR/A:	¿Cómo te sientes?
USTED:	...
DOCTOR/A:	Tienes un poco de fiebre. ¿Qué te duele?
USTED:	...
DOCTOR/A:	¿Qué otros síntomas tienes?
USTED:	...
DOCTOR/A:	¿Eres alérgico/a a la penicilina?
USTED:	...
DOCTOR/A:	Te voy a recetar... Si no te sientes bien mañana, me llamas.

Farmacias de guardia

De nueve y media de la mañana a diez de la noche: Puerta Nueva, 3 (esquina a Carretería). Gallito, 1 (junto ambulatorio Los Girasoles, sector Carretera Cádiz) frente a barriada La Paz. Avenida Juan Sebastián Elcano, 123 (Pedregalejo, junto cochera de autobuses). Capitán Huelin, 11 (Haza de Cuevas, detrás del Cine Cayri). Arroyo de los Angeles, Bl. Venus (frente Colegio Gibraljaire). Urbanización Parque del Sur, Bl. 16 (Ciudad Jardín). Alemania, 3-7 (junto antiguo mercado de mayoristas).

De diez de la noche a nueve y media de la mañana: Larios, 8, teléfono 211915. Serrato, s/n (barriada Santa Isabel), teléfono 333345.

TORREMOLINOS-BENALMADENA

De nueve y media de la mañana a diez de la noche: Arroyo de la Miel, Avda. de la Concepción, Bloque I (a 80 metros centro salud), Benalmádena. Montemar, calle Aladino, 19, Torremolinos.

De diez de la noche a nueve y media de la mañana: Arroyo de la Miel, Avda. de la Concepción, Bloque I (a 80 metros centro salud), Benalmádena.

Una emergencia.

Usted está de viaje en España y su amigo Raúl se enferma. Son las 10:30 de la noche. ¿A qué farmacia llama? Haga la llamada, describa la enfermedad, pregunte como llegar, etc. El/La farmacéutico/a le va a hacer preguntas y recetar la medicina necesaria.

11–6 ¿Sí o no?

	Sí	No
1. Es muy difícil obtener medicinas en el mundo hispano.	____	____
2. El farmacéutico también puede darles consejos y medicinas a los pacientes.	____	____
3. Los médicos jóvenes nunca trabajan en las zonas rurales.	____	____
4. Por la noche hay farmacias donde se puede comprar medicinas.	____	____
5. Las enfermeras de México se visten muy diferente a las enfermeras de los Estados Unidos.	____	____

CULTURA Most of the medicine that is available in the United States is also available in the Hispanic world, although sometimes by a different name. In many cases, prescriptions are not needed and pharmacists have more freedom in advising patients. Pharmacists may also give injections and take the patient's blood pressure. People can always get to a pharmacy since they rotate night and holiday duty (**farmacias de turno/de guardia**). The list of these pharmacies appears in the local newspaper.

11–7 ¿El/La médico/a ideal? Pregúntele a su compañero/a cómo prefiere que sea su médico/a.

MODELO: ser hablador(a) / callado(a)

—¿Cómo prefieres que sea tu médico/a?
¿Hablador/a o callado/a?

—Prefiero que sea hablador/a porque...

1. ser hombre / mujer
2. ser mayor / joven
3. decir las cosas de forma directa / indirecta
4. tener un consultorio privado / compartir una clínica con otros/as médicos/as
5. ser especialista / médico/a general
6. saber mucho de tu vida personal / no preguntar mucho sobre tu vida personal
7. ...

11–8 En una farmacia. Usted tiene un catarro terrible y va a la farmacia para explicarle sus síntomas al farmacéutico y pedirle consejo. Puede usar algunas de estas sugerencias.

MODELO: —Me siento muy mal.

—¿Qué le pasa?

Tengo mucho catarro y no puedo respirar bien.

¿Cuántas pastillas debo tomar? Tome tres pastillas al día.

Siempre debe tomar vitamina C.

Este antihistamínico es excelente.

¿Toma usted vitaminas?

Éste es el segundo catarro este invierno.

Como muchas frutas y verduras.

A escuchar

You will hear two patients describing their ailments. After each description, you will hear some advice. Mark the appropriate column to indicate whether it is good or bad advice.

	Bueno	Malo		Bueno	Malo
1. a.	_____	_____	2. a.	_____	_____
b.	_____	_____	b.	_____	_____
c.	_____	_____	c.	_____	_____
d.	_____	_____	d.	_____	_____

Tapescript. Descripción 1
Me siento muy mal. Siento frío y anoche tosí mucho. Quizás tenga fiebre. Me duele la garganta y casi no puedo respirar.
Now you will hear the advice.
a. *Debe acostarse y descansar.*
b. *Vaya a las montañas a esquiar.*
c. *Tome aspirinas y beba mucho líquido.*
d. *Nade en la playa y báñese con agua fría.*
Descripción 2 *Me duele el brazo derecho. No sé qué tengo, pero me duele mucho y no lo puedo mover del dolor. El hombro me duele un poco y también me duele el cuello.*
Now you will hear the advice.
a. *Debe tomar sopa de pollo y vitaminas.*
b. *Haga mucho ejercicio en el gimnasio.*
c. *Pídale al médico una inyección para el dolor.*
d. *Descanse, acuéstese si quiere y tome aspirinas.*

 *A leer*

Preparation. Talk about good eating habits, the importance of walking for a healthy heart, the danger of smoking, etc. Then have students read the ad in pairs and do the first exercise. Go over the expression *de corazón*. Give examples and point out that English uses a similar expression.

1. Éste es un anuncio del Ministerio de Sanidad y Consumo animando a las personas a que se cuiden. Sus conocimientos de cómo mantener la salud lo/la van a ayudar a comprender mejor el anuncio.

¿Te quieres o no te quieres?

Te quieres si llevas una vida sana, **si no fumas** o moderas el consumo de tabaco, si tu dieta es rica **en fibra, frutas** y **verduras**, si vigilas tu peso, si haces **ejercicio** y te mides la tensión de vez en cuando. Así, reduces los riesgos de enfermedad cardiovascular y tendrás un **corazón sano** para toda la vida.

No te quieres si no cuidas tu corazón. No te quieres cuando **fumas**, cuando tomas **mucha sal** o exceso de **grasa animal** que aumenta peligrosamente el colesterol en tu sangre. Tampoco te quieres si no te preocupas de medirte la tensión.

Quiérete un poquito más, y cuídate, de CORAZON.

MINISTERIO DE SANIDAD Y CONSUMO

Ahora determine si cada actividad significa que te quieres o que no te quieres.

	Te quieres	No te quieres
a. fumas mucho	_____	_____
b. llevas una vida sana	_____	_____
c. comes mucha grasa animal	_____	_____
d. haces ejercicio	_____	_____
e. usas mucha sal	_____	_____
f. tu peso es normal	_____	_____
g. consumes frutas y vegetales	_____	_____
h. te cuidas el corazón	_____	_____

2. **¿Me quiero o no me quiero?** Dígale a su compañero/a si usted está entre las personas que se quieren o entre las que no se quieren y explíquele qué hace para estar entre esas personas. Después, su compañero/a le debe decir en qué grupo está él/ella y qué hace para estar en ese grupo.

Enfoque

LOS SISTEMAS DE SALUD

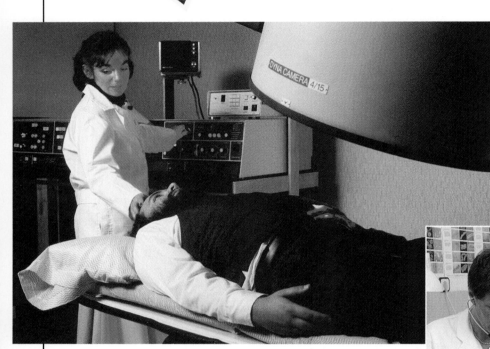

En la mayoría de los países que integran el mundo de habla española funcionan sistemas públicos de salud. Financiados y administrados por los gobiernos de esos países, estos sistemas tratan de ofrecer atención médica en todas las especialidades y a todos sus habitantes.

En algunos países los organismos de salud cubren a casi toda la población mediante centros hospitalarios y puestos de salud situados en todas las regiones del país. En otros países, la medicina privada funciona junto con los servicios públicos de salud.

En general, el costo de los servicios médicos y las medicinas es más bajo en el mundo de habla española que en los Estados Unidos. De hecho, muchos norteamericanos que viven cerca de la frontera mexicana compran sus medicinas en farmacias mexicanas a precios que son hasta un 50% más bajos que en los Estados Unidos.

A pesar de que en las grandes ciudades del mundo hispano funcionan excelentes hospitales y hay médicos altamente especializados, podemos decir, en general, que el nivel tecnológico de los servicios y del equipo médico es más alto en los Estados Unidos.

1. INDICATIVE AND SUBJUNCTIVE AFTER IMPERSONAL EXPRESSIONS

—Resbalé y me caí. Me duele mucho el brazo.
—Es necesario hacer una radiografía.

EL HUESO

—¿Tengo el brazo fracturado?
—Sí, pero es una fractura simple.

—Es muy importante que usted no mueva el brazo. En tres semanas va a estar perfectamente bien.

- Impersonal expressions that express a subject in the dependent clause may use either the indicative or the subjunctive.

- Use the indicative after impersonal expressions that denote certainty.

    Es verdad que Ana **fuma** mucho.   *It's true that Ana smokes a lot.*

- Other expressions that require the indicative are: **es cierto que, es evidente que, es obvio que,** and **es seguro que.**

- In the negative, these same expressions normally use the subjunctive.

    No es cierto que **fume** tanto.   *It's not true that she smokes so much.*

Give examples of impersonal expressions followed by the indicative, based on your class: *Es verdad que mis alumnos hablan español. Es obvio que hablan bien. Es seguro que practican mucho.* After you say each sentence, write the impersonal expression in a column on the board. Then give examples of impersonal expressions followed by the subjunctive: *Es probable que estudien los domingos. Es importante que hablen con sus compañeros. Es bueno que vean programas en español.* Write these impersonal expressions in another column. Write *indicativo* after the first column and *subjuntivo* next to the second column. Then talk about the doctor who wrote the prescription or the pharmacist in the picture in the *A primera vista* section, using some of the impersonal expressions: *El doctor Gómez Jaramillo es excelente. Es verdad que trabaja en la Asociación Médica de los Andes. Es natural que tenga muchos pacientes.* Have students make sentences about the doctor or the pharmacist using impersonal expressions.

You may want to list degrees of certainty on the board, beginning with *Es verdad que...* and continuing to *Es probable que..., Es posible que...,* and *Es imposible que....* Then list several statements and have students rate them as to probability of truth, using the indicative or the subjunctive as is appropriate. *Hay menos personas que fuman. Los médicos ganan poco dinero. Va a existir una cura para el cáncer en el año 2000.*

- Use the subjunctive with expressions that denote possiblity, probability, importance, or other value judgments.

> Es probable que **venga** hoy.   *It's probable that he will come today.*

- Other expressions that require the subjunctive are: **es posible que, es importante que, es bueno que, es mejor que, es natural que,** and **es lógico que.**

- Impersonal expressions may also be followed by an infinitive when no subject is expressed. Generalizations are often expressed in this way.

> Es necesario **ir** al médico dos veces al año.   *It is necessary to see a doctor twice a year.*

Actividades

11–9   Consejos a una persona con gripe.   Empiece sus consejos con las expresiones **es importante que** o **no es bueno que.**

MODELO: beber líquido

> Es importante que usted beba bastante líquido.

1. dormir bastante	6. trabajar mucho
2. tomar sopa de pollo	7. descansar
3. tomar la medicina	8. bañarse con agua fría
4. ir a la universidad	9. esquiar esta semana
5. hacer ejercicio	10. tomar bebidas calientes

11–10   Recomendaciones.   Su compañero/a le va a explicar cómo se siente y usted va a escoger la recomendación adecuada.

MODELO: dolor de estómago (comer muy poco)

> —Tengo dolor de estómago.

> —Es necesario que comas muy poco.

descansar	acostarse
tomar antibióticos	ir al campo
dormir bastante	hablar poco
tomar dos aspirinas	llamar al médico

1. dolor de cabeza	6. una alergia terrible
2. fiebre	7. dolor de garganta
3. dolor en las piernas	8. dolor de espalda
4. estar nervioso/a	9. mucha tos
5. una infección en los ojos	10. dolor de oídos

11-11 ¿Por qué se sienten mal? Usted es médico/a y sus pacientes le van a decir sus síntomas. Usted les hace una pregunta y luego una recomendación.

Expansion. Free response. 6. *dolerle el brazo* 7. *dolerle los músculos* 8. *dolerle los oídos* 9. *dolerle la rodilla*

MODELO: dolerle la cabeza / mirar televisión

  PACIENTE: Me duele la cabeza.

  MÉDICO/A: ¿Mira mucha televisión?

  PACIENTE: Sí, tres o cuatro horas.

  MÉDICO/A: Pues es importante que no mire televisión.

1. dolerle la garganta / hablar mucho
2. dolerle el estómago / comer a horas irregulares
3. dolerle los ojos / leer con poca luz
4. dolerle los pies / caminar mucho
5. dolerle la espalda / trabajar en el jardín

 11-12 Reacciones lógicas. Lean las siguientes situaciones y completen las siguientes oraciones lógicamente.

1. La Sra. Ortiz va al médico porque no se siente bien. Ella trabaja más de diez horas todos los días y duerme muy poco. Además no come bien y no toma vitaminas ni hace ejercicio. ¿Qué le dicen ustedes a la Sra. Ortiz?

  a. Es obvio que... b. Es probable que... c. Es necesario que...

2. Julia estudia español en la universidad y quiere trabajar en un país hispano después de su graduación. ¿Qué le dicen ustedes a Julia?

  a. Es cierto que... b. Es importante que... c. Es mejor que...

3. El mes próximo es el cumpleaños de Martita y quiere celebrar su cumpleaños con una fiesta. ¿Qué le dicen ustedes?

  a. Es posible que... b. Es verdad que... c. Es muy importante que...

Variation. Using the same paragraphs as models, have students substitute names, places, and situations and make the necessary changes: For example, 1. *Sara / estudiar / universidad* 2. *Los jóvenes / no hacer ejercicio.*

 11-13 Cómo ser saludable. Preparen una lista de consejos para ser saludable. Comparen sus consejos con los de otros grupos.

MODELO: Para ser saludable, es importante que... / Es mejor que... / Es necesario que...

Have students working in groups come up with a list of six to ten things to do *para correr en un maratón* or *participar en las Olimpiadas.*

11-14 Situaciones.

1. Your friend is a heavy smoker. Ask your friend how many cigarettes (**cigarrillos**) he/she smokes a day, tell him/her it is important to stop smoking (**dejar de fumar**), and give him/her some good advice such as going to a gym, walking, and chewing gum (**masticar chicle**).

2. Enact the roles of a doctor and a patient. The patient should describe all his/her symptoms and ask appropriate questions. The doctor should ask pertinent questions and prescribe some medication. The patient should also ask the doctor some questions.

2. THE EQUIVALENTS OF ENGLISH *LET'S*

- **Vamos** + **a** + *infinitive* is commonly used in Spanish to express English *let's* + *verb*.

  Vamos a empezar ahora.   *Let's begin now.*

- Use **vamos** by itself to mean *let's go*. The negative *let's not go* is **no vayamos.**

  Vamos al gimnasio.   *Let's go to the gym.*
  No vayamos al gimnasio.   *Let's not go to the gym.*

- Another equivalent for *let's* + *verb* is the **nosotros** form of the present subjunctive.

  Hablemos con el médico   *Let's talk to the doctor.*
  No corramos tan rápido.   *Let's not run so fast.*

- The final **-s** of reflexive affirmative commands is dropped when the pronoun **nos** is attached.

  Levantemos + **nos**   Levantémonos.
  Sirvamos + **nos**   Sirvámonos.

Actividades

11–15   Resoluciones de Año Nuevo.   Sugiérale a su compañero/a un cambio de actitud para el año nuevo.

MODELO: comer más verduras

            —Vamos a comer más verduras.

            —Sí, comamos más verduras.

1. comer menos comida frita
2. tomar leche descremada
3. ver menos televisión
4. levantarse a las 6:00
5. acostarse temprano
6. hacer ejercicio
7. dormir ocho horas
8. nadar más
9. caminar todas las mañanas
10. jugar al tenis
11. manejar menos
12. montar en bicicleta

11–16   Un viaje a Madrid.   Cada uno debe decir las cosas que quiere que el grupo haga durante su viaje a Madrid.

MODELO: comer en un buen restaurante

            Comamos (Vamos a comer) en un buen restaurante el domingo.

1. ir a la ópera
2. caminar por la ciudad
3. visitar el Prado
4. ir al Parque del Retiro
5. ver la Puerta de Alcalá
6. almorzar en un café
7. ver una corrida de toros
8. montar el metro
9. ir al Palacio Real
10. comprar tarjetas postales

11-17   La preparación de una fiesta.   En un grupo deben dar sus ideas para la fiesta.

MODELO: invitar

       Invitemos a Carlota, Lucía, Pablo y Marcos.

1. servir	4. tocar	7. tener
2. preparar	5. vestirse	8. traer
3. empezar	6. bailar	9. comprar

11-18   Situación.

You and a friend are planning to visit a classmate who is in the hospital. Decide a) when you will visit, b) what you are going to take him/her, and c) what you can do for your classmate after he/she leaves the hospital.

3.   THE SUPERLATIVE

Las mejores frutas y verduras de Málaga

VILLARALBO
FRUTAS Y VERDURAS
NUEVA EMPRESA EN MALAGA A SU SERVICIO
FRUTAS Y VERDURAS POR ENCARGO Y REPARTO A DOMICILIO, FRESCAS Y DE CALIDAD A PRECIOS DE MERCADO.
PARA PEDIDOS E INFORMACION LLAMAR AL TELEFONO 231 49 21 ¡RESERVE SU FRUTA EL DIA ANTES!
REPARTO DE LUNES A VIERNES - HORARIO DE 9'30 A 20,00 H.
SANTIAGO SANCHEZ (COMERCIAL) — SERGIO MANDILLO (TECNICO AGRICOLA)
COMPRAMOS PARA USTED

- To form the superlative use a *definite article + noun +* **más/menos** *+ adjective.* To express *in* or *at* with the superlative use **de.**

    Es **el** traje **más/menos** caro
    (**de** la tienda).

    It is the most/least expensive suit
    (in the store).

- Do not use **más** or **menos** with **mejor, peor, mayor,** and **menor.**

    Son **los mejores** vinos del país.

    They're the best wines in the
    country.

- When the referent is clear, you may delete the noun when using the superlative.

    Es **el más caro** de la tienda

    It's the most expensive one in
    the store.

    Son **los mejores** del país.

    They're the best ones in the
    country.

Superlative with *-ísimo*

- To express the idea of *extremely,* add the ending **-ísimo** (**-a, -os, -as**) to the adjective. If the adjective ends in a consonant, add **-ísimo** directly to the singular form of the adjective. If it ends in a vowel, drop the vowel before adding **-ísimo.**

fácil	El examen es **facilísimo.**	*The exam is extremely easy.*
grande	La casa es **grandísima.**	*The house is extremely big.*
bueno	Las verduras son **buenísimas.**	*The vegetables are extremely good.*

Actividades

11–19   La universidad.

MODELO: el edificio más alto

—¿Cuál es el edificio más alto de la universidad?

—La biblioteca es el edificio más alto.

1. el edificio más grande
2. la clase más interesante
3. el/la mejor profesor/a
4. el libro más caro
5. la peor comida de la cafetería
6. el deporte más popular
7. el/la mejor estudiante
8. la materia menos difícil
9. el peor equipo
10. los mejores atletas

11–20   Preguntas personales.

1. ¿Quién es tu mejor amigo? ¿Y tu mejor amiga?
2. ¿Con quién hablas cuando tienes un problema?
3. ¿Cuál es el peor día de la semana para ti? ¿Por qué?
4. ¿Y cuál es el mejor día? ¿Por qué?

11–21   Opiniones.   Contesten estas preguntas.

1. ¿Dónde venden la mejor pizza? ¿Y la mejor hamburguesa?
2. ¿Cuál es la mejor película de este año? ¿Y la peor?
3. ¿Cuál es el peor programa de televisión este año? ¿Y el mejor?
4. ¿Cuál es el mejor equipo de béisbol este año? ¿Y el peor?
5. ¿Cuáles son los mejores jugadores?

11–22   En el teatro.   Usted y su compañero/a están en el teatro. Él/ella le da su opinión y usted está de acuerdo con todo lo que dice. Use el adjetivo terminado en la forma apropiada de **-ísimo.**

MODELO: —Este drama es muy interesante.

—Sí, es interesantísimo.

1. Las entradas son muy caras.
2. Los actores son buenos.
3. Los asientos son cómodos.
4. El programa es muy largo.
5. El actor principal es muy viejo.
6. La actriz principal es muy simpática.

11–23   Mis compañeros/as.

MODELO: alto —¿Quién es el/la más alto/a de la clase?

—... es el/la más alto/a (de la clase).

1. simpático   4. popular   7. serio
2. paciente   5. fuerte   8. listo
3. inteligente   6. elegante   9. optimista

11–24   Un concurso de aficionados al arte.   En grupos de ocho alumnos, deben decidir quiénes son los/las ganadores/as. Dos de ustedes van a anunciar primero los premios principales y después los premios de consolación. Luego, piensen en otras categorías posibles y anuncien los ganadores/as.

MODELO: La mejor diseñadora es la Srta. Asunción Benítez.

Premios principales	**Premios de consolación**
mejor cantante	más creativo/a
mejor actor/actriz	más ingenioso/a
mejor bailarín/bailarina	más rápido/a
mejor pianista/violinista	más sensitivo/a

11–25   Situación.

You are new in the area and need a medical check-up (**examen/chequeo médico**). Ask your friend who the best doctor is and if it is difficult to get an appointment (**turno/cita**). Your friend will answer your questions and add a few remarks about the doctor (e.g. his/her attitude with patients, promptness, etc.)

4.   PRONOUNS AFTER PREPOSITIONS

▪ In *Lección 7* you used **a** + *pronoun* to clarify or emphasize the indirect object pronoun. Spanish uses subject pronouns after prepositions except for **yo** and **tú**, for which **mí** and **ti** are used. Some common prepositions are: **a, de, para, con,** and **sin**.

A él le gusta bailar.
Juan **me** habla **a mí**; no **te** habla **a ti**.
Para ustedes es un viaje muy largo.
Mis padres no quieren ir **sin nosotros**.

▪ In the following cases, Spanish does not use **mí** and **ti**.

1. After **con**, use **conmigo** and **contigo**.

   ¿Vas **conmigo**? Sí, voy **contigo**.

2. After **entre**, use **yo** and **tú**.

   Entre tú y **yo** terminamos el trabajo.

Actividades

11–26 En un restaurante. ¿Qué le piden al camarero los Rivas?

MODELO: El Sr. Rivas quiere comer pescado y papas
fritas. ¿Qué dice?

Para mí, pescado y papas fritas.

1. La Sra. Rivas quiere espaguetis y ensalada. ¿Qué dice?
2. Las dos chicas quieren pollo frito y vegetales. ¿Qué dice el Sr. Rivas?
3. El niño pequeño quiere sopa. ¿Qué dice la Sra. Rivas?
4. La niña pequeña quiere pizza. ¿Qué dice el Sr. Rivas?
5. Los Rivas quieren una botella de vino tinto. ¿Qué dice la Sra. Rivas?

11–27 ¡Al hospital! De acuerdo con la tabla, diga con quién van a ir
las personas indicadas para visitar a un familiar que está en el hospital.

MODELO: Pedro y Magdalena van a ir con nosotros.

nosotros	yo	tú	él	ellos
Pedro Magdalena	Alicia Marta	Carmen Alberto	Jorge Javier	Mónica Rafael

11–28 ¿En el carro de quién? Complete el siguiente diálogo con su
compañero/a usando pronombres.

USTED:	¿Vas conmigo?
COMPAÑERO/A:	No, no voy _____.
USTED:	¿Con quién vas a ir?
COMPAÑERO/A:	Voy a ir con _____.
USTED:	¿Dónde te vas a sentar?
COMPAÑERO/A:	Entre _____ y _____.

5. RELATIVE PRONOUNS

■ The relative pronouns **que** and **quien**(es) combine two clauses into one sentence.

Los médicos trabajan en ese hospital.
Los médicos son excelentes.→
Los médicos **que** trabajan en ese hospital son excelentes.

■ **Que** is the most commonly used relative pronoun. It may refer to persons or things.

Las vitaminas **que** yo tomo son muy caras.
Ése es el doctor **que** me receta las vitaminas.

▪ **Quien(es)** refers only to persons and may replace **que** in a clause set off by commas.

> Los Márquez, **quienes/que** viven   *The Márquezes, who live in the*
> en la ciudad, prefieren el campo.   *city, prefer the country.*

▪ Use **quien(es)** after a preposition when referring to people.

> Allí está el señor **a quien** le   *There is the gentleman to whom*
> debes dar el dinero.   *you should give the money.*

Emphasize that one cannot split a preposition from its object in Spanish: *La señora con quien habla es mi madre.*

Actividades

11–29 Una telenovela.   Complete los siguientes párrafos con **que** o **quien**.

Mi corazón es la telenovela _____ tiene más público. El actor principal es Álvaro Montalvo. Él es el actor de _____ todos hablan. La crítica cree que este año va a ganar el premio Talía, _____ es el equivalente del Óscar norteamericano. El 90 por ciento de las chicas dice que Álvaro es el actor con _____ les gustaría salir.

Silvina Bosque es la actriz principal. En la telenovela ella está enamorada de Álvaro, pero Álvaro no la quiere. Esmeralda del Valle es la chica a _____ él quiere, pero Esmeralda no es buena. A ella sólo le interesa el dinero de Álvaro. La telenovela es muy melodramática y siempre hay problemas _____ mantienen el interés del público.

11–30 Mi médico/a o dentista.   Descríbale a su compañero/a su médico/a o dentista. Mencione por lo menos tres características.

MODELO: Mi médico/a es... Es un/a médico/a / dentista
           que...

11–31 Un choque.   Con un/a compañero/a complete esta conversación con los pronombres **que** o **quien**.

EVARISTO: Jorge, ¿qué haces aquí en el hospital? ¿A quién viniste a ver?

JORGE: A Ángela. Es la chica con _____ estoy saliendo.

EVARISTO: ¿Y qué pasó?

JORGE: Tuvimos un accidente con el carro _____ su padre le regaló.

EVARISTO: ¡Qué horror! ¿Y a quién llamaste?

JORGE: A nadie. Pero, mira, aquí viene la doctora _____ está atendiendo a Ángela.

11–32 Situación.

Your university is celebrating **El día de la salud.** Tell your friend that the faculty of the School of Medicine will give advice on health and nutrition and will do free (**gratis**) blood pressure exams. Your friend should ask a) more about the celebration, b) who is going with you, and c) if he/she can go as well.

REPASO GRAMATICAL

1. THE ENGLISH EQUIVALENTS OF **LET'S**

> **Vamos/No vayamos** + a + *infinitive*
>
> **Nosotros** form of subjunctive: **Hablemos.** *Let's talk.*

2. THE SUPERLATIVE

> *definite article* + (noun) + **más/menos** + *adjective* + de
> El dentista más caro de la ciudad.
>
> *adjective* + **ísimo**
> grande + **ísimo** = grandísimo
> fácil + **ísimo** = facilísimo

3. PRONOUNS AFTER PREPOSITIONS

SUBJECT PRONOUNS	PRONOUNS AFTER PREPOSITIONS	SUBJECT PRONOUNS	PRONOUNS AFTER PREPOSITION
yo	**mí**	nosotros/as	**nosotros/as**
tú	**ti**	vosotros/as	**vosotros/as**
usted, él, ella	**usted, él, ella**	ustedes, ellos, ellas	**ustedes, ellos, ellas**

A escuchar

11–33 ¿Seguro? Listen to the sentences to determine if they express certainty (**certidumbre**) or uncertainty (**incertidumbre**).

Certidumbre	Incertidumbre	Certidumbre	Incertidumbre
1. _____	_____	5. _____	_____
2. _____	_____	6. _____	_____
3. _____	_____	7. _____	_____
4. _____	_____		

11–34 ¿Quién es quién? Listen to the following sentences to identify the people in the pictures.

Tapescript. ¿Seguro?
1. Es evidente que te sientes mal.
2. Es obvio que necesitas ir al médico.
3. Quizás tengas que visitar al médico otra vez.
4. Tal vez te hagan una radiografía.
5. Es cierto que tienes una fractura.
6. Quizás te expliquen el tratamiento.
7. Es probable que te den antibióticos.

¿Quién es quién?
1. Ricardo estaba corriendo por las escaleras y se resbaló. Tiene una fractura. Tiene que usar muletas para caminar.
2. Julio es muy exagerado. Se comió doce manzanas, y claro, ahora le duele mucho el estómago.
3. Pobre José. También se resbaló y terminó en el hospital. Ahora la enfermera lo lleva a la sala de rayos-X para que le tomen una radiografía. Tal vez tenga una fractura.
4. Laura lleva media hora esperando a la doctora. El enfermero le dice que lo siente, que la doctora Vidal la va a atender muy pronto.
5. La doctora Vidal le dice a Ada que tiene una infección de oídos y le da una receta de antibióticos. Ada debe tomarlos cada cuatro horas.
6. Luis está muerto de miedo. Odia las inyecciones. Pero Mercedes insiste en ponerle la inyección ahora mismo. ¡Pobre Luis!

1. —Doctora, hay un caso urgente en la sala de emergencia. Es el señor Araujo. Tiene una infección de oídos y es alérgico a los antibióticos que tomó.
—Gracias. Voy para allí en un minuto. Por favor, déle una inyección de antihistamínicos.

2. —Buenos días, señora, ¿cómo le va? No tiene muy buena cara hoy. Dígame en qué la puedo ayudar hoy.
—¡Ay, doctora! La verdad es que estoy muy cansada. Camino cien metros y me canso muchísimo.
—¡Qué manera de toser! ¿Usted fuma?
—Lamentablemente sí. Por eso estoy aquí. Quiero dejar de fumar. ¿Puede ayudarme?
—Sí, por supuesto señora Carrera. Hay unas nuevas pastillas para dejar de fumar que son excelentes. Le doy la receta, siga las instrucciones del paquete y nos vemos en cuatro semanas. Mucha suerte.

3. —Voy a tomarle la temperatura. ...Uh, 38.4. A ver. Abra la boca y saque la lengua. Ahora diga AAAAH.
—AAAAH.

—Bien. Está clarísimo, señor Domínguez, usted tiene una infección de garganta. Le voy a dar una receta para antibióticos. Tome una pastilla cada ocho horas y venga a verme en diez días. ¿Alguna pregunta?

11–35 Un/a doctor/a responsable.   You are a very organized and busy doctor. At the end of each day, you write down each patient's problem on a chart. Complete the following chart with the information you hear.

paciente/fecha: 24/5	síntomas	tratamiento	otra información
	cansarse fumar toser		volver en 4 semanas
		inyección de antihistamínicos	en el hospital
		antibióticos (Amoxilina 500 mg x 8 horas)	volver en 10 días

A conversar

11–36 Mayores y menores.   Practiquen el superlativo haciendo preguntas sobre los niños de las fotos.

MODELO: —¿Quién es la mayor?
—María del Rosario Uzurita es la mayor.
¿Quién es el mayor?

CAROANA, M.
Fernanda, 3 años.

CAPOBIANCO,
Angela, 7 años.

RIVAS BIXIO,
Juan I., 6 años.

BIANCO, Nicolás
M., 8 meses.

GARCIA, Elena,
8 meses.

UZURITA, M. del
Rosario, 8 años.

REMON ITHARTE,
M. Inés, 6 años.

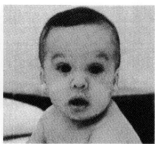

PALACIN,
Maximiliano, 8 meses.

LUGO, Gustavo A.,
4 años.
LUGO, César D.,
4 años.

11–37 Dificilísimo.   Averigüe qué les parecen a sus compañeros/as las siguientes cosas. Sus compañeros/as deben responder usando el superlativo con **-ísimo.**

MODELO: —¿Qué te parece la clase de español?

—La clase de español me parece facilísima.

nombre	las películas de...	el libro de español	el periódico de la ciudad	su compañero/a	sus profesores

11–38 El/La recepcionista de la doctora Vidal.   Imaginen que uno de ustedes es el/la recepcionista y el/la otro/a es el/la paciente. Llamen a la recepcionista, explíquenle sus síntomas y pídanle una cita con la doctora.

MODELO: —Consultorio de la Dra. Vidal, buenas tardes.

—Necesito ver a la doctora, por favor.

—Dígame, ¿qué le pasa?

—Tengo fiebre muy alta y me duelen los oídos.

—Hmm, un momento. ¿Puede venir hoy a las 5:30?

—Sí, a las 5:30 está bien.

—¿Su nombre, por favor?

—Jorge Galdoz.

—Muy bien, señor Galdoz. Lo esperamos a las 5:30.

—Gracias. Adiós.

INVESTIGACIÓN

En la mayoría de los países hispanos los médicos van a la casa de los pacientes cuando están enfermos. ¿Viene el/la médico/a a visitarlo/la a su casa? ¿En qué situaciones?

11–39 Por una vida sin SIDA *(AIDS).*   Ustedes van a preparar un afiche para una campaña sobre el SIDA en su universidad. Decidan qué ideas pueden incluir en el afiche. Utilicen las siguientes frases para empezar.

As the posters for SIDA are being prepared, make sure to shorten and improve the text by using relative pronouns to combine sentences. Information on AIDS should be available locally in Spanish.

Hagamos...

Es importante...

Es preferible...

Es imposible...

Es necesario...

Es bueno...

Llamemos...

Es malo...

Es deseable...

Es mejor...

Lista de tareas a realizar
- *pedir dinero a hombres y mujeres de negocios*
- *hacer publicidad en la televisión*
- *conseguir entrevistas en los periódicos*
- *visitar los colegios, las bibliotecas, etc.*
- *escribir a enfermos de SIDA*
- *entrevistar a las autoridades*
- *organizar campañas de apoyo*
- *repartir folletos informativos*

 *A leer*

¿ QUE ES EL S.I.D.A. ?

El SIDA es una infección causada por un virus que puede desorganizar las defensas del organismo, dando lugar a la aparición de enfermedades oportunistas.

SIGNIFICADO

 S indrome: Conjunto de síntomas característicos de una enfermedad.

 I nmuno: Referido al sistema de defensa de nuestro cuerpo contra las enfermedades (Sistema Inmunitario).

 D eficiencia: Indica que el sistema de defensa funciona deficientemente o no funciona.

 A dquirida: Basado en el contagio persona a persona, a través de elementos o secreciones sexuales y/o sanguineas

¿ COMO SE CONTAGIA ?

VIA SEXUAL

VIA SANGUINEA

- A través de instrumentos punzantes y/o cortantes.
- Transfusiones sanguíneas.
- Agujas y jeringas infectadas.

OTROS

- Cepillos dentales.
- Máquinas de afeitar.

- Contagio Madre - Hijo. Transmisión de la madre infectada al feto durante la gestación y a través de la leche materna.
- Transplante de órganos infectados.

¿ COMO SE PREVIENE ?

... ACTUE CON PRUDENCIA EN TODO MOMENTO !!

☞ Evite toda relacion sexual.

☞ No comparta agujas, jeringas, cepillos dentales, máquinas de afeitar, etc.

¿ COMO NO SE CONTAGIA ?

NO se contagia por:

☞ Trabajar, estudiar, dar la mano, tocar, abrazar o sentarse en compañía de un infectado.

☞ Compartir vajilla, vasos, botellas, alimentos, bombillas, ropa, sábanas, toallas.

☞ Exposición a la tos, estornudo, lágrimas o sudor.

☞ NO se propaga en: medios públicos de transporte, ni por el agua de las piscinas, ni a través de las picaduras de insectos.

11–40 Un resumen. Lea el folleto y haga un resumen de 3 ó 4 oraciones con las ideas principales. Luego, lea paso a paso el folleto y conteste las siguientes preguntas.

1. ¿Qué es el SIDA?
2. ¿Cuál es el significado de la sigla SIDA?
3. ¿Cómo se contagia el SIDA?
4. ¿Cómo no se contagia?
5. ¿Cuál es la base fundamental de la prevención?

A escribir

11–41   Querido/a compañero/a.   Usted es el editor de un periódico escolar y tiene que escribir una nota dirigida a los alumnos de su escuela sobre el SIDA. Siguiendo la siguiente estructura, escriba la nota para el periódico.

Saludo:

Datos personales. Razón u objetivos de la carta.

Datos científicos sobre el SIDA en su comunidad y su país.

Consejos para los alumnos.

Datos sobre lugares a los que los alumnos pueden recurrir para lograr apoyo e información.

Despedida final.

VOCABULARIO

EL CUERPO HUMANO

el corazón	*heart*
la garganta	*throat*
el hueso	*bone*
el oído	*(inner) ear*
la sangre	*blood*

LA SALUD

la fiebre	*fever*
la fractura	*fracture*
la gripe	*flu*
la infección	*infection*
el síntoma	*symptom*
la tensión	*pressure*

TRATAMIENTO MÉDICO

el antibiótico	*antibiotic*
la aspirina	*aspirin*
la inyección	*injection*
el grado	*degree*
el líquido	*liquid*
la pastilla	*pill*
la radiografía	*X ray picture*
la receta	*prescription*

PERSONAS

el/la farmacéutico/a	*pharmacist*
el/la paciente	*patient*

LUGARES

la clínica	*clinic*
el consultorio	*doctor's office*

DESCRIPCIONES

alérgico/a	*allergic*
enfermo/a	*sick*
fracturado/a	*fractured, broken*
grave	*serious*
personal	*personal*
rural	*rural*
serio/a	*serious*
social	*social*

VERBOS

abrir	*to open*
caerse	*to fall*
cansarse	*to get tired*
cuidar	*to take care of*
doler (ue)	*to hurt*
examinar	*to examine*
fumar	*to smoke*
obtener (g, ie)	*to obtain*
recetar	*to prescribe*
resbalar	*to slip, skid*
sentirse (ie)	*to feel*
toser	*to cough*

IMPERSONAL EXPRESSIONS

Es bueno	*It is good*
Es cierto	*It is certain*
Es evidente	*It is evident*
Es importante	*It is important*
Es lógico	*It is logical*
Es mejor	*It is better*
Es necesario	*It is necessary*
Es natural	*It is natural*
Es obvio	*It is obvious*
Es posible	*It is possible*
Es probable	*It is probable*
Es seguro	*It is sure*
Es verdad	*It is true*

PALABRAS ÚTILES

además	*besides*
conmigo	*with me*
contigo	*with you* (familiar)
enseguida	*immediately*
sin	*without*

EXPRESIONES ÚTILES

cada ... horas	*every . . . hours*
déjame ...	*let me . . .*
¿Qúe te pasa?	*What's wrong (with you)?*
tener dolor de ...	*to have a/an . . . ache*
tener mala cara	*to look terrible*
qué va	*nothing of the sort, no way*

321

LECCIÓN 12

"Buenas tardes, señores pasajeros. LACSA anuncia la salida del vuelo 718 con destino a San José. Favor de pasar a la puerta de salida número 18."

Los viajes

Goals. In this lesson students discuss many aspects of travel. The grammar includes the indicative and subjunctive in adjective clauses, affirmative and negative expressions, and adverbs.

COMUNICACIÓN

- Making travel arrangements
- Asking about and discussing travel schedules
- Communicating by phone
- Expressing denial and uncertainty
- Making future plans
- Describing actions

ESTRUCTURAS

- Indicative and Subjunctive in Adjective Clauses
- Affirmative and Negative Expressions
- Adverbs

CULTURA

- Traveling in Spanish-speaking countries

Los medios de transporte

Muchos autobuses tienen todas las comodidades del mundo moderno y son la solución para las personas que no les gusta manejar en carretera.

Talk about the photos and ask questions to practice vocabulary. For example, *¿Viene usted a la universidad en autobús? ¿Y usted? ¿Prefiere venir en autobús o en auto? ¿Le gusta viajar en tren? ¿Qué es el AVE?* You may wish to introduce *moto(cicleta), metro.* Use the photos in book or other types of visuals to talk about modes of transportation. Ask questions: *¿Dónde viajó usted el año pasado? ¿Cómo viajó? ¿Cuánto tiempo estuvo?* Have students give a quick impression of the trip. Ask: *¿Qué medio de transporte prefiere usted?* If students did not understand *medio de transporte,* clarify by saying *tren, avión, barco.*

Recycle. Subjunctive: What do students recommend we do when we travel?
Variation. Have students write a short composition describing in detail a place they visited.

Encourage creativity and expansion of conversation by having students think of a place they would like to visit. Then have other students ask them questions about how to get there, the weather, and hotel accommodations.

Un viaje en una "chiva" es una experiencia inolvidable. Las chivas son unos autobuses muy comunes en Colombia. El chofer de cada chiva decora el bus con diferentes adornos de muchos colores.

CULTURA Many people depend on public transportation. Subways (**el metro**) help alleviate the traffic in Madrid, Barcelona, Santiago, Buenos Aires, Caracas, and Mexico City. Buses are often used for travel between cities. Many people use public transportation because of the high cost of cars and airfare. Motorcycles (**motocicletas/motos**) are popular among young people.

AVE, el tren español de alta velocidad, comenzó a prestar servicios entre Madrid y Sevilla en 1992. Este tren alcanza una velocidad de 250 kilómetros por hora y ofrece todo tipo de comodidades al viajero.

Muchas personas prefieren viajar en barco. Los cruceros son una forma de descansar y visitar muchos países hispanos. En un viaje en barco por las regiones antárticas, las vistas son realmente impresionantes.

Los aviones facilitan las comunicaciones y el comercio entre los países. Hay excelentes aerolíneas en casi todos los países hispanos. Muchas de estas compañías tienen rutas internacionales y vuelan los jets más modernos.

CULTURA The diverse geographical conditions of many Spanish-speaking countries (mountains, jungles, deserts, rivers, rainy seasons) create financial and logistical problems in the building of highways and railroads. Air travel has solved many of these problems, but remains unaffordable for many people.

Introduce vocabulary by talking about the illustration. Ask where the people are, what they are doing, the luggage they have, etc. You may want to bring a packed suitcase or backpack to discuss what one should take on a trip. Discuss the differences between a traveler (*viajero*) and a tourist: For example, the tourist travels for less time, and seeks a luxurious escape from her or his daily life, while the traveler, limited by money and not by time, seeks to stay on the road as long as possible, living 'on the cheap' and integrating himself or herself as much as possible into the life of the locals. Mention that there are guide books for budget travelers.
Variation. Have students plan a one-year trip. How much would such a trip cost?

En el aeropuerto

Los pasajeros hacen cola frente al mostrador de la aerolínea para facturar el equipaje y conseguir la tarjeta de embarque.

Ask questions regarding the arrival and departure times of the flights in the photo.
Variation. One student is an airline information employee and a second student wants to find out the depar-

EMPLEADA: Aquí tiene su tarjeta de embarque. Su asiento es el 10F en la sección de no fumar.

VIAJERO: ¿Cuál es la puerta de salida?

EMPLEADA: Es la 6C. Que tenga usted un buen viaje.

ture time and gate of a flight. Present the dialog and have students play the parts of the airline employee and the passenger. They should be creative and vary the dialog.

Preparaciones para un viaje

Hay mucho que hacer para estar listo para un viaje: ir al banco, pedir los documentos oficiales, recoger el pasaje y preparar la ropa.

Variation. Ask students to bring ads from the travel sections of newspapers or magazines and describe the trip they plan to take according to the information in the ad.

EMPACAR/HACER LA MALETA

EL CHEQUE DE VIAJERO

EL PASAJE DE IDA Y VUELTA

EL PASAPORTE

Actividades

Answers. 1. c 2. e 3. b 4. a 5. d

12–1 Asociaciones.

1. las chivas
2. los autobuses
3. el AVE
4. los cruceros
5. las aerolíneas

a. para visitar diferentes islas
b. tren de alta velocidad
c. buses con muchos colores
d. vuelan los últimos jets
e. para un viaje cómodo entre dos ciudades

12–2   En una agencia de viajes.   Escoja la palabra o frase adecuada para completar estas oraciones.

a. sección de no fumar	e. pasaporte
b. cheques de viajero	f. primera clase
c. sección de fumar	g. pasaje de ida y vuelta
d. asiento de ventanilla	h. clase turista

1. Sara necesita un boleto de Boston a Bogotá para el 10 de febrero. Quiere volver a Boston el 17. Ella necesita un _____.
2. Roberto es alérgico al tabaco. Quiere un asiento en la _____.
3. Carmen Rodríguez tiene mucho dinero y le gusta estar muy cómoda. Cuando viaja siempre pide un asiento en _____.
4. A Carolina le gusta ver las montañas y las ciudades cuando viaja. Prefiere un _____.
5. Samuel fuma mucho. Quiere un asiento en la _____.
6. Elena no tiene tarjetas de crédito y no quiere llevar dinero en el viaje. Necesita _____.
7. Roberto va a Guatemala y no tiene mucho dinero. Va comprar un boleto en la _____.
8. Ana necesita un documento de identificación para su viaje a Chile. Tiene que pedir un _____.

12–3   La tarjeta de embarque.   Con su compañero/a busque la siguiente información en la tarjeta.

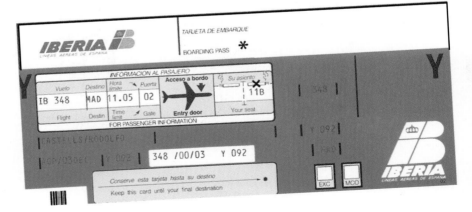

1. compañía   _____
2. número de vuelo   _____
3. puerta de salida _____
4. número de asiento _____
5. sección   _____

12–4   Antes de un viaje.   Hagan una lista de las cosas que tienen que hacer antes de un viaje al extranjero. Comparen su lista con la de otros grupos.

Un coche nuevo

Actividades

12–5   ¿Qué es?

1. para proteger a los pasajeros en caso
   de accidente _____
2. para poner el equipaje _____
3. es muy importante cuando llueve _____
4. son negras y llevan aire por dentro _____
5. para doblar a la izquierda o a la derecha _____
6. hay que ponerle agua si no queremos que
   se caliente el motor _____

12–6   Para alquilar un coche.   Complete la siguiente conversación con su compañero/a y después cambien de papel.

EMPLEADO/A: Buenos días. ¿En qué puedo servirle?

USTED: ...

EMPLEADO/A: ¿Cuándo lo necesita y por cuánto tiempo?

USTED: ...

EMPLEADO/A: Tenemos una tarifa especial. Le podemos ofrecer...

USTED: ...

EMPLEADO/A: ¿Desea usted seguro adicional?

USTED: ...

CULTURA   In general, cars are more expensive in Spanish-speaking countries than in the United States because of the high taxes that often double the price of the vehicle. In some countries, such as Spain, gasoline may cost as much as four dollars a gallon. Nevertheless, there are many cars and traffic is a serious problem in large cities.

---

visuals. Ask yes/no and either/or questions to review and reinforce vocabulary. Discuss cars with students talking about *carros/coches pequeños, grandes, consumo de gasolina, contaminación*, etc.

Suggestion. After students have studied car vocabulary, give half the class the picture of a car without the parts identified. The other students say the part of the car, and the first group must label it correctly on the picture.

Additional questions. *¿Manejas tu auto a la universidad? ¿Es fácil estacionarlo? ¿Es necesario pagar por el estacionamiento? ¿Está tu auto en buenas condiciones?*

Optional vocabulary. *guardafangos, conducir, rueda, llanta de repuesto, llanta pinchada.* Distinguish between *llanta, volante,* and *rueda.*

Answers. 1. *el cinturón de seguridad* 2. *el baúl/maletero* 3. *el limpiaparabrisas* 4. *las llantas* 5. *el volante* 6. *el radiador* 7. *el parachoques* 8. *el espejo retrovisor*

Optional. Suggest that students write an ad that advises on how to avoid accidents. The ad must have a title, tell what group or company sponsors it, and offer three original suggestions for avoiding accidents.

Activity. Work in pairs. Give each student a car problem, and ask her or him to make a phone call to the mechanic *(taller)* and make an appointment. Then have the student bring the car in, get an estimate, and have it repaired.

Suggestion. Bring pictures of cars and have students talk about them.

12-7 Mi auto favorito. Converse con su compañero/a sobre su auto favorito, describiéndole sus características y explicándole porque le gusta.

12-8 Preferencias. Marque con los números del 1 al 5 los medios de transporte que usted prefiere usar cuando viaja. Los estudiantes que prefirieron en primer lugar el mismo medio deben formar grupos y preparar un pequeño párrafo explicando por qué lo prefieren.

_____ auto	_____ autobús
_____ barco	_____ tren
_____ avión	_____ motocicleta

Tapescript.
—Buenas tardes, señor.
—Buenas tardes.
—Su pasaporte, por favor. ¿Prefiere usted la sección de fumar o la de no fumar?
—No fumar. Y asiento de ventanilla, por favor.
—Lo siento, pero no quedan asientos de ventanilla.
—Bueno, en el pasillo está bien, pero por favor en la sección de no fumar.
—Sí, cómo no. ¿Éste es todo su equipaje?
—Sí, esas dos maletas.
—Su asiento es el 15C, sección de no fumar. La puerta de salida es la 10. Aquí tiene su tarjeta de embarque. Que tenga un feliz viaje.
—Gracias, señorita.
Now, listen to the five statements.
1. Estas personas están en un aeropuerto.
2. El pasajero prefiere viajar en la sección de no fumar.
3. El pasajero tiene un asiento de ventanilla.
4. El pasajero no tiene equipaje.
5. La señorita le sirve el almuerzo al pasajero.

A escuchar

You will hear a short conversation followed by five related statements. Mark the appropriate column to indicate whether each statement is true or false.

	Sí	No
1.	_____	_____
2.	_____	_____
3.	_____	_____
4.	_____	_____
5.	_____	_____

A leer

Usted piensa comprar un auto nuevo, pero tiene poco dinero. Mire el anuncio de una revista en la próxima página. Léalo con cuidado buscando información que lo/la pueda ayudar a comprar el auto.

Complete las siguientes oraciones con la información que se da en el anuncio.

1. La institución que puede facilitar la compra es _____.
2. Para pagar la deuda las personas tienen hasta _____ años.
3. Las personas que no viven en la capital pueden recibir más información en _____.
4. La palabra Banamex quiere decir _____.

Con su compañero/a decidan qué auto les interesa comprar, cuáles son sus características y cómo lo van a pagar.

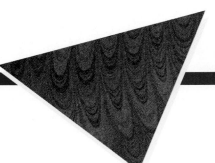

Enfoque

UN PARAÍSO TURÍSTICO

Costa Brava, España

San Juan

Dada su situación geográfica, la riqueza y variedad de sus recursos naturales, sus climas y los factores relacionados a los costos de vida, los países que integran el mundo de habla española son un verdadero paraíso turístico. De hecho, la industria turística es uno de los sectores comerciales más importantes en países como España, México, Puerto Rico y la República Dominicana. Por su clima templado y la belleza de sus costas, España sirve como centro de vacaciones para toda Europa. Solamente a España llegan más de 40 millones de turistas europeos y norteamericanos cada año.

Quintana Roo, México

EXPLICACION Y EXPANSION

1. INDICATIVE AND SUBJUNCTIVE IN ADJECTIVE CLAUSES

- An adjective clause is a dependent clause that is used as an adjective.

Adjective

Hay algunos estudiantes **trabajadores.**

Adjective clause

Hay algunos estudiantes **que son trabajadores.**

- Use the indicative in an adjective clause that refers to a person, thing, or place that exists or is known.

Hay alguien que **habla** 34 lenguas.	*There is someone who speaks 34 languages.*
Quiero viajar en el tren que **sale** por la mañana.	*I want to travel on the train that leaves in the morning.* (you know there is such a train)

- Use the subjunctive in an adjective clause that refers to a person, thing, or place that does not exist or is unknown.

No hay nadie que **hable** 34 lenguas.	*There isn't anyone who speaks 34 languages.*
Quiero viajar en un tren que **salga** por la mañana.	*I want to travel on a train that leaves in the morning.* (any train as long as it leaves in the morning)

12–9 Un lugar para descansar. Su companero/a va a hacerle preguntas sobre este lugar. Contéstele según la información que aparece mas abajo.

MODELO: hotel / tener piscina
COMPAÑERO/A: ¿Hay un hotel que tenga piscina?
USTED: Sí, hay un hotel que tiene piscina. *o* No, no hay un hotel que tenga piscina.

Hay
tiendas / vender ropa para esquiar
cines / dar películas españolas
lugares / aceptar cheques de viajero

No hay
autobús / llegar por la mañana
cafetería / servir comida vegetariana
lugares / aceptar cheques personales

Suggestion. Use visuals to explain existent versus nonexistent antecedents. For example, set a beach scene: *Hay personas que juegan al vóleibol. Hay personas que están tomando helados, pero no hay nadie que escuche la radio. No hay nadie que esté nadando.*

Compare: *Sí, hay alguien que entiende esto.* (Existent) *No, no hay nadie que lo entienda.* (Nonexistent)

Ask questions with *hay*, using the indicative and the subjunctive. For example, *¿Hay una clase que termina/termine a las cuatro?* Point out that when a person is not sure or doubts the existence of the antecedent, he or she uses the subjunctive.

333

Actividades

12–10   Agencia Las Hamacas.   Con su compañero/a, compartan información sobre la agencia de acuerdo con el siguiente anuncio.

MODELO: —Hay una agencia que planea viajes al extranjero.

—Es una agencia que...

TURISMO

◦ Las Hamacas ◦

SERVICIO DE VIAJES
LE PLANEAMOS SU VIAJE A CUALQUIER PARTE
DE MÉXICO Y DEL EXTRANJERO

BOLETOS DE AVIÓN, DE BARCO, RENTA DE AUTOS, VIAJES TODO
PAGADO, RESERVACIONES A HOTELES, LOBBY HOTEL ACAPULCO IMPERIAL

521-24   **528-59**
5-22-79   LLAME LE ENVIAMOS
SUS BOLETOS

COSTERA M. ALEMÁN Nº 251, ACAPULCO, GRO.

12–11   Usted está muy equivocado/a.   Explíquele a su compañero/a que sus ideas son incorrectas. Sigan el modelo.

Expansion. 7. ser económica
8. hacer reservaciones los domingos
9. tener más de 20 empleados
10. darnos información

MODELO: regalar pasajes

—¿Hay alguna agencia que regale pasajes?

—No, no hay ninguna agencia que regale pasajes.

1. vender aviones
2. cambiar cheques
3. abrir el 25 de diciembre
4. servir comidas
5. vender pasajes a Marte
6. comprar autos

12–12   Los estudiantes de esta clase.   Conteste las siguientes preguntas sobre los alumnos de la clase de español. Si la respuesta es afirmativa, diga quién es.

MODELO: —¿Hay alguien que lleve una sudadera blanca?

—Sí, hay alguien que lleva una sudadera blanca.

—¿Quién es?

—Marta.

—¿Hay alguien que hable cuatro lenguas?

—No, no hay nadie que hable cuatro lenguas.

1. ¿Hay alguien que sea alto y delgado?
2. ¿Hay alguien que mida ocho pies?
3. ¿Hay alguien que sea moreno y tenga el pelo corto?
4. ¿Hay alguien que sepa hablar español?
5. ¿Hay alguien que conozca al Presidente?
6. ¿Hay alguien que tenga un avión?
7. ¿Hay alguien que estudie para ser médico?
8. ¿Hay alguien que quiera vivir en Madrid durante un año?

12–13   Un viaje a un pueblo colonial.   Usted le hace las siguientes preguntas a su agente de viajes porque quiere ir a Villa de Leiva en Colombia.

USTED: ¿Hay algún vuelo que vaya a Villa de Leiva?

AGENTE: No,...

USTED: ¿Hay algún autobús que pueda tomar en Bogotá?

AGENTE: Sí,...

USTED: ¿Hay algún buen hotel allí?

AGENTE: Sí,...

 12–14   Un trabajo urgente.   Su compañía necesita varios/as empleados/as nuevos/as. Explíquele a su jefe/a si ya hay o no hay un/a empleado/a así en la compañía.

MODELO: —Necesito a alguien que programe la computadora.

—Sí, hay alguien que programa la computadora. o —No, no hay nadie que programe la computadora.

1. —Necesito a alguien que sepa usar mi computadora.
   —Sí, hay...
2. —Necesito un empleado que hable inglés, japonés y español.
   —No, no hay...
3. —Necesito un empleado que pueda trabajar esta noche.
   —No, no hay...
4. —Entonces, un empleado que pueda trabajar este fin de semana.
   —Sí, hay...
5. —Necesito un empleado que lleve estos documentos al banco ahora.
   —Sí, hay...

 12–15   ¿A quiénes conoce?   Conteste las preguntas de su compañero/a. Si su respuesta es afirmativa, debe decir quién y cómo es esa persona.

MODELO: vivir en Panamá

—¿Conoces a alguien que viva en Panamá?

—Sí, conozco a alguien que vive en Panamá. Uno de mis primos. Es un chico muy simpático. o —No, no conozco a nadie que viva en Panamá.

1. tener un Rolls Royce
2. hablar ruso
3. viajar a Europa este año
4. trabajar en el aeropuerto
5. saber canciones mexicanas

Expansion. 6. *ser de mi país* 7. *decirme la verdad* 8. *darme mil pesos* 9. *enviarme cartas de amor* 10. *traerme los boletos*

Busco una casa que esté frente al mar, que sea grande y que tenga cinco cuartos. Have students use other verbs besides *buscar*, such as *necesitar, querer, desear, preferir.*

12–16 Los idealistas. Escriban juntos un párrafo explicando cómo esperan ustedes que sean estas personas o cosas ideales.

MODELO: la casa ideal

Buscamos una casa que esté frente al mar, que sea grande y que tenga una cocina muy moderna. Queremos que la sala tenga una chimenea y que podamos ver el mar...

1. el/la amigo/a ideal
2. las vacaciones ideales
3. el carro ideal
4. la universidad ideal
5. el concierto ideal

12–17 Situación.

You are at a travel agency and you want to take a trip to Puerto Rico. Ask the travel agent the following information: a) how much the ticket is, b) when the plane leaves and arrives, and c) if you need a passport. Then explain the kind of hotel you would like to get (e.g., location, price, amenities).

Optional. Divide the class into groups of eight (or so). Play-act one or more of the following situations:
A. A scene in a travel agency in a Spanish-speaking country. In pairs (customer and travel agent), book a domestic air ticket and a hotel room. Find out all pertinent information, and describe your plans to the group. Later describe where you went and what you did.
B. Buy a bus ticket to Antigua, Guatemala, from the capital. Find out all pertinent information, and report to the group.
C. You have just had a small accident in a rental car in Venezuela, and find you must pay the deductible *(el deducible)* of over $400. However, you were told there was no deductible, and you never signed the deductible statement.

Describe the scene with the travel agent and the couple. Introduce and practice new vocabulary in context, using visuals if possible *(lleno, vacío, hacer escala, lista de espera)*. Have students in groups of three act out the dialog. Ask questions to check comprehension.

2. AFFIRMATIVE AND NEGATIVE EXPRESSIONS

AGENTE: Lo siento, ese vuelo está lleno. No hay ningún asiento disponible.

RICARDO: ¿Y el de la tarde?

AGENTE: Hay asientos vacíos, pero el vuelo hace escala en Mazatlán.

MARISELA: Si no hay...

AGENTE: ¿Por qué no reservan un asiento en este vuelo y los pongo en la lista de espera para el otro?

RICARDO: Está bien. Siempre hay alguien que cancela.

AFFIRMATIVE		NEGATIVE	
todo	*everything*	**nada**	*nothing*
algo	*something, anything*		
todos	*everybody, all*	**nadie**	*no one, nobody*
alguien	*someone, anyone, somebody*		
algún, alguno	*some, several,*	**ningún, ninguno,**	*no, not any,*
(-a, -os, -as)	*any, someone*	**(-a, -os, -as)**	*none*
o...o	*either . . . or*	**ni...ni**	*neither . . . nor*
siempre	*always*	**nunca**	*never, (not) ever*
una vez	*once*		
alguna vez	*sometime, ever*		
algunas veces	*sometimes*		
a veces	*at times*		
también	*also, too*	**tampoco**	*neither, not*

Point out. *Nunca* or *jamás* may be used interchangeably, although *jamás* is more emphatic. For dramatic emphasis use them together: *Nunca jamás las voy a invitar.*

- Negative words may precede or follow the verb. If they follow the verb, use the word **no** before the verb.

    Nadie vive aquí. ⎫
    No vive **nadie** aquí. ⎭   *No one/Nobody lives here.*

- **Alguno** and **ninguno** shorten to **algún** and **ningún** before masculine singular nouns.

    ¿Ves **algún** coche?   *Do you see any car?*
    No veo **ningún** coche.   *I don't see any car.*

- Use the personal **a** when **alguno/a/os/as** and **ninguno/a** refer to a person and are the direct object of the verb. Use it also with **alguien** and **nadie** since they always refer to people. Notice that the plural forms of the negative are rarely used in Spanish.

    ¿Conoces **a** alguno de los chicos?   *Do you know any of the boys?*
    No conozco **a** ninguno.   *I don't know any.*
    ¿Conoces alguno de los libros?   *Do you know any of the books?*
    No, no conozco ninguno.   *No, I don't know any.*

Note. An exception is made when referring to plural nouns, such as *tijeras, pantalones, vacaciones: ¿Hay algunas tijeras buenas por aquí? No, no hay ningunas buenas.*

Actividades

12–18 **¿Qué hace usted en los viajes?** Complete las oraciones con: **siempre, a veces, nunca.**

1. _____ me acuesto temprano.
2. _____ me levanto tarde.
3. _____ viajo en primera.
4. _____ hablo con la persona que está a mi lado.
5. _____ voy a ver partidos de béisbol o de fútbol.
6. _____ como en restaurantes elegantes.
7. _____ les escribo a mis amigos.
8. _____ voy al cine por la noche.

12–19 **¿Con qué frecuencia?** Conversen sobre estas actividades y la frecuencia de su participación en ellas.

MODELO: correr

—Yo corro tres veces a la semana. ¿Y tú?

—Yo no corro nunca. *o* —Yo corro a veces/todos los días, etc.

1. ver la televisión	7. escuchar música clásica
2. viajar en tren	8. tomar el metro
3. llamar a mis amigos	9. ir al cine
4. esquiar	10. preparar la cena
5. ir de compras	11. caminar a la universidad
6. manejar al campo	12. jugar al tenis (fútbol, béisbol)

12–20 **Un restaurante malo.** Usted quiere comer en el restaurante del hotel, pero su amigo/a piensa que el restaurante es muy malo. Hágale las siguientes preguntas. Su amigo/a va a contestarle negativamente usando la forma correcta de **ningún.**

Expansion. *7. Sirven bebidas alcohólicas? 8. ¿Hay música?*

MODELO: —¿Sirven platos típicos?

—No, no sirven ningún plato típico.

1. ¿Preparan platos de dieta?	4. ¿Tienen vinos españoles?
2. ¿Tienen ensaladas buenas?	5. ¿Tienen postres buenos?
3. ¿Sirven pescado fresco?	6. ¿Hay camareros amables?

12–21 **Mi amigo/a negativo/a.** Hágale estas preguntas para ver si su amigo/a sigue tan negativo.

Variation. Working in pairs, have one student make informal commands. The partner answers negatively using *nunca.*

MODELO: —¿Vas a llamar a alguien?

—No, no voy a llamar a nadie.

1. ¿Vas a visitar a alguien?
2. ¿Vas a ver alguna película esta noche?
3. ¿Vas a leer o vas a escuchar música?
4. ¿Vas a escribirle a algún amigo?
5. ¿Vas a comer con otras personas?
6. ¿Qué vas a hacer entonces?

12–22   Planeando un viaje.   Comenten las cosas que ustedes quieren o no quieren hacer.

Preparation. Have students tell you what they want to do: *Quiero salir temprano.* You agree by saying, *Yo también.* Reverse roles and have students tell you what they don't want to do: *No quiero leer.* You agree by saying: *Yo tampoco.*

MODELOS: comprar el pasaje dos semanas antes

—Yo quiero comprar el pasaje dos semanas antes.

—Yo también. *o* —Yo quiero comprar el pasaje una semana antes.

no comprar el pasaje en el aeropuerto

—Yo no quiero comprar el pasaje en el aeropuerto.

—Yo tampoco. *o* —Yo quiero comprar el pasaje en la agencia de viajes.

1. llegar temprano al aeropuerto
2. pedir un asiento en el pasillo
3. dormir durante el vuelo
4. conocer a otros pasajeros
5. no llevar mucha ropa
6. facturar el equipaje
7. no ver la película
8. no gastar mucho dinero

12–23   Los gustos personales.   Un estudiante dice si le gustan o no estas cosas. Los otros le contestan. Comparen sus respuestas con las de otro grupo.

MODELOS: los postres de chocolate

—A mí me gustan los postres de chocolate.

—A mí también. *o* —A mí, no.

viajar en avión

—A mí no me gusta viajar en avión.

—A mí tampoco. *o* —A mí, sí.

1. tener coches pequeños
2. los coches deportivos
3. levantarme temprano
4. hacer ejercicio
5. la música rock
6. las fiestas
7. los viajes largos
8. ir al médico

12–24   En la aduana.

INSPECTOR: ¿Tiene algo que declarar?

USTED: No,...

INSPECTOR: ¿Trae usted alguna planta?

USTED: No,...

INSPECTOR: ¿Tiene usted más de $10.000?

USTED: No,...

INSPECTOR: Por favor, abra el equipaje.

USTED: ...

12–25   En una fiesta.   Usted y un/a amigo/a están en una fiesta en casa de Luisa. Ella viene adonde están ustedes para conversar.

LUISA:	¿Quieres comer algo?
USTED:	…
LUISA:	Y tú, ¿quieres que te sirva algo?
SU AMIGO/A:	…
LUISA:	¿Quieren probar algunos postres?
USTED:	…
SU AMIGO/A:	…
LUISA:	¿Desean beber algo?
USTED:	…
SU AMIGO/A:	…

12–26   Situación.

You are in a plane and the flight attendant asks you if you would like something to drink. Tell him/her that you do not want anything. The flight attendent will then ask if you would like something to eat. Tell him/her that you do not want anything, that you ate before getting on the plane.

3.   ADVERBS

- You have used Spanish adverbs when expressing how things are done or how you feel (**bien, mal, regular**). Spanish also uses adverbs ending in **-mente**, which corresponds to the English *-ly*, to qualify how things are done.

- To form these adverbs, add **-mente** to the feminine form of the adjective. Remember that for some adjectives the feminine form ends with a consonant (**difícil**) or the vowel -e (**alegre**).

El coche pasó **rápidamente**.	*The car went by rapidly.*
La niña habló **fácilmente**.	*The child spoke easily.*
Pagaron **amablemente**.	*They paid cheerfully.*

- When two or more adverbs are used in a series, the suffix **-mente** should be attached only to the last adverb.

Contestaste **clara y lentamente**.   *You answered clearly and slowly.*

Actividades

12–27   ¿Lento o rápido?   ¿Qué hace usted rápidamente y qué hace usted lentamente?

MODELO: hacer la tarea

Hago la tarea lentamente (rápidamente).

1. hablar inglés	3. vestirse	5. comer
2. caminar	4. limpiar la casa	6. leer

12–28 ¿Cómo...? Pregúntele a su compañero/a cómo hace las siguientes cosas. Su compañero/a puede elegir una de las respuestas sugeridas abajo.

MODELO: —¿Cómo caminas?
—Camino rápidamente.

lentamente	alegremente	fácilmente
tranquilamente	claramente	terriblemente
normalmente	perfectamente	rápidamente

1. escribir en la computadora
2. trabajar
3. cantar
4. hablar español
5. bailar salsa
6. jugar al béisbol
7. tocar el violín
8. contestar preguntas

12–29 Preferencias y actividades.

MODELO: Yo quiero ... independientemente.

Yo quiero vivir en mi apartamento independientemente.

1. Me gusta ... tranquilamente.
2. Prefiero ... lentamente.
3. Compro ... diariamente.
4. Voy a ... regularmente.
5. Puedo ... perfectamente.
6. Necesito ... normalmente.

12–30 Entrevista.

USTED: ¿Qué haces normalmente por la tarde?

COMPAÑERO/A: ...

USTED: ¿Adónde sales regularmente y con quiénes?

COMPAÑERO/A: ...

USTED: ¿Adónde vas por la noche generalmente?

COMPAÑERO/A: ...

USTED: ¿Te gusta conversar tranquilamente con tus amigos?

COMPAÑERO/A: ...

12–31 Opiniones. Expliquen si están de acuerdo o no con las siguientes ideas y por qué.

1. Generalmente los programas de televisión tienen mucha violencia.
2. Básicamente los carros japoneses son mejores que los norteamericanos.
3. Realmente los alumnos de la escuela secundaria estudian poco.
4. Tradicionalmente los mejores jugadores de fútbol de los equipos de las universidades pasan a ser profesionales.

12–32 Situación.

You want to find out what your friend normally does on weekends. Ask as many questions as necessary and compare your activities with those of your friend.

REPASO GRAMATICAL

1. AFFIRMATIVE AND NEGATIVE EXPRESSIONS

AFFIRMATIVE		NEGATIVE	
todo	*everything*	**nada**	*nothing*
algo	*something, anything*		
todos	*everybody, all*	**nadie**	*no one, nobody*
alguien	*someone, anyone, somebody*		
algún, alguno (-a, -os, -as)	*some, several, any, someone*	**ningún, ninguno,** (-a, -os, -as)	*no, not any, none*
o...o	*either . . . or*	**ni...ni**	*neither . . . nor*
siempre	*always*	**nunca**	*never, (not) ever*
una vez	*once*		
alguna vez	*sometime, ever*		
algunas veces	*sometimes*		
a veces	*at times*		
también	*also, too*	**tampoco**	*neither, not*

2. ADVERBS ENDING IN -MENTE

ADJECTIVE	ADVERB
Feminine form: **rápida**	**rápidamente**
Ending in a consonant: **fácil**	**fácilmente**
Ending in the vowel -e: **alegre**	**alegremente**

A escuchar

12–33 ¿Quién es quién? Look at the picture and listen to the clues provided. Write the name of each person near his or her picture, according to the information that you hear.

Tapescript. ¿Quién es quién?
Marta Álvarez es azafata, ella conversa alegremente con el piloto Ezequiel Ruiz, con quien viajó a Lima.

La familia Estefan facturó el equipaje. El vuelo para Santiago está demorado en San Francisco y tienen que esperar dos horas. Por eso van a la sala de espera.

Ernesto, por fin, rudo leer el periódico tranquilamente. Debe esperar allí porque no hay lugar en el vuelo de las ocho y está en la lista de espera para el vuelo de las nueve.

Luisa Tamés generalmente trabaja en el mostrador de la aerolínea. A ella se le entregan los pasajes y ella prepara las tarjetas de embarque.

Lo que María Cristina Romero le explica a Ricardo Benítez es muy gracioso. María Cristina perdió su perro en el aeropuerto. Ricardo le pregunta con quién dejó el perro y María Cristina no recuerda.

Por otro lado, el señor Ponce encontró un perro que no sabe de quién es. Finalmente Manuel, el chico que lleva sombrero, le dijo a María Cristina que el señor Ponce tiene su perro.

Ema Flores factura su equipaje y está en la cola delante del señor Ponce.

Carlos Fuentes, de quien te habló tu profesor, elige tarjetas postales mientras espera la salida de su vuelo a Colombia que está demorado.

Feliz viaje.
—"Feliz viaje", buenas tardes. ¿En qué puedo servirle?
—¿Silvana? Soy Marcelo Hernández, ¿cómo estás?
—Ah, Marcelo, estaba por llamarte. Tengo la información que me pediste.
—¡Qué bien!, dime.
—Hay dos viajes interesantes. Uno es de dos semanas por España y el otro también es de dos semanas pero a México. El de España incluye pasaje de ida y vuelta a Madrid, con hospedaje en un hotel de primera y excursiones a Toledo y a Ávila.
—¿Incluye visitas a otras ciudades?
—Sí, sí. Se puede tomar un vuelo sin escala a Barcelona, Sevilla o Santander, estar tres días y luego volver a Madrid.
Marcelo: Parece interesante. ¿Y el de México?
—El de México está pensado para las personas que les gusta mucho la playa. Son dos semanas en Puerto Vallarta, con todo incluido.
—¿Qué es todo?

12–34 Feliz viaje. Listen to the following conversation. Then circle the letters corresponding to all correct statements, according to what you hear.

1. La agencia de viajes se llama...
   a. Buen viaje
   b. Viaje con nosotros
   c. Feliz viaje
2. La agente de viajes le ofrece a Marcelo...
   a. dos viajes interesantes
   b. un viaje a los Estados Unidos
   c. un viaje a Suramérica
3. El viaje a México es...
   a. tan largo como el viaje a España
   b. menos largo que el viaje a España
   c. más largo que el viaje a España
4. La agente describe un viaje a España que...
   a. es de dos semanas
   b. incluye un pasaje de primera
   c. no ofrece excursiones a otras ciudades
5. La excursión a España incluye...
   a. Madrid, Barcelona y Sevilla
   b. Toledo, Ávila y Madrid
   c. Madrid y Granada
6. El viaje a México cuesta...
   a. menos de dos mil quinientos dólares
   b. más que el viaje a España
   c. igual que el viaje a España
7. Marcelo prefiere...
   a. un asiento en el pasillo
   b. la sección de fumar
   c. el viaje a España
8. Marcelo ya tiene...
   a. su pasaporte
   b. un asiento en el pasillo
   c. unos folletos que necesita

—Vuelo sin escala a Puerto Vallarta en clase turística. Hotel con desayuno y almuerzo, excursiones a las ruinas mayas con un guía especializado.
—Bueno, hablemos de precios.
—El de España suma un total de 250.000 pesetas. Eso es más o menos dos mil quinientos dólares y el de México es un poco más barato. Umm, 6.900 pesos son más o menos 2.200 dólares. ¿Qué te parece?
—Hum, no me interesa la playa.

¿Puedes hacer reservaciones para España?
—Sí, un momento. Perdona, pero las computadoras no funcionan. Dame los datos y te llamo más tarde con el número de reservación. ¿Prefieres pasillo o ventanilla?, ¿sección de fumar o no fumar?
—Ventanilla y en la sección de no fumar.
—Perfecto, te llamo más tarde, ¿de acuerdo?
—Sí, muy bien, hasta luego y gracias por todo.

 *A conversar*

—De nada. Oye, recuerda que necesitas pasaporte para viajar a España.
—Sí, lo tengo listo. Por favor, no te olvides de mandarme los folletos que me prometiste. Hasta luego y gracias otra vez.

12–35 ¿Cómo lo hicieron? Ustedes recibieron dos telegramas de Consuelo y Sebastián desde Colombia, pero la información no es clara. **A** tiene cierta información y **B** tiene otra. Traten de descubrir qué quieren decirles sus amigos.

MODELO:

A	**B**
Consuelo y Sebastián / visitar Cali	rápido

—¿Sabes cómo visitaron Cali Consuelo y Sebastián?

—Aparentemente, visitaron Cali rápidamente.

A	**B**
los pasajeros / subir al avión	lento
ordenado	la azafata / repartir las bebidas
el avión / moverse	horrible
peligroso	el piloto / aterrizar
los pasajeros / gritar	histérico
la piloto / explicar el problema	tranquilo
feliz	el vuelo / terminar
pasar la aduana	fácil
finalmente recorrer / Cali	alegre

12–36 ¡Buen viaje, profesor/a! Ustedes quieren planear unas vacaciones inolvidables para su profesor/a. Discutan y decidan sobre los siguientes temas. Luego preparen un informe oral explicando el plan, y finalmente, elijan el mejor viaje. Su profesor/a no puede votar.

MODELO: Queremos unas vacaciones que **sean** (subjuntivo) maravillosas.
Informe: Decidimos tomar unas vacaciones que **van a ser** (indicativo) maravillosas.

Para nuestro/a profesor/a queremos unas vacaciones que...

- ser
- costar
- ...

Queremos que nuestro/a profesor/a...

- ir por...
- llevar
- comprar
- estar

- salir
- volver
- visitar
- ...

12–37   Adivina, adivinador.   Usted piense en un pasajero imaginario y su compañero/a debe decir qué vuelo toma, de acuerdo con la información de la tabla. Alternen los papeles.

MODELO: —Los Gómez llegan de Buenos Aires a las seis
y veinticinco de la tarde por Aeroperú.

—Los Gómez llegan en el vuelo 696.

INVESTIGACIÓN

Usted va a leer el movimiento de aviones de la ciudad de Santiago de Chile. ¿Puede usted encontrar en un mapa la ciudad de Santiago? Busque cinco ciudades de Latino-américa y márquelas en el mapa.

MOVIMIENTO
DE AVIONES

AEROPUERTO COMOD. ARTURO MERINO BENITEZ
MOVIMIENTO NACIONAL

LLEGAN:				SALEN:			
PROCEDENCIAS	VUELO	COMPAÑÍAS	LLEGA	SALE	COMPAÑÍAS	VUELO	DESTINOS
ARICA-IQUIQUE-ANTOFAGASTA	131	NATIONAL	11.45	07.33	LAN CHILE	067	PUERTO MONTT-COIHAIQUE
ARICA-IQUIQUE-ANTOFAGASTA	097	LAN CHILE	12.28	08.00	LAN CHILE	094	ANTOFAGASTA-IQUIQUE-ARICA
ARICA-IQUIQUE-ANTOFAGASTA	045	LADECO	12.20	08.10	LADECO	060	ANTOFAGASTA-IQUIQUE-ARICA
PUNTA ARENAS–PUERTO MONTT	040	LAN CHILE	12.35	08.30	LADECO	077	CONCE-P. MONTT-BALMACEDA-P. ARENAS
COIHAIQUE-PUERTO MONTT	044	LAN CHILE	14.30	11.00	NATIONAL	171	PUERO MONTT-PUNTA ARENAS
PUNTA ARENAS-PUERTO MONTT-CONCEPCION	072	LADECO	15.10	13.15	LAN CHILE	045	CONCEPCION-PUNTA ARENAS
ARICA-IQUIQUE-ANTOFAGASTA	095	LAN CHILE	15.55	13.30	LADECO	022	ANTOFAGASTA-IQUIQUE-ARICA
ARICA-IQUIQUE-ANTOFAGASTA	061	LADECO	16.10	14.00	LADECO	043	TEMUCO-VALDIVIA
PUNTA ARENAS-PUERTO MONTT-CONCEPCION	170	NATIONAL	19.20	14.45	LAN CHILE	052	ANTOFAGASTA-CALAMA
PUNTA ARENAS-BALMACEDA-PUERTO MONTT	074	LADECO	20.10	17.05	NATIONAL	132	ANTOFAGASTA-IQUIQUE-ARICA
LA SERENA	031	LADECO	20.10	18.00	LADECO	032	LA SERENA
CALAMA-ANTOFAGASTA	053	LAN CHILE	21.00	18.00	LAN CHILE	096	ANTOFAGASTA-IQUIQUE-ARICA
CONCEPCION	004	LADECO	21.10	18.10	LAN CHILE	045	TEMUCO
TEMUCO	044	LAN CHILE	21.10	18.15	LADECO	071	PUERTO MONTT-PUNTA ARENAS
ARICA-IQUIQUE-ANTOFAGASTA	023	LADECO	21.20	19.00	LADECO	005	CONCEPCION
CONCEPCION	034	LAN CHILE	21.50	19.45	LAN CHILE	025	CONCEPCION
PUNTA ARENAS–PUERTO MONTT	044	LAN CHILE	21.56	21.00	NATIONAL	134	LA SERENA
LA SERENA	133	NATIONAL	23.00	21.10	LADECO	061	ANTOFAGASTA-IQUIQUE-ARICA

A leer

12–38   ¡Qué vacaciones!   Usted es una persona muy curiosa y siempre quiere saber qué hace la gente. Aquí le ofrecemos información sobre las vacaciones de los Pérez, Jorge Solá, Fernando y Adriana Rodríguez, y Patricia, Mercedes y Gabriela Hernández. Lea con mucho cuidado para poder completar la tabla. ¡Buena suerte!

INVESTIGACIÓN

En la lectura, hay muchos nombres de personas y lugares famosos. ¿Puede usted identificar algunos de ellos? Elija por lo menos tres nombres y explique por qué son famosos.

nombre	destino	lugares visitados	duración del viaje	compras

Los Rodríguez salieron para Guatemala por dos semanas. Visitaron las ruinas de Tikal y estuvieron también en Antigua. En Antigua vieron muchas iglesias de la época colonial y las visitaron. Por supuesto que Adriana tomó muchas fotos de la iglesia de San Francisco y del claustro de Santa Clara. Afortunadamente, hizo muy buen tiempo en Antigua. Se divirtieron mucho allí. A los Rodríguez les encantaron los sorprendentes colores de los vestidos indígenas. Fernando pagó solamente diez dólares por una chaqueta preciosa. Desgraciadamente, cuando estaban en Antigua, Adriana se resbaló por una escalera y se fracturó una mano. Por esto, tuvieron que volver a su país una semana antes.

Jorge Solá no fue ni a Centro ni a Sudamérica. Él salió para un país donde hablan español. Por suerte, no hubo mucha contaminación esos días. Felizmente, muchos mexicanos, por ser verano, estaban de vacaciones. Por eso, no había mucha gente. Visitó el Palacio Nacional, que tiene excelentes murales de Diego Rivera, a quien Jorge admira muchísimo. El guía, con quien Jorge hablaba frecuentemente en sus excursiones, era muy simpático. Lo que más le impresionó fueron los cuadros de Frida Kahlo que vio en un museo muy pequeño en el centro de la ciudad. En sólo diez días vio muchas cosas interesantísimas. Compró algunas artesanías para su casa, pero desgraciadamente no tenía mucho dinero.

Patricia y Mercedes Hernández son colombianas, pero su madre Gabriela es española. Por fin este año ella pudo llevar a sus hijas a recorrer su país. Afortunadamente, tenían un mes para hacer el viaje. Volaron a Madrid y estuvieron allí por una semana. Visitaron el Prado, pero desafortunadamente no vieron el Guernica de Picasso porque estaba en otro museo. A las chicas lo que más les gustó fueron los cafés y bares cerca de la Plaza Mayor. Para alegrar a las chicas, Gabriela, que es una buena madre, las llevó a tomar el sol a las playas del Mediterráneo. Cuando terminó el mes, volvieron a Colombia sin un centavo, pero felices y con un montón de postales y libros recientemente publicados.

Susana y Gustavo la pasaron maravillosamente bien en su luna de miel aunque el tiempo no fue muy bueno en toda la semana. Llovió e hizo frío y por eso no pudieron ir a la playa casi nunca. Para tener tan mal tiempo no la pasaron tan mal. Los primeros días, Gustavo fue a comprar ropa y discos al centro. Susana se puso al día con la literatura de la isla y leyó dos libros de René Marqués y un libro de poemas de Julia de Burgos, que la dejó muy impresionada.

El hotel en San Juan fue un descubrimiento maravilloso— bueno, bonito y barato— casi perfecto. Además los puertorriqueños son muy simpáticos. Las vistas desde el Morro les fascinaron. A Susana también le impresionaron la vida y el movimiento que encontró en Río Piedras, cerca de la Universidad de Puerto Rico. Por fin el último día, salió el sol y pudieron bañarse en el mar antes de volver tristemente a la rutina del trabajo. Finalmente, los Pérez pudieron tomar el sol y volver del Caribe con un buen color.

A escribir

12–39 El detective famoso. Usted es un/a famoso/a detective y ha recibido esta postal en la que le dicen que usted corre peligro si no descubre el secreto de la postal. Para descubrir el secreto tiene que demostrar que usted sabe:

1. cuál es el peligro. ¿Cómo lo sabe?
2. quiénes son las personas de la postal. ¿Cómo lo sabe?
3. por qué son cómo son.
4. qué hacen, dónde viven, etc. ¿Cómo lo sabe?
5. qué relación hay entre ellos. ¿Cómo lo sabe?
6. qué relación hay con usted. ¿Cómo lo sabe?

VOCABULARIO

EN EL AEROPUERTO

la aduana	customs
la aerolínea	airline
el mostrador	counter
la puerta (de salida)	gate
la sala de espera	waiting room
el vuelo	flight

EN UN AVIÓN

el asiento	seat
la clase turista	tourist/economy class
la primera clase	first class
la sección de (no) fumar	(no) smoking section
la ventanilla	window

MEDIOS DE TRANSPORTE

el auto(móvil)/ coche/carro	car
el autobús/bus/ ómnibus	bus
el avión	plane
el barco	ship
la moto(cicleta)	motorcycle
el taxi	taxi
el tren	train

PERSONAS

el/la auxiliar de vuelo	steward, stewardess
la azafata	stewardess
el/la agente de viaje	travel agent
el cliente/la clienta	client
el/la chofer	driver
el/la inspector/a de aduana	customs inspector
el/la pasajero/a	passenger

PARTES DE UN COCHE

el acumulador/ la batería	battery
el baúl/maletero	trunk
el cinturón de seguridad	safety belt
la llanta	tire
el parabrisas	windshield
el parachoques/ la defensa	bumper
el volante	steering wheel

VIAJES

la agencia de viajes	travel agency
el boleto/pasaje	ticket
el boleto de ida y vuelta	roundtrip ticket
la carretera	highway
el crucero	cruise
el cheque de viajero	traveller's check
el destino	destination
el equipaje	luggage
la hora de llegada/ salida	arrival/departure time
la lista de espera	waiting list
la maleta	suitcase
el maletín	attaché case
la mochila	backpack
el pasaporte	passport
la reservación	reservation
la ruta	route
la sala de espera	waiting room
la tarjeta de embarque	boarding pass
la velocidad	speed

DESCRIPCIÓN

disponible	available
inolvidable	unforgettable
lleno/a	full
vacío/a	empty

VERBOS

cancelar	to cancel
chequear/facturar	to check (luggage)
chocar	to collide
empacar/hacer la maleta	to pack (a suitcase)
manejar	to drive
reservar	to make a reservation
viajar	to travel
volar (ue)	to fly

EXPRESIONES ÚTILES

a tiempo	on time
hacer cola	to stand in line
hacer escala	to make a stopover

LECCIÓN 13

Hay muchas fiestas y tradiciones en el mundo hispano. ¿Conoce usted algunas? ¿Le gusta la música? ¿Sabe bailar?

Fiestas y tradiciones

Goals. In this lesson students discuss festivals and holiday activities, and learn to express on-going actions in the past. They express goals and purposes. The uses and forms of the imperfect are presented and contrasted with the preterit. The grammar also includes *por* and *para*.

COMUNICACIÓN

- Talking about and describing festivals and holiday activities
- Expressing ongoing actions in the past
- Expressing goals and purposes

ESTRUCTURAS

- The Imperfect
- Imperfect of Regular and Irregular Verbs
- Preterit and Imperfect
- **Por** and **para**

CULTURA

- Holidays and traditions in the Spanish-speaking world

Fiestas y tradiciones

Estas carretas adornadas "hacen el camino" para llegar al Rocío, un pequeño pueblo de la provincia de Huelva en España, donde está la Ermita de la Virgen del Rocío. En este pueblo se reúnen más de un millón de personas para celebrar la fiesta de la Virgen del Rocío.

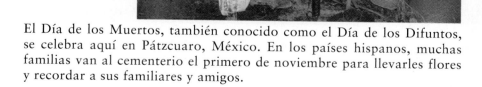

El Día de los Muertos, también conocido como el Día de los Difuntos, se celebra aquí en Pátzcuaro, México. En los países hispanos, muchas familias van al cementerio el primero de noviembre para llevarles flores y recordar a sus familiares y amigos.

CULTURA Muchas fiestas y fechas importantes son diferentes en los países hispanos y los Estados Unidos. Debido a la importancia e influencia de la religión católica, algunas fiestas religiosas se consideran también fiestas oficiales. Las fechas para el Día de la Madre y el Día del Padre varían de un país a otro. El Día de Acción de Gracias *(Thanksgiving)* y el Día de las Brujas *(Halloween)* no se celebran en los países hispanos.

Las fiestas y los bailes que se celebran, como la fiesta de San Francisco en Puebla, México, ayudan a mantener las costumbres de sus antepasados.

La Diablada es uno de los festivales folclóricos con más colorido en Hispanoamérica. Se celebra durante el Carnaval de Oruro en Bolivia.

La música, el baile y la alegría reinan en los Carnavales de Madrid. Hay comparsas que bailan en las calles, muchas personas se disfrazan, y todo el mundo se divierte.

Una de las procesiones de Semana Santa en Arcos de la Frontera, España. Durante la semana hay procesiones que comienzan por la tarde, casi siempre alrededor de las seis, y no terminan hasta la madrugada.

La celebración de los "sanfermines" el 7 de julio en Pamplona es famosa mundialmente por los "encierros". Los jóvenes corren por las calles de Pamplona seguidos de los toros hasta llegar a la plaza donde más tarde tienen lugar las corridas.

Additional vocabulary. People frequently use *Pascuas* to refer to Christmas as well as Easter. *La Pascua Florida* is often used to distinguish the holiday from *las Pascuas Navideñas. Felices Pascuas = Feliz Navidad.*

Más días y fechas importantes

la Nochebuena	Christmas Eve
la Nochevieja	New Year's Eve
el Año Nuevo	New Year's Day
el Día de la Independencia	Independence Day
la Pascua	Easter, Passover
el Día de la(s) Madre(s)	Mother's Day
el Día del/de los Padre(s)	Father's Day
el Día de Acción de Gracias	Thanksgiving
el Día de las Brujas	Halloween
el Día de los Enamorados/ del Amor y la Amistad	Saint Valentine's Day

CULTURA En muchos países de habla hispana, los niños reciben regalos de Papá Noel o del Niño Dios; sin embargo, se considera la Nochebuena como el día más importante.

La celebración del 5 de Mayo en Austin, Texas. Esta fiesta tradicional conmemora la victoria de las tropas mexicanas sobre las fuerzas invasoras del emperador Maximiliano en el año 1867.

Cada año más de 250.000 personas asisten al Desfile de los Reyes Magos en Miami. Este desfile celebra la llegada de los tres reyes que le llevaron regalos al niño Jesús. En la tradición moderna, los Reyes les traen regalos a los niños el 6 de enero en muchos países hispanos.

Actividades

13–1 Asociaciones. Asocie las fechas con los días festivos.

1. el 25 de diciembre	a. el Año Nuevo
2. el 7 de julio	b. el Día de Independencia
3. el 1º de noviembre	c. la Navidad
4. el 6 de enero	d. la Nochebuena
5. el 4 de julio	e. el Día de San Fermín
6. el 24 de diciembre	f. la Nochevieja
7. el 1º de enero	g. el Día de los Muertos
8. el 31 de diciembre	h. el Día de los Reyes Magos

13–2 Identificación.

1. Una fiesta muy alegre llena de música y bailes.
2. Los jóvenes corren delante de los toros en Pamplona.
3. "Se hace el camino" para llegar a un pequeño pueblo en Huelva.
4. Las familias recuerdan a sus antepasados.
5. Una celebración de la victoria de las tropas mexicanas sobre el ejército del emperador Maximiliano.
6. Las familias se reúnen cada año la noche antes de la Navidad.
7. Una semana llena de procesiones y celebraciones religiosas.
8. Un festival folclórico que se celebra durante el Carnaval de Oruro en Bolivia.
9. Este día los novios y los esposos intercambian regalos.
10. Día del mes de enero cuando les traen regalos a los niños.

13–3 Unos días festivos. ¿Cómo celebra usted estas fechas?

¿Qué día festivo te gusta más? ¿Por qué? ¿A quién no le gustan los días festivos? ¿Por qué?

MODELO: —¿Cómo celebras tu cumpleaños?

—Recibo regalos y lo celebro con mi familia y mis amigos. ¿Y tú?

1. la Nochevieja
2. la Navidad
3. el Día de Acción de Gracias
4. el Día de la Independencia
5. el Año Nuevo
6. el Día de las Madres

13–4 Festivales o desfiles. Piense en algunos festivales o desfiles importantes. Su compañero/a va a hacerle preguntas sobre los siguientes temas.

	nombre	lugar	descripción	opinión
1. festivales	_____	_____	_____	_____
2. desfiles	_____	_____	_____	_____

13–5 Una celebración importante. Usted y su compañero/a estuvieron en un país hispano durante una celebración importante (Carnaval, Día de la Independencia, Año Nuevo, Semana Santa, etc.). Explíquenles a otros/as dos compañeros/as dónde estuvieron, qué celebraron y qué hicieron. Después sus compañeros/as deben hacer lo mismo. Durante la conversación, traten de hacer preguntas para obtener más información.

....

CULTURA Los mariachis son grupos musicales de México que cantan y tocan violines, guitarras, guitarrones, trompetas y vihuelas. Muchos creen que la palabra *mariachi* viene del francés *mariage*, que significa boda. En la época colonial, los novios llevaban estas bandas a sus bodas para festejar a la novia. Otros opinan que *mariachi* proviene de una palabra indígena que designa la plataforma donde se paraban los músicos para tocar. Hoy día, si quiere llevar mariachis a una fiesta en la Ciudad de México, puede ir a la plaza Garibaldi, adonde van mariachis todas las noches a esperar que alguien los contrate.

13–6 Una invitación de boda. Lean la invitación de boda y contesten estas preguntas. Luego preparen una lista con las diferencias que encuentran ustedes entre esta invitación y una invitación en este país.

1. ¿Cómo se llaman los padres de la novia? ¿Y los del novio?
2. ¿Cómo se llaman los novios?
3. ¿Qué día es la boda?
4. ¿A qué hora es?
5. ¿En qué país se celebró esta boda?

Discuss what events the students attended. You may want to point out the meaning of the abbreviations: R.P. = *reverendo padre* and S.J. = Sociedad de Jesús.

Pedro Martín Salda

Juana Montoya de Martín

Edward Jay Wolf

Mary Louise Samm

participan el matrimonio de sus hijos

Estelita

y

Robert Arthur

y tienen el honor de invitarle a la Ceremonia Religiosa que se celebrará el viernes diez de febrero a las diecinueve treinta horas en el Convento de San Joaquín, Santa Cruz Cacalco Nº 15, Legaria, dignándose impartir la Bendición Nupcial el R. P. José Ortuño, S. J.

Ciudad de México, 1995.

Agradeceremos su presencia

después de la Ceremonia Religiosa

en el Club de Golf Chapultepec,

Av. Conscripto Nº 425, Lomas Hipódromo.

R. S. V. P.
529-99-43
520-16-85   *Personal*

Tapescript.

1. Hombre: Y mañana Papá Noel les trae los regalos a los niños.

Mujer: ¿Papá Noel o Santa Claus?

Hombre: En tu país es Santa Claus. Aquí es Papá Noel.

2. Mujer 1: Ahora salgo para la iglesia y después voy al cementerio para llevarle flores a mi padre.

Mujer 2: ¿Cuándo murió tu padre?

Mujer 1: En el 90.

Mujer 2: ¿Y haces esto todos los años?

Mujer 1: Sí, todos los años.

3. Hombre 1: ¿Qué le vas a regalar a tu novia mañana?

Hombre 2: Todavía no sé. Quizás un perfume, un collar.

Hombre 1: ¿Y van a salir por la noche?

Hombre 2: Sí, la voy a llevar a su restaurante favorito.

Hombre 1: Bueno, es un día muy especial para los novios.

4. Mujer 1: ¿Por qué hay tantos niños en la calle? ¡Y están disfrazados!

Mujer 2: Hoy es una fiesta muy importante para los niños en los Estados Unidos.

Mujer 1: ¿Y qué hacen en la calle?

Mujer 2: Les piden caramelos o dulces a los vecinos.

5. Mujer: ¿Te vas a disfrazar, Alberto?

Hombre: Por supuesto. Todos nos vamos a disfrazar y vamos a ir al baile. Éstos son días de fiesta y hay que divertirse.

6. Mujer: ¿Qué te trajeron anoche?

Niño: Me trajeron una bicicleta. Yo les pedí muchas cosas, pero sólo me trajeron la bicicleta.

Mujer: Es que hay muchos niños y ellos tienen que llevarles regalos a todos.

You may want to remind students of the padrino/madrina and ahijado/a relationship presented in Lección 4 before talking about the padrinos in a wedding.

A escuchar

Listen to the following conversations. Identify the holiday each conversation refers to and write the appropriate number next to it.

_____ el Día del Amor y la Amistad

_____ la Navidad

_____ el Carnaval

_____ el Día de los Reyes Magos

_____ el Día de las Brujas

_____ el Día de los Muertos

A leer

En este anuncio mencionan a los padrinos de la boda. En los países hispanos, el padrino es la persona que acompaña a la novia al altar. Generalmente es el padre de la novia. La madrina de la boda está en el altar con el novio y generalmente es su madre. Después de leer el anuncio, conteste las preguntas.

	Sí	No
1. El hotel invita a comer sólo a los novios.	_____	_____
2. El menú más barato del hotel cuesta 4.500 pesos.	_____	_____
3. Si los novios celebran la boda en el hotel, reciben un auto de regalo.	_____	_____
4. El hotel les ofrece a los novios una habitación muy elegante sin pagar.	_____	_____
5. Los novios pueden pasar una semana en el hotel.	_____	_____

Con un/a compañero/a haga una lista de las ventajas que ofrece el Hotel El Dorado a los novios.

Enfoque

RITMOS DEL CARIBE

Entre los países de habla española que forman parte de la región del Caribe; Puerto Rico, la República Dominicana, Cuba, Colombia, Venezuela y Panamá son un foco de creación de música, bailes y ritmos que influyen en la cultura popular de toda Hispanoamérica. Debido a la influencia de la cultura africana en esa región, la música de estos países es ágil, rápida, alegre y se ejecuta con instrumentos de origen africano como el tambor, las maracas, el timbal y otros.

La cumbia es un ritmo originario de la costa del Caribe colombiano. Aunque hoy día existen versiones modernas de la cumbia interpretadas por grandes orquestas, en su versión original es un ritmo primitivo basado en el tambor, la flauta y las maracas.

El merengue es una danza popular que surge en la República Dominicana y en Puerto Rico. Es un ritmo rápido y alegre que hoy día interpretan orquestas que combinan los instrumentos modernos con los primitivos.

La salsa es uno de los ritmos caribeños más populares de nuestro tiempo. Surge en los Estados Unidos entre los inmigrantes caribeños de Nueva York, pero actualmente se baila y se escucha en casi toda Hispanoamérica. La salsa es una mezcla de los ritmos afrolatinos primitivos con el jazz y la instrumentación moderna.

Celia Cruz, la reina de la salsa

1.   THE IMPERFECT

Describe the illustrations using the imperfect as much as possible (e.g., *¿Cómo era la vida cuando la abuela era joven? Según la abuela, la música era mejor porque tenía más melodía y era más suave y romántica. Ella cree que hoy no hay música, que hay sólo ruido.*) Ask questions to check understanding.

Antes la música era más suave y romántica. Tenía más melodía.

Antes las familias hablaban y había más seguridad en las calles.

Hoy en día no hay música, hay sólo ruido y la gente se mueve mucho para bailar.

Ahora es horrible. Hay mucha violencia, drogas, sexo, y los niños no respetan a las personas mayores.

- English has one past tense, but as you are aware, Spanish has two: the preterit and the imperfect.

ENGLISH	SPANISH	
Past tense *I did*	**Preterit** (yo) hice	**Imperfect** (yo) hacía

- In the preceding monolog, the grandmother used the imperfect because she was focusing on what used to happen (ongoing or habitual actions) when she was young. If she had been focusing on the fact that an action was completed, like something she did yesterday (terminated action), she would have used the preterit.

Therefore, the imperfect is used to:

1. express habitual or repeated actions in the past

   Nosotros **íbamos** a la playa todos los días.

2. express an action that was in progress in the past

   En esos momentos Agustín **hablaba** con su hermana.

3. describe characteristics and conditions in the past

   La casa **era** blanca, con techo rojo, y **tenía** dos dormitorios.

4. tell time in the past

   Era la una, no **eran** las dos.

5. tell age in the past

   Ella **tenía** dieciocho años entonces.

Some time expressions that often accompany the imperfect to express ongoing or repeated actions in the past are: **mientras, a veces, siempre, generalmente,** and **frecuentemente.**

2. IMPERFECT OF REGULAR AND IRREGULAR VERBS

Regular Imperfect			
	hablar	**comer**	**vivir**
yo	habl**aba**	com**ía**	viv**ía**
tú	habl**abas**	com**ías**	viv**ías**
Ud., él, ella	habl**aba**	com**ía**	viv**ía**
nosotros/as	habl**ábamos**	com**íamos**	viv**íamos**
vosotros/as	habl**abais**	com**íais**	viv**íais**
Uds., ellos/as	habl**aban**	com**ían**	viv**ían**

Point out. In many cases, either the preterit or imperfect is grammatically correct. The choice depends on the meaning the speaker wishes to convey.
Note. Actions in sequence generally take the preterit unless they are habitual actions: *Primero desayuné, luego leí el periódico y después salí.*

Give examples of some uses of the imperfect: what you used to do when you went to college, descriptions of places or people, including age. You may wish to write some of the verb forms on the board and use visuals for this presentation. Ask yes/no, either/or, and information questions to elicit answers. Then tell what time it was when you entered the classroom and what various students were doing. Ask some students what you or a classmate was doing when he/she came in. Ask what time it was. Use visuals for additional practice.

Note. Compare with time expressions related to the preterit: *ayer, una vez, la semana pasada, de repente.*
Point out. *Mientras* indicates simultaneity: *Mamá preparaba la ensalada mientras yo ponía la mesa.*

Point out. The *yo, él, ella, Ud.* forms are identical. Context will determine the meaning, but subject pronouns may be used for clarity.

Bring photos to class and ask: *¿Qué hacían ellos cuando se tomó esta foto?* to elicit imperfect / preterit contrast. You can also ask students to bring a photo each. They will first describe it to a partner and later describe the partner's photo to the class.
Variation. Allow students to guess what was happening in various photos before you tell them.

- Notice that the endings for **-er** and **-ir** verbs are the same. All verb forms have a written accent over the **í** of the ending.

- The Spanish imperfect has various English equivalents.

Mis amigos estudiaban mucho.
$\begin{cases} \textit{My friends studied a lot.} \\ \textit{My friends were studying a lot.} \\ \textit{My friends used to study a lot.} \\ \textit{My friends would study a lot.} \\ \quad \textit{(implying a repeated action)} \end{cases}$

- There are no stem changes in the imperfect.

  Ella no **due**rme bien ahora, pero antes dormía muy bien.

- Only three verbs are irregular in the imperfect.

  ir: iba, ibas, iba, íbamos, ibais, iban

  ser: era, eras, era, éramos, erais, eran

  ver: veía, veías, veía, veíamos, veíais, veían

- The imperfect form of **hay** is **había** (*there was, there were, there used to be*).

Actividades

13–7 Cuando tenía cinco años.

MODELO: vivir cerca de mis primos

(No) Vivía cerca de mis primos.

1. vivir con mis padres
2. estudiar español
3. tener un perro grande
4. jugar con mis amigos
5. mirar televisión

6. ayudar a mi mamá
7. montar bicicleta
8. ir al cine
9. manejar el auto de papá
10. acostarse temprano

13–8 Descripciones.   Describa cómo eran estas cosas antes.

MODELO: Los aviones eran más ... y no tenían ...

Los aviones eran más pequeños y no tenían tantos asientos.

1. Las ciudades eran ... y tenían ...
2. Las casas eran ... y no tenían ...
3. La gente joven era más ... y ...
4. Los automóviles eran ... y no tenían ...
5. La vida era ...

13–9 En la escuela secundaria.   En la tabla de la siguiente página marque la frecuencia con que usted y sus amigos hacían estas cosas. Compare sus respuestas con las de su compañero/a.

MODELO: leer muchos libros

Siempre (frecuentemente / a veces / nunca) leíamos muchos libros.

actividades	siempre	frecuentemente	a veces	nunca
estudiar mucho				
hacer la tarea				
tener fiestas				
ir a los centros comerciales				
ir a los partidos de fútbol				
practicar deportes				
hablar por teléfono				

13–10 Antes y ahora. ¿Cómo era la vida antes?

MODELO: Hoy en día se viaja mucho en avión.

Antes no se viajaba (mucho) en avión. *o* Se viajaba poco en avión. *o* Se viajaba en tren.

1. Hoy en día muchas mujeres trabajan en compañías y oficinas.
2. Ahora las chicas salen solas.
3. Ahora se practican muchos deportes.
4. Hoy en día manejamos coches muy rápidos.
5. Hoy en día hay muchos problemas con las drogas.
6. Ahora hay mujeres astronautas.
7. Hoy en día hay mucha violencia en las películas.

13–11 Entrevista. Usted quiere saber cómo era la vida de su compañero/a cuando era pequeño/a. Hágale las siguientes preguntas y comparta la información con la clase.

1. ¿Dónde vivías?
2. ¿Estaba tu casa (apartamento) en el centro o en las afueras?
3. ¿Cómo era tu casa (apartamento)?
4. ¿Dormías solo o con algún miembro de tu familia?
5. ¿A qué escuela ibas?
6. ¿Quién era tu mejor amigo/a?
7. ¿Cómo era?
8. ¿Qué deportes practicabas?
9. ¿Qué programas de televisión veías?
10. ¿Qué te gustaba hacer los fines de semana?

13–12 Las fiestas de niños. Explíquele a su compañero/a cómo eran las fiestas cuando usted era pequeño/a. Mencione los siguientes puntos.

1. lugar
2. horas
3. actividades
4. actividad favorita
5. comida y bebida que servían

13–13 Los adelantos de la vida moderna. Hagan una lista de cinco adelantos de la vida moderna y expliquen cómo era la vida antes de existir estos adelantos.

13–14 La secundaria. Prepare un párrafo breve explicando cómo era su escuela secundaria, quiénes eran sus mejores amigos y adónde iban los fines de semana.

Additional activity. Have students bring one of the following to class: a photo album, high school yearbook, or scrapbook, and describe the things they used to do or participate in. Do the same with family pictures.

Expansion. 8. *Ahora se ve mucho divorcio.* 9. *Hoy en día hay mucho tráfico en las carreteras.* 10. *Ahora hay menos contaminación de plomo (lead) en el aire.* 11. *Ahora parece que el clima cambia cada año.*

Suggestion. Encourage students to act this out as an authentic interview, listening carefully and asking follow-up questions based on their partner's responses to avoid a mechanical question/answer format. Model if necessary how to draw out another person in conversation.

Variation. After the interview, have students narrate the information to the class.

13–13 Algunas ideas. *teléfonos, electricidad, autos, aviones, computadoras, discos compactos, televisión (video), microondas, medicina (órganos artificiales, tratamientos contra el dolor, drogas.* You may want to cite progress made in a certain field: *Antes no había luz eléctrica. ¿Qué tipo de luz había? lámparas, velas, fuego, la luna,* etc.

You may want to have students discuss their high school in pairs first. Allow for depth of expression by asking them how they felt in high school, if they liked it, and whether they prefer life at the university.

13–15 Las diversiones. Comparen las películas o los programas de televisión de antes con los de hoy en día. ¿Creen que debe existir cierto control sobre ellos? ¿Hay demasiado sexo y violencia hoy en día? ¿Cómo afecta esto a los niños?

13–16 Situaciones.

1. Dígale a su compañero/a cómo usted celebraba el Día de las Brujas cuando era pequeño/a. Después, su compañero/a debe decirle cómo lo celebraba él/ella.

2. Usted es un extranjero que llega a los Estados Unidos unos días antes del Día de Acción de Gracias. Debe averiguar a) la fecha en que se celebra, b) por qué se celebra y c) cómo lo celebran. Su compañero/a debe contestar sus preguntas e invitarlo/la a su casa para celebrarlo con su familia.

3.   THE IMPERFECT AND THE PRETERIT

- The preterit and imperfect are not interchangeable.

- To talk about the beginning or end of an event, the Spanish speaker uses the **preterit**.

- To talk about the middle or ongoing part of an event, or customary or habitual actions in the past, the speaker will use the **imperfect.**

- In a story, the imperfect provides the background information, whereas the preterit tells what happened.

  > Era Navidad. Dormíamos cuando los niños oyeron un ruido en la chimenea.
  > *It was Christmas. We were sleeping when the children heard a noise in the chimney.*

- The preterit is used to narrate a series of completed actions; it is used to answer the question "What happened?"

  > Se levantaron, bajaron las escaleras y revisaron la chimenea.
  > *They got up, went downstairs, and checked out the chimney.*

Actividades

13–17 ¿Pretérito o imperfecto?

El año pasado mi familia y yo _____ (ir) a Guatemala de vacaciones. _____ (Ser) abril, en plena primavera. Un día, mi padre _____ (decir) que _____ (querer) salir a caminar por la plaza central. Así que todos lo _____ (acompañar). En la plaza, _____ (haber) mucha gente, pero no _____ (saber) lo que _____ (hacer) la gente allí. De repente _____ (pasar) un desfile. Los participantes _____ (llevar) túnicas muy largas y _____ (caminar) lentamente. _____ (Cargar) crucifijos, estatuas de santos, ataúdes y ramas de árboles. Por fin, alguien nos _____ (explicar) que _____ (ser) las celebraciones de Semana Santa.

Marginal notes:

Give examples of the use of both tenses: *El verano pasado Juan y su hermano fueron a un lago en las montañas* (completed action). *El lugar era muy bonito. Había muchos árboles y el agua del lago era muy limpia* (description). *Estuvieron una semana allí y les gustó mucho* (completed action). *Todos los días se levantaban a las ocho más o menos, desayunaban y se iban al lago a nadar y a conversar con sus amigos. Por la tarde, montaban bicicleta y se reunían con más amigos y a veces iban a un pueblo que estaba cerca* (repeated actions in the past). *El último día fue muy triste para todos. Vieron a sus amigos, almorzaron con ellos y volvieron a la casa para empacar. Fue un verano maravilloso para estos chicos* (completed actions).

New words: *ataúd, cargar, rama*

13–18   En el aeropuerto.   Complete el párrafo con el pretérito o el imperfecto de los verbos que aparecen entre paréntesis.

Cuando yo _____ (llegar) al aeropuerto _____ (ser) las tres de la tarde. Yo _____ (estar) muy cansado después de un viaje tan largo, pero _____ (tener) que pasar por inmigración y aduana. Primero _____ (ir) a inmigración. El empleado me _____ (saludar), me _____ (examinar) el pasaporte, le _____ (poner) un sello y me lo _____ (devolver). De allí _____ (pasar) a la aduana. El agente me _____ (decir): "Abra usted la maleta, por favor". Yo la _____ (abrir) y él la _____ (revisar) con pocas ganas y menos interés. Después me _____ (mirar), _____ (sonreírse) y con la mano me _____ (indicar) que _____ (poder) salir. Yo _____ (cerrar) la maleta y _____ (salir) de la aduana. El aeropuerto _____ (ser) como todos los demás aeropuertos, frío y lleno de gente. Yo _____ (sentirse) cada vez más cansado y sólo _____ (tener) ganas de dormir. Como no _____ (conocer) a nadie, _____ (decidir) ir enseguida al hotel.

13–19   Un recuerdo especial.   Descríbale a un/a compañero/a un día de celebraciones que fue muy especial para usted. Descríbale el día, quiénes estaban y lo que pasó ese día.

13–20   Actividades interrumpidas.   Utilice un verbo de la columna **B** para interrumpir una actividad de la columna **A**. Escriba oraciones cómicas y luego compárelas con las de un/a compañero/a.

MODELO: caminar / caerse

   Mi novio caminaba por el parque cuando pasó
   un viento fuerte y se cayó al lago.

A	**B**
1. celebrar	a. recordar
2. comenzar	b. mover
3. disfrazarse	c. tocar
4. buscar	d. encontrar
5. probarse	e. entrar
6. hablar	f. mostrar

13–21   Unas sorpresas.   Descríbale a su compañero/a con lujo de detalles una celebración, día festivo o evento especial cuando algo inesperado occurió. Su compañero/a le va a hacer preguntas para obtener más detalles.

A poster showing a person walking in a park/beach/campus and another showing a person walking towards the same place is an excellent way of contrasting *por* and *para* when expressing movement and destination. Use other visuals to present and practice *por* and *para*.

4. POR AND PARA

¡FELICIDADES!

Los amigos de Amparo vienen para felicitarla por su santo. Todos estos regalos son para Amparo.

▪ **Por** and **para** are often translated as *for* or *by*, depending on the context, but they are not interchangeable. The choice of **por** or **para** will affect the meaning of the sentence.

1. Use **por** to:

   a. indicate exchange or substitution

Venden la casa **por** $80.000.	*They are selling the house for $80,000.*
Cambió ese suéter **por** éste.	*He changed that sweater for this one.*

Additional uses. Certain idiomatic expressions with *por*: *por Dios, por eso, por fin, por lo menos, por supuesto.*

   b. express unit or rate

Yo camino 5 kilómetros **por** hora.	*I walk 5 kilometers per hour.*
El interés es (el) diez **por** ciento.	*The interest is ten per cent.*
Se vende el pescado **por** kilo.	*Fish is sold by the kilo.*

   c. express means of transportation

Lo mandaron **por** avión.	*They sent it by plane.*

CULTURA Muchos hispanohablantes celebran el día de su santo. La iglesia católica asigna un santo o más para cada día del año. Por ejemplo, el 19 de marzo es el día de San José, y las personas que se llaman José o Josefina celebran su santo ese día. Sus familiares y amigos los felicitan y les regalan algo, tal como se hace en los Estados Unidos por el cumpleaños. Algunos calendarios y periódicos publican los nombres de los santos para cada día.

2. Use **para** to:

   a. express judgment

> **Para** nosotros, ésta es la   *For us, this is the best store.*
> mejor tienda.

   b. indicate for whom something is intended or done

> Compró la casa **para** ella.   *He bought the house for her.*

▪ **Por** and **para** contrasted:

Por	Para
time	
Duration of an action	Deadline
Necesitamos el auto **por** tres meses.	Necesitamos el auto **para** el martes.
We need the car for three months.	*We need the car for Tuesday.*
movement	
Going through or by a place	Going toward a place.
Caminan **por** la playa.	Caminan **para** la playa.
They walk along the beach.	*They walk towards the beach.*
Maneja **por** el túnel.	Maneja **para** el túnel.
He drives through the tunnel.	*He drives towards the tunnel.*
actions	
Followed by a noun to express the object of an errand	Followed by an infinitive to indicate intention or purpose
Fueron **por** gasolina.	Fueron **para** comprar gasolina.
They went for gas.	*They went to buy gas.*

Actividades

13–22 El Carnaval. Usted está a cargo de la ropa de una comparsa para los Carnavales. Diga cuándo va a estar lista cada prenda.

MODELO: las blusas / martes

      —¿Cuándo van a estar listas las blusas?

      —Van a estar listas para el martes.

1. las faldas / jueves
2. los cinturones / viernes
3. las camisas / sábado
4. los pantalones / lunes próximo
5. los pañuelos / 20 de febrero
6. los sombreros / 26 de febrero

Warm up. Ask general questions that will elicit answers with *por* and *para*: *¿Para qué vienes a la universidad? ¿Entraste en la clase por la puerta o por la ventana? ¿Para qué es la librería? ¿Y la biblioteca?*, etc.

New word: *pañuelo*

13–23 **¿Adónde van y por dónde van?** Mire los siguientes dibujos y diga hacia dónde va cada persona y por dónde pasa para llegar allí.

MODELO: El alumno camina por el pasillo.
Va para su clase de español.

1.

2.

3.

4.

13–24 **¿Para qué van?** Pregúntele a su compañero/a para qué fueron las personas a estos lugares. Su compañero/a debe usar su imaginación para contestarle.

MODELO: El Sr. Martínez fue a la gasolinera.

—¿Para qué fue a la gasolinera?

—Para comprar gasolina y revisar el aceite.

1. Juan fue al cine.
2. Mónica y Laura fueron al gimnasio.
3. Adolfo fue a Pamplona el 5 de julio.
4. Joaquín fue al supermercado.
5. Magdalena fue al centro comercial Los Arcos.
6. Alejandro fue a México el 24 de diciembre.

13–25 El santo de Mercedes.   Complete el párrafo con **por** o **para** según el contexto.

Pasado mañana es el 24 de septiembre y es el santo de Mercedes. Su madrina, la Sra. de Ortiz, compró un regalo muy bonito _____ Mercedes. La Sra. de Ortiz vive en otra ciudad y quiere que Mercedes reciba el regalo _____ el 24. Ella decide mandarlo _____ avión. _____ la mañana prepara el paquete y sale _____ el correo. Cuando llega al correo va _____ la ventanilla de los paquetes. El empleado lo pesa y le dice que tiene que pagar 500 pesetas _____ el paquete.

13–26 Completar.   Complete cada oración de acuerdo con sus propias experiencias.

1. Para mí, el mejor programa de televisión es ... porque...
2. El mes próximo salgo de vacaciones. Yo voy para ... Pienso ir por ... Voy a estar allá por ... días.
3. Yo me compré ... Pagué ... por ...
4. Para el sábado yo tengo que ... No sé si voy a hacerlo el viernes por la tarde o ...
5. Yo (no) camino ... kilómetros por hora. A mí (no) me gusta caminar porque ...
6. Mañana es el santo de mi novio/a. Para comprarle un regalo yo voy a ir a ... Yo no quiero pagar más de ... por el regalo.
7. Por Navidad yo quiero que me regalen ... Yo prefiero ese regalo porque ...
8. Esta noche vamos a celebrar el aniversario de mis padres. Para tener todo listo, por la mañana yo voy a ... y por la tarde voy a ...

13–27 Situaciones.

1. Usted está en la tintorería *(dry cleaners)* para dejar su ropa sucia. Primero deben saludarse y después usted va a explicarle al/a la empleado/a qué ropa va a dejar y para cuándo la necesita.
2. Usted está hablando de sus últimas vacaciones. Dígale a su compañero/a a) adónde fue, b) cómo fue, c) cuánto tiempo paso allí y d) qué compró y para quién.

REPASO GRAMATICAL

1. IMPERFECT OF REGULAR VERBS

	hablar	comer	vivir
yo	habl**aba**	com**ía**	viv**ía**
tú	habl**abas**	com**ías**	viv**ías**
Ud., él, ella	habl**aba**	com**ía**	viv**ía**
nosotros/as	habl**ábamos**	com**íamos**	viv**íamos**
vosotros/as	habl**abais**	com**íais**	viv**íais**
Uds., ellos/as	habl**aban**	com**ían**	viv**ían**

2. PRETERIT AND IMPERFECT

ENGLISH		SPANISH	
Past tense	**Preterit**	**Imperfect**
I did	(yo) hice	(yo) hacía

 *A escuchar*

13–28 Costumbres diferentes. Daniel, Elvira, and Sandra are talking about the holidays. Listen to their conversation to determine if the statements that follow are **Cierto** or **Falso.**

<table>
<tr><td></td><td>Cierto</td><td>Falso</td></tr>
<tr><td>1. Elvira y Daniel sólo celebran la Navidad.</td><td>____</td><td>____</td></tr>
<tr><td>2. Para Sandra y su familia el día importante es el 25.</td><td>____</td><td>____</td></tr>
<tr><td>3. Los abuelos de Sandra dan un gran almuerzo el día de Navidad.</td><td>____</td><td>____</td></tr>
<tr><td>4. La Misa de Gallo es al mediodía.</td><td>____</td><td>____</td></tr>
<tr><td>5. Seguramente la madre de Elvira sabe qué significa Misa de Gallo.</td><td>____</td><td>____</td></tr>
<tr><td>6. Todos compran muchos regalos para Navidad.</td><td>____</td><td>____</td></tr>
<tr><td>7. Estos amigos van a reunirse para la Nochebuena.</td><td>____</td><td>____</td></tr>
<tr><td>8. En España se recibe al Año Nuevo comiendo uvas.</td><td>____</td><td>____</td></tr>
</table>

13–29 ¿Lógico o ilógico?

Tapescript for 13–29 appears in the margin on page 372.

Lógico   Ilógico

1. ____ ____
2. ____ ____
3. ____ ____
4. ____ ____
5. ____ ____
6. ____ ____
7. ____ ____
8. ____ ____

13–30 Las fiestas tradicionales. Match each date with the letter of one of the celebrations described.

Tapescript, see page 372.

1. ____ el 6 de enero
2. ____ el 24 de diciembre
3. ____ el 31 de diciembre
4. ____ el 5 de mayo
5. ____ el primero de noviembre
6. ____ el 12 de octubre

Tapescript.
Costumbres diferentes.
Sandra: Ey, Elvira, ¿ya saben dónde van a pasar la Navidad?
Elvira: Bueno, no sabemos muy bien que vamos a hacer. Creo que vamos a celebrar Hanukkah con la familia de Daniel y la Nochebuena con mis padres y mis hermanos aquí en casa. ¿Y ustedes?
Sandra: Mira, para nosotros el día importante es el 25. Todos los años tenemos un gran almuerzo en casa de los abuelos. En la Nochebuena creo que vamos a ir a Misa de Gallo.
Daniel: ¿Misa de Gallo? ¿Qué es eso?
Sandra: La verdad Daniel, es que no sé de donde viene el nombre Misa de Gallo. Pero es una misa a la medianoche. ¿Elvira, tú sabes el origen del nombre Misa de Gallo?
Elvira: No, pero seguro que mi madre lo sabe. Más tarde le podemos preguntar. ¿Ya compraron muchos regalos?
Daniel: No, no muchos. En casa tratamos de no hacer muchos regalos. Sólo algunos juguetes para los niños pequeños.
Sandra: Nosotros tampoco hacemos muchos regalos en Navidad. En realidad el día importante para los niños es el Día de Reyes.
Daniel: ¿Creen que va a ser posible vernos el 25?
Sandra: Me temo que va a ser difícil. Todos tenemos planes diferentes. ¿Por qué no planeamos pasar la Nochevieja juntos?
Elvira: Excelente idea. Nosotros casi siempre pasamos la fiesta de Año Nuevo con los amigos.
Daniel: Sí, dale. Tú y Alfredo pueden traer las uvas. ¿Sí?
Sandra: Vale.
Elvira: ¿Para qué son las uvas? ¿Vamos a hacer vino?
Sandra: No, chica. ¿No conoces la

tradición de las uvas? En España recibimos el año nuevo con un racimo de uvas. Comemos una uva con cada campanada del reloj. Es muy divertido. Es una costumbre muy antigua. Creo que es un símbolo de prosperidad para el año que comienza.

¿Lógico o ilógico?

1. Los muertos van a celebrar la Navidad.
2. El niño compraba regalos para sus hijos.
3. Los abuelos siempre estaban felices para las fiesta.
4. Los Reyes Magos trabajan en el cementerio.
5. En su pueblo había procesiones festivas todos los años.
6. Todos participábamos en el desfile de la ciudad.
7. Mi primo, el fantasma, es un médico famoso.
8. Las plazas son siempre los lugares más tristes de una ciudad.

Las fiestas tradicionales.

A. Éste es el día en que la gente va al cementerio para recordar a sus antepasados muertos. En general llevan flores para poner en las tumbas. Es una fecha muy solemne y un poco triste. Es el día de los muertos.
B. Ésta, en cambio, es una fiesta muy alegre. Hay una gran cena a las doce de la noche y en algunos lugares se intercambian regalos en esta fiesta. Otras familias van a misa esta noche y celebran el nacimiento del niño Jesús. Es la Nochebuena.
C. En algunos lugares este día se llama el Día de la Raza. En esta fecha, se recuerda el día en que Cristóbal Colón llegó a las tierras de América por primera vez.
D. En esta fecha se despide el año viejo. En España existe la tradición de despedir el año viejo comiendo una uva por cada campanada del reloj a las doce de la noche. Es la noche de Año Nuevo o de Año Viejo.
E. Es una de las fiestas más esperadas por los niños. Dice la tradición que tres reyes de Oriente visitaron a Jesús en Belén y le llevaron regalos. De esta tradición nace la costumbre de darles regalos a los niños este día. Es la fiesta de los Reyes Magos.
F. En Puebla, México, en el año 1862, los mexicanos ganaron una batalla contra los franceses en este día. Esta fiesta se celebra más en los Estados Unidos que en México.

A conversar

13–31 Hablando de la niñez. Hágales por lo menos a cinco compañeros/as las siguientes preguntas. Luego prepare un informe para la clase.

1. Cuando eras pequeño/a, ¿ibas a la plaza? ¿Cuándo, con quién, por qué y para qué?
2. ¿Cuándo recibías juguetes de regalo?
3. ¿Qué fiestas eran las más importantes de tu familia?
4. ¿Cómo celebraban esas fiestas?
5. ¿Participabas en desfiles y procesiones?
6. ¿Te disfrazabas alguna vez en el año?

13–32 Ensalada de *por* y *para*. El estudiante A le lee al estudiante B el comienzo de una oración de la columna A y el estudiante B debe completar la oración con por o para y el final apropiado de la oración de la columna B. Luego, alternen papeles.

$$\boxed{\text{por / para}}$$

A	B
Estela y Gustavo fueron a Perú...	...el centro.
...celebrar las fiestas con sus familias.	Necesitamos mucho tiempo...
Los tíos se disfrazaron de Reyes Magos...	...la mañana del 8 de diciembre.
...UPS.	Todos los años vuelven a casa...
Compré los regalos al pasar...	...divertir a los niños.
...prepararles los paquetes a los chicos.	Los regalos de EE.UU. llegaron...
Hicimos la decoración del árbol	...avión.

13–33 El viaje a Perú. Ordenen las oraciones del ejercicio anterior de forma cronológica. Comparen sus oraciones con otra pareja y decidan cuál es el orden definitivo.

13–34 En la estación de policía. Una persona fue asaltada mientras miraba el desfile de la ciudad. Usted es el/la policía y tiene que completar la denuncia. Hágale a la víctima las preguntas necesarias para completar el siguiente informe.

POLICÍA DEL DEPARTAMENTO DE ANTIOQUIA

Denuncia N : 345 _____

Lugar y fecha _____

Nombre de la víctima _____

Dirección _____

Fecha de nacimiento _____

Estado civil _____

Oficio o profesión _____

Artículos robados _____

Dónde _____

Cuándo _____

Cómo _____

Descripción del asaltante _____

13–35 Entrevista.   Hágale una entrevista a un/a compañero/a.
Pregúntele...

1. cómo quería celebrar su cumpleaños
2. cómo lo celebró
3. quiénes creía que lo/la iban a llamar para felicitarlo/la
4. quiénes lo/la llamaron
5. lo que quería recibir de regalo
6. lo que recibió
7. ...

 A leer

13–36   El mundo de los sueños.   Conteste según su propia experiencia.

1. ¿Qué tipos de sueño tenía cuando era pequeño/a?
2. ¿Alguna vez sus sueños son tan reales que se confunden con la realidad?

13–37   El niño que soñaba.
Describa el siguiente dibujo.
Empiece su descripción así:
"Era un niño que...

Expansion. Give students time to talk about a dream they once had. Ask the class in general afterwards who had an interesting dream, and encourage the person or persons to share the dream with the class.

Students had some diminutives in *Lección 4 (Jorge→Jorgito, Elena → Elenita)*. Practice more diminutives, using classroom objects. For example, *Una mesa pequeña es una mesita. ¿Y un libro pequeño?* Present the word *caballo* and see whether the students can come up with the diminutive.

13–38 "Cantares" Lea el poema una vez sin tratar de comprender todas las palabras.

la crin	mane
coger	to grab
el puño	fist
mozo	young man
cartón	cardboard

CXXXVII
(PARÁBOLAS)
I

Era un niño que soñaba
un caballo de cartón.
Abrió los ojos el niño
y el caballito no vio.
Con un caballito blanco
el niño volvió a soñar;
y por la crin lo cogía...
¡Ahora no te escaparás!
Apenas lo hubo cogido,
el niño se despertó.
Tenía el puño cerrado.
¡El caballito voló!
Quedóse el niño muy serio
pensando que no es verdad
un caballito soñado.
Y ya no volvió a soñar.
Pero el niño se hizo mozo
y el mozo tuvo un amor,
y a su amada le decía:
¿Tú eres de verdad o no?
Cuando el mozo se hizo viejo
pensaba: todo es soñar,
el caballito soñado
y el caballo de verdad.
Y cuando vino la muerte,
el viejo a su corazón
preguntaba: ¿Tú eres sueño?
¡Quién sabe si despertó!

Antonio Machado[1]

---

[1]Antonio Machado: Poeta español que nació en Sevilla en 1875. Es considerado uno de los mayores representantes de la poesía española. Machado forma parte de lo que se llama en literatura española "la generación del 98". Murió en 1939.

13–39 Sueño y realidad. Complete las frases según lo que usted comprendió del poema.

1. Los primeros versos describen a...
   a. un hombre que sueña con un caballo pequeño
   b. un niño que soñaba con un caballito
   c. un hombre que anoche soñó con un caballito de cartón
2. Cuando el niño se despertó, ...
   a. el caballito estaba en su cuarto
   b. el caballito vino
   c. el puño del niño estaba cerrado
3. Después de este sueño, el niño...
   a. creía en los sueños
   b. no soñó nunca más
   c. estaba confundido y triste
4. Cuando el joven se enamoró, no sabía si su novia...
   a. era sueño o realidad
   b. soñaba o no
   c. quería tener un caballo
5. Cuando el viejo murió, ...
   a. no sabía si la muerte era un sueño
   b. creyó que morir era soñar
   c. no se acordó de su sueño de niño
6. En el último verso: "¡Quién sabe si despertó!", el poema de Machado nos dice que después de morir...
   a. quizás hay otra vida
   b. seguro hay otra vida
   c. no hay otra vida

13–40 Las etapas de la vida. Vuelva a leer el poema y resuma las experiencias del protagonista. Utilice los verbos en el imperfecto.

1. La niñez: soñar / coger / despertar
2. La juventud: crecer / enamorarse / creer
3. La vejez: envejecer / pensar / preguntar

13–41 Releer. Vuelva al ejercicio 13–39 y corrobore sus respuestas. Cambie las respuestas si es necesario.

 *A escribir*

13–42 Preparación. Piense en la mejor celebración familiar de su vida y conteste mentalmente las siguientes preguntas.

1. ¿Cuándo ocurrió?
2. ¿Dónde?
3. ¿Con quién o con quiénes?
4. ¿Qué hizo en esta celebración inolvidable?

13–43 Redacción. Ahora escriba una composición siguiendo el siguiente esquema.

Título

Primer párrafo
- Descripción del lugar y del tiempo
- ¿Cuándo?: día, estación, etc.
- ¿Dónde?: casa, cuartos, etc.
- Aspectos importantes del ambiente: colores, olores, ruidos, etc.

Segundo párrafo
- Descripción de las personas y de sus relaciones
- ¿Quiénes estaban?
- ¿Cómo eran?

Tercer párrafo
- Acciones ocurridas durante la celebración
- ¿Qué hicieron?
- ¿Qué comieron?
- ¿De qué hablaron?, etc.

Último párrafo
- Conclusión
- ¿Por qué fue la mejor celebración familiar?
- ¿Por qué fue inolvidable?

VOCABULARIO

LAS FIESTAS

la alegría	joy
la boda	wedding
la celebración	celebration
el desfile	parade
la invitación	invitation
la procesión	procession
la tradición	tradition

LAS PERSONAS

el antepasado	ancestor
el/la ganador/a	winner
la gente	people
la mayoría	majority

EN EL MUNDO MODERNO

la costumbre	custom
la droga	drug
el ruido	noise
el sexo	sex
la violencia	violence

LA MÚSICA

la melodía	melody
la orquesta	orchestra

LUGARES

el cementerio	cemetery
la iglesia	church
la plaza (de toros)	bullring
el pueblo	town

TIEMPO

antes	before
frecuentemente	frequently
hoy en día	nowadays
mientras	while

DESCRIPCIONES

divertido/a	amusing, funny
horrible	horrible
raro/a	odd
suave	soft
terrible	terrible

VERBOS

comenzar (ie)	to begin
disfrazarse	to wear a costume
divertirse (ie, i)	to have a good time
felicitar	to congratulate
había	there was, there were
mover (ue)	to move
recordar (ue)	to remember, to remind
respetar	to respect
reunirse	to get together, to meet

PALABRAS ÚTILES

alrededor	around
antes	before
felicidades	congratulations
juntos/as	together
tarde	late

EXPRESIONES ÚTILES

casi siempre	usually, almost always
de todas formas	anyway
estar enamorado/a	to be in love
lo mismo	the same (thing)
¡Qué pena!	What a pity/shame!

See page 354 for holidays.

LECCIÓN 14

F.180

17 de marzo

Querida Ana Luisa:
    El martes llegué a Bogotá
después de un vuelo muy bueno. El
miércoles mis primos me llevaron
a conocer la parte antigua de la
ciudad. Es preciosa. Ayer hicimos
una excursión a Ibagué, en
tierra caliente. Hizo muchísimo
calor. Vinieron varios amigos
de mis primos y lo pasamos
muy bien.
    Muchos recuerdos a tu familia,
y para ti un abrazo y un beso
de
    Emilia

Srta. Ana Luisa Amescua
Calle Encanto N° 47
Colonia Florida
México, D.F.
    México

Ejemplar de Colección

Fotorama   APARTADO AEREO NO. 20053 BOGOTA 2, D. E. COLOMBIA S. A.

¿Adónde piensa pasar las vacaciones? ¿Necesita consultar
una agencia de viajes? ¿Cuándo
piensa irse? ¿Cuándo vuelve?

Las vacaciones

Goals. The main theme of the lesson is vacation time. Students go over how to express needs, get hotel accommodations, and ask for, give, and follow directions. The grammar includes the imperfect progressive, *hace* with expressions of time, stressed possessive adjectives, and possessive pronouns.

COMUNICACIÓN

- Explaining needs
- Describing and getting hotel accommodations
- Giving and following directions
- Emphasizing ongoing actions in the past
- Talking about past events
- Expressing possession (emphatic)

ESTRUCTURAS

- Imperfect Progressive
- **Hace** with Time Expressions
- Stressed Possessive Adjectives
- Possessive Pronouns

CULTURA

- Tourism in Spanish-speaking countries

Sueño con viajar a...

Bring a map of South America to talk about and point out various places of interest. Begin with Santiago de Chile (e.g., *Santiago es la capital de Chile. Está muy cerca de los Andes y sus condiciones geográficas son muy similares a las de Los Ángeles en California. Como estas ciudades tienen las montañas tan cerca, gran parte del aire contaminado se queda en la ciudad. Hoy en día, Santiago, igual que otras ciudades importantes, tiene un grave problema de contaminación.*) You may talk about other cities, the tours that cross the Andes from Puerto Montt to Bariloche in Argentina, the wine industry, etc.

Many Spanish-speaking destinations are popular for getaways as brief as a long weekend: Cancún, Acapulco, México, DF, San Juan, Santo Domingo, Miami. Use the expression *hay puente,* meaning a long weekend, and ask questions regarding students' activities.

Yo quisiera ir a Chile, pasar unos días en Santiago y después ir al sur, a Puerto Montt, a visitar los lagos y cruzar la cordillera. También quisiera visitar los viñedos de Maipú, donde hacen algunos de los mejores vinos del mundo.

Pues yo prefiero ir a México. Me gustaría visitar las ruinas mayas, ir a los mercados, escuchar la música de los mariachis y comer comida mexicana. ¡Hay tanto que hacer y ver allí!

Y yo quiero ir a España, especialmente a Barcelona. Desde las Olimpiadas del 92 tengo muchos deseos de conocerla. Hay ruinas romanas, arquitectura muy moderna, museos, teatros y catedrales increíbles. Todo el mundo dice que es una ciudad fabulosa.

Pero yo quiero ir a Puerto Rico para conocer el Viejo San Juan y ver el Castillo del Morro. Me encanta la arquitectura colonial, y San Juan tiene unos edificios preciosos. Y también quiero pasar unos días en la playa de Luquillo. Con el sol y el mar del Caribe, podemos pasar unas vacaciones maravillosas.

¿Adónde cree usted que va a ir la familia?

CULTURA El mundo hispano ofrece mucho más que playas y ciudades antiguas. Cerca de las ciudades importantes se encuentran curiosidades turísticas poco conocidas. Por ejemplo, cerca de Madrid está Cuenca, famosa por sus "casas colgantes" y su museo de arte moderno. Cerca de México está Cholula, con una pirámide que parece un cerro porque está cubierta de tierra y en cuya cima hay una iglesia católica. En Zipaquirá, cerca de Bogotá, hay una catedral de sal —¡dentro de una montaña! ¿Conoce usted otro tesoro escondido?

¿Adónde le gustaría ir a usted?

La ciudad de Buenos Aires, con sus anchas avenidas y la belleza de su arquitectura, es una de las grandes capitales de este hemisferio.

Machu Picchu, ciudad cons-truida por los incas en medio de los Andes, es la admiración de todos los que tienen la suerte de visitarla.

El canal de Panamá es una de las grandes obras de ingeniería del mundo moderno.

Actividades

14–1   La familia Méndez.   ¿Quién quiere...?

1. visitar Barcelona
2. ver el Viejo San Juan
3. comer comida mexicana
4. cruzar la cordillera
5. tomar el sol y nadar en el mar
6. escuchar a los mariachis

a. el señor Méndez
b. la señora Méndez
c. Inés
d. Eduardo

14–2   Ciudades y países.   Según la familia Méndez, ¿dónde se pueden ver estas cosas? ¿Pueden ustedes pensar en otras ciudades o países?

1. arquitectura colonial
2. catedrales muy antiguas
3. lagos y montañas
4. ruinas mayas

5. playas muy bonitas
6. arquitectura moderna
7. vinos excelentes
8. ruinas romanas

14–3   ¿Dónde queremos pasar las vacaciones?   Pongan 0 si no les interesa, 1 si les interesa y 2 si les interesa mucho. Comparen sus resultados.

Chile		México	
Pasar unos días en un lago	_____	Ver ruinas mayas	_____
Probar unos vinos del país	_____	Escuchar los mariachis	_____
Ver las montañas	_____	Comer comida mexicana	_____
Total	_____	Total	_____

Barcelona		Puerto Rico	
Ir a la Ópera de Barcelona	_____	Visitar el Viejo San Juan	_____
Visitar la catedral	_____	Pasar unos días en la playa	_____
Ver unas ruinas romanas	_____	Ver el Castillo del Morro	_____
Total	_____	Total	_____

14–4   Para completar.   Complete las siguientes oraciones con la palabra apropiada.

1. Machu Picchu es la gran ciudad de [ ] los aztecas [ ] los incas.
2. Panamá se conoce sobre todo por su [ ] canal [ ] catedral.
3. Para tomar sol y nadar, es mejor ir a [ ] San Juan [ ] Buenos Aires.
4. Para ver una arquitectura muy variada, podemos ir a [ ] Santiago [ ] Barcelona.
5. Para visitar pirámides mayas, debemos ir a [ ] Chile [ ] México.

14–5   Mis mejores vacaciones.   Dígale a su compañero/a adónde fue y cuántos días pasó allí. Su compañero/a debe averiguar qué vio y qué hizo usted.

Variation. ¿Cuál es el próximo destino?

Try role-playing situations seeking accommodations. In pairs, one student plays the part of the registration desk clerk, the other, that of the guest. Additional vocabulary: *ascensor, botones, taxista, pagar en efectivo, con la tarjeta de crédito, con un cheque de viajero, inscribirse.* A variation on this is to have several hotels and a few groups of travelers. Each group must find a hotel in its price range. Useful vocabulary lists accommodations generally from the cheapest to the most expensive: *casa de huéspedes, albergue, pensión, posada, parador, hotel, hotel de lujo.* In the lower-price range inns, it is often wise to ask to see the room before registering.

Situation. Have students work in pairs and role play the following. You have just won a trip anywhere in the Spanish-speaking world for two months. Discuss with your partner where you would like to go. Be specific and give details about the places, dates, travel mode, and activities. Your partner should ask questions to get additional information about your plans.

Point out that in most hotels in Latin America one generally leaves the room key at the front desk when one goes out.

Remind students of the polite use of *quisiera, tuviera, pudiera.* Practice questions with the class. You say rudely, "*Quiero una habitación*", and students correct you, "*¿Ud. quisiera una habitación?*"

Suggestion. Introduce and practice phrases for giving directions by drawing a simple map of the university campus on the chalkboard. Tell how to get from one place to the other (e.g., *Para ir a la biblioteca, salgo de este edificio y sigo derecho hasta la facultad de Ciencias. Allí doblo a la izquierda y enseguida veo la biblioteca.*) Then give directions to go to the various buildings. If students have maps of the campus, they can follow the directions by drawing a dotted line. For additional practice with directions, use a map of your city and have students work in pairs asking and giving directions.

Una visita a una ciudad

EMPLEADO:	Hotel Imperial. Buenos días.
SR. LÓPEZ:	Buenos días. Quisiera hacer una reservación para el viernes 24.
EMPLEADO:	¿Una habitación doble o sencilla?
SR. LÓPEZ:	Una habitación doble por dos noches, por favor.
EMPLEADO:	Con mucho gusto. ¿A nombre de quién hago la reservación?
SR. LÓPEZ:	Mariano López Bobadilla.
EMPLEADO:	Muy bien, Sr. López.

SR. LÓPEZ:	Por favor, me pudiera indicar cómo llegar al Museo de Arte.
CONSERJE:	Sí, cómo no. Mire, siga derecho por esta calle hasta la próxima esquina. Allí, doble a la izquierda y camine dos cuadras hasta la plaza. En la plaza, doble a la derecha y allí está el museo. No se puede perder. Es muy fácil.
SR. LÓPEZ:	Muchísimas gracias.

CULTURA En compañías y oficinas generalmente se contesta el teléfono dando el nombre de la compañía y un saludo de acuerdo con la hora del día. Las expresiones que usan las familias varían según el país: **diga** o **digame** en España, **bueno** en Mexico, **hola** en Argentina y Perú y **oigo** o **qué hay** en Cuba. **Aló** también se usa mucho.

Actividades

14–6   Una reservación en un hotel.   Su compañero/a va a hacer el papel del empleado del hotel. Escoja una fecha y haga una reservación.

EMPLEADO/A:	Hotel Inglaterra. Buenas tardes.
USTED:	Buenas tardes. Quisiera hacer una reservación para el...
EMPLEADO/A:	¿Una habitación doble o sencilla?
USTED:	...
EMPLEADO/A:	Muy bien. ¿Y por cuántas noches quiere hacer la reservación?
USTED:	...
EMPLEADO/A:	¿A nombre de quién hago la reservación?
USTED:	...
EMPLEADO/A:	Muchas gracias,...

HOTEL RIO BIDASOA
SANTIAGO - CHILE

TARIFAS

CATEGORIAS	SINGLE	DOBLE
SINGLE	$ 32.000	$ —.—
TWIN	32.000	$ 34.000
QUEEN	32.000	34.000
KING	36.000	38.000
Cama Adicional	$ 5.000	

Tarifas incluyen desayuno en cafetería de 7:00 a 10:00 A.M. e impuestos.

Suggestion. Point out the use of some English words. Remind students of the use of *e* before an *i* sound (*e impuestos*). Ask for the price of rooms to recycle numbers.

14–7   Direcciones.   Use el plano que aparece en la página anterior y pregúntele a su compañero/a cómo ir a ciertos lugares. Su compañero/a le debe explicar cómo llegar.

Usted está en:	**Usted desea ir a:**
1. el Hotel Imperial	la universidad
2. el Teatro Minerva	la estación de autobuses
3. la Catedral	la estación de policía

El correo y la correspondencia

CHICA: Deseo mandar este paquete a los Estados Unidos.

EMPLEADO: ¿Por vía aérea o correo ordinario?

CHICA: Correo ordinario.

EMPLEADO: Como es al extranjero, tiene que llenar un formulario y declarar lo que contiene. Voy a pesarlo para ver cuánto le va a costar.

LA CARTA
EL SOBRE

SRA. MARÍA TERESA MARIOTTINI
POSADA 1418 1°3
1021 BUENOS AIRES
ARGENTINA

EL SELLO/
LA ESTAMPILLA

EL CARTERO

Es muy agradable recibir cartas de los amigos.

F.180

BOGOTA. COLOMBIA.

Cerro de Monserrate, importante centro turístico que se encuentra localizado al oriente de Bogotá, altura 10.000 pies sobre el nivel del mar. Monserrate Hill, an important tour center which is located at the East of Bogotá, with a 10.000 Feet height on the level of the sea.

Fotorama APARTADO AEREO NO. 20053 BOGOTA 2, D. E. COLOMBIA S. A. Tel. 2467463

17 de marzo

Querida Ana Luisa:
El martes llegué a Bogotá después de un vuelo muy bueno. El miércoles mis primos me llevaron a conocer la parte antigua de la ciudad. Es preciosa. Ayer hicimos una excursión a Ibagué, en tierra caliente. Hizo muchísimo calor. Vinieron varios amigos de mis primos y lo pasamos muy bien.
Muchos recuerdos a tu familia, y para ti un abrazo y un beso de
Emilia

Srta. Ana Luisa Amescua
Calle Encanto N° 47
Colonia Florida
México, D. F.
México

Ejemplar de Colección

Actividades

14–8 Asociaciones.

Answers: 1. b 2. a 3. e 4. d 5. c

1. El lugar donde se recoge la correspondencia
   y se compran sellos es el...
2. La persona que reparte cartas y
   tarjetas es el...
3. El depósito, que generalmente está al lado
   de la calle para poner las cartas, es el...
4. Para mandar una carta la ponemos
   dentro de un...
5. No se puede mandar una carta sin
   escribir la dirección y ponerle un...

a. cartero
b. correo
c. sello
d. sobre
e. buzón

14–9 Firmas: La correspondencia.

MODELO: mandar muchas tarjetas postales cuando estás de vacaciones

—¿Mandas muchas tarjetas postales cuando estás de
vacaciones?

—Sí.

—Pues, firma aquí.

Recycle: Indirect object pronouns.
*¿A quién le escribes?...le mandas
postales cuando estás de vacaciones? ...le envías paquetes?*

---

1. saber cómo se llama tu cartero _____
2. saber el código postal
   de tu abuelo/a _____
3. tener un/a amigo/a por
   correspondencia _____
4. escribirles por lo menos una
   carta al mes a tus padres _____
5. preferir llamar por teléfono
   en vez de escribir cartas _____
6. recibir un paquete por correo
   la semana pasada _____
7. comprar más de diez sellos
   durante el último mes _____

14–10 Un sueño de vacaciones.
Escoja la ciudad, las montañas o el campo y dígale a su compañero/a por qué prefiere pasar sus vacaciones allí. Después cambien de papel.

A escuchar

You will hear four short descriptions of vacation activities. Identify the location of each vacation by writing the number in the space provided.

_____ el campo   _____ la ciudad
_____ las montañas   _____ la playa

Tapescript
1. Este verano pasamos unas vacaciones maravillosas. Nadamos, sa-
limos en barco, jugamos al voleibol
en la arena, hicimos windsurfing y
tomamos el sol. El año próximo pensamos ir al mismo lugar.
2. Yo tengo muchas presiones en mi
trabajo y decidí pasar las vacaciones
en un lugar tranquilo y sin contaminación para poder descansar de verdad. Mi primo y yo pasamos una semana en contacto con la naturaleza,
entre árboles y flores, sin ruido y sin
autobuses y carros. Fue una experiencia inolvidable.
3. A mí me gusta mucho esquiar y
según mis amigos lo hago bastante
bien. Este año decidí tomar mis vacaciones en el invierno para así
poder practicar mi deporte favorito.
4. A nosotros nos gusta pasar las
vacaciones en los lugares donde
podemos visitar museos, ir al teatro,
asistir a conciertos y bailar en las
discotecas. ¿Dónde pasamos
nosotros las vacaciones?

 *A leer*

Usted busca un hotel en Aguascalientes, México, para la próxima reunión de ventas de su compañía y ve este anuncio en la guía telefónica. Diga si el hotel ofrece o no las siguientes comodidades y servicios.

	Sí	No
1. Doscientas habitaciones	____	____
2. Habitaciones con televisión y aire acondicionado	____	____
3. Garaje en el hotel	____	____
4. Discoteca	____	____
5. Lugar para reuniones	____	____

Usted está pasando unos días en el Hotel Francia. ¿Adónde va usted si...?

1. tiene poca hambre y sólo quiere comer un sándwich
2. desea cenar en un lugar más formal
3. necesita cambiar su reservación para un vuelo a la ciudad de México
4. quiere invitar a unos amigos a beber algo
5. desea comprar algo para llevarles a sus padres

Enfoque

EL ARTE MODERNO

El mundo de habla española ha sido siempre tierra fértil para pintores que han influido en esta corriente artística a nivel mundial. En España han surgido figuras cuyos cuadros se exhiben en los museos más importantes, como El Greco, Velázquez, Goya y, en tiempos modernos, Picasso y Dalí. Esta tradición continúa hasta la actualidad, cuando un sinnúmero de pintores latinoamericanos y españoles han alcanzado fama internacional por su originalidad y capacidad expresiva. A continuación ofrecemos información sobre algunos de los artistas contemporáneos de mayor renombre.

Fernando Botero

La obra de este singular pintor colombiano se exhibe en París, Londres, Madrid, Nueva York y Tokio. En su obra se destacan las figuras "hinchadas" que evocan la artesanía de los maestros del Renacimiento y los temas sociales tratados con humor y picardía.

Rufino Tamayo

Tamayo es quizás el pintor mexicano contemporáneo más conocido en el exterior. Fallecido en 1991, su trayectoria en la pintura mexicana es enorme. Tamayo, en una época, formó parte del grupo de muralistas mexicanos integrado por Orozco, Siqueiros y Rivera, pero luego su pintura se alejó del realismo social dominante en el muralismo. En sus cuadros predominan la influencia del cubismo y el empleo de figuras que evocan el diseño precolombino.

Antoni Tapies

Este pintor español de origen catalán es considerado uno de los maestros de la pintura moderna. En sus pinturas no figurativas predominan la abstracción y la ruptura con la forma y el color tradicionales. Hace uso de nuevos materiales poco convencionales.

Raúl Soldi

Está considerado como uno de los más importantes pintores contemporáneos de la Argentina. Su obra se caracteriza por sus figuras delicadas y rostros expresivos. Su fuente artística es la pintura prerrenacentista y su obra más conocida es la cúpula del Teatro Colón, el más importante de Buenos Aires.

EXPLICACION Y EXPANSION

1. IMPERFECT PROGRESSIVE

Fernando estaba nadando cuando le robaron la cámara.

- Form the imperfect progressive with the imperfect of **estar** and the present participle (**-ndo**).

- Use the imperfect progressive to emphasize ongoing activity in the past.

    En esos momentos Agustín **estaba nadando.**

Actividades

14–11 La familia de Francisco.   ¿Qué estaba haciendo cada miembro de la familia de Francisco cuando él llegó a su casa?

MODELO: hermano menor / jugar con el perro

   Su hermano menor estaba jugando con el perro.

1. hermana / hablar por teléfono
2. padre / usar la computadora
3. madre / leer un libro
4. hermano mayor / mirar la televisión
5. abuela / escribir una carta
6. abuelo / dormir

14–12 Mucha actividad en el hotel.   Explique qué estaban haciendo las siguientes personas cuando usted llegó al hotel.

 14–13 ¿Tiene usted buena memoria?   Piense en el momento en que usted entró en la clase hoy. Dígale a su compañero/a qué estaban haciendo tres de las personas que estaban en la clase. Después, cambien de papel.

Make sure students practice saying and understanding the common question, "*¿Qué estabas haciendo?*", when spoken quickly. *¿Qué estaba haciendo el profesor?*

 14–14 Una explicación lógica.   Den por lo menos dos posibilidades para explicar cada situación.

MODELO: La señora Mora no contestó el teléfono.

Estaba trabajando en el jardín. *o* Se estaba bañando. *o* Estaba bañándose.

1. El Sr. Mora no fue a ver el partido de fútbol de sus hijos.
2. Pedro no llamó a su novia a las nueve.
3. Marta no llegó a tiempo a clase.
4. Mercedes se cayó esta mañana.
5. Los señores Silva no vieron su programa favorito de televisión.

14–15 Situación.

Usted está de vacaciones en otra ciudad y le robaron su billetera. Dígale al/a la policía dónde estaba usted y qué estaba haciendo cuando le robaron. El/La policía le hará preguntas para obtener más información.

2. HACE WITH TIME EXPRESSIONS

Antonio llegó al teatro a las 8:20. Varias personas estaban haciendo cola frente a la taquilla.

Antonio está en la cola hace 20 minutos.

Antonio llegó hace media hora. La función empieza a las nueve. ¡Por fin compró los boletos!

- To state that an action began in the past and continues into the present, use **hace** + *the length of time* + **que** + *the present tense of the verb.*

  Hace dos horas que trabajan.   *They've been working for two hours.*

- If you begin the sentence with the present tense of the verb, do not use **que**.

  Trabajan **hace** dos horas.

- To indicate the time that has passed since an action started or was completed, use **hace** + *length of time* + **que** + *the preterit tense of the verb.* Here, **hace** is the equivalent of English *ago*.

  Hace dos horas que llegaron.   *They arrived two hours ago.*

- If you begin the sentence with the preterit tense of the verb, do not use **que**.

  Llegaron **hace** dos horas.

Actividades

14–16 Para conocernos mejor.   Complete las siguientes oraciones según sus experiencias. Después su compañero/a debe completarlas.

1. Estudio español hace... Hablé español por primera vez hace...
2. Tengo un auto (moto, bicicleta) hace... Mi auto (moto, etc.) es...
3. Conozco a mi novio/a (mejor amigo/a) hace... Él/ella es...
4. Mi programa favorito de televisión es... Veo ese programa hace...

14–17 Los viajes.   Haga preguntas sobre los viajes de estas personas y de su compañero/a.

Personas	Lugar	Hace...
Marta	Buenos Aires	un año
Jorge	Bogotá	seis meses
los Miranda	San Juan	dos semanas
Esteban	Caracas	un mes
Pepe y Mirta	Madrid	tres años
(mi compañero/a)	?	?

MODELO: —¿Adónde fue Marta?

—Fue a Buenos Aires.

—¿Cuánto tiempo hace que fue a Buenos Aires?

—Hace un año.

14–18 ¿Cuánto tiempo?

MODELO: Los turistas llegaron a la agencia de viajes a las diez. Son las once.

—¿Cuánto tiempo hace que están en la agencia?

—Hace una hora que están en la agencia.

1. El niño empezó a nadar a las once. Son las once y media.
2. El Sr. Matos empezó a mirar televisión a las nueve. Son las doce.
3. Las jóvenes entraron al museo a las cuatro. Son las seis.
4. Margarita llegó al aeropuerto a las doce de la noche. Son las tres de la mañana.
5. El señor Villa empezó a hablar por teléfono a las seis. Son las seis y veinte.

14–19 Un figura importante del tenis.   Su compañero/a es un/a tenista muy famoso/a. Hágale preguntas usando **hace** para completar las siguientes oraciones. Comparta la información con la clase.

MODELO: Ganó su primer campeonato hace...

¿Cuánto tiempo/Cuántos años hace que ganaste tu primer campeonato?

Gané mi primer campeonato hace sies años.

1. Vive en Buenos Aires hace...
2. Empezó a jugar hace...
3. Ganó la Copa Davis hace...
4. Es el/la mejor tenista hace...

Explanatory activity. Draw a picture of "Susana" on the board, and write the following years and actions:

1980	*Llegó a Miami con su primer esposo.*
1984	*Se divorció y empezó a trabajar.*
1987	*Conoció a Rigoberto.*
1989	*Se casó con él. Se mudaron a Filadelfia.*
1993	*Empezó a estudiar en la universidad.*

Change the story as you wish. Ask questions, such as, *¿Hace cuántos años que vive en Filadelfia? ...conoce a Rigoberto? ...está en los EEUU?*, etc. Then personalize the story and have students produce a time line up to the present. Begin by asking: *¿Hace cuánto tiempo que vive en esta ciudad?*, etc. Encourage students to tell their partners about their own experiences. This entire sequence can be repeated, this time using *hace* + preterit to indicate "ago": *Hace _____ años que Susana conoce a Rigoberto. ¿Cuándo lo conoció? ¿En 1987? Hace _____ años que lo conoció*, etc.

The most common word order to use is to begin the sentence with *hacer*, but since this order can be reversed you should practice both in class.

Hace tres días que practican béisbol.
Practican béisbol hace tres días.
Hace dos horas que habla por teléfono.
Habla por teléfono hace dos horas.

You may also practice sentences using *desde hace: Están aquí desde hace tres días. No los veo desde hace dos años.*

14–20 Las vacaciones de los Molina. ¿Cuánto tiempo hace que hicieron lo que indican los dibujos?

MODELO: sábado

Salieron (Tomaron el tren) hace... días.

1. lunes

2. martes

3. miércoles

4. jueves

5. viernes

6. sábado   7. domingo

14–21 Entrevista. Hágale las siguientes preguntas a su compañero/a. Comparta la información con la clase.

1. ¿Dónde vives? ¿Cuánto tiempo hace que vives allí?
2. ¿Cuánto tiempo hace que estudias en esta universidad? ¿Y por qué estudias español?
3. ¿Practicas algún deporte? ¿Cuánto tiempo hace que lo practicas? ¿Juegas mejor ahora?

14–22   Situaciones.

1. Explíquele a su compañero/a dónde usted pasó sus mejores vacaciones. Dígale a) el nombre del lugar, b) cuánto tiempo hace que usted fue, c) los precios y d) qué se puede hacer en ese lugar. Su compañero/a le va a hacer más preguntas sobre sus vacaciones.

2. Usted no está contento/a con la habitación y el servicio del hotel (ruido, pocas toallas, no contestan en la recepción, etc.). Llame otra vez a la recepción y a) dé su nombre, b) el número de la habitación, c) el tiempo que hace que llamó y d) explique los problemas que tiene. El/La empleado/a debe pedirle disculpas y decirle qué van a hacer para resolver los problemas.

3.   STRESSED POSSESSIVE ADJECTIVES

SINGULAR		PLURAL		
MASCULINE	FEMININE	MASCULINE	FEMININE	
mío	**mía**	**míos**	**mías**	*my, (of) mine*
tuyo	**tuya**	**tuyos**	**tuyas**	*your (familiar), (of) yours*
suyo	**suya**	**suyos**	**suyas**	*your (formal) his, her, its, their, (of) his, hers, theirs*
nuestro	**nuestra**	**nuestros**	**nuestras**	*our, (of) ours*
vuestro	**vuestra**	**vuestros**	**vuestras**	*your (familiar), (of) yours*

- Stressed possessive adjectives follow the noun they modify and agree with it in gender and number. An article or demonstrative adjective usually precedes the noun.

El cuarto **mío** es grandísimo.	*My room is very big.*
La maleta **mía** está en la recepción.	*My suitcase is at the front desk.*
Esos primos **míos** llegan mañana.	*Those cousins of mine arrive tomorrow.*
Las llaves **mías** están en la puerta.	*My keys are in the door.*

4.   POSSESSIVE PRONOUNS

SINGULAR		PLURAL					
MASCULINE		FEMININE		MASCULINE		FEMININE	
el	mío tuyo suyo nuestro vuestro	la	mía tuya suya nuestra vuestra	los	míos tuyos suyos nuestros vuestros	las	mías tuyas suyas nuestras vuestras

- Possessive pronouns have the same form as stressed possessive adjectives.

- The definite article precedes the possessive pronoun, and they both agree in gender and number with the noun they refer to.

¿Tienes la mochila suya?	—Do you have his backpack?
—Sí, tengo **la suya.**	—Yes, I have his.

- After the verb **ser,** the article is usually omitted.

Esa ropa es **mía.**	*Those clothes are mine.*

- To be clearer and more specific, the following structures may be used to replace any corresponding form of **el suyo.**

$$\text{la mochila suya} \rightarrow \text{la suya} \begin{cases} \text{la de usted} & \textit{yours (sing.)} \\ \text{la de él} & \textit{his} \\ \text{la de ella} & \textit{hers} \\ \\ \text{la de ustedes} & \textit{yours (pl.)} \\ \text{la de ellos} & \textit{theirs (masc., pl.)} \\ \text{la de ellas} & \textit{theirs (fem., pl.)} \end{cases}$$

Actividades

14–23   ¿Quiénes son los dueños?

MODELO: La bicicleta es mía
(tuya, suya, nuestra).

1.

2.

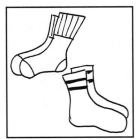

3.

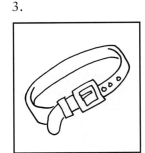

4.

5.

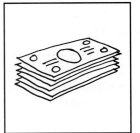

14–24   Las posesiones.   Es el fin del año escolar y un/a amigo/a está ayudando a empacar las cosas de usted y de su compañero/a de cuarto.

MODELO: esta lámpara

—¿De quién es esta lámpara?

—Es suya. *o* Es mía.

1. esos casetes
2. este mapa
3. los cuadernos
4. estos discos
5. las revistas
6. el radio
7. el afiche
8. esta toalla

14–25   Preparándose para los exámenes.

New word: *apuntes*

MODELO: —¿Prefieres mi diccionario o el tuyo?

—Prefiero el tuyo (el mío).

1. ¿Prefieres estudiar en mi casa o en la de Marta?
2. ¿Quieres mi cuaderno o el de Pedro?
3. ¿Hablaste con mi profesor o con el tuyo?
4. ¿Leíste mi proyecto o el de Arturo?
5. ¿Quieres mis apuntes o los de mis hermanos?

14–26   ¿Cómo son?

MODELO: —Mi apartamento es pequeño y cómodo.

—Y el mío es grande y viejo.

1. mi perro
2. mi bicicleta
3. mis amigos
4. mi cuarto
5. mis compañeras
6. mi novio/a

14–27   La casa y la familia.

New word: *vecino*

MODELO: cocina

—Nuestra cocina es muy moderna.

—Y la nuestra es muy moderna también.

1. familia
2. casa
3. vecinos
4. auto
5. abuelos
6. padres

14–28   Situación.

Usted encontró una billetera con mucho dinero. Una persona viene y le dice que perdió su billetera. Hágale preguntas para ver si es la billetera que usted encontró.

REPASO GRAMATICAL

1. IMPERFECT PROGRESSIVE

> *imperfect* of **estar** + *present participle* (**-ndo**)
> El recepcionista estaba hablando en ese instante.

2. HACE WITH TIME EXPRESSIONS

> **hace** + *length of time* + **que** + *present tense*
> Hace tres días que está aquí.
>
> ---
>
> **hace** + *length of time* + **que** + *preterit tense*
> Hace un mes que llegaron.

3. STRESSED POSSESSIVE ADJECTIVES

| SINGULAR | | PLURAL | | |
MASCULINE	FEMININE	MASCULINE	FEMININE	
mío	**mía**	**míos**	**mías**	*my, (of) mine*
tuyo	**tuya**	**tuyos**	**tuyas**	*your (familiar), (of) yours*
suyo	**suya**	**suyos**	**suyas**	*your (formal) his, her, its, their, (of) his, hers, theirs*
nuestro	**nuestra**	**nuestros**	**nuestras**	*our, (of) ours*
vuestro	**vuestra**	**vuestros**	**vuestras**	*your (familiar), (of) yours*

A escuchar _____

14–29 En el hotel. Listen to the conversation and indicate if each statement is **Cierto** or **Falso**.

	Cierto	Falso
1. La reservación está a nombre del señor Roca.	_____	_____
2. Los Roca reservaron una habitación doble y una sencilla.	_____	_____
3. La habitación sencilla es para Daniela Palacios de Roca.	_____	_____
4. En el hotel no hay tintorería.	_____	_____
5. El señor Roca debe ir al correo, según el recepcionista.	_____	_____
6. En el hotel venden sellos.	_____	_____
7. El correo está frente a la catedral.	_____	_____
8. La habitación de los Roca está en el octavo piso.	_____	_____

14–30 ¿Lógico o ilógico?

Lógico	Ilógico
1. _____	_____
2. _____	_____
3. _____	_____
4. _____	_____
5. _____	_____
6. _____	_____
7. _____	_____
8. _____	_____

Tapescript.
1. Enviamos unas olas por correo aéreo.
2. Las ruinas de los mayas son bellísimas.
3. La función de la lavandería está en la arena.
4. No puedes usar tu radio en el museo.
5. Para ir al ayuntamiento siga derecho por esta calle.
6. La capital dobla en la esquina y se pierde en la habitación.
7. La llave abre el sobre.
8. Pueden echar la carta en el buzón de la recepción.

Tapescript. En el hotel
—Buenos días, ¿en qué puedo servirle?
—Tenemos unas reservaciones por tres noches.
—¿A nombre de quién?, por favor.
—Rodolfo Roca.
—Hmm, no veo nada bajo ese nombre. ¿Qué tipo de habitaciones eran?
—Una doble y una sencilla. Hice las reservaciones hace más de un mes.
—Un momento, por favor. ¿No puede ser otro nombre?
—Tal vez estén a mi nombre. Soy Daniela Palacios de Roca.
—¡Aquí están! Palacios—dos habitaciones—una doble y otra sencilla. Perdo-

nen el malentendido. ¿Quieren firmar el registro, por favor? Sólo el número de pasaporte y la firma.
—Quisiera dejar un traje y unos vestidos en la tintorería. ¿Puede ser?
—Sí, por supuesto. Puede dejarlo en la habitación, en la bolsa para la tintorería, o directamente en la tintorería que está en el segundo piso.
—La habitación sencilla es para mi hermano, Martín Roca. Él va a llegar esta noche.
—No hay problema. ¿Necesitan algo más?
—Pues sí. Quisiera mandar
un paquete a Venezuela y también comprar

(Tapescript continues on page 400.)

algunos sellos para enviar unas tarjetas postales.

—Nosotros vendemos estampillas pero no podemos mandar paquetes. Le recomiendo que vaya al correo.

—¿Está muy lejos?

—No, está muy cerca. Usted sale del hotel y toma a la derecha. Camina una cuadra y al llegar a la esquina, dobla a la izquierda. El correo está en esa cuadra, justo enfrente de la catedral.

—Muy amable, muchísimas gracias.

—A sus órdenes. Aquí tienen la llave de su habitación, está en el décimo piso. Tiene una vista preciosa.

—Muchas gracias.

A conversar

14–31 En la recepción. En grupos de cuatro, representen la siguiente situación. Uno de ustedes es el/la recepcionista y los otros son clientes del hotel. Los clientes han pedido diferentes cosas al/a la recepcionista y ahora las quieren. Cada cliente elige un sobre que contiene lo que él/ella ha pedido. El/La recepcionista no recuerda qué le pidió cada cliente y hace preguntas para saber de quién es cada sobre.

MODELO: RECEPCIONISTA: ¿Son suyas las entradas para el teatro?

CLIENTE 1: Sí, son mías.

CLIENTE 2: Sí, son mías.

RECEPCIONISTA: (a Cliente 1) ¿Las suyas son para esta noche?

CLIENTE 1: No, las mías son para mañana por la noche.

14–32 ¿Hace cuánto? Elija un programa de televisión y dígale a su compañero/a qué hora es y qué canal mira. Su compañero/a debe decirle cuánto tiempo hace que mira ese programa. Alternen los papeles.

MODELO: —Son las seis de la tarde y estoy mirando la cadena uno.

—Hace una hora que miras "Cine Disney".

TELEVISION

PROGRAMACIÓN DE TELEVISIÓN

NACIONAL

ABRIL 25	8:30	9:00	9:30	10:00	10:30	11:00	11:30	12:00	12:30	1:00	1:30	2:00	2:30	3:00
CADENA UNO	OJO PELAO		LAS TORTUGAS NINJA	ODISEA EN HAWAII		SUPER FORCE		PROFESION PELIGRO		NOTICIERO NTC	CHESPIRITO		EL SHOW DE LAS ESTRELLAS	
CANAL A	MAXI MINI		PAZ VERDE	EL PLANETA DE LOS SIMIOS		LA BELLA Y LA BESTIA		TASHA EN LA TIERRA PERDIDA	VIDEO TOTALMENTE OCULTO	NOTICIERO CRIPTON	GUARDIANES DE LA BAHIA		VUELO NOCTURNO	
CADENA TRES														
TELE ANTIOQUIA											LUZ VERDE	MAC GYVER		
TELE PACIFICO	LA SANTA MISA	FUTBOL ITALIANO				VIVA EL DOMINGO				COSMOS		TELENOVELA CADENA BRAGA		AMERICA SILVESTRE
TELE CARIBE	EL LIBRO ENCANTA-	FUTBOL ITALIANO				EN LA JUGADA	RAPIDO RAPIDO	ESTELARES DEL VALLENATO		COMANDO ESPECIAL		SERIE EXTRANJERA: 50/50 SOCIAS Y		LAS 20 CHEVERISI-

14–33 Encuesta. Averigüe cuánto tiempo hace que sus compañeros/as **hacen** o **hicieron** las siguientes actividades.

MODELO: —¿Hace cuánto tiempo que **sabes** escribir?

—Hace doce años que sé escribir.

—¿Hace cuánto tiempo que **recibiste** una carta?

—Hace dos meses que recibí una carta.

pregunta	nombre	nombre	nombre	nombre	nombre
montar en bicicleta					
nadar					
manejar					
ir a un hotel					
mandar una carta					
recibir un paquete					

3:30	4:00	4:30	5:00	5:30	6:00	6:30	7:00	7:30	8:00	8:30	9:00	9:30	10:00	10:30	11:00	11:30
MI BARRIO	LABERINTOS		CINE DISNEY				LA CARA-BINA DE AMBROSIO	SABOR	EXPEDICIO-NES SUB-MARINAS	NOTICIERO TV HOY	INTRIGA TROPICAL		CINEMA UNO: "LOS DIOSES DEBEN ESTAR LOCOS III"			
NO ME LO CAMBIE			LOS MILLONARIOS		MISION IMPOSIBLE		LOCOS VIDEOS	VUELO SECRETO	DEJEMO-NOS DE VAINAS	NOTICIERO AM-PM	CLASE DE BEVERLY HILLS		CINEMA A			
			LOS HER-MANOS GRIMM	FOFURA EN LA TELEVISION	AVENTURA DE TOM SAWYER	CONCIERTOS LATINOAMERICANOS		GRAN PRIX DEL DEPORTE	HISTORIAS EN DESA-RROLLO		ZURICH: CUENTA SECRETA	ESPACIO SIN CON-FIRMAR	CINE A LA LATA: HOY SE PRESENTAN TRES MEDIOMETRAJES COLOMBIANOS: "REPUTADO", "EL GUACAMAYA" Y "LA VIEJA GUARDIA"			
ESPECIAL "DEPORTES A MOTOR"	EL VIEJO		VARIETE-VARIETE		TRANS WORLD SPORT COSMOVISION		TRES SON COMPAÑIA	LOS ANI-MALES Y EL HOMBRE	NOTICIAS FIN DE SEMANA	SEÑORA TELENO-VELA	FASHION T.V.	MODOS Y MODA	LA PELICULA DE LAS 9			
FUTBOL EN DIRECTO					VIDEOS INTER.	ESTRELLAS DEL PACIFICO		BALADA POR UN AMOR	NOTIPACI-FICO	8:45: QUE HAY QUE HACER	9:15: TENIS CLUB		EUROPA SEMANAL		10:15: DESPUES DE LOS TREINTA	
SERIE EXTRANJERA		SERIE EXTRANJERA: ZURICH, SECRETOS		LA RUTA DEL SABER	SERIE EX-TRANJERA	REPORTAJE INTERNA-	SERIE EXTRANJERA: EL ASTUTO		NOTICIERO DEL CARIBE	CROMO-DEPORTES	BEISBOL DE LAS GRANDES LIGAS					

A leer

14–34 Un poco de geografía. Mire el mapa en la siguiente página y conteste.

1. ¿Qué países limitan con Perú?
2. ¿En qué país se encuentra Nazca?
3. ¿Nazca está al norte o al sur de Lima?

14–35 El primer párrafo. Lea el encabezamiento y conteste.

1. ¿Dónde están dibujadas (trazadas) las líneas de Nazca?
2. ¿Más o menos cuántos años tienen las líneas?
3. ¿Cómo puede verlas un turista?

NAZCA:

ENIGMA MAREADOR

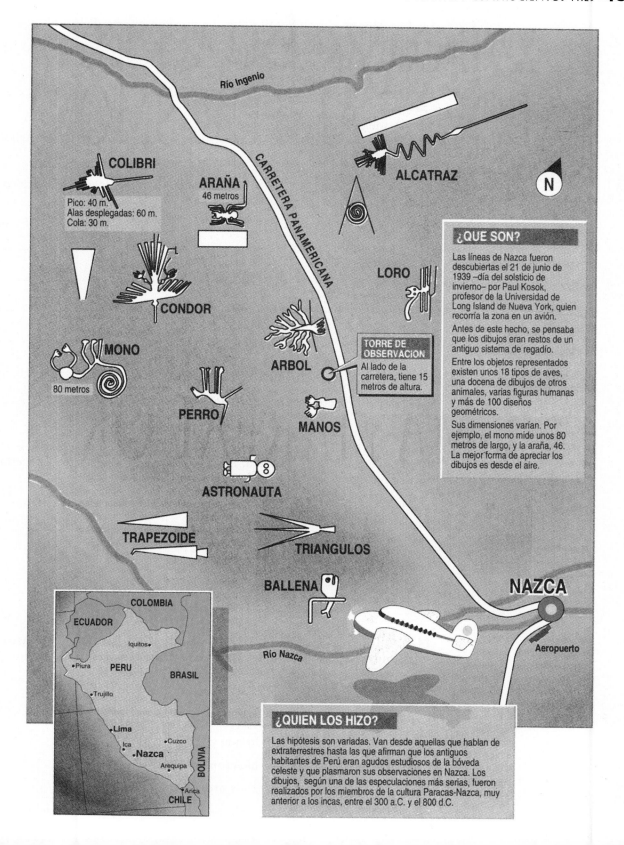

Río Ingenio

COLIBRI

Pico: 40 m.
Alas desplegadas: 60 m.
Cola: 30 m.

ARAÑA
46 metros

CARRETERA PANAMERICANA

ALCATRAZ

N

CONDOR

LORO

MONO

ARBOL

80 metros

TORRE DE OBSERVACION
Al lado de la carretera, tiene 15 metros de altura.

PERRO

MANOS

¿QUE SON?

Las líneas de Nazca fueron descubiertas el 21 de junio de 1939 –día del solsticio de invierno– por Paul Kosok, profesor de la Universidad de Long Island de Nueva York, quien recorría la zona en un avión.

Antes de este hecho, se pensaba que los dibujos eran restos de un antiguo sistema de regadío.

Entre los objetos representados existen unos 18 tipos de aves, una docena de dibujos de otros animales, varias figuras humanas y más de 100 diseños geométricos.

Sus dimensiones varian. Por ejemplo, el mono mide unos 80 metros de largo, y la araña, 46. La mejor forma de apreciar los dibujos es desde el aire.

ASTRONAUTA

TRAPEZOIDE

TRIANGULOS

BALLENA

NAZCA

Río Nazca

Aeropuerto

COLOMBIA

ECUADOR

Iquitos

• Piura

PERU

BRASIL

• Trujillo

• Lima

• Cuzco

Ica •Nazca

Arequipa

BOLIVIA

• Arica

CHILE

¿QUIEN LOS HIZO?

Las hipótesis son variadas. Van desde aquellas que hablan de extraterrestres hasta las que afirman que los antiguos habitantes de Perú eran agudos estudiosos de la bóveda celeste y que plasmaron sus observaciones en Nazca. Los dibujos, según una de las especulaciones más serias, fueron realizados por los miembros de la cultura Paracas-Nazca, muy anterior a los incas, entre el 300 a.C. y el 800 d.C.

14–36 Más geografía. Mire el mapa con el esquema de los dibujos y conteste.

1. ¿Entre qué ríos se encuentran las líneas de Nazca?
2. ¿Qué carretera atraviesa la zona?
3. ¿Cree usted que las líneas pueden verse cuando uno camina cerca de ellas?
4. ¿Desde qué ciudad salen los aviones para visitar las líneas?
5. ¿La mayoría de las líneas representan figuras geométricas, animales o plantas?

14–37 "¿Qué son?" Diga si las siguientes afirmaciones son **Ciertas** o **Falsas.**

	Cierto	Falso
1. Las líneas de Nazca fueron descubiertas por un profesor peruano.	____	____
2. Las líneas de Nazca se descubrieron hace más de cincuenta años.	____	____
3. La gente pensaba que las líneas eran sistemas para transportar agua.	____	____
4. La mayoría de los objetos representados son animales.	____	____
5. La mejor forma de apreciar los dibujos es desde la torre de observación.	____	____
6. Las figuras representadas son de diferentes tamaños.	____	____

 14–38 "¿Quién las hizo?" Formen grupos de cuatro o cinco estudiantes y elijan la o las respuestas corectas. Expliquen por qué la respuesta que eligen es la correcta. Las hipótesis dicen que las líneas fueron hechas por...

a. los extraterrestres
b. los antiguos habitantes de Perú
c. los miembros de las tribus Paracas-Nazca

A escribir

14–39 Un lugar increíble. Usted acaba de visitar las líneas de Nazca y está muy impresionado/a. Escríbale una carta a un/a amigo/a en su país y explíquele...

▪ cómo llegó a Nazca;

▪ cómo hizo para ver las líneas;

▪ qué vio y cómo era todo lo que vio;

▪ quién, cuándo y por qué hicieron las líneas y

▪ cuáles son sus planes para los próximos días.

▪ Despídase de su amigo/a y prometa enviar fotos y postales del lugar.

VOCABULARIO

EL CORREO

el buzón	mailbox
la carta	letter
la estampilla	stamp
el paquete	package
el sello	stamp
el sobre	envelope
la tarjeta postal	post card

LUGARES

el ayuntamiento	city hall
la capital	capital
la catedral	cathedral
la cuadra	city block
la esquina	corner
la estación de policía	police station
el museo	museum
las ruinas	ruins

EL TEATRO

la cámara	camera
la función	show
la taquilla	ticket office

LA NATURALEZA

el árbol	tree
la arena	sand
la ola	wave

EL HOTEL

la habitación doble/sencilla	double/single room
la llave	key
la recepción	reception
la reservación	reservation
la tintorería	cleaners

DESCRIPCIONES

increíble	incredible

VERBOS

declarar	to declare
doblar	to turn
mandar	to send
pasar	to spend
perderse (ie)	to get lost
recibir	to receive
seguir (i) derecho	to go straight ahead

PALABRAS ÚTILES

la derecha	right
la izquierda	left

EXPRESIONES ÚTILES

¿a nombre de quién?	under whose name?
por fin	finally

See page 395 for possessive adjectives and pronouns.

Un paso adelante

LECCIÓN 15

Hoy día viven varios millones de hispanos en los Estados Unidos. Se espera que para el año 2000 los hispanos sean la minoría más numerosa de este país.

Los hispanos en los Estados Unidos

Goals. In this lesson, students discuss the role Spanish speakers play and have played in the historical, cultural, and economic development of the United States. The grammar covers the past participle, the present and past perfect tenses, and sentences where direct and indirect object pronouns are used together.

COMUNICACIÓN

- Stating facts in the present and past
- Giving opinions
- Describing states or conditions

ESTRUCTURAS

- The Past Participle and the Present Perfect
- The Past Perfect
- Past Participles Used as Adjectives
- Direct and Indirect Object Pronouns

CULTURA

- Hispanic culture in the United States

Una nueva generación de líderes en la comunidad hispana

José M. Hurtado nació en México en 1948 y a los veinte años se graduó como contador público en el Instituto Mexicano de Tecnología. Hoy es presidente de la M-USA Business Systems Inc. de Dallas, una compañía de software que hace toda su programación en México, y que ha tenido un gran éxito al ofrecer sofisticados programas para computadoras con un precio máximo de sólo $50. Los programas de M-USA—siglas que quieren decir "México-USA"—demuestran el futuro de México como productor de servicios y sistemas de la más alta tecnología. En 1992 se ganó dos premios por sus logros: *Entrepreneur of the year* en Dallas, Texas y el Premio Mercurio en Jalisco, México.

Rubén Blades nació en Panamá en 1948, donde recibió su título universitario en derecho en la Universidad Nacional de Panamá. Después pasó a Nueva York para ser cantante de música salsa, y eventualmente actor de cine. Ha actuado, entre otras películas, en *Fatal Beauty* con Whoopi Goldberg y *The Two Jakes* con Jack Nicholson. También tiene una maestría en derecho internacional de la Universidad de Harvard, y aunque vive actualmente en Los Ángeles, todavía tiene mucho interés en la política de su país natal.

Hablando de los hispanoamericanos en los Estados Unidos, Blades ha dicho: "No somos una raza. Entre nosotros, hay rubios, negros, indios, chinos, de todo. Lo que nos une es una cultura". En su música, películas y actividad política, Blades sigue haciendo una contribución importante a esa cultura.

Sonia Sotomayor, puertorriqueña de Nueva York, se graduó en la Universidad de Princeton en 1976 y de la Escuela de Derecho de Yale en 1979. Empezó su carrera profesional como fiscal en Manhattan, y después llegó a ser socia de un prestigioso bufete de abogados en la Ciudad de Nueva York. Hoy en día es jueza de la Corte Federal del distrito de Nueva York, y es la primera persona de ascendencia hispana en dicho puesto. De acuerdo con la Hispanic National Bar Association, hay entre 16.000 y 20.000 abogados hispanos en los Estados Unidos, pero las mujeres representan sólo la cuarta parte del total.

You may assign the selection on Sonia Sotomayor as an outside reading or do it in class. For David Rosemond's selection, you may want to assign roles and have students act out the interview.

Discuss the ethnic makeup of Hispanics. (See **Almanaque del mundo hispano** after *Lección 8* for these data.) Discuss how the Spanish language has created a common cultural base of reference for people of all races. What are the main racial groups represented by the various Hispanic populations in the United States? (Mexico —*mestizo, europeo, indio,* Puerto Rico, Cuba, Dominican Republic —*europeo, africano, mulato,* and Central America —*mestizo, europeo.*)

◆

David Rosemond es Director de Iniciativas Multiculturales para la United Way del Condado de Dade en Miami. Ésta es parte de una entrevista que le hizo *Éxito,* un semanario que se publica en Miami.

—¿Dónde naciste?
—En Cuba. Llegué a este país en el 69 cuando tenía 15 años.
—¿Viniste con tus padres?
—Sí, con mis padres y mis hermanos. Empecé a hacer la secundaria.
—¿Hablabas inglés?
—Mi mamá era maestra de inglés en Cuba y preparaba a niños como yo, cuyos padres pensaban venir a los Estados Unidos. Tenía un buen dominio de la gramática, pero no de la pronunciación.
—¿Estudiaste en Nueva York?
—Hice un año en Brooklyn College y luego me gradué en la Universidad de la Florida.
—¿Cómo te clasificas ahora?
—Bueno, una jefa de personal me dijo una vez que yo tenía que elegir entre ser negro y ser hispano. Y yo le dije: "Pero yo soy ambos", y me dijo: "Pero sólo existe una categoría". Entonces se creó una nueva categoría: negro hispano.
—¿Y socialmente dónde encajas mejor?
—En los dos lados.
—¿Tu hija cómo se está criando?
—Bueno, está aprendiendo español. [Risas] Come arroz con frijoles negros y plátanos maduros fritos. Pero creo que todos nosotros nos vamos aculturando a esta sociedad. Nos hemos asimilado más de lo que creemos.
—¿Qué desearías para tu hija?
—[Risas] Que fuera electa la primera presidenta negra de los Estados Unidos.

Actividades

15–1   Quiénes son?   Complete el siguiente cuadro con la información que usted leyó sobre cuatro líderes hispanos.

nombre	lugar de nacimiento	lugar(es) donde estudió	puesto o profesión
	Cuba		
			jueza
	Panamá		
		Instituto Mexicano de Tecnología	

15–2   Preguntas.

1. ¿Qué tipo de servicios ofrece M-USA? ¿Por qué han tenido tanto éxito en el mercado norteamericano?
2. ¿Qué estudió Rubén Blades? ¿Qué dice Blades sobre los hispanos en los Estados Unidos?
3. ¿Dónde trabaja Sonia Sotomayor? ¿Qué porcentaje de los abogados hispanos de este país son mujeres?
4. ¿A qué grupos étnicos pertenece David Rosemond? ¿Qué desea para su hija?

15–3   Preguntas personales.

1. ¿Qué experiencia ha tenido con las computadoras? ¿Qué programas o sistemas usa usted en la universidad o en el trabajo?
2. ¿Cree usted que necesitamos más mujeres abogadas? ¿Por qué?
3. ¿Deben los actores y cantantes famosos intervenir en la política? ¿Por qué?

¿Y dónde viven?

Miami, la llamada capital del sol, es un auténtico centro económico y cultural para hispanoamericanos del Caribe y de Centro y Suramérica. Según el censo de 1990, el 49% de la población del Condado de Dade es de origen hispano, y se oye hablar español en bancos, comercios y restaurantes por toda la ciudad. Los cubanos representan el 59% de la población hispana del condado, pero también hay colonias grandes de nicaragüenses, colombianos, venezolanos y de muchos otros países. Se editan dos periódicos importantes en español, y hay tres estaciones hispanas

de televisión y numerosas estaciones de radio. El español es toda una industria en el sur de la Florida, y la lengua ha convertido a Miami en un
centro de finanzas, turismo y exportación para toda Hispanoamérica.

Se dice que Nueva York
es la ciudad puertorri-
queña más grande del
mundo. Más de dos mi-
llones de puertor-
riqueños viven en Nueva
York, una población
mucho mayor que la de
San Juan. La presencia
puertorriqueña en Nueva
York fue el tema princi-
pal del musical de
Broadway *West Side*

Story. Con sus propios negocios, periódicos, representantes políticos,
estaciones de radio y hasta su propio desfile anual, los "neoyoricans",
como se les conoce, han alcanzado hoy en día una gran influencia en
esta ciudad.

Los primeros pobladores de Los
Ángeles llegaron en 1781. Poco a
poco este pueblo fue creciendo
hasta llegar a ser la ciudad con el
área metropolitana más grande de
los Estados Unidos. Después de la
ciudad de México, el área metropolitana de Los Ángeles cuenta con
el mayor número de mexicanos o
descendientes de mexicanos en el
mundo.

Actividades

15–4   Contribuciones hispanas.   Escojan una o dos áreas donde los
hispanos han influido en la vida de los Estados Unidos y expliquen cuál
ha sido esta influencia. Luego, comparen sus resultados con los de otros
grupos.

15–5   Preguntas.

1. ¿Cómo son las ciudades de Los Ángeles, Miami y Nueva York?
   ¿Cómo se nota la influencia hispana en estas tres ciudades?
2. Los diferentes grupos étnicos han hecho grandes contribuciones a la
   cultura norteamericana a lo largo de la historia. ¿Qué grupos étnicos hay en su ciudad o región? ¿Cuáles son sus características más
   importantes?

Hispanos en el arte y la cultura

Antonio Banderas, el joven actor español, ha tenido un gran éxito tanto en España como en los Estados Unidos. Ha actuado en *Mujeres al borde de un ataque de nervios* y *Átame,* dos películas de Pedro Almodóvar, y también en *The Mambo Kings* y *La casa de los espíritus.* La siguiente entrevista a Antonio Banderas apareció en *Hola,* una de las revistas más populares en España e Hispanoamérica.

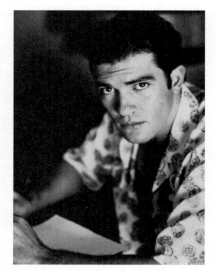

Simpático y con la sencillez que siempre le ha caracterizado, el actor explica que llega inmerso "en una vorágine de trabajo que ni siquiera me permite descansar ni dormir...que es uno de mis mayores placeres. Pero estar en los Estados Unidos exige este tipo de cambios, y uno debe adaptarse".

—Seguramente no ha sido sencillo, ya que por obligación has debido adaptarte a un nuevo país, nuevas costumbres y hasta otro tipo de vida ¿no es cierto?
—Absolutamente. Creo que la experiencia de Estados Unidos me ha hecho crecer bastante en el sentido que como espectador y actor uno mistifica bastante a los personajes que se mueven en el mundo del espectáculo; pero luego cuando los tratas, te das cuenta que son gente como tú y como yo. Tal vez con más o menos problemas, pero gente de carne y hueso. Entonces, luego te dices: "Oye, pero no eran tan diferentes". Y eso es muy bueno.
—Por lo visto, te satisface.
—Muchísimo, porque en realidad me he encontrado con un Hollywood mucho más humano de lo que pensaba y no con una máquina de tragar gente.
—Filmas en Filadelfia, Los Ángeles y Nueva York, ¿pero dónde está tu centro de operaciones, tu casa?
—Por una cuestión de trabajo fijé mi residencia en Los Ángeles. Reconozco que Nueva York es más interesante, con un nivel cultural más grande, con mayor cantidad de actores y una experimentación en el arte más fuerte. Pero Los Ángeles es una ciudad fantástica para vivir. Estás allí y te das cuenta que estás en la meca del cine.

◆

Isabel Allende, una de las novelistas más conocidas de América Latina, nació en Perú de padres chilenos, pero se crió en la ciudad de Santiago. Trabajó en Chile como periodista, pero después de la muerte de su tío—

el presidente Salvador Allende—y la imposición de una dictadura militar, ella abandonó el país con su familia y fijó su residencia en Caracas.

Allende escribió sus primeras obras literarias en Venezuela, entre ellas *La casa de los espíritus* y *Eva Luna*, dos importantes éxitos internacionales. Desde 1988 vive en California con su segundo esposo, un abogado norteamericano, pero sigue escribiendo en español sobre temas latinoamericanos.

Allende todavía mantiene su interés en las cuestiones políticas y sociales de Hispanoamérica, y a través de sus libros—todos los cuales han sido traducidos al inglés—ella le ofrece una visión personal y muy original de esta región al público norteamericano y europeo.

◆

Robert Rodríguez, un cineasta mexicoamericano de San Antonio, ha hecho lo verdaderamente imposible: cuando era un estudiante de veinticuatro años en la Universidad de Texas, y con sólo $7.000, escribió y dirigió *El Mariachi*, una película que recibió el Audience Award en el Festival de Cine Sundance en Colorado. La película se filmó en México en dos semanas, y después Columbia Pictures la distribuyó nacionalmente en español con subtítulos en inglés.

LENGUA Se usa la palabra **mexicoamericano/a** o **mexicanoamericano/a** para referirse a las personas descendientes de mexicanos en los Estados Unidos. Muchas de estas personas prefieren el término **chicano/a** porque refleja una actitud de identidad, orgullo y solidaridad.

Sandra Cisneros nació en la ciudad de Chicago en 1954, de padre mexicano y madre mexicoamericana, y vive actualmente en San Antonio. Cisneros es una de las voces más originales de la literatura chicana en los Estados Unidos, y también de la literatura norteamericana contemporánea, con numerosos personajes femeninos que se destacan por su originalidad y sensibilidad. Ella ha escrito una novela *The House on Mango Street,* un libro de cuentos *Woman Hollering Creek* y una colección de poemas titulada *My Wicked, Wicked Ways.*

Lourdes López es solista del New York City Ballet, una de las compañías de ballet más importantes del mundo, donde baila desde los 16 años.

La siguiente entrevista está tomada de Éxito.

—Cuéntame un poco de ti.
—Nací en Cuba y llegué a Miami cuando tenía sólo un año. Me crié aquí.
—¿Cuándo supiste que querías ser bailarina?
—A los cinco años empecé a tener problemas con los pies y mis padres me mandaron a estudiar ballet. A los ocho, mi madre me dijo que no tenía que continuar, que ya se habían resuelto los problemas. Pero a mí me gustaba; no es que yo supiera que iba a ser bailarina.
—¿Cómo te sientes en Nueva York?
—Muy feliz. Ya me siento como en casa. Llevo mucho tiempo allá. Allá tengo mi trabajo y a mi esposo y a mi hija.
—¿Qué hace tu esposo?
—Es abogado. Nació en Grecia, pero se crió en España.
—¿Entonces él habla español?
—Sí, y mi hija, Ariel, lo entiende todo en español.
—¿Qué harías si te retiraras?
—Me gustaría trabajar con niños. Se están haciendo muchos experimentos con niños que tienen problemas emocionales y físicos y se está utilizando la danza como terapia.

CULTURA Hay muchos escritores descendientes de mexicanos que escriben en inglés, en español o en ambos idiomas. La literatura chicana ha alcanzado reconocimiento y elogios en los círculos literarios de los Estados Unidos.

Actividades

15–6   Preguntas.

1. ¿Dónde vive Antonio Banderas? ¿Qué diferencias ve él entre Los Ángeles y Nueva York? ¿Cuál de las dos ciudades prefiere usted?
2. ¿Dónde nació Isabel Allende y dónde se crió? ¿Por qué se fue de Chile y dónde vive hoy en día?
3. ¿Ha visto usted alguna película de Robert Rodríguez o de otro director hispano? ¿Cuál fue la última película que usted vio? ¿Cómo era y quiénes eran los actores principales?
4. ¿Dónde nació Sandra Cisneros y dónde vive hoy en día? ¿Qué libros ha publicado ella?
5. ¿Qué clase de novelas le gusta a usted? ¿Prefiere novelas románticas, de misterio o de acción? ¿Cuál fue el último libro que leyó?
6. ¿Por qué empezó a bailar ballet Lourdes López? ¿Qué quiere hacer ella después de retirarse del ballet?
7. ¿Qué le interesa más a usted, el cine, la literatura, el baile o la pintura? ¿Por qué? ¿Cuáles son sus artistas preferidos?

A escuchar

You will hear a Spaniard talking about himself, his family, and his work. Complete the following statements by marking the appropriate answers.

1. Además de español, Juan Sanz habla...
   _____ catalán   _____ japonés   _____ francés   _____ inglés
   _____ ruso   _____ italiano   _____ portugués   _____ alemán
2. Juan Sanz estudió en la Universidad de...
   _____ Maryland
   _____ Barcelona
   _____ las Américas
3. Él cree que pudo obtener puestos importantes rápidamente porque...
   _____ habla varias lenguas
   _____ estudió mucho
   _____ conoce muchos países
4. Los equipos que venden en su compañía cuestan alrededor de...
   _____ 100.000 dólares
   _____ 500.000 dólares
   _____ 1.500.000 dólares
5. Según Juan Sanz, una compañía puede dar un mejor servicio cuando...
   _____ llama a los clientes con frecuencia
   _____ sus productos tienen buen precio
   _____ habla la lengua del cliente

Tapescript.
Me llamo Juan Sanz. Soy catalán, nacido en Barcelona. Estoy casado y tengo dos hijos. Mi hijo mayor tiene tres años y mi hija, un año y medio.

Trabajo en una compañía norteamericana de Baltimore. Como soy catalán, hablo catalán y español, y además hablo inglés, francés, italiano, portugués y un poco de alemán. Yo tengo que viajar a menudo por mi trabajo por Latinoamérica y por Europa principalmente. Aunque estudié economía en la Universidad de Barcelona, fue sin duda por mis idiomas que conseguí rápidamente puestos de importancia. Actualmente soy responsable de la Dirección Internacional de Ventas, y mi compañía fabrica máquinas para el embalaje, en concreto, para fabricar cajas de cartón. Para que tengan una idea, el precio medio de los equipos que nosotros vendemos está alrededor de un millón y medio de dólares.

En el mundo actual, nadie duda que hay una grandísima competencia entre las compañías en todas las industrias. Todos aspiramos a diferenciarnos por dar un mejor servicio a nuestros clientes. En mi opinión, dar un mejor servicio empieza por hablar el mismo idioma del cliente. Vivimos en la sociedad de la comunicación, pero indudablemente todos nos comunicamos mejor en nuestro propio idioma.

Yo les animo a que sigan estudiando español y además les deseo mucha suerte en sus estudios.

Enfoque

PRESENCIA HISPANA EN LOS ESTADOS UNIDOS

Actualmente casi un 35% de la población del estado de California es de ascendencia hispánica. En todos los demás estados, los hispanos constituyen el grupo minoritario de mayor crecimiento en el país. Se calcula que para el año 2.000 habrá más de 33 millones de hispanos en los Estados Unidos. Estudie el siguiente mapa y señale los estados donde hay hispanos.

CONCENTRACIÓN DE HISPANOHABLANTES EN LOS ESTADOS UNIDOS

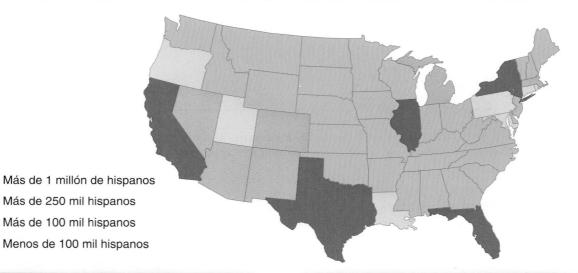

- ■ Más de 1 millón de hispanos
- ■ Más de 250 mil hispanos
- □ Más de 100 mil hispanos
- ■ Menos de 100 mil hispanos

Ciudades con el mayor número de hispanohablantes

1.	Los Ángeles	4.780.000
2.	Nueva York	2.780.000
3.	Miami	1.100.000
4.	San Francisco	970.000
5.	Chicago	890.000
6.	Houston	770.000
7.	Dallas	520.000
8.	Phoenix	345.000
9.	Denver	226.000
10.	Washington	225.000

Source: *U.S. 1990 Census.*

Origen de los inmigrantes

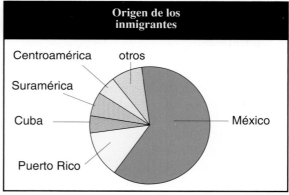

Centroamérica otros
Suramérica
Cuba
México
Puerto Rico

Source: *U.S. 1990 Census.*

416

1. THE PAST PARTICIPLE AND THE PRESENT PERFECT

La población hispana ha crecido notablemente en el área de Miami. Hoy en día los hispanos representan más de la mitad de la población, y el español es el idioma principal en muchas partes de la ciudad.

INFINITIVE	PAST PARTICIPLE
hablar	**hablado**
comer	**comido**
vivir	**vivido**

- All past participles of **-ar** verbs end in **-ado.**

- Past participles of **-er** and **-ir** verbs end in **-ido,** except the following:

IRREGULAR PAST PARTICIPLES			
hacer	**hecho**	abrir	**abierto**
poner	**puesto**	escribir	**escrito**
romper	**roto**	cubrir	**cubierto**
ver	**visto**	decir	**dicho**
volver	**vuelto**	morir	**muerto**

- **Tener** is never used as the auxiliary verb to form the perfect tense.

417

Give commands to do something: *Come algo. / Cómpralo. / Escribe tu tarea. / Paga la cuenta. / Explícamelo.* Have students answer, *"Ya he..."*

- Form the present perfect of the indicative by using the present tense of **haber** as an auxiliary verb with the past participle of the main verb.

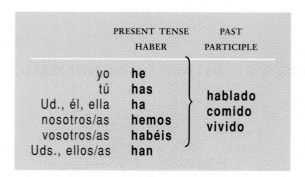

	PRESENT TENSE HABER	PAST PARTICIPLE
yo	**he**	
tú	**has**	
Ud., él, ella	**ha**	**hablado**
nosotros/as	**hemos**	**comido**
vosotros/as	**habéis**	**vivido**
Uds., ellos/as	**han**	

- The present perfect is used to refer to a past event or action that has some relation to the present.

  Victoria, ¿ya has comido?   *Victoria, have you eaten yet?*

- Normally no word may intervene between **haber** and the past participle.

- Place object and reflexive pronouns before the auxiliary verb **haber.**

  —¿Has visto a Juan?   —¿**Se** han lavado?
  —No, no **lo** he visto.   —Sí, ya **nos** hemos lavado.

- The present perfect of **hay** is **ha habido.**

  Ha habido más trabajo   *There has been more work*
  últimamente.   *lately.*

Point out. *Acabar* changes depending on the subject: *Acabamos de salir. Acaba de almorzar.*

- Use the present tense of **acabar** + **de** + *infinitive*, not the present perfect, to state that something has just happened.

  Acabo de oír las noticias.   *I have just heard the news.*

Actividades

15–7 Las cosas que no he hecho. Para cada grupo, digan lo que no han hecho.

1. Yo nunca he estado en...
   a. Nueva York
   b. Los Ángeles
   c. Miami
2. Yo nunca he hecho...
   a. cerámica
   b. ejercicio
   c. arroz con frijoles
3. Yo nunca he corrido en...
   a. las Olimpiadas
   b. el estadio de la universidad
   c. un parque

4. Yo nunca he escrito una...
   a. carta
   b. novela
   c. composición
5. Yo nunca he roto...
   a. un plato
   b. un vaso
   c. un estéreo
6. Yo nunca he dicho...
   a. una mala palabra
   b. una mentira
   c. palabras en chino

15–8 Las cosas que (no) he hecho. Dígale a su compañero/a las cosas que usted ha hecho o no ha hecho. Luego, cambien de papel.

Variation. Have students share information with the class on things their partner has never done: *Mi compañero/a nunca ha estado en _____. Nunca ha montado en _____.*

Variation. Have students tell interesting things that they themselves have done.

MODELO: preparar el desayuno

(No) He preparado el desayuno.

1. terminar la tarea
2. escuchar los casetes
3. limpiar la casa
4. correr por la mañana
5. oír las noticias
6. ir al mercado
7. leer el periódico
8. ver televisión
9. escribirle a un amigo
10. lavarse los dientes dos veces

 15–9 ¿Qué has hecho hoy?

Suggestion. Encourage students to respond in a more natural way by using pronouns instead of nouns.

MODELO: comprar el libro

—¿Has comprado el libro hoy?

—Sí, ya he comprado el libro. *o* —Sí, ya lo he comprado. *o* —No, no lo he comprado todavía.

1. lavar los platos
2. romper algún plato
3. hacer ejercicio
4. tomar vitaminas
5. ver al profesor Hidalgo
6. felicitar a Ana por su santo
7. recibir alguna carta
8. traer tu proyecto

 15–10 Un/a atleta excelente. Preparen una lista de cinco cosas que ha hecho esta persona para ser un/a atleta excelente.

Optional. Use visuals and have students imagine what different persons have or have not done.

MODELO: Ha practicado todos los días.

15–11 Un viaje. Usted y su amigo/a van a hacer un viaje, pero no han organizado nada.

Variation. Have students produce both affirmative and negative responses.

MODELO: ¿Han hecho las reservaciones?

—No, no las hemos hecho todavía.

1. ¿Han ido a la agencia de viajes?
2. ¿Han llamado a la línea aérea?
3. ¿Han hecho las maletas?
4. ¿Han comprado los cheques de viajero?
5. ¿Qué han hecho entonces?

15–12 El jefe/La jefa y los empleados. Usted es el jefe/la jefa de una oficina y le pregunta a su secretario/a si sus empleados han hecho las siguientes cosas.

MODELO: terminar el proyecto

—¿Terminaron el proyecto?

—Sí, ya lo terminaron. o —Todavía no lo han terminado.

1. traer el papel de cartas
2. usar la computadora
3. hacer las fotocopias
4. llamar a los clientes
5. invitar al Sr. Alonso
6. pedir los programas

15–13 Un huracán. Se espera un huracán y su padre le pide que haga varias cosas.

MODELO: —Llena la bañadera de agua.

—Acabo de llenarla, papá.

1. Pon la televisión.
2. Entra los muebles de la terraza.
3. Llama a tus abuelos.
4. Pregúntales a los vecinos si necesitan algo.
5. Saca al perro del garaje.
6. Cierra las ventanas de tu cuarto.

15–14 Justo ahora. ¿Qué acaban de hacer sus amigos?

MODELO: Juan sale del estadio.

Acaba de ver un partido de fútbol.

1. Maricarmen sale de un concierto.
2. Pedro sale de un café.
3. Mercedes y Paula salen del cine.
4. Humberto sale de la cocina.
5. Jorge y Ricardo salen de una tienda.

Variation. Practice by having students list five things that they have just done. Or ask questions, *¿Tienes hambre? (No. Acabo de comer.) ¿Tienes sueño? ¿Quieres bailar? ¿Quieres nadar? ¿Tienes sed?*, etc.

15–15 Las contribuciones de los hispanos. Escojan un área (negocios, arquitectura, música, arte, etc.) y escriban un pequeño párrafo explicando cómo han contribuido los hispanos a la sociedad de este país.

Use initial readings for reference, if necessary.

15–16 El pueblo global. Preparen una lista de las cosas que pueden hacerse o se han hecho ya para mejorar la comprensión entre los diferentes grupos étnicos en este país.

15–17 Situaciones.

1. Usted está entrevistando a un/a famoso/a novelista hispano/a que vive en los Estados Unidos. Pregúntele a) cuántas novelas ha escrito, b) cuánto tiempo hace que escribió su primera novela, c) cuál es su novela favorita, y d) cuánto tiempo hace que vive en los Estados Unidos.
2. Escoja una de las personas que aparecen al comienzo de esta lección. Su compañero/a debe escoger otra. Deben averiguar a quién ha escogido su compañero/a y qué ha hecho esta persona para tener éxito.

2. THE PAST PERFECT

▪ Form the past perfect with the imperfect tense of **haber** as an auxiliary verb and the past participle of the main verb.

Suggestion. Present the past perfect in the same manner as the present perfect. Stress that while the present perfect gives reference to the present, the past perfect refers to a point in the past. Contrast: Thanks for inviting me, but I *have* already eaten, and When you called I *had* already eaten.

	IMPERFECT OF HABER	PAST PARTICIPLE
yo	**había**	
tú	**habías**	
Ud., él, ella	**había**	**hablado**
nosotros/as	**habíamos**	**comido**
vosotros/as	**habíais**	**vivido**
Uds., ellos/as	**habían**	

▪ The past perfect is used to refer to a past event or action that occurred prior to another past event.

La fiesta **había terminado** cuando llegamos.
The party had ended when we arrived.

Todos **se habían ido** a las dos.
Everyone had left at two.

3. PAST PARTICIPLES USED AS ADJECTIVES

▪ When a past participle is used as an adjective, it agrees with the noun it modifies.

un apartamento alquilad**o**   *a rented apartment*
una puerta cerrad**a**   *a closed door*
los libros abiert**os**   *the open books*
las ventanas rot**as**   *the broken windows*

▪ Spanish uses **estar** + the *past participle* to express a state or condition resulting from a prior action.

Action	**Result**
Ella terminó el libro.	El libro está terminado.
Reservé la habitación ayer.	La habitación está reservada.

Illustrate "action" and "result" by performing tasks in class (e.g., close the text and say: **He cerrado el libro. Ahora el libro está cerrado**; open the door and say: **He abierto la puerta. La puerta está abierta.**

Actividades

15–18 Un día muy feliz. Ayer cuando la Sra. Jiménez volvió a su casa después del trabajo encontró que no tenía que hacer nada en la casa. Diga qué habían hecho los diferentes miembros de la familia.

MODELO: su esposo (cocinar) para toda la familia

       Su esposo había cocinado para toda la familia.

1. su madre (lavar) la ropa sucia
2. su hija Carmen (limpiar) la casa
3. su hijo mayor (poner) la mesa
4. su hijo menor (sacar) al perro
5. su hija Diana (hacer) su postre favorito

Optional. Ask students to say what had happened before they entered the classroom. Encourage them to use their imagination.

15–19   La fiesta de Isabel.   Usted llega tarde a la fiesta. Pregunte qué habían hecho los invitados antes de su llegada. Su compañero/a debe contestar.

MODELO: bailar salsa

—¿Ya habían bailado salsa?

—Sí, ya habían bailado salsa. *o* —Sí, ya la habían bailado.

1. escuchar a Julio Iglesias
2. comerse toda la comida
3. irse muchas personas
4. tocar la guitarra
5. cantar canciones cubanas
6. tomarse todos los refrescos
7. ver un video
8. contar chistes

15–20   Un día terrible.   Ayer fue un día terrible para usted. Explique las cosas que habían pasado cuando llegó a su casa.

1. mi perro...
2. mi vecino...
3. mi hermano/a...
4. el cartero...
5. mi novio/a...
6. mi mejor amigo/a...

15–21   Un cuarto desordenado.   Usted entra en el cuarto de su mejor amigo/a y observa que está muy desordenado. Combine la información usando **(no) está(n)**.

MODELO: puerta del armario / abierto

La puerta del armario está abierta.

1. el espejo del armario / roto
2. la cama / tendido
3. los libros de las clases / abierto
4. la ropa / colgado
5. el televisor / encendido
6. las ventanas / cerrado

New words: *tumbar, dañar*

15–22   Efectos de un huracán.   Usted llegó a la ciudad después de que un huracán terrible había pasado. Descríbale a un/a amigo/a lo que usted vio.

MODELO: Inundó las calles.

Las calles estaban inundadas.

1. Rompió las ventanas de las casas.
2. Destruyó muchos edificios.
3. Tumbó muchos árboles.
4. Interrumpió las comunicaciones.
5. Dañó muchos autos y autobuses.

15–23   Situación.

Usted fue a visitar a su amigo/a al hospital. Otro/a compañero/a le va a preguntar si su amigo/a estaba acostado/a o sentado/a. Contéstele y dígale lo que los médicos le habían hecho antes de su visita. Su compañero/a le va a hacer preguntas para saber más detalles.

4. DIRECT AND INDIRECT OBJECT PRONOUNS

- When direct and indirect object pronouns are used in the same sentence, the indirect object pronoun precedes the direct object pronoun.

- Place double object pronouns before conjugated verbs and negative commands.

> Ella me da el libro. → Ella **me lo** da.
> No me des el libro. → No **me lo** des.

- Attach double object pronouns to the end of affirmative commands. They may also be attached to infinitives and present participles.

> Dame el libro. Dá**melo**.
> Él quiere darme el libro. Él quiere dár**melo**.
> Él **me lo** quiere dar.
> Está comprándote el libro. Está comprándo**telo**.
> **Te lo** está comprando.

- The combination of direct and indirect object pronoun is often used when the direct object noun has already been mentioned.

> —¿**Me** prestas **el libro**? *Would you lend me the book?*
> —Sí, **te lo** presto. *Yes, I'll lend it to you.*
>
> —¿Van a dar**te la dirección**? *Are they going to give you the address?*
> —Sí, van a dár**mela**. *Yes, they're going to give it to me.*

- Le and les cannot be used with **lo, los, la,** or **las.** Change **le** or **les** to **se.**

> Le da **un regalo**. → **Se lo** da. *He gives it to her.*
> Les voy a mandar **una tarjeta**.
> → **Se la** voy a mandar. *I'm going to send it to them.*

- When a direct object pronoun and a reflexive pronoun are used together, the reflexive pronoun precedes the direct object pronoun.

> Me lavo **las manos**. → Me **las** lavo.
> Juan se lava **la cara**. → Se **la** lava.

Actividades

15–24 Las cosas que necesito. Usted se acaba de mudar y quiere saber si su amigo/a le presta ciertas cosas.

MODELO: platos

—¿Me prestas unos platos?

—Sí, te los presto (con mucho gusto).

1. la aspiradora
2. un radio
3. un despertador
4. unos sobres
5. unas estampillas
6. un bolígrafo

Point out. *Se las va a mandar. / Va a mandárselas.*

Additional activity. Use visuals to have students practice double object pronouns.

15–25 Una tempestad. Ha habido una tempestad muy fuerte en una isla del Caribe. Su compañero/a quiere saber qué va a mandar la Cruz Roja.

MODELO: —¿La Cruz Roja les va a mandar comida?

—Sí, se la va a mandar. *o* —No, no se la va a mandar.

1. ¿La Cruz Roja les va a mandar mantas?
2. ¿Les va a mandar dinero?
3. ¿Les va a mandar antibióticos?
4. ¿Les va a mandar tiendas de campaña?
5. ¿Les va a mandar ropa?
6. ¿Les va a mandar zapatos?

15–26 Los regalos de Navidad. Conteste las preguntas que le va a hacer su compañero/a.

MODELO: —¿Le compra una camisa a su hijo?

—No, no se la compra a él.

—¿Le compra una camisa a su esposo?

—Sí, se la compra.

(ESPOSO)

1.
(HIJA)

2.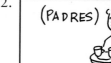
(PADRES)

3.
(AMIGA)

4.
(HIJO)

15–27   En un hotel muy elegante.   El empleado lo/la ha llevado a su habitación y le hace las siguientes preguntas.

MODELO: —¿Le dejo la llave sobre la cómoda?

—Sí, déjemela allí, por favor.

1. ¿Le abro la ventana?
2. ¿Le enciendo el aire acondicionado?
3. ¿Le pongo el equipaje aquí?
4. ¿Le traigo el periódico?

 15–28   Un amigo/a enfermo/a.   Usted va a su apartamento para ayudar a su amigo/a enfermo/a. Complete la siguiente conversación con su compañero/a.

USTED: ¿Te hago la cama?

AMIGO/A: ...

USTED: ¿Te traigo agua?

AMIGO/A: ...

USTED: ¿Te preparo una sopa?

AMIGO/A: ...

 15–29   Situación.

Usted acaba de regresar de sus vacaciones a Caracas. Su amigo/a le había dado una carta para un primo. Dígale a su amigo/a que a) vio a su primo, b) le dio la carta, y c) explíquele cuándo y cómo se la dio.

REPASO GRAMATICAL

1. PAST PARTICIPLE

INFINITIVE	PAST PARTICIPLE
hablar	**hablado**
comer	**comido**
vivir	**vivido**

2. PRESENT PERFECT

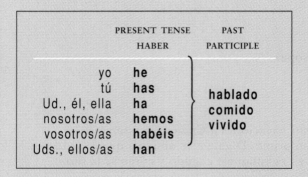

	PRESENT TENSE HABER	PAST PARTICIPLE
yo	**he**	
tú	**has**	
Ud., él, ella	**ha**	**hablado**
nosotros/as	**hemos**	**comido**
vosotros/as	**habéis**	**vivido**
Uds., ellos/as	**han**	

3. PAST PERFECT

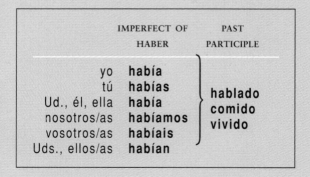

	IMPERFECT OF HABER	PAST PARTICIPLE
yo	**había**	
tú	**habías**	
Ud., él, ella	**había**	**hablado**
nosotros/as	**habíamos**	**comido**
vosotros/as	**habíais**	**vivido**
Uds., ellos/as	**habían**	

A escuchar _____

15–30 Poniéndole la profesión a la cara. As you listen to the following descriptions, write the name and profession that correspond to each person.

_____

_____

_____

_____

_____

_____

15–31 ¿Lógico o ilógico?

Lógico	Ilógico		Lógico	Ilógico
1. ____	____	5. ____	____
2. ____	____	6. ____	____
3. ____	____	7. ____	____
4. ____	____	8. ____	____

Tapescript.

Buenas tardes queridos oyentes. Hoy vamos a comenzar el programa con nuestro ya famoso juego: "Póngale la profesión a la cara". Como muchos de ustedes ya saben, el juego consiste en identificar a la persona del dijubo con su profesión. Escuchen con atención las descripciones. ¡A jugar!

Graciela Alfaro estudió en la escuela de Arte Dramático de Madrid y ahora es una de las actrices más jóvenes del cine español. Ha actuado en varios anuncios comerciales para la televisión y está trabajando en su primera película.

Hector Morelli fundó la escuela de baile contemporáneo de Balcarce. Es un gran bailarín y maestro de danza. Ha dirigido el ballet local por cinco años y ha viajado con su compañía por Latinoamérica y Europa. Su nueva obra "El baile de las aves" tuvo gran éxito mundial y se estrena esta noche en el teatro Avenida de nuestra cuidad.

El próximo sábado a las nueve de la noche continúa la serie de conciertos gratis en el parque Flores de esta ciudad. Con el título "Para la libertad", la cantante Teresa Pardo y su conjunto presentan en exclusiva su nueva colección de canciones para la gente joven. El nuevo disco de Teresa Pardo es una nueva contribución a la cultura juvenil.

La fundación Banco Popular y la Secretaría de Educación nombraron al maestro Ramón Pérez Izquierdo como "El maestro del año". Pérez Izquierdo es el fundador de la Escuela para todas las razas. En esta escuela el maestro enseña a edu-

(continued on page 428)

cadores de todo el país y en especial del área del Este de los Amigos, métodos de educación multicultural. El respeto y la valoración de las diferentes culturas son la base del éxito de su escuela.

Finalmente y después de largas conversaciones, el Senado ha aprobado el nombramiento de la nueva jueza de la corte. La abogada Elena Verdín es conocida por su contribución en el área de derechos de la mujer y del niño. El nombramiento de la jueza Verdín es la culminación de una brillante carrera judicial.

Un nuevo plan de exportación ha sido presentado por el contador Florencio Fortunato de la empresa "Profinanzas Sociedad Anónima". Para tener éxito con este nuevo plan, según Fortunato, lo importante es saber elegir qué exportar y adónde. Por medio de un censo comercial muy simple y sencillo, las empresas pueden conocer el mercado internacional.

La fiscal general, la doctora Inés Ferreira, acusó a una compañía internacional de televisión de presentar información falsa en los temas de salud. Según la fiscal Ferreira, "Teleinter", presenta una serie de programas de difusión con información falsa relacionada con el SIDA y sus formas de contagio y de prevención.

Tapescript: 15-31 (page 427)
1. La cantante atiende a sus pacientes en el hospital.
2. El juez se prepara para su próximo concierto.
3. La actriz busca trabajo en cine y televisión.
4. Los países exportan lo que no tienen.
5. Europa importa mucho productos de nuestro país.
6. Los buenos maestros se preocupan por los alumnos.
7. La fiscal general trabaja en el correo.
8. El último disco de Gloria Estefan fue un gran éxito.

A conversar

15–32 ¿Quién es? Uno de ustedes elige una persona de la lista y el otro hace preguntas hasta descubrir quién es la persona.

	fecha	nacionalidad	ocupación	algo importante
Frida Kahlo	1907–1954	mexicana	pintora	valorar las raíces indígenas de los mexicanos
Pablo Casals	1876–1973	español	violoncelista, director de orquesta	empezar el Festival Casals en Puerto Rico
Alfonsina Storni	1892–1938	argentina	poeta	defensora de los derechos de la mujer
Emiliano Zapata	1883–1919	mexicano	político revolucionario	participar en la Revolución de 1910
Isabel la Católica	1451–1504	española	reina	pagar los viajes de Colón
José Martí	1853–1895	cubano	poeta, escritor, abogado	padre de la independencia de Cuba
Carlos Gardel	1887–1935	argentino	cantante, compositor	hacer el tango famoso
Violeta Parra	1918–1967	chilena	cantante, compositora	empezar la Nueva Canción chilena
Roberto Clemente	1934–1972	puertorriqueño (EEUU)	jugador de béisbol	elegido al Salón de la Fama de béisbol en 1972

15–33 Entrevista. Háganse preguntas sobre los siguientes temas.

MODELO: hablar con un juez de la corte
—¿Has hablado con un juez de la corte?
—No, no he hablado con un juez de la corte.

1. visitar un país extranjero
2. viajar en avión
3. pensar trabajar en finanzas
4. ver de cerca un/a actor/actriz famoso/a
5. participar en un censo
6. editar un periódico
7. fundar una empresa
8. dirigir una obra de teatro
9. criarse en el campo
10. aprender a escribir una novela

15–34 Un informe.   Prepare un informe oral sobre lo que su compañero/a le dijo en el ejercicio anterior.

MODELO: Mi compañera, Susan, nunca ha hablado con
un juez. Ella ha visitado México y ha viajado
en avión,...

Alternate. Ask your partner to list important things she or he has done in her or his life. Then recount to the class.

15–35 ¿Qué han hecho?   Usted (A) es el productor de un programa de televisión muy popular y quiere saber si las personas a su cargo han hecho el trabajo. Su compañero/a (B) es su secretario/a y sabe qué hicieron todos.

MODELO: la cantante / preparar la canción

A: ¿La cantante ha preparado la canción?

B: Acaba de prepararla. o No, no la ha
preparado todavía.

Papel A:
1. la jueza / decidir el veredicto
2. la maestra / leer la novela
3. los actores / elegir los papeles
4. las bailarinas / practicar los bailes
5. el contador / ordenar los recibos
6. el fiscal / nombrar los testigos
7. los cantantes / aprender las canciones

Papel B:
Usted sabe que las personas del 1, 3, 5 y 7 han hecho las tareas y las del 2, 4 y 6 no las han hecho.

15–36 ¿Qué habían hecho a los quince años?   Averigüe si cinco de sus compañeros/as habían hecho las siguientes cosas antes de los quince años.

MODELO: —¿Habías viajado a España antes de los quince años?

—Sí, (No, no) había viajado a España antes de
los quince años.

Nombre del alumno:	_____	_____	_____	_____	_____
ir a México					
manejar un auto					
trabajar					
leer en español					
cocinar					
tener un/a hermano/a					

A leer

15–37 Antes de leer. Lea las cifras que aparecen en el cuadro y luego conteste.

PRINCIPALES GRUPOS HISPANOS EN LOS EE. UU.		¿DÓNDE VIVEN LOS HISPANOS?	
nación	porcentaje	estados	número de hispanos
México	59%	California	4.500.000
Puerto Rico	15%	Texas	3.000.000
Centro y Sudamérica	8%	Nueva York	1.400.000
Cuba	7%	Florida	858.000
Otras naciones	11%	Nuevo México	480.000
		Arizona	441.000
		Illinois	425.000
		Colorado	339.000

1. ¿Cuál es el grupo hispano más grande de los Estados Unidos?
2. ¿Cuál es el grupo hispano más pequeño de los Estados Unidos?
3. ¿Dónde vive la mayoría de los hispanos?

15–38 Los datos. Lea los datos que siguen y subraye la información más importante.

Los hispanos en los Estados Unidos

En los Estados Unidos hay una gran población de origen hispano. Aproximadamente 25.000.000 de hispanos viven en los Estados Unidos. Es posible que para el año 2.000 los hispanos sean el grupo minoritario más numeroso del país. El origen de esta población es muy variado, pero los tres grupos más numerosos son: los puertorriqueños, los cubanoamericanos y los mexicoamericanos.

Los puertorriqueños

Más o menos 2.000.000 de puertorriqueños viven en los Estados Unidos en la actualidad. La mayoría de ellos vive en Nueva York. Otros lugares con un gran número de puertorriqueños son Chicago y Nueva Jersey. Los puertorriqueños son ciudadanos norteamericanos desde el año 1917 ya que Puerto Rico es un estado libre asociado de los Estados Unidos.

Los cubanoamericanos

Los primeros grupos de cubanos llegaron a fines del siglo XIX al estado de Florida. Hay más de un millón de cubanoamericanos en los Estados Unidos y la mayoría de ellos llegó después de la revolución de Fidel Castro en Cuba en el año 1959. Más de la mitad de la población cubanoamericana vive en Miami. Esta ciudad tiene una zona que se llama la Pequeña Habana, donde el idioma principal es el español y casi todos los comercios son hispanos.

Los mexicoamericanos

Los mexicoamericanos forman un 59% de la población hispana de los Estados Unidos y por lo tanto son el grupo hispano más numeroso de este país. La mayoría vive en los estados de Texas y California. Estos dos estados, junto con otros del suroeste de lo que hoy es los Estados Unidos, eran parte de México hasta 1848. En este momento hay más de 10.000.000 de mexicoamericanos en los Estados Unidos. Algunos se llaman a sí mismos chicanos. Los chicanos tienen una gran influencia en la cultura de los Estados Unidos. Su literatura, llamada literatura chicana, es estudiada en muchas universidades de los Estados Unidos.

15–39 ¿Cuánto sabe? Conteste según la lectura.

1. ¿Cuántas personas de origen hispano viven en los Estados Unidos?
2. ¿Cuáles son los grupos hispanos más numerosos?
3. ¿Cuántos puertorriqueños hay en los Estados Unidos?
4. ¿Dónde vive la mayoría de la población puertorriqueña?
5. ¿Desde cuándo son los puertorriqueños ciudadanos de los Estados Unidos?
6. ¿Cuántos cubanoamericanos viven en los Estados Unidos?
7. ¿Dónde vive la mayoría de la población cubanoamericana?
8. ¿Cuántas personas del grupo mayoritario de hispanos viven en los Estados Unidos?
9. ¿En qué estados vive la mayoría de la población mexicoamericana?
10. ¿Con qué nombre se conoce la literatura de los mexicoamericanos?

 *A escribir*

15–40 Los números del último censo. Vaya a la biblioteca más cercana y consiga los datos para completar la siguiente tabla.

¿Cuántos...	Números
...habitantes de origen hispano viven en los Estados Unidos?	____
...son hombres y cuántas son mujeres?	hombres: ____ mujeres: ____
...son mayores de 21 años y cuántos son menores de 21 años?	mayores de 21: ____ menores de 21: ____
...son cubanoamericanos, cuántos son mexicoamericanos y cuántos son de otro origen?	cubanoamericanos: ____ mexicoamericano: ____ otro origen: ____

INVESTIGACIÓN

Muchos lugares geográficos de los Estados Unidos tienen su nombre en español. ¿Puede usted decir cuál es el significado de los siguientes nombres: Los Ángeles, El Paso, Sacramento, Palo Alto, Colorado? ¿Puede nombrar cinco lugares más?

15–41 **¿Dónde viven?** Con los datos sobre el último censo, complete el cuadro siguiente.

ciudad	blancos	afroamericanos	hispanos	otros
Albuquerque				
Miami				
Nueva York				
Los Ángeles				

15–42 **Entrevista.** Hágale una entrevista a un extranjero de su ciudad y prepare un informe.

1. ¿Cómo se llama?
2. ¿Cuándo llegó a los Estados Unidos?
3. ¿De dónde es originalmente?
4. ¿Cuáles fueron algunas razones para inmigrar a los Estados Unidos?
5. ¿Qué (no) extraña de su país de origen?
6. ¿Qué le gusta menos/más de los Estados Unidos?
7. ¿Qué le gusta menos/más de su país?
8. ¿Qué fue lo más difícil/fácil al llegar a los Estados Unidos?

VOCABULARIO

PERSONAS

el actor/la actriz	*actor/actress*
el bailarín/la bailarina	*dancer, ballerina*
el/la cantante	*singer*
el/la contador/a	*accountant*
el/la fiscal	*district attorney*
el/la juez/a	*judge*
el/la maestro/a	*teacher*

CULTURA

la colección	*collection*
la contribución	*contribution*
la carrera	*career, studies*
la maestría	*masters*
la novela	*novel*
la obra	*work*
el título	*title*

EL PAÍS

el área	*area*
el censo	*census*
la exportación	*exports*
las finanzas	*finances*
la población	*population*
la raza	*race*

DESCRIPCIÓN

comercial	*commercial*
internacional	*international*
máximo/a	*maximum*
sofisticado/a	*sophisticated*
último/a	*last*

VERBOS

acabar	*to finish*
acabar de +	*to have just +*
infinitive	*past participle*
actuar	*to act*
aprender (a)	*to learn*
crecer (zc)	*to grow*
criarse	*to be raised, to grow up*
dirigir (j)	*to direct*
editar	*to publish*
elegir (j)	*to choose*
fundar	*to found*
nacer (zc)	*to be born*

PALABRAS ÚTILES

actualmente	*at the present time*
ambos/as	*both*

EXPRESIONES ÚTILES

poco a poco	*little by little*
tener éxito	*to be successful*

LECCIÓN 16

¡Mamma mía!

A pesar de la tan cacareada liberación femenina, ser mujer sigue siendo tarea de machos.

¿Se puede ser, al mism̶ esposa, mad̶

la realidad actual demuestra lo contrario. Exten̶ ̶jornadas de tra̶ ̶sponsabilidades ̶angustia, estrés ̶lpa son el re-

trabajadora". Se calcula que para el año 2000, de cada 10 personas en el campo laboral 4 serán mujeres. Actualmente, en Colombia, trabajan fuera de su hogar 3 millones de

Querido hijo:

Hoy me he puesto a imaginar la sociedad que te tocará vivir y aquí te lo escribo para que cuando llegue el momento puedas comparar mis deseos con la realidad. Ojalá te toque vivir en un mundo cada vez mejor...

Nuevas parejas. ¿Nuevos padres?

"No, mi papá es ése que siempre viene los viernes a buscarme con el auto. Éste es mi otro papá, ¿sabes?" La aclaración de Julián, de seis años, es capaz de confi̶ cual̶

de 18 años. "Él *se ganó* un lugar": la relación con la nueva pareja del padre o de la madre es un proceso, donde intervienen el tiempo y el afecto.

El primer día de esa relación importante. ¿Cómo hacer ̶a que el chico no se sienta ̶itamente desplazado y ̶ entrar en confianza

Menor natalidad y nupcialidad cambian familia en A. Latina

Sevilla—El descenso de las tasas de natalidad y nupcialidad en varios países latinoamericanos está incidiendo profundamente en sus instituciones familiares, que registran actualmente un mayor número de divorcios y debilitamiento del tradicional modelo patriarcal.

Según se puso de manifiesto en la I Conferencia Iberoamericana sobre

ciento de las mujeres y el 59 por ciento de los hombres de 25 a 29 años no tienen hijos, lo que refuerza la actual ten̶ ̶ ̶ descenso del índice de la nat̶ pri̶

re̶ er̶ m̶

Ideologías y realidades: México y Estados Unidos

La frontera entre México y Estados Unidos es una de las más extensas del mundo. No es geográfica sino política e histórica: ningún gran obstáculo natural se interpone entre las dos naciones. El Río Grande es vadeable y no separa: une. La semejanza ̶ ̶ paisaie̶ ̶

del mundo moderno; los mexicanos somos hijos del imperio español, campeón de la Contrarreforma, un movimiento que se opuso a la modernidad naciente y fracasó en su empeño. Nuestras actitudes frente al tiempo expresan con claridad̶

Cambios de la sociedad

Goals. This lesson deals with social customs and how life has changed during the last generation(-s). Customary actions, project goals, and purposes are described. The grammar includes adverbial conjunctions used exclusively with the subjunctive and those that take either the subjunctive or the indicative, *se* for unplanned occurrences, and the future tense.

COMUNICACIÓN

- Talking about and describing social customs
- Describing customary actions
- Projecting goals and purposes
- Talking about and expressing unexpected occurrences
- Expressing conjecture

ESTRUCTURAS

- Adverbial Conjunctions that Always Require the Subjunctive
- Adverbial Conjunctions that use the Subjunctive or the Indicative
- **Se** for Unplanned Occurrences
- The Future Tense

CULTURA

- The Spanish-speaking world at the end of the 20th century

Temas de la actualidad

Aunque las mujeres hispanas representan un sector muy importante de la vida política y económica en España y América Latina, muchas mujeres consideran que no tienen las mismas oportunidades de salario y ascenso que tienen los hombres.

Mantener la casa y cuidar a los hijos casi siempre son responsabilidades que le tocan a la mujer, aunque muchas veces ella también mantiene una vida profesional completa. Sin embargo, los hombres más jóvenes participan cada vez más en estas tareas domésticas.

La familia hispanoamericana

Las siguientes palabras y expresiones lo/la ayudarán a comprender mejor el primer artículo y contestar las preguntas.

conyugal	*matrimonial*	**la natalidad**	*birthrate*
monoparental	*un solo padre*	**el retraso**	*delay*
el nacimiento	*el acto de nacer*	**reforzar(ue)**	*to reinforce*
asimismo	*likewise*	**la semejanza**	*similarity*

Menor natalidad y nupcialidad cambian familia en A. Latina

Sevilla—El descenso de las tasas de natalidad y nupcialidad en varios países latinoamericanos está incidiendo profundamente en sus instituciones familiares, que registran actualmente un mayor número de divorcios y debilitamiento del tradicional modelo patriarcal.

Según se puso de manifiesto en la I Conferencia Iberoamericana sobre la Familia, recientemente celebrada en la Exposición de Sevilla, el nivel educativo es en muchas ocasiones el factor determinante en la reducción del número de uniones matrimoniales y en el retraso para concebir el primer hijo.

De esta forma, en Uruguay, el 90 por ciento de las mujeres sin enseñanza primaria completa son madres, mientras que en el caso de las universitarias, el porcentaje es sólo del 30 por ciento.

Asimismo, en dicho país el 33 por ciento de las mujeres y el 59 por ciento de los hombres de 25 a 29 años no tienen hijos, lo que refuerza la actual tendencia de descenso del índice de la natalidad por la vía de retrasar el primer nacimiento.

Por otro lado, los cambios que está registrando la institución familiar en Colombia se deben fundamentalmente al incremento de las separaciones conyugales y a la disminución de la duración en las uniones de pareja.

Según un estudio de la Universidad Externado de Colombia, las transformaciones afectan a todas las regiones y estratos sociales del país, lo que influye en el aumento de hogares extensos—por el regreso de los separados a la casa paterna—y de hogares monoparentales, entre los cuales, aunque son mayoritariamente de mujeres, empiezan a aparecer hombres solos con hijos.

Assign the first article as home reading or do it in class in groups of four, having students read it silently. Have them clarify any doubts they may have among themselves, and then have them answer the questions. Move among the groups making yourself available if help is needed.

Actividades

16–1 Preguntas.

1. ¿Qué factores están cambiando a la familia hispanoamericana?
2. En Uruguay, ¿qué porcentaje de las mujeres sin estudios primarios tienen hijos? ¿Qué porcentaje de las mujeres con estudios universitarios tienen hijos?
3. ¿Cómo se manifiestan los cambios en las familias colombianas? ¿A qué clases sociales afectan estos cambios?
4. La familia tradicional se ha considerado por muchos años la base de la sociedad. Para usted, ¿qué es una familia moderna? ¿Y una familia tradicional?

16–2 Opiniones.

1. Comparen los cambios en la sociedad latinoamericana que menciona el primer artículo y los cambios que han ocurrido en la sociedad de este país. ¿Qué diferencias y semejanzas encuentran?
2. En el artículo se habla de los hogares monoparentales. ¿Creen ustedes que es más difícil ser padre y madre a la vez? ¿Por qué? ¿Qué consejos les darían a estas personas?

Make a list of differences and similarities on the board, after the groups discuss the questions.

El papel de la mujer

Este artículo estudia la vida de las mujeres en otros países. Aunque hoy en día existen más oportunidades para la mujer en el mundo profesional, queda todavía mucho por hacer para llegar a una auténtica igualdad entre los sexos.

Estas palabras lo/la ayudarán a captar más detalles del siguiente artículo.

el/la asesor/a	*consejero/a*
desvelarse	*no poder dormir*
madrugar	*levantarse muy temprano*
cascarrabias	*grouchy*
devanar los sesos	*to rack one's brain*
el hogar	*home*
el sentimiento de culpa	*guilt feeling*
tan cacareada	*much talked about*
la viuda	*widow*

Antes de leer el artículo, fíjese en el título y el subtítulo. ¿Hay algo que le parece raro o diferente?

¡Mamma mía!

A pesar de la tan cacareada liberación femenina, ser mujer sigue siendo tarea de machos.

¿Se puede ser, al mismo tiempo, esposa, madre, ama de casa y trabajadora? La pregunta devana los sesos de los sociólogos, preocupa a los sicólogos y llena los consultorios de los asesores de familia. Los estudios sobre el tema llenan tratados, libros y revistas. Lo único que parece cierto es que cuando la mujer ingresó al mundo laboral se revolucionó la economía, pero esa revolución no ha llegado completamente al concepto de familia. Varias décadas después, a pesar de su activo papel social y económico, la posición de la mujer dentro del hogar sigue siendo la misma de nuestras abuelas: ella es la responsable de administrar y realizar las tareas del hogar, y de educar y criar a los hijos. Y lo que parece quedar en claro es que aunque la liberación femenina libró todas sus batallas y pareció salir con parte de victoria, la realidad actual demuestra lo contrario. Extenuantes jornadas de tra-

bajo, agobiantes responsabilidades y, por si fuera poco, angustia, estrés y sentimientos de culpa son el resumen del análisis frío que hacen los especialistas sobre el papel de la mujer en la sociedad moderna. En pocas palabras, los sicólogos lo llaman el "síndrome de la madre trabajadora".

Exaltada en su día, después de la jornada de celebraciones y agasajos, la madre seguirá siendo la que más madruga en la familia y la última que se acuesta. La que se desvela no solamente por los problemas domésticos, sino también por los laborales. La que además de comprender y atender a un marido fatigado, debe resolver los problemas de matemáticas y acostar a los niños con una sonrisa, y también entender las preocupaciones de un jefe cascarrabias.

En el mundo de hoy, el más frecuente es el "síndrome de la madre trabajadora". Se calcula que para el

año 2000, de cada 10 personas en el campo laboral 4 serán mujeres. Actualmente, en Colombia, trabajan fuera de su hogar 3 millones de mujeres, la mayoría de ellas en edad fértil (entre los 15 y los 44 años). Y aunque sólo el 26% de ellas están casadas, el 45% son madres. En los últimos 20 años ha aumentado en forma considerable el número de mujeres jefes de hogar: madres solteras, viudas o separadas, que deben asumir solas toda la responsabilidad de la casa y de los hijos. Según un estudio realizado por la Universidad de los Andes, el 57% de los hogares de estrato bajo tienen jefe mujer; el 33% de los de estrato medio y el 11% de los de estrato alto. Así las cosas, para la mayoría de las mujeres colombianas el trabajo no es una fuente de realización personal, sino una necesidad económica apremiante.

Actividades

16–3   Preguntas.

1. Aunque las mujeres han revolucionado la economía, también existe el llamado síndrome de la mujer trabajadora. ¿Qué es esto? ¿Afecta también a las mujeres en este país?
2. ¿Cuántas mujeres trabajan en Colombia? ¿Por qué trabajan ellas?
3. Según el artículo, ¿ha mejorado la situación de la mujer al trabajar fuera del hogar?

16–4   Opiniones.

En las familias donde la madre y el padre trabajan, ¿cómo afecta esto a la educación de los hijos? ¿Qué consejos les darían ustedes a los padres?

La nueva España

Las nuevas construcciones de la ciudad de Barcelona muestran el aspecto moderno de esta ciudad.

Madrid se ha convertido en una ciudad muy cara para las personas jóvenes.

En el año 1960, España todavía era uno de los países más pobres del oeste de Europa. En esa época, pocos españoles podían tener su propio auto, pero con la gran expansión económica de los últimos treinta y cinco años, se han vendido hasta un millón de coches al año.

El turismo extranjero y el desarrollo industrial han producido un importante progreso económico en el país, pero también han creado un notable aumento en el costo de vida. El alza de precios se ve sobre todo en el llamado *boom* inmobiliario, o sea en los precios tan altos que hay que pagar para alquilar o comprar un apartamento.

It may be of interest to compare Spanish society before and after the death of Francisco Franco. (Before: insular, introspective, divorce was difficult, abortion illegal, industries were protected by high tariffs, etc. After: generalized opening to the world: The EEC, Olympics, women's rights, more open trade, investment in infra-structure—such as renewed telecommunications system, rail and road improvements.)

La ciudad de Barcelona, por ejemplo, hizo una enorme renovación de su vivienda para las Olimpiadas de 1992, pero muchos de los edificios nuevos o renovados resultan excesivamente caros para el comprador pobre o de clase media. Algo parecido ha ocurrido en Madrid, donde muchos jóvenes que trabajan en la ciudad tienen que buscar vivienda en una ciudad-dormitorio que puede estar a una hora o más de la capital. Aunque en general los precios han bajado últimamente, todavía no están al alcance de las parejas jóvenes. Esto quiere decir que ha disminuido la población de Madrid, sobre todo del sector más joven.

Más palabras para ayudar a la comprensión.

jubilado	*retirado*	**la entrada**	*down payment*
quinquenio/lustro	*cinco años*	**el presupuesto**	*budget*
el plazo	*installment*		

Madrid, que te quedas sin gente

Sólo los ricos y los viejos permanecen en la ciudad del oso y del madroño

Ayuntamiento de Madrid
Patronato Municipal de Turismo

MADRID AMIGO

La edad media de los que quedan ha aumentado, pasando de los 31,6 a 36,8 años. Y el protagonismo de la ciudad está siendo asumido por las clases más favorecidas, que se instalan en las viejas casonas convenientemente rehabilitadas, mientras los jóvenes emigran hacia las ciudades-dormitorio de la periferia.

De seguir así las cosas, en el año 2000 Madrid tendrá la mitad de jóvenes entre 15 y 19 años que en 1986, con un predominio de jubilados y una población eminentemente burguesa. Esto es, al menos, lo que pronostican los expertos para una ciudad donde cada año el sector servicios cobra más peso.

Los «exiliados». En el quinquenio estudiado por los expertos, unas 320.000 personas abandonaron Madrid, el doble de las que se establecieron en la ciudad durante el mismo período. Esto arrojó un saldo migratorio negativo, de 160.000 habitantes, que no pudo ser compensado por el crecimiento vegetativo de la población: la diferencia entre nacimientos y defunciones fue tan sólo de 60.000, la mitad que en el lustro anterior.

José Antonio Bravo, de 25 años, y Connie Parra, de 24, han sido víctimas de ese *boom*. Ellos vivían en sus respectivas casas paternas, en el barrio de Canillas, hasta que el año pasado decidieron casarse, una vez que consiguieron sendos trabajos estables.

Lo primero que hicieron tras la boda fue buscar piso. Pero pronto se estrellaron contra la cruda realidad: las 60.000 pesetas que ganaba él como codificador-perforista en una empresa de servicios informáticos, y las 40.000 que ingresaba ella impartiendo clases privadas de matemáticas, eran insuficientes para adquirir una vivienda dentro del perímetro urbano.

Hoy viven en Fuenlabrada, una ciudad-dormitorio situada al sur de Madrid. Con la ayuda de sus padres pagaron las 500.000 pesetas de entrada para el piso, y el resto deberán amortizarlo en plazos mensuales de 25.000 pesetas durante quince años. «Tenemos piso propio, pero no estamos contentos», dice Connie. Y añade: «Cada vez nos sentimos más alejados de nuestros amigos de toda la vida, e incluso de nuestros familiares.» José Antonio tarda una hora y media en llegar a su trabajo, en la capital, debido a las deficiencias en los sistemas de transporte público. «Ir a Madrid es una auténtica expedición, aparte de que los gastos en transporte nos causan un hueco en el presupuesto», comenta él.

Actividades

16–5 **Preguntas.**

1. ¿Qué cambios han ocurrido en España en los últimos años?
2. ¿Existe un problema de vivienda semejante en este país? ¿Cómo cree usted que pueden resolverse estos problemas de vivienda?
3. ¿Qué problemas puede tener una familia que vive en una ciudad-dormitorio?

16–6 **Opiniones.**

¿Cómo podría resolverse el problema de la vivienda de las clases media y baja en la sociedad actual? ¿Debe intervenir el gobierno o el sector privado?

México y Los Estados Unidos

Find out if any students have been in Mexico and ask where they went, what they did, what they liked and disliked, what differences they found, etc. On a map show the border between Mexico and the USA and talk about its length (almost 2,000 miles), the river that separates both countries (*Río Grande del Norte,* also called *Río Bravo*), the landscape, etc.

Octavio Paz ganó el Premio Nóbel de Literatura en 1990. Se le considera uno de los poetas más importantes del mundo hispano, y también uno de los intelectuales más influyentes de México.

La presencia hispana en el territorio de los Estados Unidos existe desde antes de la llegada de los peregrinos a Plymouth Rock en 1620, pero hoy en día esta influencia cultural y económica se siente cada vez más. Los Estados Unidos y México comparten una frontera de casi 2.000 millas, pero el artículo de Octavio Paz indica que esta frontera sirve para unir a los dos países.

El segundo artículo habla de la mezcla de culturas que existe en la frontera. En los últimos años se ha visto una fusión de las economías en ambos lados de la frontera, y también se está creando una nueva cultura "amerxicana" que combina elementos de los dos países, especialmente en ciudades como El Paso—Ciudad Juárez, Laredo—Nuevo Laredo y Brownsville—Matamoros.

Ask students to skim the first paragraph to get the general idea. Discuss it with the class. Ask them to reread the first paragraph, either individually or in pairs, looking for the differences that Octavio Paz mentions. Ask for the differences that they found. You may follow a similar procedure for the second paragraph of the article. Ask if they agree with the article or not and why.

Palabras útiles para la comprensión de los artículos.

vadeable	*que se puede cruzar*
el desarrollo	*development*
fracasar	*to fail*
gemelo/a	*twin*
la pobreza	*poverty*
poderoso/a	*powerful*
la riqueza	*wealth*

Ideologías y realidades: México y Estados Unidos

La frontera entre México y Estados Unidos es una de las más extensas del mundo. No es geográfica sino política e histórica: ningún gran obstáculo natural se interpone entre las dos naciones. El Río Grande es vadeable y no separa: une. La semejanza del paisaje acentúa las diferencias sociales e históricas. Son numerosas y radicales. Las más visibles son las étnicas y, sobre todo, las económicas. La riqueza de los Estados Unidos y la pobreza de México se expresan en términos sociales y políticos: desarrollo y subdesarrollo, política de expansión norteamericana y defensiva mexicana. Esta oposición es real pero la verdadera diferencia es más profunda y aparece desde el nacimiento de las dos sociedades, cuando los Estados Unidos eran Nueva Inglaterra y México se llamaba Nueva España, es decir, antes de que la República norteamericana fuese la nación más rica y poderosa del planeta.

Cruzar la frontera entre los dos países es cambiar de civilización. Los norteamericanos son hijos de la Reforma y sus orígenes son los del mundo moderno; los mexicanos somos hijos del imperio español, campeón de la Contrarreforma, un movimiento que se opuso a la modernidad naciente y fracasó en su empeño. Nuestras actitudes frente al tiempo expresan con claridad nuestras diferencias: los norteamericanos sobrevaloran al futuro y veneran al cambio: los mexicanos nos aferramos a imagen de nuestras pirámides y catedrales, a valores que suponemos inmutables y a símbolos que, como la Virgen de Guadalupe, encarnan la permanencia. Sin embargo, como un contrapeso al culto inmoderado del futuro, los norteamericanos buscan continuamente sus raíces y sus orígenes; los mexicanos, en dirección opuesta, buscamos modernizar a nuestro país y abrirlo al futuro. La historia de México, desde fines del siglo XVIII, ha sido la de la lucha por la modernización. Una lucha con frecuencia trágica y no pocas veces infructuosa. Ignorar esto es ignorar lo que es el México contemporáneo, con los altibajos de su economía y el zigzag continuo de su sistema político.

Discuss the North American Free Trade Agreement (NAFTA). Is it not a good idea for Mexico's success to continue? This could also be a "pro and con" panel discussion, with a moderator.

Actividades

16–7 Opiniones.

Discutan los puntos de vista que se presentan en este artículo. ¿Qué diferencias ve Paz entre México y los Estados Unidos? ¿Estos contrastes representan una barrera absoluta entre los dos países, o se puede llegar a un punto intermedio entre las dos culturas?

La frontera de EE.UU. y México es única en el mundo.

La frontera de 1952 millas que separa a EE.UU. de México es el único límite internacional en el mundo donde un país pobre y en desarrollo bordea una nación poderosa y desarrollada. En el siglo pasado, esta atmósfera híbrida originó un estilo de vida y unas reglas diferentes para los millones de habitantes de las ciudades gemelas de El Paso—Ciudad Juárez, Laredo—Nuevo Laredo, Brownsville—Matamoros y otras.

Los residentes de estas poblaciones, fogueados por el clima, décadas de abandono por parte de Washington y Ciudad de México, políticos corruptos y pobreza, se consideran habitantes de una sola ciudad dividida en dos naciones por un río, y han pasado más de un siglo aprendiendo a convivir y a confiar unos en otros.

Hace años que las ciudades de esta región dejaron, casi en su totalidad, de hacerle honor al estereotipo de "soñoliento pueblo de la frontera". Ahora, la región quiere progresar, pero a su propio ritmo. La gente está dividida entre continuar disfrutando de una vida tranquila o sumarse a la corriente de cambio que invade la zona. Todo parece estar transformándose—el desarrollo, el tránsito, el crimen—sin que nadie lo pueda controlar, y el último baluarte de vida de pueblo pequeño está desapareciendo.

La frontera internacional no pasa de ser un tecnicismo. En vez de adherirse a una sola cultura, los habitantes de ambos lados han forjado su propio sistema de valores, en el que se entremezclan lo mejor y lo peor de ambos países. Está surgiendo, con voz propia, una tercera cuidadanía binacional de americanos y mexicanos casados por la geografía.

Estos *amerxicanos* van a bodas y cenas familiares en ambos lados de la frontera. Los americanos trabajan en México y los mexicanos en EE.UU., compran unos en las tiendas de los otros, comen en los restaurantes del otro lado, y comparten tragedias y días de fiesta. Si hay un incendio en Palomas, Chihuahua, una ciudad de 6.500 habitantes, 100 millas al oeste de El Paso, un camión de bomberos del pueblo hermano de Columbus, Nuevo México (población: 600), atraviesa Aduana e Inmigración a toda velocidad para ayudar a extinguirlo.

Actividades

16–8   Preguntas.

1. ¿Qué cambios se observan en ciudades gemelas de la frontera?

2. ¿Por qué es diferente la vida en estas ciudades gemelas de la vida en otras de México o de los Estados Unidos?

16–9   Opiniones.

¿Creen ustedes que este artículo presenta una visión optimista o pesimista de la frontera entre los Estados Unidos y México? ¿Por qué?

 *A escuchar*

You will hear the response of María Rosa Vindel López, a senator from Madrid, to a question about the status of women in Spain. Indicate if the statements that you hear are true or false.

	Cierto	Falso
1.	⸺	⸺
2.	⸺	⸺
3.	⸺	⸺
4.	⸺	⸺
5.	⸺	⸺
6.	⸺	⸺

"BOOM" ECONÓMICO PARA AMÉRICA LATINA

¿Adónde va la América Latina?

En los últimos 25 años España ha dejado de ser un país de segunda categoría en Europa y ha alcanzado un nivel económico importante dentro del continente. Ahora muchos economistas pronostican que les toca el turno a los países latinoamericanos, que siempre han sido clasificados como países del "tercer mundo". Se dice que, en la década de los 90, Latinoamérica llegará a tener una economía mucho más sólida. De hecho, las condiciones actuales por las que atraviesan países como México, Chile o Argentina parecen indicar que así será. A continuación se mencionan algunos factores que pueden contribuir a este *boom* económico.

Nuevas democracias

La restauración de la democracia a través de casi toda América Latina ha contribuido enormemente a producir la estabilidad política y social necesaria para que las economías puedan transformarse y prosperar.

La privatización

Las nuevas medidas económicas puestas en efecto por los gobiernos más recientes de Argentina, México, Chile, Colombia, Venezuela, Perú y otros han dado estímulo a la privatización de empresas estatales y al libre mercado. Se espera que estas medidas tengan efectos positivos a largo plazo en la creación de pequeñas y medianas empresas.

Pacto hemisférico

Se está hablando de elaborar un Pacto hemisférico en el que participarían todos los países de este hemisferio, basado en las ideas del Tratado de Libre Comercio (o NAFTA—North American Free Trade Agreement).

1. ADVERBIAL CONJUNCTIONS THAT ALWAYS REQUIRE THE SUBJUNCTIVE

a menos (de) que	*unless*	**para que**	*so that*
antes (de) que	*before*	**sin que**	*without*
con tal (de) que	*provided that*		

- These conjunctions always require the subjunctive when followed by a dependent clause.

Van a la ciudad **para que** sus hijos puedan tener una vida mejor.	*They are going to the city so that their children can/may have a better life.*
Vamos a salir temprano **con tal que** lleguen a tiempo.	*We are going to leave early provided they arrive on time.*
No vayas **a menos que** te paguen.	*Don't go unless they pay you.*

2. ADVERBIAL CONJUNCTIONS THAT USE THE SUBJUNCTIVE OR THE INDICATIVE

aunque	*although*	**donde**	*where, wherever*
cuando	*when*		
después (de) que	*after*	**según**	*according to*
en cuanto	*as soon as*	**como**	*as*
hasta que	*until*		
mientras	*while, as long as*		
tan pronto (como)	*as soon as*		

- **Aunque, cuando, después (de) que, en cuanto, hasta que, mientras,** and **tan pronto (como),** require the subjunctive when the event in the adverbial clause has not yet occurred. Note that the main clause expresses future time.

Ella me va a llamar **cuando venga** a Nueva York.	*She is going to call me when she comes to New York.*
Va a estudiar **hasta que empiece** el programa.	*She is going to study until the program begins.*
Llámalo **tan pronto como llegue** la carta.	*Call him as soon as the letter arrives.*

- These adverbials require the indicative when the event in the adverbial clause has taken place, is taking place, or usually takes place.

    Ella me llamó **cuando vino** a San Juan.

    She called me when she came to San Juan.

    Ellos hablan **mientras** ustedes **trabajan.**

    They talk while you work.

    Siempre estudio **hasta que empieza** el programa.

    I always study until the program begins.

- **Como, donde,** and **según** require the indicative when they refer to something definite or known, and the subjunctive when they refer to something indefinite or unknown.

    Vamos a comer **donde** ella **dice.**

    We're going to eat where she says.

    Vamos a comer donde ella **diga.**

    We're going to eat wherever she says.

- **Aunque** also requires the subjunctive when it introduces a condition not regarded as fact.

    Lo compro aunque **es** caro.

    I'll buy it although it is expensive.

    Lo compro aunque **sea** caro.

    I'll buy it although it may be expensive.

Actividades

16-10 Me mudo o no me mudo. Complete la oración (**No**) **me voy a mudar...** usando las expresiones de la columna **A** y la mejor selección de la columna **B**. Después su compañero/a debe hacer lo mismo.

MODELO: a menos que / me suban el sueldo aquí

Me voy a mudar a menos que me suban el sueldo aquí.

A	B
a menos que	tenga un buen trabajo
para que	hable con todos los amigos
con tal que	venda la casa
sin que	vayan otros amigos conmigo
antes de que	pueda llevar a mi familia
	me reúna con mis padres
	pueda tener una vida mejor
	mi esposo/a esté más cerca del trabajo

Alternate. You are a parent listing conditions under which your child can borrow the car: *"No puedes usar el auto a menos que..."* or *"Puedes usarlo con tal que..."*

16–11 Después de la clase. Usted y su compañero/a deben completar las oraciones de la columna **A** con una frase apropiada de la columna **B** de acuerdo con sus propios planes.

MODELO: Voy a estudiar hasta que... empezar las noticias / ser la hora de cenar

— Voy a estudiar hasta que empiecen las noticias.

— (Y yo) voy a estudiar hasta que sea la hora de cenar.

A	B
Voy a llamar a mi novio/a en cuanto...	ir a la tienda
Voy a comer después de que...	tener tiempo
Voy a jugar basquetbol tan pronto como...	terminar la tarea
Voy a ver mi programa favorito cuando...	llegar mis amigos
Voy a dormir aunque...	ser temprano
	ser las 7:00
	tener un examen mañana
	hacer la programación

Alternate. Have students write one sentence about their daily lives using each of the adverbial conjunctions they have learned. Then compare sentences as a class.

16–12 Después que termine el año escolar. Hable de sus planes para después que terminen las clases este año.

1. Quiero dormir hasta que...
2. No voy a abrir los libros aunque...
3. Tengo que trabajar para que...
4. Me voy de vacaciones cuando...
5. No voy a hacer nada mientras...
6. Voy a ir a la playa todos los días a menos que...
7. Voy a nadar para que...
8. Quiero visitar a mis parientes antes de que...

16–13 Situaciones.

1. Usted y su compañero/a quieren irse a vivir a otro lugar (campo, otra ciudad, otro país). Deben decir a) dónde piensan vivir, b) por qué quieren ir allí, y c) qué tiene que ocurrir para que vayan. Compartan después sus ideas con la clase.

2. Ustedes tienen planes para hacer ciertas cosas juntos/as después de que se gradúen en la universidad (empezar un negocio, viajar, trabajar, seguir estudios de posgrado, etc.). Preparen sus planes y compartan sus ideas con otro grupo.

3. Ustedes acaban de ganar la lotería y han decidido hacer unas donaciones a tres instituciones: su universidad, un hospital y un museo. Decidan cuánto dinero van a dar a cada institución y para qué quieren ustedes que se use.

3. SE FOR UNPLANNED OCCURRENCES

Se te rompió la blusa.   *Your blouse got torn.*
Se les apagaron las luces.   *Their lights went out.*
A él se le acabó el dinero.   *He ran out of money.*
Se nos olvidó el número.   *We forgot the number.*
A los Álvarez se les descompuso   *The Alvarez' phone broke down.*
  el teléfono.

- **Se** + *indirect object* + *verb* is used to express unplanned or accidental events. This construction emphasizes the event in order to show that no one is responsible.

- Use an indirect object pronoun (**me, te, le, nos, os, les**) to indicate whom the unplanned or accidental event affects. Place it between **se** and the verb.

- If what is lost, forgotten, and so on, is plural, the verb also must be plural.

  Se me quedó el dinero en el   *I left the money in the hotel.*
    hotel.
  Se me quedaron los boletos   *I left the tickets at home.*
    en casa.

Actividades

16–14 ¿Qué les pasó? Su compañero/a debe contestar completando las oraciones de la columna **B**.

MODELO: —¿Dónde está la cámara de Pedro?

           —Se me perdió en la universidad.

A	B
1. ¿Qué pasó anoche?	Se nos apagaron...
2. ¿Por qué llegaste tarde hoy?	Se me descompuso...
3. ¿Por qué no almorzaron?	Se nos olvidó...
4. ¿Qué le pasó a Marta?	Se le cayó...
5. ¿Dónde está tu libro?	Se me quedó...
6. ¿Dónde están los boletos?	Se nos quedaron...

16–15 ¡Caramba! Explique con las sugerencias a la derecha lo que ha pasado en las siguientes situaciones.

MODELO: Carlos no puede comprar el libro / olvidarse el dinero.

           Se le olvidó el dinero.

A	B
1. Anita está preocupada.	romperse el vestido
2. La profesora no vino hoy.	enfermarse un hijo
3. Ellos llegaron tarde a clase.	acabarse la gasolina
4. No salió en ese vuelo.	olvidaron los boletos
5. Ellas no pudieron entrar en la casa.	perderse las llaves
6. No vio el programa anoche.	descomponerse el televisor

Dramatize by performing certain tasks (e.g., pretend you accidentally dropped your keys or chalk, then deliberately drop them. Illustrate *Se me rompió el papel/ Rompí el papel. Se me cayeron las llaves/ Dejé caer (tiré) las llaves.*).

Have both an individual student and a small group of students drop or break (or tear) one object and a group of objects, in order to demonstrate both the difference between *Se le* and *Se les...*, as well as the difference between *cayó* and *cayeron*. Ask for a quick response, *"¿Qué le(s) pasó?"* Students should "sense" the right answer after some practice.

Point out. The occurrence happens to someone who unwittingly performs the action. Emphasize that the verb agrees with the things lost, forgotten, etc. and not with the indirect object (the person to whom the action occurs).

Optional activity. Bring visuals showing what happened to someone and ask *¿Qué le(s) pasó?* Visuals may show someone with a broken leg, a baseball catcher missing the ball, a groom who forgot the ring. Be imaginative!

16–16   ¿Qué pasó?

MODELO: Se le olvidó el número.

16–17   **Un día terrible.**   Diga qué pasó usando **se** + *pronombre*.

MODELO: No pude abrir la puerta.

No pude abrir la puerta porque se me perdió la llave.

1. Antes de levantarme...
2. Cuando desayunaba...
3. No hice la tarea porque...
4. No almorcé porque...
5. Cuando iba a casa en el auto...

4.   THE FUTURE TENSE

In addition to the present tense and the **ir** + **a** + *infinitive* construction that you have been using to express future plans, Spanish also has a future tense. You do not have to use this future tense in order to communicate in Spanish, but you should be able to recognize it in reading and also in listening.

- The future tense is formed by adding the future endings **-é, -ás, -á, -emos, -éis,** and **-án** to the infinitive. These endings are the same for **-ar, -er,** and **-ir** verbs.

Future Tense

	hablar	comer	vivir
yo	hablar**é**	comer**é**	vivir**é**
tú	hablar**ás**	comer**ás**	vivir**ás**
Ud., él, ella	hablar**á**	comer**á**	vivir**á**
nosotros/as	hablar**emos**	comer**emos**	vivir**emos**
vosotros/as	hablar**éis**	comer**éis**	vivir**éis**
Uds., ellos/as	hablar**án**	comer**án**	vivir**án**

- The few verbs that are irregular in the future show their irregularities in the stem and can be grouped into three categories. The first group drops the **e** from the infinitive ending.

Irregular Future — Group 1

Infinitive	New Stem	Future forms
haber	**habr-**	habré, habrás, habrá, habremos, habréis, habrán
poder	**podr-**	podré, podrás, podrá, podremos, podréis, podrán
querer	**querr-**	querré, querrás, querrá, querremos, querréis, querrán
saber	**sabr-**	sabré, sabrás, sabrá, sabremos, sabréis, sabrán

- The second group replaces the **e** or **i** of the infinitive ending with a **d.**

Irregular Future — Group 2

Infinitive	New Stem	Future forms
poner	**pondr-**	pondré, pondrás, pondrá, pondremos, pondréis, pondrán
tener	**tendr-**	tendré, tendrás, tendrá, tendremos, tendréis, tendrán
salir	**saldr-**	saldré, saldrás, saldrá, saldremos, saldréis, saldrán
venir	**vendr-**	vendré, vendrás, vendrá, vendremos, vendréis, vendrán

Suggestion. Present in meaningful context with visuals: *La semana próxima Rafael va a cruzar la frontera para visitar Tijuana, la ciudad gemela de San Diego, California. Estará dos días en Tijuana y hará una reservación en un hotel que le recomendaron. Él irá al mercado y comprará artesanías y ropa típica mexicana. Además comerá en algunos de los muchos restaurantes que hay en esa ciudad y visitará el museo, Volverá el domingo y estamos seguros que les traerá algunos regalos a sus amigos.)* Ask yes/no questions using the future to check comprehension. Follow with information questions and the visuals to facilitate understanding.

Point out. In general speech, the *ir + a +* infinitive is also commonly used to express future action. Allow students to answer using either construction.

Optional. Note the similarities between the *haber* endings and the future tense endings.

Point out. The future use of *hay* is *habrá* (there will be).

Point out. All forms, except *nosotros,* require accent marks. Emphasize correct pronunciation through repetition. Use verbs in context with visuals: *Esta noche comeré en casa de mis amigos. No comeremos mucho porque todos estamos a dieta.*

▪ The third group consists of two verbs (**decir, hacer**) that have completely different stems.

Irregular Future — Group 3		
Infinitive	New Stem	Future forms
decir	**dir-**	diré, dirás, dirá, diremos, diréis, dirán
hacer	**har-**	haré, harás, hará, haremos, haréis, harán

▪ In addition to referring to future actions, the Spanish future tense can also be used to express probability in the present.

Saldremos la semana próxima.	*We'll leave next week.*
Serán las tres de la tarde.	*It's probably three in the afternoon.*

Actividades

16–18   Un crucero a Acapulco.   Ponga las siguientes cosas en orden.

_____ Haré las maletas el día antes.

_____ Llegaré a Acapulco.

_____ Conoceré a muchas personas en el barco.

_____ Iré a la agencia de viajes para comprar el pasaje.

_____ Tomaré un taxi para llegar al barco.

_____ Nadaré en la piscina del barco y bailaré por las noches.

_____ Revisarán mi equipaje en la aduana.

16–19   Un fin de semana en el campo.   Lean el siguiente párrafo y marquen la columna adecuada en la siguiente página de acuerdo con la información del párrafo.

Nosotros saldremos el viernes después del almuerzo para la casa que tienen los padres de Jacinto en el campo. Iremos en mi auto, y si no tenemos ningún problema, llegaremos a la casa a eso de las siete. Allí estaremos en contacto con la naturaleza y podremos descansar sin ruidos y sin teléfono. También podremos leer y dormir bastante. Probablemente caminaremos por las mañanas y comeremos muchas frutas y vegetales que cultivan allí. No veremos televisión porque, gracias a Dios, no la tienen. Será un cambio fabuloso que nos vendrá muy bien después de esta semana de exámenes.

	Sí	No	
1.	_____	_____	Los estudiantes piensan salir a eso de las siete.
2.	_____	_____	Irán en el carro de los padres de Jacinto.
3.	_____	_____	Ellos pasarán unos días muy tranquilos en el campo.
4.	_____	_____	Ellos comerán comida muy sana durante el fin de semana.
5.	_____	_____	Verán mucha televisión ese fin de semana.
6.	_____	_____	Ellos trabajaron mucho y necesitan descansar.

 16–20 Intercambio: Un viaje a Colombia. Hablen de los planes de Ramiro, según la agenda que él ha preparado.

lunes	martes	miércoles	jueves	viernes
salir para Colombia	ir al Museo del Oro	visitar la Catedral	salir de compras	ir a Zipaquirá
comer con mis tíos	conocer a otros familiares	visitar el barrio de la Candelaria	jugar al golf con mi primo	almorzar en un restaurante típico
acostarse temprano	ver una película colombiana	cenar con unos amigos	escuchar un concierto en el teatro Colón	ir a una discoteca

MODELO: —¿Qué hará Ramiro el miércoles por la noche?

—Cenará con unos amigos.

—¿Cuándo jugará al golf?

—Jugará al golf el jueves.

16–21 Somos diferentes. Las personas hacen las cosas por motivos diferentes. Piensen por lo menos en dos motivos probables para cada situación.

MODELO: Los Rivas van a comprar una casa enorme.

Tendrán mucho dinero. Ganarán unos sueldos muy buenos.

1. Pedro siempre saca buenas notas en sus clases.
2. Los Pérez nunca están los fines de semana en la ciudad.
3. El equipo de Cali siempre gana casi todos los partidos.
4. Pilar no llama a sus parientes cuando viene a la ciudad.
5. El vuelo va a salir una hora más tarde.

 16–22 Planes de viaje. Decidan qué lugar visitarán y preparen un programa explicando qué harán allí. Comparen su programa con el de otros grupos.

REPASO GRAMATICAL

1. ADVERBIAL CONJUNCTIONS THAT ALWAYS REQUIRE THE SUBJUNCTIVE

a menos (de) que	*unless*	**para que**	*so that*
antes (de) que	*before*	**sin que**	*without*
con tal (de) que	*provided that*		

2. ADVERBIAL CONJUNCTIONS THAT USE THE SUBJUNCTIVE OR THE INDICATIVE

aunque	*although*	**donde**	*where,*
cuando	*when*		*wherever*
después (de) que	*after*	**según**	*according to*
en cuanto	*as soon as*	**como**	*as*
hasta que	*until*		
mientras	*while, as long as*		
tan pronto (como)	*as soon as*		

3. SE FOR UNPLANNED OCCURENCES

Se + *Indirect Object Pronoun* + *verb*

Se nos terminó la gasolina.   *We ran out of gas.*
Se mos terminaron los refrescos.   *We ran out of sodas.*

4. THE FUTURE

	hablar	comer	vivir
yo	hablar**é**	comer**é**	vivir**é**
tú	hablar**ás**	comer**ás**	vivir**ás**
Ud., él, ella	hablar**á**	comer**á**	vivir**á**
nosotros/as	hablar**emos**	comer**emos**	vivir**emos**
vosotros/as	hablar**éis**	comer**éis**	vivir**éis**
Uds., ellos/as	hablar**án**	comer**án**	vivir**án**

A escuchar

16–23 ¿Qué les pasó? Pablo, Ignacio, Lidia, Gloria, and Agustina had a bad day. Listen to what happened to each person and write his or her name in the space provided.

_____   _____   _____

_____   _____

16–24 ¿Lógico o Ilógico?

Lógico	Ilógico		Lógico	Ilógico
1. _____	_____		5. _____	_____
2. _____	_____		6. _____	_____
3. _____	_____		7. _____	_____
4. _____	_____		8. _____	_____

16–25 ¿Certidumbre o incertidumbre? Listen to the following sentences and indicate if they express certainty or uncertainty.

Certidumbre	Incertidumbre	Certidumbre	Incertidumbre
1. _____	_____	4. _____	_____
2. _____	_____	5. _____	_____
3. _____	_____	6. _____	_____

Tapescript.
1. A Ignacio se le perdieron los libros.
2. A Lidia se le rompió el auto.
3. A Agustina se le olvidaron los boletos.
4. A Pablo se le acabaron las monedas.
5. A Gloria se le descompuso el teléfono.

Tapescript. ¿Lógico o ilógico?
1. La mujer moderna tiene menos posibilidades que antes.
2. El nuevo gobierno promete un aumento de salarios.
3. Los divorcios ocurren por la mañana.
4. En esta empresa hay oportunidades de ascenso.
5. Este matrimonio tiene un hogar muy feliz.
6. Los jubilados son la base de la sociedad moderna.
7. Emigrar produce mucha angustia en las personas.
8. El plan Arias considera la cooperación de todas.

Tapescript. ¿Certidumbre o incertidumbre?
1. Aprobaremos el documento en cuanto tengamos la oportunidad.
2. Aumentaron los salarios en cuanto recibieron más dinero.
3. Van a firmar los contratos después de que hablen con los directores.
4. Siempre pienso en la sociedad después de celebrar un nuevo matrimonio.
5. El sentimiento de culpa aumentó tan pronto como aumentaron los divorcios.
6. Les daremos la oportunidad tan pronto como disminuyan la contami-

A conversar

16–26 ¿Le pasó alguna vez? Comenten si alguna vez han tenido los siguientes problemas. Expliquen cuándo y cómo ocurrieron los hechos. Luego compartan lo que saben con la clase.

1. perdérsele algo importante
2. olvidársele algo importante
3. descomponérsele algo
4. rompérsele algo
5. quedársele algo en un lugar
6. caérsele algo

16–27 La sociedad del futuro. Comenten los siguientes temas.

MODELO: el matrimonio / en cuanto

—El matrimonio va a cambiar en cuanto las mujeres tengan los mismos derechos que los hombres.

1. el sentimiento de culpa / cuando
2. las oportunidades / antes de que
3. la igualdad / para que
4. la riqueza / a menos que
5. la sociedad / hasta que
6. el divorcio / con tal de que

16–28 Temas de actualidad. Usted y un/a compañero/a conversan sobre temas de actualidad. Háganse preguntas y utilicen en sus respuestas las expresiones indicadas. Completen el cuadro con la información obtenida.

MODELO: —¿Cuándo piensas casarte?

—Pienso casarme **en cuanto** encuentre un buen trabajo.

Temas de actualidad	después de que	tan pronto como	en cuanto	mientras	antes de que	sin que
las mujeres conseguir igualdad de salarios						
el divorcio ser legal en todo el mundo						
el presupuesto del gobierno considerar a toda la sociedad						
el plan económico producir cambios						
los empleados conseguir un ascenso						
la lucha antidrogas obtener resultados						

INVESTIGACIÓN

Muchos dichos en español usan **se.** Lea los siguientes dichos e imagine en qué situaciones los puede usar usted.

- se me pone la carne de gallina *(goose flesh)*
- se me va la lengua *(to give oneself away)*
- se me fue el alma a los pies *(heart sank)*

You may point out that in some cases there are slight differences in the sayings among the countries (e.g., *se me va/fue el alma al piso*).

16–29 Informe oral. Con la información de la actividad anterior, prepare un informe oral para toda la clase.

MODELO: Fulanito piensa casarse **en cuanto** encuentre un buen trabajo. Él piensa que las mujeres van a conseguir igualdad de salarios **después de...**, etc.

 16–30 Un nuevo mundo. Imaginen que ustedes pueden crear una nueva sociedad. Decidan un plan de acción usando las siguientes premisas. Elijan un **nombre** que represente al grupo y expliquen por qué eligieron ese nombre. Por ejemplo, un grupo puede llamarse "Los pacifistas" porque el objetivo número uno de este grupo es la paz en el mundo. Cuando tengan decidido el nombre, elijan un/a **secretario/a** que tome notas sobre los comentarios del grupo, y un **vocero oficial** que dé el informe oral de las opiniones del grupo.

PLANES PARA LA NUEVA SOCIEDAD

1. En esta nueva sociedad habrá...
    - igualdad / tan pronto como
    - oportunidades / con tal que
    - cooperación / mientras que

2. Construiremos...
    - cuando
    - hasta que
    - sin que

3. Necesitaremos...
    - tan pronto como
    - con tal de que
    - después de que

INVESTIGACIÓN

¿Conoce a Fulanito y a Menganita? Muchos hispanohablantes utilizan los nombres genéricos Fulanito/a y Menganito/a para referirse a una persona indeterminada. ¿Existe algún equivalente en su lengua materna? Piense en alguna situación en la que puede utilizar esta expresión.

Fulano and Mengano are also used instead of the diminutives. Another generic name is Zutano/Zutanito. All of these names have a feminine form (e.g., Fulana/Fulanita).

A leer

16–31 Vocabulario. Utilice en oraciones cinco palabras nuevas y cinco cognados.

Palabras nuevas	Cognados
súbitamente = rápidamente	proceso
el afecto = el amor, el cariño	relación
desplazado = sacado de lugar	intervenir
aparecer de entrada = aparecer la primera vez	confianza
los anfitriones = las personas que invitan	ideal
el nene = el chico	contacto
el nenito = el chico pequeño	estructurar
el progenitor = el padre	visitante
el paseo = una salida, una caminata	extranjero
la pareja = los novios	territorio

16–32 Después del divorcio. Este artículo está dividido en dos partes. Lea los títulos de las dos partes y diga cuál cree que es el tema.

16–33 Lectura. Lea las dos partes de la lectura.

Nuevas parejas. ¿Nuevos padres?

"No, mi papá es ése que siempre viene los viernes a buscarme con el auto. Éste es mi otro papá, ¿sabes?" La aclaración de Julián, de seis años, es capaz de confundir a cualquiera. ¿Qué es eso de "mi otro papá", "mi otra mamá"? Julián tiene un sólo papá desde que nació. El otro, la nueva pareja de la madre—o la nueva mujer del padre—podrán ser Pancho o Alberto, Mónica o Susana... el padrastro o la madrastra. La claridad de las relaciones es un indicador y una condición de la salud mental de los miembros de una familia. Las denominaciones de "otro papá" o "segunda mamá" no ayudan a esta claridad.

Te presento a mi pareja.

La relación con la nueva pareja del padre o de la madre es un proceso, donde intervienen el tiempo y el amor.

"Yo tengo una excelente relación con el marido de mi mamá, y lo quiero mucho. Porque él se ganó un lugar en la familia", dice Verónica, de 18 años. "Él *se ganó* un lugar": la relación con la nueva pareja del padre o de la madre es un proceso, donde intervienen el tiempo y el afecto.

El primer día de esa relación es importante. ¿Cómo hacer para que el chico no se sienta súbitamente desplazado y pueda entrar en confianza gradualmente con el nuevo amor de papá o de mamá? *Lo ideal es que el tercero aparezca de entrada así, como un tercero,* piensa la psicóloga Josefina Rabinovich. *Que para ese primer contacto se estructure una situación donde "el otro" o "la otra" aparezca como jugando de visitantes. Una cena, un paseo, un pic-nic, donde los anfitriones son el nene y su padre, o el nene y su madre.*

Esa primera vez el nuevo es el "extranjero": el lugar al lado de papi o al lado de mami es todavía territorio del chico. *El tiempo podrá crear un proceso muy rico de acercamiento con ese otro. Y probablemente en una próxima vez sea el propio nenito el que quiera que ellos se sienten juntos, su progenitor y ese **otra** al que ha elegido como nueva pareja,* comenta la misma especialista.

16–34   Nuevas parejas. ¿Nuevos padres?   Vuelva a leer la primera parte y conteste.

1. ¿Quién es Julián?
2. ¿Cuántos años tiene Julián?
3. ¿Cuántos papás tiene Julián?
4. Tener clara las relaciones entre los miembros de una familia ayuda a que la familia sea sana. ¿Llamar a la nueva pareja de los padres "otro papá", "otra mamá" ayuda a tener esta claridad? ¿Por qué?

16–35   Te presento a mi pareja.   Vuelva a leer la segunda parte del artículo y conteste.

1. La relación con la nueva pareja lleva...
   a. poco tiempo
   b. tiempo y amor
   c. sólo tiempo
2. El primer día del encuentro entre el chico y la persona nueva es...
   a. trivial
   b. importante
   c. fácil
3. Para que el hijo entre en confianza con el nuevo "amor" del padre o de la madre es importante que "el otro" ("la otra") sea...
   a. el anfitrión/la anfitriona
   b. el/la novio/a
   c. el visitante
4. En el primer encuentro, los dueños de casa deben ser...
   a. el padre y el hijo
   b. el padre y el otro
   c. la nueva pareja y el hijo
5. La primera vez el extranjero es...
   a. el hijo o la hija
   b. la madre o el padre
   c. el otro o la otra
6. Un factor muy importante en la relación entre el nene y la nueva pareja es el...
   a. otro
   b. pic-nic
   c. tiempo

A escribir

16–36   Los cambios en la sociedad.   ¿Qué pasará en veinte años? Imagine que usted está esperando el nacimiento de un hijo y trate de pensar en qué tipo de sociedad le tocará vivir a ese hijo. Usted debe escribirle una carta a ese hijo contestándole la mayoría de las preguntas y explicando el porqué de sus respuestas.

1. ¿Existirán las fronteras entre los países?
2. ¿Habrá cooperación entre los distintos pueblos?
3. ¿Tendrán todos los niños igualdad de oportunidades?
4. ¿Aumentará la igualdad de derechos entre el hombre y la mujer?
5. ¿Disminuirán la angustia y el estrés?
6. ¿Se producirán menos divorcios y más matrimonios?

Empiece su carta así:

> *Querido hijo:*
>
> Hoy me he puesto a imaginar la sociedad que te tocará vivir y aquí te lo escribo para que cuando llegue el momento puedas comparar mis deseos con la realidad. Ojalá te toque vivir en un mundo cada vez mejor...

VOCABULARIO

EL TRABAJO

el ascenso	*promotion*
el salario	*salary*

LA SOCIEDAD

la cooperación	*cooperation*
el deber	*duty*
el derecho	*right*
el desarrollo	*development*
el divorcio	*divorce*
la igualdad	*equality*
la lucha	*fight*
el matrimonio	*marriage*
el miembro	*member*
la necesidad	*need*
la oportunidad	*opportunity*
el plan	*plan*
la relación	*relation*
la riqueza	*wealth*
la responsabilidad	*responsibility*
la revolución	*revolution*
el retraso	*delay*
el subdesarrollo	*underdevelopment*
la tendencia	*tendency*

EFECTOS DE LA VIDA MODERNA

la angustia	*anguish*
el estrés	*stress*
el sentimiento de culpa	*guilt feeling*

LUGARES

la frontera	*border*
el hogar	*home*

COMPRAS

la entrada	*down payment*
el plazo	*installment*
el presupuesto	*budget*

DESCRIPCIÓN

auténtico/a	*authentic*
jubilado/a	*retired*
notable	*notable, noteworthy*
poderoso/a	*powerful*

VERBOS

apagar	*to turn off*
aprobar (ue)	*to approve*
aumentar	*to increase*
considerar	*to consider*
descomponer (g)	*to break down*
disminuir (y)	*to decrease*
emigrar	*to emigrate*
madrugar	*to get up early*
obedecer (zc)	*to obey*
olvidar	*to forget*
producir (zc)	*to produce*
recordar (ue)	*to remember*
retrasar	*to delay*

EXPRESIONES ÚTILES

sin embargo	*nevertheless, however*

For a list of adverbial conjunctions, see page 446.

EXPANSIÓN GRAMATICAL

This special grammatical supplement includes structures considered optional for the introductory level by instructors emphasizing oral proficiency. The explanations and activities in this section use the same format as grammatical materials throughout *Mosaicos* in order to facilitate incorporating them into the core lessons of the program.

ESTRUCTURAS

- More on Preterit and Imperfect
- The Conditional
- The Imperfect Subjunctive
- The Present Perfect Subjunctive
- The Conditional Perfect and Pluperfect Subjunctive
- The Passive Voice
- The Infinitive as Subject of a Sentence and as the Object of a Preposition

1. MORE ON THE PRETERIT AND THE IMPERFECT

- In *Lección 8* you practiced the preterit of **querer** with the meaning of wanting or trying to do something, but failing to accomplish it.

> Quise ir, pero fue imposible.   *I wanted (and tried to go), but it was impossible.*

- Also, in *Lección 9* you practiced the preterit of **saber** with the meaning of finding out about something.

> Supe que llegaron anoche.   *I found out that you arrived last night.*

There is a change in meaning in the preterit of the following verbs:

Imperfect		Preterit	
Yo **conocía** a Ana.	*I knew Ana.*	**Conocí** a Ana.	*I met Ana.*
No quería ir.	*I didn't want to go.*	**No quise** ir.	*I refused to go.*
Podía hacerlo.	*I could do it. (was able)*	**Pude** hacerlo.	*I accomplished it.*
No podía hacerlo.	*I couldn't do it. (wasn't able)*	**No pude** hacerlo.	*I couldn't do it. (tried and failed)*

Actividades

1. El efecto de los años. Ayer las siguientes personas trataron de hacer lo que podían hacer cuando eran jóvenes y no pudieron.

MODELO: yo / nadar media hora

> Antes yo podía nadar media hora. Ayer traté y no pude hacerlo.

1. yo / comer un bistec grande
2. nosotros / correr cuatro kilómetros
3. ellos / jugar al tenis dos horas
4. mis amigos / esquiar muy bien
5. Amelia y yo / caminar una hora
6. Elvira / hacer ejercicios aeróbicos

2. Entrevistas.

A.   USTED: ¿Conocías al/a la profesor/a de español el año pasado?

    COMPAÑERO/A: ...

         USTED: ¿Cuándo lo/la conociste?

    COMPAÑERO/A: ...

B.   COMPAÑERO/A: ¿Sabías qué era la Nochebuena?

         USTED: ... .

    COMPAÑERO/A: ¿Cuándo lo supiste?

         USTED: ...

3. Situaciones.

1. Usted quería ir a casa de su amigo/a anoche pero no fue posible. Explíquele qué problemas tuvo y por qué no pudo ir.
2. Usted quería ir a ver una película anoche, pero no fue. Su compañero/a debe averiguar a) el nombre de la película y b) por qué no fue. Después debe invitarlo/la al cine a ver la película.

2. THE CONDITIONAL

In *Lección 7,* you began to use the expression **me gustaría...** to express what you would like. **Gustaría** is a form of the conditional. The conditional is easy to recognize. It is formed by adding the endings -**ía, -ías,** -**ía, -íamos, -íais,** and -**ían** to the infinitive.

	hablar	comer	vivir
	Conditional		
yo	hablar**ía**	comer**ía**	vivir**ía**
tú	hablar**ías**	comer**ías**	vivir**ías**
Ud., él, ella	hablar**ía**	comer**ía**	vivir**ía**
nosotros/as	hablar**íamos**	comer**íamos**	vivir**íamos**
vosotros/as	hablar**íais**	comer**íais**	vivir**íais**
Uds., ellos/as	hablar**ían**	comer**ían**	vivir**ían**

- The same verbs that are irregular in the future are irregular in the conditional and they have the same stem.

- The use of the conditional in Spanish is similar to the use of the construction *would + verb* in English.[1]

     Yo **saldría** temprano.   *I would leave early.*

- However, Spanish also uses the conditional to express possibility in the past.

     Serían las diez de la mañana.   *It was probably ten in the morning.*

Irregular Conditional Verbs		
Infinitive	**New stem**	**Conditional forms**
haber	**habr-**	habría, habrías, habría,...
poder	**podr-**	podría, podrías, podría,...
querer	**querr-**	querría, querrías, querría,...
saber	**sabr-**	sabría, sabrías, sabría,...
poner	**pondr-**	pondría, pondrías, pondría,...
tener	**tendr-**	tendría, tendrías, tendría,...
salir	**saldr-**	saldría, saldrías, saldría,...
venir	**vendr-**	vendría, vendrías, vendría,...
decir	**dir-**	diría, dirías, diría,...
hacer	**har-**	haría, harías, haría,...

▪ The conditional is used with the imperfect subjunctive in if-sentences to express a condition that is unlikely to happen or contrary-to-fact in the present.

Si yo **consiguiera** el dinero, **pagaría** la cuenta.	*If I were to get the money, I would pay the bill.* (It is unlikely that I would get the money.
Si yo **tuviera** el dinero, **pagaría** la cuenta.	*If I had the money, I would pay the bill.* (I don't have the money.)

Actividades

4. Jorge y los billetes. Lea la siguiente narración sobre Jorge Hermida, un joven que nunca está muy seguro de lo que debe hacer.

A Jorge le encantaban las fiestas y también le gustaba viajar, pero no tenía mucho dinero. Un día Jorge estaba caminando por la calle y pasó por un quiosco donde vendían billetes de lotería. Era el sorteo* más importante del año con un premio† de cien millones de pesos. A Jorge le gustó uno de los números y pensó que sería una buena idea comprarlo y probar su suerte.

*drawing
†prize

---

[1]When *would* implies *used to*, the imperfect is used.

Yo **salía** temprano.	*I would (used to) leave early.*

Por su mente pasaron todas las cosas que podría hacer con el dinero del primer premio. ¿Iría a la India o a Egipto? ¿Visitaría la Antártida o Australia? ¿Cuánto tiempo estaría en la América del Sur? ¿Invitaría a sus amigos a una fiesta en su yate o en un hotel? ¿Qué orquesta tocaría en su fiesta? ¿Se compraría una casa en la playa o un apartamento de lujo en la ciudad? ¿Qué auto deportivo se compraría? ¿Qué les regalaría a sus padres? ¿Y a su novia? ¿Cuánto dinero daría a obras de caridad*? ¿Viviría parte del año en Europa o en Hawaii? ¿Cuánto tendría que pagar de impuestos*?

*charity

*taxes

Todo esto le pareció muy complicado y no compró el billete. Era más fácil vivir con poco dinero y sin complicaciones.

Diga si las siguientes oraciones son ciertas o falsas de acuerdo con los párrafos anteriores.

	Cierto	Falso	
1.	____	____	Jorge es un muchacho muy rico.
2.	____	____	Él vio unos billetes de lotería.
3.	____	____	Jorge pensó que los números eran bonitos.
4.	____	____	Compró los billetes enseguida.
5.	____	____	Jorge se compró un auto deportivo.
6.	____	____	Les regaló una casa a sus padres.
7.	____	____	Jorge piensa que es más facil ser pobre.
8.	____	____	Él es una persona muy indecisa.

 5. La lotería. Usted y su compañero/a ganaron la lotería. Cada uno debe decir qué haría.

MODELO: comprar una casa muy grande

—(No) Me compraría una casa muy grande.

1. viajar mucho
2. ir a los mejores hoteles
3. comprar un carro muy elegante
4. ayudar a los desamparados
5. tener ropa muy cara
6. dar dinero a la universidad

 6. El/La Presidente/a. Escriba una lista de las cosas que haría usted si fuera Presidente/a. Compare su lista con la de su compañero/a.

3. THE IMPERFECT SUBJUNCTIVE

- In *Lecciones 10, 11, 12,* and *16* you studied the forms and uses of the present subjunctive. Now you will study the past subjunctive, which is also called the imperfect subjunctive. You will be expected only to recognize these forms when reading or listening to improve your understanding of what you hear or read.

- All regular and irregular past subjunctive verb forms are based on the **ustedes, ellos/as** form of the preterit. Drop the **-on** preterit ending and substitute the past subjunctive endings. The following chart will help you see how the past subjunctive is formed.

Past or Imperfect Subjunctive				
	hablar	**comer**	**vivir**	**estar**
yo	hablara	comiera	viviera	estuviera
tú	hablaras	comieras	vivieras	estuvieras
Ud., él, ella	hablaran	comiera	viviera	estuviera
nosotros/as	habláramos	comiéramos	viviéramos	estuviéramos
vosotros/as	hablarais	comierais	vivierais	estuvierais
Uds., ellos/as	hablaran	comieran	vivieran	estuvieran

▪ The present subjunctive is oriented to the present or future while the past subjunctive focuses on the past. The same general rules that determine the use of the present subjunctive also apply to the past subjunctive with a few exceptions.

Quiere que **preparemos** la   (hoy → present subjunctive)
comida para las ocho.

Quería que **preparáramos** la   (ayer → past subjunctive)
comida para las ocho.

Actividades

7. Un viaje a Chile. Lea los siguientes párrafos sobre lo que Adriana, una esquiadora excelente, hizo antes de su viaje a Portillo, uno de los centros de esquí más importantes de la América del Sur.

> Antes de mi viaje a Portillo fui a ver al Dr. Sánchez Hurtado. Me dijo que tuviera mucho cuidado al esquiar este año. Desde que me caí el año pasado, el Dr. Sánchez Hurtado siempre me dice lo mismo. Es verdad que después tuve algunos problemas con el tobillo derecho, pero ya me siento muy bien. Como yo quiero ir a las Olimpiadas de Invierno, tengo que practicar mucho para poder clasificar entre los atletas mejores. El doctor me dijo además que siempre hiciera ejercicios de calentamiento antes de esquiar. Eso es tan elemental que casi me reí en su cara. El pobre doctor es muy amigo de mis padres y me conoce hace muchos años y todavía me trata como una niña. Me pidió que llamara a un doctor amigo de él y que lo saludara de su parte. Además me pidió que le trajera de Chile alguna revista de medicina.
>
> Después de la consulta fui a la agencia de viajes para buscar mi boleto. Según el agente, mi asiento está en la sección de fumar. Yo le dije que el entrenador nos prohibió que estuviéramos entre los fumadores y le pedí que me cambiara de asiento. Me dijo que quizás pudiera reservar varios asientos. Yo le pedí que reservara uno para mí y dos para mis amigos. Así podremos hacer el viaje juntos y pasarlo mejor.

Diga si las siguientes oraciones son ciertas o falsas de acuerdo con los párrafos anteriores.

Cierto Falso

1. _____ _____ Adriana va a practicar su deporte favorito en Chile.
2. _____ _____ Ella tuvo un accidente este año.
3. _____ _____ El médico es amigo de la familia de Adriana.
4. _____ _____ El médico le dijo que no fumara.
5. _____ _____ El doctor no conoce a ningún médico en Chile.
6. _____ _____ Adriana quiere competir en las Olimpiadas.
7. _____ _____ Adriana cambió su asiento en la agencia de viajes.
8. _____ _____ Ella va a hacer el viaje sola.

8. Cuando era niño/a. ¿Qué querían o no querían sus padres que usted hiciera?

MODELO: mirar televisión

—¿Querían tus padres que miraras televisión?

—Sí, (No, no) querían que mirara televisión.

1. comer vegetales
2. practicar deportes
3. beber mucha leche
4. montar bicicleta
5. tener fiesta por mi cumpleaños
6. acostarse temprano

9. En casa de los Menéndez. ¿Qué dijeron los padres de estos chicos en estas situaciones?

1. El cuarto de Carlos estaba muy desordenado. La madre le dijo que...
2. Paquito miraba un programa de televisión en que había mucha violencia. El padre le dijo que...
3. La madre sirvió la cena y les dijo que...
4. El padre lavó los platos y le dijo a Martita que...
5. Martita iba a salir con su novio y sus padres le dijeron que...
6. Martita llegó muy tarde y sus padres le dijeron que...

4. THE PRESENT PERFECT SUBJUNCTIVE

■ You should also be able to recognize the present perfect subjunctive. It is formed with the present subjunctive of the verb **haber** + *past participle*.

PRESENT SUBJUNCTIVE OF HABER	PAST PARTICIPLE
haya hayas haya hayamos hayáis hayan	hablado comido vivido

- Use this tense to express a completed action in sentences that require the subjunctive. Its English equivalent is normally *has/have + past participle*, but it may vary according to the context.

Ojalá que **haya nevado**.	*I hope it has snowed.*
Me alegro que **hayan llegado** temprano.	*I'm glad they arrived early.*
Es posible que **hayas ganado**.	*It's possible you may have won.*

Actividades

10. Un viaje. Dígale a su amigo/a lo que usted espera que haya hecho en su visita a Los Ángeles.

MODELO: ir a Beverly Hills

Espero que hayas ido a Beverly Hills.

1. ver las Torres de Watts
2. visitar el Museo de Paul Getty
3. comer comida mexicana
4. ir a la playa de Santa Mónica
5. manejar hasta San Diego

11. Un viaje poco organizado. Unos amigos mutuos van a ir de viaje y su compañero/a le va a hacer varias preguntas. Conteste sus preguntas comenzando sus respuestas con las expresiones indicadas.

MODELO: —¿Han decidido a qué hotel van? / Es probable que...

—Es probable que hayan decidido a qué hotel van.

1. ¿Han pagado los boletos? / Es posible que...
2. ¿Han hecho las reservaciones? / Dudo que...
3. ¿Han dicho en qué fecha vuelven? / No creo que...
4. ¿Han hablado con sus parientes en México? / Espero que...
5. ¿Han comprado más maletas? / Temo que...

12. Una obra de teatro del Club de Español. Preparen una lista de las cosas que ustedes saben que han hecho, las que esperan que hayan hecho y las que dudan que hayan hecho.

5. THE CONDITIONAL PERFECT AND THE PLUPERFECT SUBJUNCTIVE

In this section you will study two new verb tenses: the conditional perfect and the pluperfect subjunctive.

- The conditional of **haber** + *past participle* form the conditional perfect.

- The conditional perfect usually corresponds to English *would have + past participle*.

Sé que le **habría gustado** esta casa.	*I know she would have liked this house.*

- The past subjunctive of **haber** + *past participle* form the pluperfect subjunctive.

- The pluperfect subjunctive corresponds to English *might have, would have,* or *had* + *past participle.* It is used in structures where the subjunctive is normally required.

Dudaba que **hubiera venido** temprano.	*I doubted that he might have come earlier.*
Esperaba que **hubiera comido** en casa.	*I was hoping that they would have eaten at home.*
Ojalá que **hubieran visto** ese letrero.	*I wish they had seen that sign.*

- The conditional perfect and pluperfect subjunctive are also used in contrary-to-fact if-sentences.

Si **hubieras venido**, te **habría gustado** la comida.	*If you had come, you would have liked the food.*

- The following charts show the forms for the conditional perfect and the pluperfect subjunctive respectively.

CONDITIONAL PERFECT		
yo	**habría**	
tú	**habrías**	
Ud., él, ella	**habría**	**hablado**
nosotros/as	**habríamos**	**comido**
vosotros/as	**habríais**	**vivido**
Uds., ellos/as	**habrían**	

PLUPERFECT SUBJUNCTIVE		
yo	**hubiera**	
tú	**hubieras**	
Ud., él, ella	**hubiera**	**hablado**
nosotros/as	**hubiéramos**	**comido**
vosotros/as	**hubierais**	**vivido**
Uds., ellos/as	**hubieran**	

13. Lectura. En la siguiente lectura hay varias oraciones con los tiempos perfectos que acaba de estudiar. Estas oraciones le pueden parecer algo largas o complicadas. No se preocupe por esto y lea el párrafo tratando de entender las ideas básicas que se presentan.

Eusebio Manrique recuerda su vida

A Eusebio Manrique le parecía mentira que hubieran pasado cuarenta años. Y sin saber ni cómo ni por qué, los diferentes acontecimientos de su vida pasaron en breves minutos ante sus ojos como en una película. Recordaba el primer día en la compañía. Él, un chico del campo que hacía unos años había llegado a la ciudad para estudiar y ganarse la vida, sólo había podido conseguir un puesto de mensajero. Sus aspiraciones eran otras, pero la realidad era diferente y decidió aceptarla ya que "por algo se empieza". ¿Habría hecho algo diferente si pudiera volver a vivir esos momentos de necesidad? ¿Qué más hubiera podido hacer? No encontró respuesta a estas preguntas y pensó en los primeros años en la compañía. El sueldo era bajo y el trabajo muy duro, pero su voluntad de triunfar era más fuerte. Y así pasaron los años y poco a poco fue ascendiendo y dejó de ser Eusebio el mensajero, a quien mandaban de un lugar a otro, para pasar a ser don Eusebio. ¿Quién hubiera dicho que todo esto iba a pasar? Si alguien lo hubiera pensado, él habría dicho que era un sueño. Pero en la vida los sueños a veces se convierten en realidad, y hoy, después de cuarenta años, el Presidente de la Compañía Trébol, don Eusebio Manrique, se despedía de empleados y amigos para disfrutar de un buen descanso después de tantos años de trabajo.

Ahora, indique si las oraciones son ciertas o no.

	Sí	No	
1.	_____	_____	Eusebio Manrique es un hombre mayor.
2.	_____	_____	Él siempre vivió en una ciudad grande.
3.	_____	_____	Ganaba un buen sueldo en su primer puesto.
4.	_____	_____	Eusebio trabajó en varias compañías.
5.	_____	_____	Eusebio Manrique es un hombre importante hoy en día.

14. Opiniones.

1. ¿Creen ustedes que el título de la lectura está de acuerdo con lo que se presenta en la selección? ¿Por qué?
2. ¿Creen ustedes que es natural que Eugenio Manrique recuerde su vida? ¿Por qué?

Actividades

15. La vida sería diferente. Discutan cuáles habrían sido las consecuencias si...

1. no se hubieran inventado los aviones
2. no se hubiera inventado la bomba atómica
3. no se hubiera inventado la televisión
4. los ingleses hubieran descubierto América
5. las mujeres hubieran tenido siempre las mismas oportunidades que los hombres

16. **Volver a vivir.** Dígale a su compañero/a qué habría hecho usted igual o diferente si pudiera volver a vivir los últimos diez años. Después, su compañero/a debe decirle a usted.

6. THE PASSIVE VOICE

▪ The passive voice is formed with any tense of the verb **ser** + *past participle;* however, the preterit is the most common.

> La casa **fue construida** en 1990.   *The house was built in 1990.*

▪ Use the preposition **por** to indicate who performs the action.

> El bosque fue destruido.   *(who or what did it is not*
> *expressed)*
> El bosque fue destruido   *(the fire did it)*
> **por** el fuego.

▪ The past participle agrees in gender and number with the subject.

> **Los árboles** fueron **destruidos** por la lluvia ácida.
> **La casa** fue **construida** el año pasado.

▪ The passive voice is usually found in written Spanish, especially in newspapers and formal writing. However, in conversation, Spanish speakers normally use two different constructions that you have already studied.

> Vendieron el edificio.   *They sold the building.*
> Se vendió el edificio.   *The building was sold.*

Actividades

17. **La comunicación oral.** Su compañero/a lee lo que pasó en una reunión del Presidente y los ministros. ¿Cómo lo diría usted en una conversación?

MODELO: ministros / recibir / el Presidente

> —Los ministros fueron recibidos por el Presidente.

> —El Presidente recibió a los ministros.

1. la agenda / preparar / el secretario
2. la agenda / aprobar / todos
3. el proyecto para mejorar la educación / escribir / el Sr. Sosa
4. el proyecto / presentar / el Ministro de Educación
5. unos comentarios / leer / el Presidente
6. las preguntas / contestar / el ministro

7. THE INFINITIVE AS SUBJECT OF A SENTENCE AND AS THE OBJECT OF A PREPOSITION

- The infinitive is the only verb form in Spanish that may be used as the subject of a sentence. It corresponds to the English gerund, or noun ending in *-ing*.

    Caminar es un buen ejercicio.   *Walking is a good exercise.*

- When an infinitive is the object of a preposition, it corresponds to an English gerund.

- **Al** + *infinitive* is the equivalent of **cuando** + *verb*. No article is used with other prepositions.

    Al llegar, llamó a su tío.   *Upon arriving, he called his uncle.*

    Vino sin **avisar**les.   *She came without letting them know.*

    Antes de **venir,** habla con él.   *Before coming, talk to him.*

Actividades

18. Unos letreros.   ¿Dónde hay letreros o avisos como éstos?

1. No correr
2. Prohibido entrar con comida
3. Usar el cinturón de seguridad
4. No tirar basura
5. Favor de cerrar la puerta
6. No traer vasos de cristal
7. No fumar
8. Usar cascos en esta área

19. Opiniones.   Diga lo que es o no es importante (necesario, malo, terrible, divertido, aburrido, agradable, etc.).

MODELO: hacer ejercicio

—Es importante hacer ejercicio.

—Y para mí, hacer ejercicio es terrible.

1. hablar español
2. comer bien
3. escuchar música clásica
4. ir de compras
5. sacar una F
6. llegar tarde a los lugares
7. vivir en una ciudad grande
8. dormir bastante
9. conocer otras culturas
10. leer los avisos con cuidado
11. tener las mismas oportunidades
12. trabajar por la comunidad

20. Entrevista.

MODELO: difícil

—¿Qué es difícil para ti?

—Nadar es difícil para mí.

1. divertido
2. interesante
3. fácil
4. terrible
5. agradable
6. importante

21. Sus planes. Su compañero/a quiere saber qué va a hacer usted en distintos momentos. Conteste usando **al** + *infinitivo*.

MODELO: cuando llegues a tu casa

—¿Qué vas a hacer cuando llegues a casa?

—Al llegar a casa me voy a quitar los zapatos.

1. cuando termine la clase de español
2. cuando salgas de la universidad
3. cuando te levantes mañana
4. cuando hables español perfectamente
5. cuando consigas un buen trabajo
6. llegues a viejo/a

22. Reacciones diferentes. ¿Qué hace usted en estas situaciones?

MODELO: antes de dormir

Antes de dormir yo hago la tarea, miro televisión, hablo con mi novio/a y me lavo la cara y los dientes.

1. antes de tomar los exámenes finales
2. después de tomar los exámenes finales
3. después de salir de un concierto
4. antes de ir a un partido de basquetbol
5. después de despertarse
6. antes de comer

23. La última semana del semestre. Usted y su compañero/a están muy ocupados/as esta semana, pero necesitan hacer muchas cosas.

MODELO: —No puedo manejar a mi casa sin llenar el tanque de gasolina. ¿Y tú?

—No puedo tomar el examen de español...

1. tomar el examen de historia de México
2. salir en avión
3. manejar a mi casa
4. salir bien en el examen de español
5. escribir una composición sobre Einstein
6. terminar la clase sobre la poesía latinoamericana

a. llenar el tanque de gasolina
b. repasar el vocabulario y la gramática
c. leer unos poemas de Octavio Paz
d. hacer una reservación con la línea aérea
e. estudiar la teoría de la relatividad
f. leer el capítulo sobre la Revolución Mexicana

24. Unos avisos. Preparen unos avisos y digan dónde los pondrían. Compartan los avisos con la clase.

25. Situación.

La Asociación de Estudiantes quiere publicar un documento sobre los derechos y los deberes de los estudiantes y ha pedido la cooperación de todos. Preparen una lista de los que ustedes consideran sus derechos y deberes.

Verb Tables

I. REGULAR VERBS

	-ar	-er	-ir
Infinitive *(Infinitivo)*	**hablar**	**comer**	**vivir**
Present participle *(Gerundio)*	hablando	comiendo	viviendo
Past participle *(Participio pasivo)*	hablado	comido	vivido

Simple Tenses

INDICATIVE MOOD (MODO INDICATIVO)

	-ar	-er	-ir
Present *(Presente)*	hablo hablas habla hablamos habláis hablan	como comes come comemos coméis comen	vivo vives vive vivimos vivís viven
Imperfect *(Imperfecto)*	hablaba hablabas hablaba hablábamos hablabais hablaban	comía comías comía comíamos comíais comían	vivía vivías vivía vivíamos vivíais vivían
Preterit *(Pretérito)*	hablé hablaste habló hablamos hablasteis hablaron	comí comiste comió comimos comisteis comieron	viví viviste vivió vivimos vivisteis vivieron

INDICATIVE MOOD (MODO INDICATIVO) *(continued)*			
Future	hablaré	comeré	viviré
(Futuro)	hablarás	comerás	vivirás
	hablará	comerá	vivirá
	hablaremos	comeremos	viviremos
	hablaréis	comeréis	viviréis
	hablarán	comerán	vivirán
Conditional	hablaría	comería	viviría
(Condicional)	hablarías	comerías	vivirías
	hablaría	comería	viviría
	hablaríamos	comeríamos	viviríamos
	hablaríais	comeríais	viviríais
	hablarían	comerían	vivirían

IMPERATIVE MOOD[1] (MODO IMPERATIVO)			
Affirmative { **tú**	habla	come	vive
{ **vosotros**	hablad	comed	vivid

SUBJUNCTIVE MOOD (MODO SUBJUNTIVO)			
Present	hable	coma	viva
(Presente)	hables	comas	vivas
	hable	coma	viva
	hablemos	comamos	vivamos
	habléis	comáis	viváis
	hablen	coman	vivan
Past (-ra)	hablara	comiera	viviera
(Imperfecto)	hablaras	comieras	vivieras
	hablara	comiera	viviera
	habláramos	comiéramos	viviéramos
	hablarais	comierais	vivierais
	hablaran	comieran	vivieran
Past (-se)	hablase	comiese	viviese
(Imperfecto)	hablases	comieses	vivieses
	hablase	comiese	viviese
	hablásemos	comiésemos	viviésemos
	hablaseis	comieseis	vivieseis
	hablasen	comiesen	viviesen

[1] For the negative **tú** and **vosotros** command forms, and for both affirmative and negative **usted** and **ustedes** command forms, see the corresponding subjunctive verb forms.

Compound Tenses

INDICATIVE MOOD (MODO INDICATIVO)

			-ar	-er	-ir
Present perfect (*Pretérito perfecto*)	he has ha hemos habéis han	}	hablado	comido	vivido
Past perfect[2] (*Pretérito pluscuamperfecto*)	había habías había habíamos habíais habían	}	hablado	comido	vivido
Future perfect (*Futuro perfecto*)	habré habrás habrá habremos habréis habrán	}	hablado	comido	vivido
Conditional perfect (*Condicional perfecto*)	habría habrías habría habríamos habríais habrían	}	hablado	comido	vivido

[2]The second past perfect, rarely used today, is:

hube
hubiste
hubo   } hablado/comido/vivido
hubimos
hubisteis
hubieron

SUBJUNCTIVE MOOD (MODO SUBJUNTIVO)

Present perfect *(Pretérito perfecto)*	haya hayas haya hayamos hayáis hayan	hablado	comido	vivido
Past perfect (**-ra**) *(Pretérito pluscuamperfecto)*	hubiera hubieras hubiera hubiéramos hubierais hubieran	hablado	comido	vivido
Past perfect (**-se**) *(Pretérito pluscuamperfecto)*	hubiese hubieses hubiese hubiésemos hubieseis hubiesen	hablado	comido	vivido

II. STEM-CHANGING VERBS

A. Stressed **e** changes to **ie** and stressed **o** changes to **ue** throughout the singular and in the third-person plural of the present indicative and in the present subjunctive of some -ar, -er, and -ir verbs.

1. Stressed e → ie

pensar	perder	sentir	pensar	perder	sentir
PRESENT INDICATIVE			**PRESENT SUBJUNCTIVE**		
pienso piensas piensa pensamos pensáis piensan	pierdo pierdes pierde perdemos perdéis pierden	siento sientes siente sentimos sentís sienten	piense pienses piense pensemos penséis piensen	pierda pierdas pierda perdamos perdáis pierdan	sienta sientas sienta sintamos sintáis sientan

*Other verbs whose stem vowel **e** changes to **ie** are:* atravesar, calentar, cerrar, comenzar, defender, despertar, divertirse, empezar, entender, nevar, preferir, querer, recomendar, sentar, sugerir.

2. Stressed o → ue

contar	volver	morir	contar	volver	morir
PRESENT INDICATIVE			PRESENT SUBJUNCTIVE		
cuento	vuelvo	muero	cuente	vuelva	muera
cuentas	vuelves	mueres	cuentes	vuelvas	mueras
cuenta	vuelve	muere	cuente	vuelva	muera
contamos	volvemos	morimos	contemos	volvamos	muramos
contáis	volvéis	morís	contéis	volváis	muráis
cuentan	vuelven	mueren	cuenten	vuelvan	mueran

Other verbs whose stem vowel o *changes to* ue *are:* acostar, almorzar, costar, doler, dormir, encontrar, llover, poder, probar, recordar, resolver.

Jugar *is the only verb that changes* **u** *to* **ue.**

B. Unstressed e changes to i and unstressed o changes to u in the third-person singular and plural of the preterit; in the present participle; in the first and second persons plural of the present subjunctive; and throughout the two versions of the past subjunctive of some -ir verbs.[3]

1. Unstressed e → i

sentir					
PRETERIT	PRESENT SUBJUNCTIVE		PAST SUBJUNCTIVE		
sentí	sienta		sintiera		sintiese
sentiste	sientas		sintieras		sintieses
sintió	sienta		sintiera	*or*	sintiese
sentimos	sintamos		sintiéramos		sintiésemos
sentisteis	sintáis		sintierais		sintieseis
sintieron	sientan		sintieran		sintiesen

PRESENT PARTICIPLE
sintiendo

Other -ir verbs whose stem vowel e *changes to* i *are:* divertirse, preferir.

[3]These verbs belong in the preceding section **A** as well because of their other stem change, stressed e to ie and stressed o to ue in the present indicative and present subjunctive.

2. Unstressed o → u

morir

PRETERIT	PRESENT SUBJUNCTIVE	PAST SUBJUNCTIVE	
morí	muera	muriera	muriese
moriste	mueras	murieras	murieses
murió	muera	muriera	muriese
morimos	**muramos**	muriéramos	muriésemos
moristeis	**muráis**	murierais	murieseis
murieron	mueran	murieran	muriesen

(muriera ... murieran) **or** *(muriese ... muriesen)*

PRESENT PARTICIPLE

muriendo

Another -ir *verb whose stem vowel* o *changes to* u *is* dormir.

C. The change e → i occurs throughout the singular and in the third-person plural of the present indicative, in the third-person singular and plural of the preterit, in the present participle, and throughout the present and past subjunctive of some -ir verbs.

1. e → i

pedir

PRESENT INDICATIVE	PRETERIT
pido	pedí
pides	pediste
pide	pidió
pedimos	pedimos
pedís	pedisteis
piden	pidieron

PRESENT SUBJUNCTIVE	PAST SUBJUNCTIVE	
pida	pidiera	pidiese
pidas	pidieras	pidieses
pida	pidiera	pidiese
pidamos	pidiéramos	pidiésemos
pidáis	pidierais	pidieseis
pidan	pidieran	pidiesen

(pidiera ... pidieran) **or** *(pidiese ... pidiesen)*

PRESENT PARTICIPLE

pidiendo

Other -ir *verbs whose stem vowel* e *changes to* i *are:* competir, conseguir, despedir, medir, repetir, seguir, vestir.

III. ORTHOGRAPHIC-CHANGING VERBS

A. Verbs ending in -car: c → qu before e
The change c → qu occurs in the first-person singular preterit and throughout the present subjunctive.

chocar

Preterit	choqué, chocaste, chocó, chocamos, chocasteis, chocaron
Present subjunctive	choque, choques, choque, choquemos, choquéis, choquen

B. Verbs ending in -gar: g → gu before e
The change g → gu occurs in the first-person singular preterit and throughout the present subjunctive.

llegar

Preterit	llegué, llegaste, llegó, llegamos, llegasteis, llegaron
Present subjunctive	llegue, llegues, llegue, lleguemos, lleguéis, lleguen

C. Verbs ending in -zar: z → c before e
The change z → c occurs in the first-person singular preterit and throughout the present subjunctive.

comenzar

Preterit	comencé, comenzaste, comenzó, comenzamos, comenzasteis, comenzaron
Present subjunctive	comience, comiences, comience, comencemos, comencéis, comiencen

D. Verbs inding in -ger and -gir: g → j before a and o
The change g → j occurs in the first-person singular of the present indicative and throughout the present subjunctive.

recoger

Present indicative	recojo, recoges, recoge, recogemos, recogéis, recogen
Present subjunctive	recoja, recojas, recoja, recojamos, recojáis, recojan

E. Verbs ending in -guir: gu → g before a and o
The change gu → g occurs in the first-person singular of the present indicative and throughout the present subjunctive.

seguir

Present indicative	sigo, sigues, sigue, seguimos, seguís, siguen
Present subjunctive	siga, sigas, siga, sigamos, sigáis, sigan

F. Verbs ending in e + er: unstressed i → y
The change i → y occurs in the third-person singular and plural of the preterit, the present participle, and throughout the past subjunctive.

leer

Preterit	leí, leíste, leyó, leímos, leísteis, leyeron
Past subjunctive	leyera, leyeras, leyera, leyéramos, leyerais, leyeran
Present participle	leyendo

G. Verbs ending in a consonant + cer or cir: c → z before a and o
The change c → z occurs in the first-person singular of the present indicative and throughout the present subjunctive.

torcer *to twist, to turn*

Present indicative	tuerzo, tuerces, tuerce, torcemos, torcéis, tuercen
Present subjunctive	tuerza, tuerzas, tuerza, torzamos torzáis, tuerzan

IV. IRREGULAR VERBS

A. Verbs ending in a vowel + **cer** or **cir**: c → zc before **a** and **o**
The letters **zc** occur in the first-person singular of the present indicative and throughout the present subjunctive.

	conocer
Present indicative	conozco, conoces, conoce, conocemos, conocéis, conocen
Present subjunctive	conozca, conozcas, conozca, conozcamos, conozcáis, conozcan

B. Verbs ending in **-uir** (except **-guir**): insert **y** before **a** and **o**[4]
The letter **y** is inserted in all singular forms and in the third-person plural of the present indicative and throughout the present subjunctive.

	construir
Present indicative	construyo, construyes, construye, construimos, construís, construyen
Present subjunctive	construya, construyas, construya, construyamos, construyáis, construyan

C. Other irregular verbs[5]

	andar *to walk, to go*
Preterit	anduve, anduviste, anduvo, anduvimos, anduvisteis, anduvieron
Past subjunctive	anduviera, anduvieras, anduviera, anduviéramos, anduvierais, anduvieran

	caer *to fall*
Present indicative	caigo, caes, cae, caemos, caéis, caen
Preterit	caí, caíste, cayó, caímos, caísteis, cayeron
Present subjunctive	caiga, caigas, caiga, caigamos, caigáis, caigan
Past subjunctive	cayera, cayeras, cayera, cayéramos, cayerais, cayeran
Present participle	cayendo

	dar *to give*
Present indicative	doy, das, da, damos, dais, dan
Preterit	di, diste, dio, dimos, disteis, dieron
Present subjunctive	dé, des, dé, demos, deis, den
Past subjunctive	diera, dieras, diera, diéramos, dierais, dieran

	decir *to say, to tell*[6]
Present indicative	digo, dices, dice, decimos, decís, dicen
Preterit	dije, dijiste, dijo, dijimos, dijisteis, dijeron
Present subjunctive	diga, digas, diga, digamos, digáis, digan
Past subjunctive	dijera, dijeras, dijera, dijéramos, dijerais, dijeran
Future	diré, dirás, dirá, diremos, diréis, dirán
Conditional	diría, dirías, diría, diríamos, diríais, dirían
Affirmative **tú** *command*	di
Present participle	diciendo
Past participle	dicho

[4]These verbs also have an orthographic change: unstressed **i** changes to **y** in the third-person singular and plural of the preterit (**construyó, construyeron**), throughout the past subjunctive (**construyera, construyeras,** etc.), and in the present participle (**construyendo**).

[5]Only the tenses in which irregularities occur are shown.

[6]Compounds of **decir** (**contradecir, predecir**) have the same irregularities.

C. Other irregular verbs *(continued)*	

	estar *to be*
Present indicative	estoy, estás, está, estamos, estáis, están
Preterit	estuve, estuviste, estuvo, estuvimos, estuvisteis, estuvieron
Present subjunctive	esté, estés, esté, estemos, estéis, estén
Past subjunctive	estuviera, estuvieras, estuviera, estuviéramos, estuvierais, estuvieran

	haber *to have* (auxiliary)
Present indicative	he, has, ha, hemos, habéis, han
Preterit	hube, hubiste, hubo, hubimos, hubisteis, hubieron
Present subjunctive	haya, hayas, haya, hayamos, hayáis, hayan
Past subjunctive	hubiera, hubieras, hubiera, hubiéramos, hubierais, hubieran
Future	habré, habrás, habrá, habremos, habréis, habrán
Conditional	habría, habrías, habría, habríamos, habríais, habrían

	hacer *to do, to make*
Present indicative	hago, haces, hace, hacemos, hacéis, hacen
Preterit	hice, hiciste, hizo, hicimos, hicisteis, hicieron
Present subjunctive	haga, hagas, haga, hagamos, hagáis, hagan
Past subjunctive	hiciera, hicieras, hiciera, hiciéramos, hicierais, hicieran
Future	haré, harás, hará, haremos, haréis, harán
Conditional	haría, harías, haría, haríamos, haríais, harían
Affirmative **tú** *command*	haz
Past participle	hecho

	ir *to go*
Present indicative	voy, vas, va, vamos, vais, van
Imperfect	iba, ibas, iba, íbamos, ibais, iban
Preterit	fui, fuiste, fue, fuimos, fuisteis, fueron
Present subjunctive	vaya, vayas, vaya, vayamos, vayáis, vayan
Past subjunctive	fuera, fueras, fuera, fuéramos, fuerais, fueran
Affirmative **tú** *command*	ve
Present participle	yendo

	oír *to hear*
Present indicative	oigo, oyes, oye, oímos, oís, oyen
Preterit	oí, oíste, oyó, oímos, oísteis, oyeron
Present subjunctive	oiga, oigas, oiga, oigamos, oigáis, oigan
Past subjunctive	oyera, oyeras, oyera, oyéramos, oyerais, oyera
Affirmative **tú** *command*	oye
Present participle	oyendo

C. Other irregular verbs *(continued)*

	poder *to be able to, can, may*
Present indicative	puedo, puedes, puede, podemos, podéis, pueden
Preterit	pude, pudiste, pudo, pudimos, pudisteis, pudieron
Present subjunctive	pueda, puedas, pueda, podamos, podáis, puedan
Past subjunctive	pudiera, pudieras, pudiera, pudiéramos, pudierais, pudieran
Future	podré, podrás, podrá, podremos, podréis, podrán
Conditional	podría, podrías, podría, podríamos, podríais, podrían
Present participle	pudiendo

	poner *to put*[7]
Present indicative	pongo, pones, pone, ponemos, ponéis, ponen
Preterit	puse, pusiste, puso, pusimos, pusisteis, pusieron
Present subjunctive	ponga, pongas, ponga, pongamos, pongáis, pongan
Past subjunctive	pusiera, pusieras, pusiera, pusiéramos, pusierais, pusieran
Future	pondré, pondrás, pondrá, pondremos, pondréis, pondrán
Conditional	pondría, pondrías, pondría, pondríamos, pondríais, pondrían
Affirmative **tú** *command*	pon
Past participle	puesto

	querer *to want*
Present indicative	quiero, quieres, quiere, queremos, queréis, quieren
Preterit	quise, quisiste, quiso, quisimos, quisisteis, quisieron
Past subjunctive	quiera, quieras, quiera, queramos, queráis, quieran
Past subjunctive	quisiera, quisieras, quisiera, quisiéramos, quisierais, quisieran
Future	querré, querrás, querrá, querremos, querréis, querrán
Conditional	querría, querrías, querría, querríamos, querríais, querrían
Affirmative **tú** *command*	quiere

	saber *to know*
Present indicative	sé, sabes, sabe, sabemos, sabéis, saben
Preterit	supe, supiste, supo, supimos, supisteis, supieron
Present subjunctive	sepa, sepas, sepa, sepamos, sepáis, sepan
Past subjunctive	supiera, supieras, supiera, supiéramos, supierais, supieran
Future	sabré, sabrás, sabrá, sabremos, sabréis, sabrán
Conditional	sabría, sabrías, sabría, sabríamos, sabríais, sabrían

	salir *to go (come) out, to leave*
Present indicative	salgo, sales, sale, salimos, salís, salen
Present subjunctive	salga, salgas, salga, salgamos, salgáis, salgan
Future	saldré, saldrás, saldrá, saldremos, saldréis, saldrán
Conditional	saldría, saldrías, saldría, saldríamos, saldríais, saldrían
Affirmative **tú** *command*	sal

[7]Compounds of **poner** (**componer, disponer, proponer**) have the same irregularities.

C. Other irregular verbs *(continued)*

ser   *to be*

Present indicative	soy, eres, es, somos, sois, son
Imperfect	era, eras, era, éramos, erais, eran
Preterit	fui, fuiste, fue, fuimos, fuisteis, fueron
Present subjunctive	sea, seas, sea, seamos, seáis, sean
Past subjunctive	fuera, fueras, fuera, fuéramos, fuerais, fueran
Affirmative **tú** *command*	sé

tener   *to have*[8]

Present indicative	tengo, tienes, tiene, tenemos, tenéis, tienen
Preterit	tuve, tuviste, tuvo, tuvimos, tuvisteis, tuvieron
Present subjunctive	tenga, tengas, tenga, tengamos, tengáis, tengan
Past subjunctive	tuviera, tuvieras, tuviera, tuviéramos, tuvierais, tuvieran
Future	tendré, tendrás, tendrá, tendremos, tendréis, tendrán
Conditional	tendría, tendrías, tendría, tendríamos, tendríais, tendrían
Affirmative **tú** *command*	ten

traducir   *to translate*[9]

Present indicative	traduzco, traduces, traduce, traducimos, traducís, traducen
Preterit	traduje, tradujiste, tradujo, tradujimos, tradujisteis, tradujeron
Present subjunctive	traduzca, traduzcas, traduzca, traduzcamos, traduzcáis, traduzcan
Past subjunctive	tradujera, tradujeras, tradujera, tradujéramos, tradujerais, tradujeran

traer   *to bring*

Present indicative	traigo, traes, trae, traemos, traéis, traen
Preterit	traje, trajiste, trajo, trajimos, trajisteis, trajeron
Present subjunctive	traiga, traigas, traiga, traigamos, traigáis, traigan
Past subjunctive	trajera, trajeras, trajera, trajéramos, trajerais, trajeran
Present participle	trayendo

valer   *to be worth*

Present indicative	valgo, vales, vale, valemos, valéis, valen
Present subjunctive	valga, valgas, valga, valgamos, valgáis, valgan
Future	valdré, valdrás, valdrá, valdremos, valdréis, valdrán
Conditional	valdría, valdrías, valdría valdríamos, valdríais, valdrían
Affirmative **tú** *command*	val *or* vale

[8]Compounds of **tener** (**contener, retener**) have the same irregularities.

[9]Verbs ending in **-ducir**, besides changing c → zc before a and o, change c → j throughout the preterit and the past subjunctive.

C. Other irregular verbs *(continued)*	
	venir *to come*[10]
Present indicative	vengo, vienes, viene, venimos, venís, vienen
Preterit	vine, viniste, vino, vinimos, vinisteis, vinieron
Present subjunctive	venga, vengas, venga, vengamos, vengáis, vengan
Past subjunctive	viniera, vinieras, viniera, viniéramos, vinierais, vinieran
Future	vendré, vendrás, vendrá, vendremos, vendréis, vendrán
Conditional	vendría, vendrías, vendría, vendríamos, vendríais, vendrían
Affirmative **tú** *command*	ven
Present participle	viniendo
	ver *to see*
Present indicative	veo, ves, ve, vemos, veis, ven
Imperfect	veía, veías, veía, veíamos, veíais, veían
Present subjunctive	vea, veas, vea, veamos, veáis, vean
Past participle	visto

[10] Compounds of **venir** (**intervenir**) have the same irregularities.

Vocabulary

This vocabulary includes all the active and passive words presented in the *Pasos* and *Lecciones*, except for proper nouns spelled the same in Spanish and English, cognates, diminutives with literal meaning, and certain words encountered in the realia. The *Pasos* are identified as P1 and P2.

Numbers indicate the lesson in which each word first appears. Italic numbers indicate that the word is passive vocabulary. If a word is followed by two numbers, the italic one shows when it appears as passive vocabulary; the other shows when it becomes active.

The following abbreviations are used:

adj.	adjective	*n.*	noun
adv.	adverb	*part.*	participle
fam.	familiar	*pl.*	plural
f.	feminine	*sg.*	singular
inf.	infinitive	*v.*	verb
m.	masculine		

Spanish-English Vocabulary

A

a at, to P2
abajo *adv.* below 2
el/la **abogado/a** lawyer 8
el **abrazo** embrace 1
el **abrigo** coat 7
abril April P2
abrir to open *P1*, 11
absurdo/a absurd 7
la **abuela** grandmother 4
el **abuelo** grandfather 4
aburrido/a boring, *1*; bored 2
acabar to end, to terminate 8; to finish 15; **acabar de** + *inf.* to have just + *past part.* 15

el **accesorio** accessory 7
el **accidente** accident 8, 9
la **acción: Día de Acción de Gracias** Thanksgiving 13
el **aceite** oil 10
aceptar to accept 5, 10
acercar(qu) to move close, to approximate 9
ácido/a acid 16
la **aclaración** clarification 13
acompañar to accompany 4, 14
acondicionado: aire acondicionado air conditioning 5
el **acontecimiento** event 6
acostar (ue) to put to bed 5; **acostarse (ue)** to go to bed, to lie down 5

acostumbra: se acostumbra it's customary 13
acostumbrado/a to be used to 13
la **actitud** attitude 8
la **actividad** activity *P1*, 3
activo/a active P2
el **acto** action 15
el **actor** actor 5
la **actriz** actress 5
actual *adj.* present 8
actualmente at the present time 16
actuar to act, to play 6
la **acuarela** watercolor 5
acudir to go 16
acuerdo: de acuerdo con according to 4; **estar de acuerdo** to agree 6
la **acústica** acoustics 13

adecuadamente adequately 9
adecuado/a adequate 1
adelante *adv.* forward 13
el adelanto advance 14
además *adv.* besides 6, 11
adicional *adj.* additional 4
adiós good-bye P1
la adivinanza riddle, guessing game P2
adivinar to guess 1
el/la administrador/a administrator, manager 8
administrar to manage, to direct 2
administrativo/a administrative 1
la admiración admiration 7
admitir to allow 10
el/la adolescente adolescent, teenager 11
adónde where (to) 3
adoptar to assume 9
adquirir to get, to acquire 16
la aduana customs 12
el/la adulto/a adult 1
aéreo/a air 14
aeróbico/a aerobic 9
la aerolínea airline 3, 12
el aeropuerto airport 12
afectar to affect 16
afectivo/a affectionate 13
afeitar to shave 5
aferrarse to cling 16
el afiche poster 14
el/la aficionado/a fan 6
afirmar to assert, to declare 15
afirmativo/a affirmative 13
afortunado/a fortunate 5
las afueras outskirts 5
agarrado holding 16
agarrar to grab 6
la agencia agency 3, 12; **agencia de viajes** travel agency 12
el/la agente agent 12
agilizar(c) to speed up 14
agosto August P2
agradable *adj.* nice 2
agresivo/a aggressive P1
el agua *f.* water 3
el aguacate avocado 10
aguantar to endure 16
agudo/a sharp 9
la ahijada goddaughter 4
el ahijado godson 4
ahora *adv.* now P1, 6
ahorrar to save 3
el aire air 3; **aire libre** open air 3
el ajedrez chess 14
el ajo garlic 10
al (contraction of **a** + **el**) to the 3
el ala *f.* wing 12
alarmante alarming 16
el alcance reach 12
alcanzado/a reached, hit 16

alcanzar to obtain 13; to reach 14
la alcoba bedroom 5
alegrarse to be glad 10
alegre *adj.* happy, glad 2
alejado/a far away 13
alemán German 1
la alergia allergy 11
alérgico/a allergic 11
alerta aware 11
el alfabeto alphabet P1
la alfombra carpet, rug 5
el álgebra *f.* algebra P3, 3
algo something 1; **algo más** anything else, something else 1, 3
alguien someone, somebody, anyone 12
algún some 4, 12; any 12
alguno/a any P2, 12
algunos/as some, several 1, 6
la alimentación nourishment, food 8
alimentar to nourish 10
el alimento food 5
el almacén department store 7
la almohada pillow 5
almorzar (ue) to have lunch 4
el almuerzo lunch P2, 3
aló hello 7
el alojamiento lodging 14
alquilar to rent 5
alrededor *adv.* around 6; *pl.* surrounding areas 16
alto/a tall 2; **más alto** louder P2
la altura height, elevation 13
el alud landslide, avalanche 16
el/la alumno/a student 2
el alza rise 16
allá *adv.* (over) there 6
allí *adv.* there 6
el ama: ama de casa *f.* housewife, homemaker 5
amable *adj.* kind, nice 2, 14
amablemente cheerfully, kindly 13
amarillo/a yellow 5
ambicioso/a ambitious P1
ambiental *adj.* environmental 16
el ambiente atmosphere 8; **medio ambiente** environment 9
ambos/as both 2
la ambulancia ambulance 9, 12
amenazar(c) to threaten 9
el/la amigo/a friend P1
la amistad friendship 13
el amor love 13
amplio/a ample 4
añadir to add 6
el análisis analysis 11
anaranjado/a orange 5
ancho/a wide 7
anciano/a old; *n.* elderly person 4
la anestesia anesthesia 11
la angustia anguish 16
el anillo ring 7

el animal animal 1
animar to urge 11
el aniversario anniversary P2
anoche last night 5
anormal *adj.* abnormal 16
anotar to write down 13
la ansiedad anxiety 9
ante before 16
anteanoche (antenoche) the night before last 5
anteayer the day before yesterday 5
anterior *adj.* previous 1
antes *adv.* before 3, 13
el antibiótico antibiotic 11
la anticipación: con anticipación beforehand 16
antiguo/a old 10; former 16
el antihistamínico antihistamine 11
antipático/a unpleasant 2
la antropología anthropology 1
antropológico/a anthropological 14
anunciar to announce 3
el anuncio ad 1, 8; commercial 7
añadir to add 6
el año year P2
apagar (gu) to turn off, to put out 8, 16
el aparador china cabinet 5
aparecer (zc) to appear 2
el apartado P.O. box 8
el apartamento apartment 1, 5
el apellido last name 2
aplaudir to applaud 6
aportar to supply 10
apostar (ue) to bet 6
el apoyo support 13
apreciar to appreciate 2
aprender to learn 3, 15
el aprendizaje apprenticeship 6
aprobar (ue) to pass 1, to approve 16
apropiado/a appropriate 2
aprovechar to make the most of 13
aproximado/a approximate 9
apto/a: apto para mayores de suited for audiences older than 3
apuntar to take notes 6
los apuntes notes 14
aquel/aquella that 6; **aquél/aquélla** *pron.* that one
aquello *pron.* that 6
aquí here 3, 6
el/la árbitro/a umpire, referee 6
el árbol tree 4, 9
el área *f.* area 16
la arena sand 6, 14
el arete earring 7
argentino/a Argentinian 2
el armario closet 5
armónicamente harmoniously 9

el **aro** ring 6
el/la **arquitecto/a** architect 1
arquitectónico/a architectonic 16
la **arquitectura** architecture 1
los **arreglos** planning 15
el **arroz** rice 3
arriba adv. high 16
el **arte** f. art 1
ia **artesanía** handicraft 12
la **articulación** joint 11
el **artículo** article 1, 4
el/la **artista** artist 13
artístico/a artistic 13
el **asado** roast 10
la **ascendencia** ancestry 15
ascender (ie) to promote, to be promoted 17
el **ascenso** promotion 16
el **ascensor** elevator 11, 14
así adv. like this 2; this way 5
el **asiento** seat 12
asimismo likewise 16
la **asistencia** attendance 6
el/la **asistente/a** assistant 6
asistir to attend 8
el **asma** asthma 11
la **asociación** matching 2
asociado/a associated 12
asociar to associate 1
el **aspecto** aspect 11
la **aspiradora** vacuum cleaner 5
la **aspirina** aspirin 11
el/la **astronauta** astronaut 8
el/la **astrónomo/a** astronomer 3
el **asunto** matter 13, 16
asustado/a frightened 16
asustar to frighten 16
atacar (qu) to attack 16
la **atención** attention 1
atender (ie) to attend, to take care of 8
atendido/a staffed 9
aterrorizar(c) to frighten 8
el/la **atleta** athlete 16
el **atletismo** track and field 9
la **atracción** attraction 14
atractivo/a attractive 2
atraer to attract 14
el **atún** tuna 3
augurar to predict
aumentar to increase 4
el **aumento** increase 8
aun even 13
aunque although 11, 16
ausente adj. absent P2
augurar to forecast 8
aumentar to increase 17
el **autobús** bus 2, 12
la **autodescripción** self-description 2
la **autopista** freeway, superhighway 12
el **avance** improvement 11

el **ave** bird 12
la **avenida** avenue 3
la **aventura** adventure 4
averiguar to find out 2
el **avión** plane 12
avisar to notify 4
el **aviso** notice 4; **avisos fúnebres** obituaries 4
ayer yesterday 5
la **ayuda** help 1
ayudar to help 9
el **ayuntamiento** city hall 14
la **azafata** stewardess 1
el/la **azúcar** sugar 10
azul blue 2

B

el **bachiller** high school graduate 2
el **bachillerato** high school curriculum 1
la **bahía** bay 12
bailar to dance 1
el/la **bailarín/ina** dancer 15
el **baile** dance 4
bajar to lower, to bring down 9
bajo/a short, low 2
bajo adv. under 7
el **baloncesto** basketball 6
la **banana** banana 10
el **banco** bank 4
la **bandeja** tray 10
el **banquete** banquet P2
la **bañadera** bathtub 5
bañar to bathe 5
el **baño** bathroom 5; **traje de baño** bathing suit 7
el **bar** bar 14
barato/a inexpensive, cheap 7
la **barbacoa** barbecue 5
barbaridad: ¡qué barbaridad! good grief!, it's incredible! 15
bárbaro/a barbarian 15
el **barco** ship 6, 12
barrer to sweep 5
el **barrio** neighborhood 5
basado/a established, set 11
basarse to be founded 9
base: en base a based on 16
básicamente basically 13
el **basquetbol** basketball 4,6
bastante adv. enough P1;
la **basura** garbage 5
el **bate** baseball bat 6
el **baúl** trunk 12
bautizar (c) to baptize 15
el **bautizo** christening 15
el/la **bebé** baby 4
beber to drink 3
la **bebida** drink, beverage 3

la **beca** scholarship 9
el **béisbol** baseball 4, 6
la **belleza** beauty 3; **salón de belleza** beauty parlor 3
bello/a beautiful 5
el **beneficio** benefit 14
el **beso** kiss 1
la **biblioteca** library 1
la **bicicleta** bicycle 6
bien adv. well, fine P1
el **bienestar** well-being 11
el **bigote** moustache 2
el **billete** ticket 12
la **billetera** wallet 7
la **biología** biology 1
el **bistec** steak 3
blanco/a white 5
la **blusa** blouse 7
la **boca** mouth 9
la **boda** wedding 13
el **boleto** ticket 12; **boleto de ida y vuelta** roundtrip ticket 12
el **bolígrafo** ballpoint pen P2
boliviano/a Bolivian 2
la **bolsa** purse 7
el **bolsillo** pocket 14
el/la **bombero/a** fireman, firewoman 8
bonito/a pretty 1, 2
el **borrador** eraser P2
el **bosque** forest 9
la **bota** boot 7
la **botella** bottle 10
el **botón** button 5; **botones** bellboy 14
el **boxeo** boxing 4
el **brazo** arm 6, 9
breve brief 2
brillar to shine 13
el/la **brujo/a: Día de las brujas** Halloween 13
bucear to skin/scuba dive 6
buen good 2
bueno/a good P1
la **bufanda** scarf 7
el **bufete** lawyer's office 8
buscar (qu) to look for 7
la **búsqueda** search 8
la **butaca** armchair 5
el **buzón** mail box 13

C

el **caballo** horse 13
la **cabeza** head 9
cabo: al cabo de after 9
cada adj. each, every 1, 10
la **cadena** network 6
la **cadera** hip 9
caerse to fall 11
café adj. brown 2

el **café** coffee 3
la **cafetería** cafeteria 1
la **caja** cash register 7
el/la **cajero/a** cashier 8
la **calamidad** calamity 13
el **calcetín** sock 7
el **calcio** calcium 10
la **calculadora** calculator 1
el **cálculo** calculus 1
la **calefacción** heating 5
el **calentamiento** warm-up 9
calentar (ie) to warm up 9
la **calidad** quality 5
caliente adj. hot 3
el **calor: hace calor** it's hot 6; **tener calor** to be hot 4
la **caloría** calorie 3
caluroso/a hot 7
el **calzado** footwear 7
callado/a quiet 2
la **calle** street P2
la **cama** bed 2, 4
la **cámara** camera 12, 14
el/la **camarero/a** waiter, waitress 3
el **camarón** shrimp 10
cambiar to change, to exchange 1, 7
el **cambio** change 1, 16; **en cambio** on the other hand 16
caminar to walk 1
el **camino** road 8
el **camión** truck 12
la **camisa** shirt 5
la **camiseta** T-shirt 7
el **campamento** camp 14
la **campaña** campaign 8
el/la **campeón/ona** champion 3
el **campeonato** championship 6
el/la **campesino/a** farmer 10
el **campo** countryside 9; field, major 8
el **canal** channel 2
cancelar to cancel 12
la **cancha** court (sports) 6
la **canción** song 3
la **canoa** canoe 14
cansado/a tired 11
cansarse to get tired 9
el/la **cantante** singer 4, 8
cantar to sing 3
la **cantidad** amount 8
capacitado/a qualified 16
la **cara** face 5
el **caracol** shell 6
el **carácter** temper 13
la **característica** characteristic 2
caracterizar (c) to characterize 13
el **caramelo** candy 15; syrup 10
la **carga** cargo 12
cargar (gu) to carry 13
cargo: estar a cargo to be in charge 2

caribeño/a adj. Caribbean 13
la **caridad** charity 15
el **carnaval** Mardi Gras 13
la **carne** meat 10
la **carnicería** meat market 10
caro/a expensive 7
la **carrera** career 1, 16; studies 3
la **carretera** highway 6, 12
el **carro** car 12
la **carta** letter 2, 14
el/la **cartero/a** mailman/mailwoman 14
el **cartón** cardboard 13
la **casa** house, home 1
casado/a married 2
casarse to get married 4
el **casco** helmet 16
la **caseta** booth 2
el **casete** cassette 1
casi adv. almost 6
la **casilla** box 16
el **caso** case 1
castaño/a brown 2
el **castellano** Spanish 1
el **castillo** castle 13
el **catalán** Catalonian 2
el **catarro** cold 11
la **catedral** cathedral 14
causar to cause 4
cazar (c) to hunt, to go hunting 14
la **cebolla** onion 10
la **ceja** eyebrow 9
celebrar to celebrate 4
el **cementerio** cemetery 4, 13
la **cena** supper, dinner 3
cenar to have dinner, supper 3, 10
el **censo** census 15
centrar to focus 13
el **centro** center 1; downtown 5; **centro comercial** shopping center 7
cepillar to brush 5
cerca de adv. near 2, 5
cercano/a near, close 16
el **cerdo** pork 10
el **cereal** cereal 3
el **cerebro** brain 8, 11
la **ceremonia** ceremony 4
cero zero P2
cerrar (ie) to close P1, 8
certificado/a registered 13
la **cerveza** beer 3
el/la **cesto/a** basket P2
el **ciclismo** cycling 6
cien adj. one hundred 3
la **ciencia** science 1
el/la **científico/a** scientist 8
cierto adv. true, certain 1; **por cierto** by the way 5
la **cifra** figure, number 17
el **cigarrillo** cigarette 11
cinco five P2

cincuenta fifty
el **cine** movie theater 1, 3
la **cintura** waist 9
el **cinturón** belt 7; **cinturón de seguridad** safety belt 11, 12
el **círculo** circle 13
la **circunstancia** circumstance 13
la **cirugía** surgery 9
el/la **cirujano/a** surgeon 9
la **cita** date 10
la **ciudad** city 1, 4
el/la **ciudadano/a** citizen
civil: estado civil marital status 3
claro/a light; clear 6
la **clase** class P1, P2
clásico/a classic 1
clasificado/a classified 1
clasificar to classify 14
clavar to nail 6
la **clave** key 12
el/la **cliente** client 7, 12
el **clima** climate 6, 10
la **clínica** clinic, hospital 9
el **clóset** closet 5
cobrar to charge 5: **llamada a cobrar** collect call 13
la **cocina** cuisine 3; kitchen 5
cocinar to cook 5
el/la **cocinero/a** cook 8
el **coche** car 12
el **código** code 3; **código postal** zip code 3
coger(j) to grab 13
el **cognado** cognate P2
coincidir to coincide 8
la **cola** line 12; **hacer cola** to stand in line 12
el **colegio** school T
colgar (ue) to hang 5; to hang up 13
colocar (qu) to put, to place 3
colombiano/a Colombian 2
la **colonia** housing development, neighborhood 5
el **color** color 2; **color entero** solid color 7
el **collar** necklace 7
la **coma** comma 13
la **comadrona** midwife 11
la **combinación** combination 7
combinar to combine 3; **combinar bien** to go together 7
la **comedia** comedy 6
el **comedor** dining room 5
comentar to comment 5
el/la **comentarista** commentator 6
el **comentario** commentary 7
comenzar (ie, c) to begin 3, 8
comer to eat 1, 3
comercial adj. business 8; **centro comercial** shopping center 7
el **comestible** food 10

cómico/a funny 3
la comida food, dinner, supper 3
el/la comisario/a commissioner 14
la comisión commission 16
como *adv.* as 3, 9; since 4; like 8
cómo how P1; cómo no of course 8
la cómoda dresser 5
la comodidad comfort 12, 15
cómodo/a comfortable 5, 9
el/la compañero/a classmate P1, 1
la compañía company 2, 8
comparar to compare 1
compartir to share 1
la competencia meet 6
competente *adj.* competent P1
competir (i) to compete 14
completar to complete P2
completo/a full, complete 2; jornada completa full-time 8
la complicación complication 13
complicado/a complex 12
la composición composition 2, 3
la compra shopping 7; de compras shopping 7
el/la comprador/a buyer 7
comprar to buy 1
comprender to understand P2
la comprensión understanding 11
comprensivo/a comprehensive 16
el compromiso commitment 11
compulsivo/a compulsive 7
el/la computador/a computer 1
común common 2
la comunicación communication 1
comunicar (qu) to communicate, to link 12
la comunidad community 5
con with P1, 1; con permiso excuse me P1; con tal (de) que provided that 16
concebir to conceive 16
el concierto concert P2
concretamente specifically 16
el concurso contest 2
conducir (zc) to drive 11
la conducta behavior 11
la conferencia lecture 2
confiar to trust 16
la confirmación confirmation 14
el confite sweet, candy 7
conforme *adj.* agreeable 15
congelado/a frozen 15
conmigo with me 8
conocer (zc) to know, to meet 2, 8
conocido/a known 13
el conocimiento knowledge 3
la consecuencia consequence 16
conseguir (i) to get, to obtain 6
el/la consejero/a advisor 2
el consejo advice 9, 11
conservador/a conservative 7

conservar to conserve, to keep 9
considerar to consider 13
la consolación consolation 10
la consonante consonant P2
constituir to make up 14
la construcción construction, building 12
construido/a built 16
construir (y) to construct, to build 12
la consulta consultation, visit to the doctor 14
consultar to consult 2
el consultorio doctor's office 8, 11
consumir to use 12
el consumo consumption 11
la contabilidad accounting 1
el contacto contact 3, 9
el/la contador/a accountant 8
la contaminación pollution 9, 11
contaminado/a contaminated 16
contaminar to contaminate, to pollute 9
contar (ue) to count 4; to tell 13
contener (g, ie) to contain 10
contento/a happy, glad 2
la contestación answer 1
el contestador: el contestador automático answering machine 14
contestar to answer P1, 7
el contexto context 2
contigo with you *fam.* 8
la continuación: a continuación below 4
continuar to continue 6
contra *adv.* against 6
contrario/a opposite, contrary 6; al contrario on the contrary 9
el contratiempo disappointment 13
la contribución contribution 15
contribuir (y) to contribute 9
convencer (z) to convince 7
conveniente *adj.* convenient 13
la conversación conversation P1
conversar to talk, to converse 1, 3
convertir (ie, i) to convert 6
conyugal *adj.* conjugal 16
la cooperación cooperation 16
la copa (stemmed) glass 10
el corazón heart 9, 11
la corbata necktie 7
la cordillera mountain range 16
correcto/a correct 2
el/la corredor/a sprinter 3, runner 9
el correo post office 14; la oficina de correos post office 14; el apartado de correos P.O. box 8
correr to run 4
la correspondencia correspondence 2
correspondiente *adj.* corresponding 4

la corrida (de toros) bullfight 13
cortado/a cut 16
la cortesía courtesy P1
la cortina curtain 5
corto/a short 2
la cosa thing 2
coser to sew 5
cosmético/a cosmetic 3
cosmopolita *adj.* cosmopolitan 12
la costa coast 14
costar (ue) to cost 4
el costo cost 4
costoso/a expensive 4
la costumbre custom 4, 13
cotidiano/a daily 11
crear to create 8, 15
la creatividad creativity 13
creativo/a creative P1
crecer (zc) to grow 8, 15
el crecimiento growth 10
el crédito credit 7, 12; tarjeta de crédito credit card 12
creer to think, to believe 2, 5
la crema cream 3
criarse to grow up, to be raised 15
el crimen crime, murder 7
la crin mane 13
el criterio judgment 13
la crítica criticism 11
el crucero cruise 12
la cruz cross 14; la Cruz Roja Red Cross 14
cruzar (c) to cross 6, 8
el cuaderno notebook P2
la cuadra city block 14
el cuadrado square P3
la cuadrilla team (in bullfighting) 15
el cuadro chart 2; picture 2, 5; de cuadros plaid, checked 7
cuál what P2; which (one) 2
la cualidad quality 8
cualquier *adj.* any 10
cuándo *interrog.* when 1, 2
cuando *adv.* when 2
cuanto: en cuanto as soon as 16
cuánto/a/os/as *interrog.* how much 1; how many 1, 2
el cuarto quarter P2; room 2, 5; fourth 5
cuatro four P2
cubano/a Cuban 2
cubierto/a covered 15
cubrir to cover 3, 15
la cuchara tablespoon 10
la cucharita teaspoon 10
el cuchillo knife 10
el cuello neck 9
la cuenta bill 8, 14; darse cuenta (de) to realize 11
el cuento story 7
la cuerda cord 15
el cuero leather 7

el **cuerpo** body 9
el **cuestionario** questionnaire 16
el **cuidado** care 4; **tener cuidado** to be careful 4; **con cuidado** carefully 9
cuidar take care of 5, 9
la **culpa: sentimiento de culpa** guilt feeling 16
cultivar to grow, to cultivate 5
la **cultura** culture P1
el **cumpleaños** birthday 2
cumplir to be (years old) 15
la **cuñada** sister-in-law 4
el **cuñado** brother-in-law 4
la **cuota: cuota inicial** down payment 12
la **cura** cure 3
el/la **curandero/a** healer 11
el **currículum vitae** resumé 2, 8
el **curso** course, school year 1
curvo/a curved 6
cuyo/a/os/as whose 15

CH

el **champán** champagne 15
la **chaqueta** jacket 7
el **cheque** check 12
chequear to check 12
la **chica** girl P1
el **chicle** chewing gum 11
el **chico** boy P1
chileno/a Chilean 2
chillar to scream 6
la **chimenea** fireplace 5
chino/a Chinese 1
chismoso/a gossipy 8
el **chiste** joke 16
chocar (qu) to collide 12
el/la **chofer** driver, chauffeur 8
el **choque** (car) acccident 16

D

la **danza** dance, dancing 9
dañado/a out of order, damaged 13
dañar to damage 16
el **daño** damage 16
dar to give 7; to hit 12; **darse cuenta (de)** to realize 11
los **datos** data 5
de of P2; from 2; **de nada** you're welcome P1; **de hecho** in fact 6
debajo (de) under P2
deber ought to, should 1, 3; *n.* right 16

debido: debido a due to 8, 13
débil *adj.* weak 2
decidir to decide 1, 8
décimo/a *adj.* tenth 5
decir (i) to say 6
la **decisión** decision 6
declarar to declare 12
decorado/a decorated 15
decorar to decorate 3
dedicar (qu) to dedicate 5, 9
el **dedo** finger 9
defender (ie) to defend 13
definido/a definite 1
definitivamente definitely 15
la **defunción** death 16
dejar to leave 4; **dejar + *inf.*** to let + *verb* 12
delgado/a thin 2
demás: los demás the rest 2
demasiado/a too much 6; *pl.* too many
demostrar (ue) to show, to prove 15
demostrativo/a demonstrative 7
el/la **dentista** dentist 8
dentro (de) inside 6, 11; **dentro de un rato** in a while 16
el **departamento** department 2
depender to depend P4
el/la **dependiente/a** clerk 1
el **deporte** sport 1, 6
deportivo/a sport 6, 11
depositar to deposit 13
el **depósito** container, box 13
la **depresión** depression 6
deprimido/a depressed 9
la **derecha: a la derecha** to the right 14
el **derecho:** right 18; **seguir derecho** to go straight ahead 14; law 15
derivado/a derived 16
el **derrame** spill 16
el **desafío** challenge 1
desarrollar to develop 9
el **desarrollo** development 14, 16
desayunar to have breakfast 4
el **desayuno** breakfast 3
descansar to rest 3
el **descanso** rest 8
descartar to reject 16
el **descenso** descent, decline 15
descomponer (g) to break down 16
desconectar to disconnect 16
desconocido/a unknown 13
descremado/a nonfat 10
describir to describe 2
la **descripción** description P1
descrito/a described 16
el **descubrimiento** discovery 12
descubrir to discover 3
el **descuento** discount 3

descuidado/a careless 11
desde from 3; since 5
desear to wish, to want 2
desechable disposable 14
el **desempleo** unemployment 8
el **deseo** wish 11
desesperarse to get frantic 6
desfavorable *adj.* unfavorable 13
el **desfile** parade 13
desforestación deforestation 9
desgraciadamente unfortunately 6
el **desierto** desert 4
desordenado/a messy 16
despacio slow P2
la **despedida** leave-taking, farewell P1
despedir (i) to dismiss, to fire 8
despejado/a clear 6
la **despensa** pantry 10
el **despertador** alarm clock 14
despertar (ie) to wake up 5
después later, after 3; then 1, 3
destacarse to stand out 15
el **destino** destination 3, 12
la **destreza** dexterity 15
destruido/a destroyed 13, 16
destruir (y) to destroy 16
la **desventaja** disadvantage 11
detallado/a detailed 7
el **detalle** detail 13
el **detective** detective 6
detener (g, ie) to stop 12
determinar to determine 3
detrás (de) behind P2
la **deuda** debt 8
devolver (ue) to return 13
el **día** day P2; **día de fiesta** holiday 4; **todos los días** every day 6
el **diálogo** dialogue 1
diariamente daily 13
diario/a daily 5
el **diario** newspaper 6
el **dibujo** drawing 1, 9
el **diccionario** dictionary 1
diciembre December P2
el **dictamen** opinion, judgment 16
dictaminar to consider 16
el **dicho** saying 8
diecinueve nineteen P2
dieciocho eighteen P2
dieciséis sixteen P2
diecisiete seventeen P2
el **diente** tooth 5
la **dieta** diet 3
diez ten P2
la **diferencia** difference 2
diferente different 1; *pl.* various 4
difícil difficult 1
difícilmente with difficulty 13
la **dificultad** difficulty 12
dificultar to make difficult 12

difunto/a deceased *13;* **Día de los Difuntos** All Soul's Day *13*
diga hello *13*
digerir (ie) to digest *11*
dinámico/a dynamic *6*
el **dinero** money *1, 4*
Dios God *12*
diplomático/a diplomatic *13*
la **dirección** address *P2*
directamente directly *12*
el/la **director/a** director, manager *1, 8;* school principal *2*
el **directorio** directory *7*
dirigirse (j) to address *13*
discar (qu) to dial *13*
el **disco** record *7*
la **discoteca** discotheque *1*
la **discriminación** discrimination *16*
disculpar: disculpe(n) la molestia sorry for the inconvenience *16*
la **discusión** argument *13*
discutir to argue *6*
diseñado/a designed *16*
el/la **diseñador/a** designer *10*
el **diseño** design *7*
disfrazarse (c) to wear a costume *13*
disfrutar to enjoy *3*
disminuido/a diminished *16*
disminuir to decrease *16*
disponer (g) to have *16*
disponible *adj.* available *12*
la **disposición** disposal *9;* availability *14*
la **distancia** distance *7, 13*
distinguido/a distinguished *16*
la **distribución** distribution *16*
el **distrito** district *13*
la **diversidad** diversity *16*
la **diversión** entertainment *3*
diversos several *13*
divertido/a amusing, funny *15*
divertirse (ie, i) to have a good time *3, 13*
el **divorcio** divorce *16*
divorciado/a divorced *4*
el **doblar** to fold *5;* to turn *14;* to bend *9;* to dub *3*
doble double *3, 14;* dual *6*
doce twelve *P2*
la **docena** dozen *10*
el/la **doctor/a** doctor *P1, 11*
el **dólar** dollar *1*
doler (ue) to hurt *11*
el **dolor** ache, pain *11*
doméstico/a household *5*
el **domicilio: clases a domicilio** home tutoring *1*
dominar to dominate *16*
el **domingo** Sunday *P2*
don *title of respect* *P1*

la **donación** donation *16*
donde where *1*
dónde *interrog.* where *P2*
doña *title of respect* *P1*
dormir (ue, u) to sleep *4;* **dormirse (ue, u)** to fall asleep *5*
el **dormitorio** bedroom *3, 5*
dos two
doscientos/as two hundred *3*
el **drama** drama *8*
dramático/a dramatic *5*
la **droga** drug *11, 13*
la **ducha** shower *5*
dudar to doubt *10*
el **duelo** duel *15*
el/la **dueño/a** owner *2*
el **dulce** sweet, candy *7*
la **dulcería** pastry shop *10*
durante during *12*
durar to last *15*
duro/a hard *6*

E

e and *2*
la **ecología** ecology *16*
el/la **ecologista** ecologist *9*
la **economía** economics *1*
económico/a: ciencias económicas economics; economical *2;* **pretensión económica** desired salary *8*
el **ecuador** equator *13*
ecuatorial *adj.* equatorial *12*
ecuestre *adj.* equestrian *14*
la **edad** age *2*
el **edificio** building *1*
editar to publish *15*
la **educación** education *11*
educado/a raised *6*
el **efectivo: en efectivo** cash *7, 12*
el **efecto** effect *16*
efectuar to take place *4*
eficiente *adj.* efficient *P1*
el/la **ejecutivo/a** executive *8*
el **ejemplo** example *3*
el **ejercicio** exercise *2, 9*
elaborado/a elaborate *15*
la **electricidad** electricity *16*
el/la **electricista** electrician *8*
eléctrico/a electric *3*
el **electrodoméstico** electrical appliance *5*
elegante *adj.* elegant *P1*
elegir (i, j) to choose *3, 15*
elemental *adj.* elementary *14*
eliminar to eliminate, to get rid of *8*
ello it, this *9*

ellos/as they
embargo: sin embargo nevertheless *6, 16*
el **embarque** boarding *12*
la **emergencia** emergency *13*
la **emigración** emigration *16*
emigrar to emigrate *16*
la **emoción** emotion, excitement *6*
emocionado/a excited *6*
emocional emotional *2*
empacar (qu) to pack *12*
el **empeño** persistence *13*
empezar (ie, c) to begin, to start *1, 4*
el/la **empleado/a** employee *2, 6*
emplear to employ *2*
el **empleo** employment *2, 11*
la **empresa** corporation, business *8*
en in *P1, P2;* at *1*
enamorado/a: estar enamorado (de) to be in love with *9, 13;* **Día de los Enamorados** Saint Valentine's Day *13*
encajar to fit *15*
encaminado/a designed *14*
encantado/a delighted *P1*
encantador/a charming *15*
encantar to delight, to love *7*
el **encanto** charm, delight *13*
encarar to face *13*
encender (ie) to turn on *13, 16;* to light *16*
encima above *8*
encerrar (ie) to lock in, to confine *16*
encontrar (ue) to find *1, 7*
el **encuentro** meeting *P1;* game *6*
la **encuesta** survey *1*
encuestado/a person surveyed *8*
la **enchilada** meat-filled tortilla covered with sauce *2*
la **energía** energy *13*
enero January *P2*
enfermarse to get sick *12*
la **enfermedad** sickness *8*
el/la **enfermero/a** nurse *8*
el/la **enfermo/a** sick *11*
el **enfoque** focus *1*
el **enfrentamiento** confrontation *15*
enfrentar to face, to confront *15*
enfrente (de) in front (of) *P2*
el **enjuague** rinse *14*
enorme enormous *4*
enriquecer (zc) to enrich *13*
la **ensalada** salad *3*
enseguida immediately *7*
la **enseñanza** education *16*
enseñar to teach *1*
entender (ie) to understand *8*
entero: de color entero solid color *7*

entonces then 6

la **entrada** ticket 3, 6; down payment 5, 16; entrance 12; entry 15

entrar to enter, to come in 7

entre between, among P2; **entre semana** weekdays 5

entrecortar to become short 9

la **entrega** possession 5; **entrega especial** special delivery 13

entregar to deliver 5

entrenado/a trained 16

el/la **entrenador/a** trainer, coach 3

el **entrenamiento** training 3

entrenar to train 10

la **entrevista** interview 2, 8

el/la **entrevistador/a** interviewer 3

entrevistar to interview 2

enviar to send 8

la **época** time, epoch 15

el **equilibrio** balance 9

el **equipaje** luggage 12

el **equipo** team 4, 6

la **equivalencia** equivalency 9

equivalente adj. equivalent 11

equivocado/a wrong 4

el **error** error, mistake 8

la **erupción** eruption 16

la **escala: hacer escala** to make a stopover 12

la **escalera** stairs 5; **escalera mecánica** escalator 11

el **escaparate** store window 7

la **escena** scene 2

el **escenario** stage 8

escoger (j) to choose 2, 11

escolar adj. school 1

el **escombro** debris 16

escribir to write P1, 3

el/la **escritor/a** writer 2

el **escritorio** desk P2

escuchar to listen to P1, 1

el **escudo** shield 9

la **escuela** school 1

escurrir to drain 8

ese/a adj. that P1; **ése/a** pron. that one 7

el **esfuerzo** effort 13

eso that P2; **por eso** that's why 6, 9

el **espagueti** spaghetti 3

la **espada** sword 9

la **espalda** back 9

el **español** Spanish P1, 1; Spaniard 2

el **especial** special 6; **en especial** especially 1

la **especialización** major 8

especializado/a specializing 6

especializarse (c) to specialize; to major 15

especialmente especially 4, 9

específico/a specific 1

espectacular adj. spectacular 6

el **espectáculo** show 12; spectacle 15

el/la **espectador/a** spectator 6

el **espejo** mirror 5

la **espera: sala de espera** waiting room 12

esperar to expect 6, 10; to wait for 8; to hope 10

la **espinaca** spinach 10

la **esposa** wife 4

el **esposo** husband 4

el **esquema** pattern 15

el **esquí** ski 6

el/la **esquiador/a** skier 14

esquiar to ski 6

la **esquina** corner 14

establecer to establish 8

la **estación** season 6; station 14; **la estación de gasolina** service station 12

el **estacionamiento** parking 14

estacionar to park 12

el **estadio** stadium 2, 3

el **estado: estado civil** marital status 3; **estado libre asociado** associated free state 12

estadounidense adj. American 2

la **estampilla** stamp 14

la **estancia** stay 4

estar to be P1, 1; **estar a cargo** to be in charge 2

la **estatura** height 9

este/a adj. this 1; **éste/a** pron. this one 7; **esta noche** tonight 2, 3

el **este** east 6;

el **estéreo** stereo 3

el **estereotipo** stereotype 5

el **estilo** style 9

esto this P2

el **estómago** stomach 11

estrecho/a narrow, tight 7

la **estrella** star 4

el **estrés** stress 9, 16

estricto/a strict 16

la **estructura** structure 16

el/la **estudiante** student P2

estudiar to study 1

los **estudios** studies 1

la **estufa** stove 5

la **etiqueta** tag 7

europeo/a European 7

el **evento** event 2

evidente adj. evident 11

evitar to avoid 9

exacto/a exact 6

el **examen** examination 1

examinar to examine 11

excedido/a: excedido de peso overweight 11

excelente adj. excellent 1

la **excepción** exception 10

el **exceso** excess 8

la **excursión** tour, excursion 3, 13

exento/a exempt 13

exigir to demand 8

existir to exist, to be 3, 15

el **éxito: tener éxito** to be successful 8, 15

exitoso/a successful 3

la **experiencia** experience 8

experimentar to experience 16

el/la **experto/a** expert 8

la **explicación** explanation 1

explicar (qu) to explain 1

expresar to express 1

la **expresión** expression 1

extenso/a extended, vast 16

exterior adj. exterior 2

extranjero/a foreign 2; abroad 13

extraterrestre adj. extraterrestial 8

extremadamente extremely 13

el **extremo** end 6

extrovertido/a extrovert P1

F

la **fábrica** factory 8, 11

el **fabricante** manufacturer 8

fabuloso/a fabulous, great 7

fácil easy 1

la **facilidad: con facilidad** easily 9, 13

facilitar to facilitate, to make easier 14

facturar to check (luggage) 12

la **facultad** college, school 1

la **falda** skirt 7

falso/a false 1

la **falta** lack 8; **hacer falta** to need 8

faltar to be missing 8; to lack, to be necessary 15

fallecer to die 4

el **fallecimiento** death 4

el **fallo** error 13

la **familia** family 2, 4

el/la **familiar** relative 4

famoso/a famous 1, 10

el **fantasma** phantom 8

fantástico/a fantastic P2

el/la **farmacéutico/a** pharmacist 10

la **farmacia** pharmacy 11

el **favor: a favor de** in favor of 17; **por favor** please P1

favorito/a favorite 1, 3

febrero February P2

la **fecha** date P2

la **felicidad** happiness 13; pl. congratulations 15

felicitar to congratulate 13

feliz adj. happy 2

feminista *adj.* feminist 16
el **fenómeno** phenomenon 6
feo/a ugly 2
la **feria** fair 15
el **ferrocarril** railroad 12
fibra fiber 10
la **ficción** fiction 3
la **ficha** token 13
la **fiebre** fever 11
la **fiera** beast 15
la **fiesta** party P2, 3
fijado/a set 11
fijarse to notice 5
la **fila** row 6
la **filmación** filming 12
filosofía philosophy 2
el **fin: el fin de semana** weekend 1; **tener como fin** to have as a goal 14; **en fin** in short 16
el **final** end 10
financiero/a financial 8
la **finca** farm 15
la **firma** signature 1
firmar to sign 1, 8
la **firmeza** resolution 11
la **física** physics P2, 1
el/la **fiscal** district attorney 15
físico/a physical 15
la **flecha** arrow 6
la **flexibilidad** flexibility 9
la **flor** flower 6, 13
el **folclore** folklore 12
folclórico/a folkloric 12
el **folleto** pamphlet, brochure 3
la **forma** form 4; shape 1; way 9; **de esta forma** this way 3; **de todas formas** anyway 15
formar: formar parte de to be part of 16
la **fortaleza** fortress 12
la **fortuna: por fortuna** luckily 17
la **foto** photo, picture 4
la **fractura** fracture 11
fracturado/a fractured, broken 11
francés/francesa French 1
la **frase** phrase 11
la **frecuencia: con frecuencia** frequently 2
frecuentemente frequently 3, 13
el **fregadero** sink 5
frenar to brake 12
la **frente** forehead 9
la **fresa** strawberry 10
fresco/a cool 6; fresh 10
frijol bean 3
frío/a cold 3
frito/a fried 3; **papas fritas** french fries 3
la **frontera** border 16
la **fruta** fruit 3
la **frutería** fruit store 10

el **fuego** fire 8
fuera *adv.* outside 5
fuerte *adj.* strong 2
la **fuerza** strength, force 9
la **fuga: fuga de cerebros** brain drain 8
fumar to smoke 11
la **función** show 3
funcionar to work 8
fundar to found 15
el **fútbol** soccer 6
el **futuro** future 1

G

las **gafas** (eye) glasses 7
la **galería** gallery 13
la **galletita** cookie 10
el **gallo: Misa del Gallo** midnight mass on Christmas Eve 13
el/la **ganador/a** winner 11
ganar to win 4, 6; to earn 8; **ganarse la vida** earn a living 11
las **ganas: tener ganas de** to feel like 4
el **garaje** garage 5
la **garganta** throat 11
la **gasolina** gasoline 12
gastar to spend 3, 7; to waste 16
el **gasto** expense 3
el/la **gato/a** cat 7
la **gelatina** gelatin 10
genealógico/a: árbol genealógico family tree 4
la **generación** generation 4
generalmente generally 1, 13
generoso/a generous P1
la **gente** people 6, 15
la **geografía** geography 1
el/la **gerente/a** manager 2, 8
el **germen** germ 10
la **gestión** matter, business 16
gigante *adj.* giant 6
la **gimnasia** gymnastics P1
el **gimnasio** gymnasium 1
el **gobierno** government
el **golf** golf 6
gordo/a fat 2
la **gorra** cap
la **grabadora** tape recorder 1
gracias thank you P1; **Día de Acción de Gracias** Thanksgiving Day 13
el **grado** degree 6, 11
la **graduación** graduation P2
graduado/a graduate 8
graduarse to graduate 15
gráfico/a graphic 9
el **gramo** gram 10
gran *adj.* great 2

grande *adj.* big 1
la **grasa** fat 11
gratis *adv.* gratis, free 15
grave serious 11
la **gripe** flu 11
gris gray 5
el **grupo** group 1, 15
el **guante** glove 7
guapo/a handsome, pretty 2
el **guardabarros** fender 12
guardar to put away 16
la **guardería** nursery 4
el/la **guardia** guard 16
la **guerra** war 8
la **guía** directory 8, 13
el/la **guía** guide 16
la **guitarra** guitar 3
gustar to like, to be pleasing to 7
el **gusto: mucho gusto** pleased to meet you P1

H

haber to have 15
la **habilidad** ability 13
habitable *adj.* inhabitable 15
la **habitación** room 3, 8
el/la **habitante** inhabitant, resident 11
hablador/a talkative 2
hablar to speak 1
hacer to do, to make 1, 4; **hacer cola** to stand in line 12; **hacer el papel** to play the part 1; **hacer escala** to make a stopover 12; **hacer falta** to need 8; **hacer la maleta** to pack 12; **hacer preguntas** to ask questions 1
hacerse to become 16
hacia towards 15
el **hambre: f. tener hambre** to be hungry 4
la **hamburguesa** hamburger 3
la **harina** flour 10
hasta until P1; up to 8; even 15
hay there is, there are P2; **hay que + inf.** it's necessary to + verb 8
el **hecho** fact, event 6; **hecho a mano** hand-made 7
la **heladería** ice cream shop 10
el **helado** ice cream 3
el **hemisferio** hemisphere 3
la **herboristería** health food store 9
la **herencia** heritage 14
herido/a injured person 12, 16
herir (ie, i) to hurt 13
la **hermana** sister 2, 4
la **hermanastra** stepsister 4
el **hermanastro** stepbrother 4
el **hermano** brother 4

la **junta** council *12*
junto/a next to *4;* **juntos** together *4, 13*
jurídico/a legal *8*
justo/a just, fair *8*
la **juventud** youth *6, 15*

L

el **laboratorio** laboratory *P2, 1*
el **lado: al lado (de)** next (to) *P2*
ladrar to bark *8*
el/la **ladrón/ona** thief *14*
el **lago** lake *9*
la **lágrima** tear *17*
la **lámpara** lamp *5*
lanzar (c) to throw *6;* to start *14*
el **lápiz** pencil *P2*
largo/a long *2;* **a lo largo de** along *16*
la **lástima: ¡qué lástima!** what a shame! *10*
la **lata** can *10*
el **latido** beat *9*
latino/a Latin *10*
el **lavabo** washbowl *5*
el **lavado** washing *5*
la **lavadora** washing machine *5*
la **lavandería** laundry *14*
el **lavaplatos** dishwasher *5*
lavar to wash *5*
leal *adj.* loyal *8*
la **lección** lesson *1*
la **leche** milk *3*
la **lechuga** lettuce *3*
la **lectura** reading *1*
leer to read *P2, 3*
lejos *adv.* far *5*
la **lengua** language *1;* tongue *11*
el **lenguaje** language *8*
lentamente slowly *13*
los **lentes: los lentes de contacto** contact lenses *2*
lento/a slow *11*
el/la **león/leona** lion, lioness *4*
el **letrero** sign *7*
levantar to raise *P2, 5;* **levantarse** to get up *P1, 5*
la **ley** law *17*
liberado/a liberated *3*
liberar to release *9*
la **libertad** freedom, liberty *15*
la **libra** pound *9*
libre *adj.* free *3;* **el aire libre** open air *3*
la **librería** bookstore *1*
el **libro** book *P2*
la **licencia** license *12;* **licencia de manejar** driver's license *12*
licenciado/a en derecho lawyer *8*

el **liceo** high school *1*
la **licuadora** blender *5*
lidiar to fight, to deal with *15*
ligero/a light *9*
el **límite** limit *11*
el **limón** lemon *3, 10*
limpiar to clean *5*
limpieza cleaning *5*
limpio/a clean *16*
la **línea** line *4*
la **linterna** flashlight *15*
el **líquido** liquid *11*
la **lista** roll *P1;* list *P2*
listo/a smart, ready *2*
la **literatura** literature *1*
el **litro** liter *10*
loco/a crazy *7*
el/la **locutor/a** announcer *5, 8*
el **lodo** mud *16*
lógicamente logically *13*
lógico/a logical *P1, 11*
lograr to achieve *4;* to provide *14*
la **longevidad** longevity *11*
el/la **loro/a** parrot *8*
la **lotería** lottery *3*
la **lucha** fight *16*
luchar to fight *5, 9*
luego then *2;* **hasta luego** so long *P1*
el **lugar** place *1*
el **lujo** luxury *14;* **de lujo** first class *5*
la **luna** moon *6*
el **lunes** Monday *P2*
la **luz** light *11*

LL

la **llamada** call *5, 8*
llamar to call *1;* **llamarse** to be called, to be named *P1*
la **llanta** tire *12*
la **llave** key *14*
la **llegada** arrival *12*
llegar to arrive *1*
llenar to fill out *2, 8*
lleno/a full *12*
llevar to wear, to take, to carry *7*
llorar to cry *13*
llover (ue) to rain *7*
la **lluvia** rain *7*

M

la **madera** wood *5*
la **madrastra** stepmother *4*
la **madre** mother *4*

el/la **madrileño/a** person from Madrid *15*
la **madrina** godmother *4*
la **madrugada** early morning *13*
madrugar to get up early *16*
maduro/a ripe *10*
la **maestría** Master's degree *15*
el/la **maestro/a** master *3*
la **magia** magic *12*
mágico/a magical *6*
magnífico/a magnificent, great *7*
los **magos: Reyes Magos** Wise Men *15*
el **maíz** corn *10*
mal not well, sick *P1;* bad *2*
el **malentendido** misunderstanding *7*
la **maleta** suitcase *12*
el **maletero** trunk *12*
el **maletín** attaché case *12*
malo/a bad *2;* **mala palabra** dirty word *15*
la **mamá** mother *1*
mandar to send *14*
el **mandato** command *8*
manejar to drive *5, 12*
la **manera** way, manner *9*
la **manifestación** demonstration *2*
la **mano** hand *P2, 9*
la **manta** blanket *5*
el **mantel** tablecloth *10*
mantener (ie, g) to maintain *4, 9*
el **mantenimiento** upkeep *5*
la **mantequilla** butter *3, 10*
el **manuscrito** handwritten *8*
la **manzana** apple *10*
mañana *adv.* tomorrow *P2, 3*
la **mañana** morning *P2*
el **mapa** map *1*
maquillarse to put on makeup *5*
el **mar** sea *3*
maravillarse to marvel *14*
maravilloso/a marvelous *4*
marcar (qu) to dial *13;* to mark *1;* **marcar un punto** give a point *13*
la **marcha** walking *9*
la **margarina** margarine *10*
marginado/a not fully accepted *17*
el **marido** husband *4*
el **marisco** shellfish, seafood *3*
el **marqués** marquis *14*
el **martes** Tuesday *P2*
marzo March *P2*
más more *P2*
masticar (qu) to chew *11*
matar to kill *15*
las **matemáticas** mathematics *P2, 1*
la **materia** subject *1;* **materia económica** business matters *13*
materialista *adj.* materialistic *P1*
el **matrimonio** marriage, wedding *4, 16;* married couple *5*
máximo/a high, maximum *6*
mayo May *P2*

la **mayonesa** mayonnaise 10
mayor *adj.* older 4, 9; oldest 11; **persona mayor** adult, older person 3
la **mayoría** majority 12
el/la **mayorista** wholesaler 11
la **mayúscula** capital letter 12
el/la **mecánico/a** mechanic 8
la **media** half P2; stocking 7
mediados: a mediados de about the middle of 16
mediano/a medium 9
la **medianoche** midnight 15
mediante *adv.* by means of 16
la **medicación** medication 11
la **medicina** medicine 1; **medicina familiar** general practice 13
el/la **médico/a** *n.* medical doctor 8; *adj.* medical 16
la **medida** measure 16
el **medio** means 8; **medio ambiente** environment 8; **término medio** average 14
el **mediodía** noon 15
medir (i) to measure 9
la **mejilla** cheek 9
mejor *adj.* better 9; best 2, 11
la **mejora** improvement 13
mejorar to improve 11
la **melodía** melody 13
mencionar to mention 15
menor *adj.* younger 4, 9; youngest 11
menos to (in telling time) P2; minus P2; less, fewer 9; **por lo menos** at least 9; **a menos que** unless 16
el **mensaje** message 13, 14
la **mente** mind 15
mentiroso/a liar 4
el **mercado** market 7, 10
la **merienda** snack in the afternoon 10
el **mérito** merit 6
el **mes** month P2
la **mesa** table P2; **mesa de noche** nightstand 2, 5
la **meseta** plateau 14
la **meta** goal, objective 15
el **método** method 13
el **metro** subway 5, 12; meter 9
mexicano/a Mexican 2
mezclar to combine, to mix 12
mi(s) my P1
mí me
el **microondas** microwave 5
el **miedo: tener miedo** to be afraid 4
la **miel** honey 13
el **miembro** member 4, 16
mientras while 4, 6
el **miércoles** Wednesday P2
mil thousand 3

militar *adj.* military 13
el **millón** million 3
mínimo/a low, minimum 6
la **minoría** minority 15
el **minuto** minute 9
la **mirada** look 9
mirar to look at 1
la **misa** mass 4
mismo/a same 4
el **misterio** mystery 4
la **mitad** half 6
la **mochila** backpack 12
la **moda** fashion 7; **estar de moda** to be fashionable 7
el/la **modelo** model P1
moderno/a modern P1
mojado/a wet 6
molestar to bother 14
la **molestia** inconvenience 16
molido/a ground 10
el **momento** moment 6: **en estos momentos** right now, at this moment 7
el **monasterio** monastery 14
el **monólogo** monologue 15
monoparental *adj.* single-parent 16
la **montaña** mountain 7, 9
el **montañismo** (mountain) trekking, hiking 9
montañoso/a mountainous 14
montar to ride 9
el **montón** bunch 12
el **monumento** monument 14
morado/a purple 5
moreno/a brunet(te) 2
morir (ue) to die 13
el **mosaico** tile 5
la **mostaza** mustard 10
el **mostrador** counter 12
mostrar (ue) to show 7
el **motivo** reason 4
la **moto(cicleta)** motorcycle 2, 12
mover (ue) to move 2, 9
movido/a lively 13
el **movimiento** movement 2, 9
el **mozo** young man 13
la **muchacha** girl 3
el **muchacho** boy 3
mucho/a much, a lot 1; **mucho gusto** nice to meet you P1
muchos/as many 2, 4
mudarse to move 16
mudo/a mute 9
el **mueble** furniture 5
la **muela: dolor de muelas** toothache 11
la **muerte** death 15
muerto/a dead 15: **Día de los Muertos** All Soul's Day 13
la **mujer** wife 4; woman 3, 8; **mujer de negocios** business woman 8

la **muleta** crutch 12
la **multa** fine 12
multiplicar (qu) to multiply 6
mundial *adj.* world 6
el **mundo** world 3
la **muñeca** wrist 9
el **músculo** muscle 11
el **museo** museum 2, 14
la **música** music 2
el/la **músico** musician 13
muy very P1

N

nacer (zc) to be born 2, 15
nacido/a born 13
el **nacimiento** birth 2
la **nacionalidad** nationality 2
nada *adv.* nothing 9, 12; **de nada** you're welcome P1
nadar to swim 3
nadie *adv.* no one, nobody 8, 12
la **naranja** orange 3
la **nariz** nose 9
la **natación** swimming 9
la **natalidad** birth rate 16
nativo/a native 1
la **naturaleza** nature 9
navegar navigate 6
la(s) **Navidad(es)** Christmas 13
necesario/a necessary 3, 11
la **necesidad** need 8, 16
necesitar to need 1
negar (ie) to deny 16
negativamente negatively 12
la **negociación** discussion 13
el **negocio** business 4, 8
la **negrita** bold face
negro/a black 2
nervioso/a nervous 2
nevar (ie) to snow 6
ni nor 2; **ni . . . ni** neither . . . nor 12
nicaragüense *adj.* Nicaraguan
la **nieta** granddaughter 4
el **nieto** grandson 4
la **nieve** snow 6
ningún no, not any 12
ninguno/a none, not any, none 6, 12
el/la **niño/a** child 1, 4
el **nivel** level 1, **nivel de vida** standard of living 11
la **noche** evening, night P1; **esta noche** tonight 2, 3
la **Nochebuena** Christmas Eve 13
la **Nochevieja** New Year's Eve 13
nombrar to name 1
el **nombre** name P1
normalmente normally 5, 13

el **norte** north *4*

norteamericano/a North American *1*

nosotros/as we *1*

la **nota** grade *1*; note *3*

notable *adj.* noteworthy, notable *17*

notablemente noticeably *16*

notarse to be noticeable *12*

la **noticia** news *4, 7*

el **noticiero** newscast *16*

novecientos/as nine hundred *3*

la **novela** novel *3, 15*

noventa ninety *P2*

la **novia** fiancée, girlfriend *4*

noviembre November *P2*

el **novio** fiancé, boyfriend *4*

el **nubarrón** dark cloud *13*

nublado/a cloudy *6*

nuboso/a cloudy *6*

la **nuera** daughter-in-law *4*

nuestros/as our *4*

nueve nine *P2*

nuevo/a new *1*

el **número** number *P2*

numeroso/a numerous *12*

nunca never *4*

la **nutrición** nutrition *9*

nutritivo/a nourishing *10*

O

o or *P2*; **o ... o** either . . . or *12*

obedecer (zc) to obey *8, 16*

el **objetivo** objective, goal *11*

el **objeto** object *P2*

obligar (gu) to force *8*

la **obra** work *7, 15*; **obra de teatro** play *14*

el/la **obrero/a** worker *8*

observar to observe, to see *6*

la **obsesión** obsession *8*

obstante: no obstante however, nevertheless *16*

obtener (g, ie) to obtain *2, 11*

obvio/a obvious *11*

ocasionalmente occasionally *11*

ocasionar to cause *16*

ochenta eighty *P2*

ocho eight *P2*

ochocientos/as eight hundred *3*

octavo/a eighth *5*

octubre October *P2*

ocupado/a busy *4*

ocupar to cover, to extend over *16*; to occupy, to hold *10*; to take over *15*; **ocuparse** to attend to *5*

ocurrir to occur, to happen *3*

el **oeste** *adj.* western *4*; *n.* west *6*

la **oficina** office *1*

el **oficio** occupation *8*

ofrecer (zc) to offer *4*

el **oído** (inner) ear *11*

oír to hear *7*

ojalá I/we hope *10*

el **ojo** eye *2*

la **ola** wave *6, 14*

las **Olimpiadas** Olympic Games *14*

la **olla** pot *10*

olvidar to forget *9, 16*

once eleven *P2*

la **opción** option *8*

el/la **operador/a** operator *13*

la **oportunidad** opportunity *3, 16*

la **óptica** optics *7*

el/la **óptico/a** optician *2*

optimista *adj.* optimistic *P1*

óptimo/a optimum, best *13*

opuesto/a opposite *2*

la **oración** sentence *2*

el **orden** order *1*

ordenado/a tidy *17*

la **oreja** ear *9*

la **organización** organization *3*

el/la **organizador/a** organizer *15*

orgulloso/a proud *14*

el **origen** origin *6*

el **oro** gold *13*

la **orquesta** orchestra *15*

oscuro/a dark *2*

el **otoño** autumn *6*

otro/a other, another *1, 2*; **otra vez** again *P2*

el **oxígeno** oxygen *1*

P

el/la **paciente** patient *P1*

el **padre** father *4*

el **padrino** godfather *4*

pagar (gu) to pay for *3*

la **página** page *P2*

el **país** country *2, 10*

el **paisaje** landscape *9*

el **pájaro** bird *4*

la **palabra** word *P1*; **mala palabra** dirty word *14*

el **palacio** palace *14*

el **palo** stick *15*

el **pan** bread *3*

la **panadería** bakery *10*

panameño/a Panamanian *2*

los **pantalones** slacks *7*

el **pañuelo** handkerchief *7*

la **papa** potato *3*; **papas fritas** French fries *3*

el **papá** father *1*

el **papel** role *1*, paper *2*; **hacer el papel** to play the part *8*

la **papelería** stationery store *13*

el **paquete** package *10, 14*

el **par** pair *11*; **a la par con** equal to *14*

para for, to *P2, 1*; towards, in order to *13*; **para que** so that *15, 16*

la **parabólica** satellite dish antenna *4*

el **parabrisas** windshield *12*

el **parachoques** bumper *12*

la **parada** stop *12*

parado/a standing *16*

el **parador** hotel *14*

el **paraíso** paradise *12*

parar to stop *9, 12*

parcial *adj.* partial *P1*

parecer (zc) to seem *7*

parecido/a similar *16*

la **pared** wall *6*

la **pareja** couple *4*; partner *13*

el **parentesco** family relationship *4*

el **paréntesis** parenthesis *15*

el/la **pariente** relative *4*

el **paro** unemployment *8*

el **parque** park *4*

la **parte** part *5, 9*; **en todas partes** everywhere *10*; **¿de parte de quién?** who's calling? *13*; **por otra parte** on the other hand *6*

participar to announce, to participate *4*

el **partido** game *P2, 6*

partir: a partir de beginning at *6*

el **párrafo** paragraph *1*

la **parroquia** parish *4*

pasado/a last *5*; **pasado mañana** day after tomorrow *3*

el **pasaje** ticket *12*; **pasaje de ida y vuelta** roundtrip ticket *12*

el/la **pasajero/a** passenger *12*

el **pasaporte** passport *12*

pasar to happen *2, 12*; to spend *4*; to come in *8*; **pasar la aspiradora** to vacuum *5*; **pasar (la) lista** to call roll *P1*; **pasar por** to pick up *7*; **pasarlo bien** to have a good time *13*

el **pasatiempo** pastime *3*

la **Pascua** Passover, Easter *13*

pasear to stroll, to take a walk *4*

el **pasillo** hall *5*

pasivo/a passive *P1*

el **paso** step *P1*; **dar paso a** to open the way to *16*

el **pastel** pie *3*

la **pastelería** pastry shop *10*

la **pastilla** pill *11*

la **patata** potato (in Spain) *10*

patinar to skate *6*

el/la **patrón/ona** patron *15*

el **pavo** turkey *10*

el/la **payaso/a** clown *15*

la **paz** peace *6*

primario/a elementary

la **primavera** spring 6

primer first *P1*, 5

primero/a first 5

primitivo/a primitive 9

el/la **primo/a** cousin 4

el **príncipe** prince 6

el **principio** beginning 6; principle *11*

la **prioridad** priority 8

la **prisa: tener prisa** to be in a hurry 4

privado/a private 6

la **probabilidad** probability 16

probablemente probably 12

probarse (ue) to try on 7

el **problema** problem *1*, 4

la **procedencia** origin 13

la **procesión** procession 13

producir (zc) to produce 8, 16

el/la **productor/a** producer 13

el/la **profesor/a** professor P1

profundo/a deep 9

el **programa** program *P2*, 3

la **programación** programming 1

el/la **programador/a** programmer 8

el **progreso** progress 14

la **prohibición** prohibition 16

prohibir to prohibit, to forbid 10

el **promedio** average 5

promover to promote 15

el **pronombre** pronoun 1

pronosticar (q) to forecast 16

el **pronóstico** forecast 6

pronto soon 8

la **pronunciación** pronunciation *P1*

el/la **propietario/a** owner 7

la **propina** tip 10

propio/a same 5; own 7

proponer (g) to propose 16

la **proporción** proportion 16

proporcionar to offer 8

proseguir (i) to continue 9

proteger (j) to protect 12

la **proteína** protein 10

la **provincia** province 12

próximo/a next 3; near 14

el **proyecto** project 3

prudente *adj.* wise 13

la **prueba** proof 14

la **psicología** psychology 1

el/la **psicólogo/a** psychologist 8

el/la **psiquiatra** psychiatrist 8

Pts. abbreviation for pesetas

publicado/a published 13

la **publicidad** advertising 2

público/a public 2, 11

el **pueblo** town 11

el **puente** bridge 16

la **puerta** door *P2*; gate 12

el **puerto** port 12

puertorriqueño/a Puerto Rican 2

pues well 1; since 2

el **puesto** position 8

el **pulmón** lung 9

la **pulsera** bracelet 7

el **punto** point 4; **en punto** sharp *P2*

puntual *adj.* punctual *P2*

el **puño** fist 13

el **pupitre** desk P3

el **puré: el puré de papas** mashed potatoes 10

purificar to purify 9

puro/a pure 11

Q

qué what *P2*; **¿qué hay?** hello 13; **¿qué tal?** how's it going? *P1*; **¡qué va!** Oh, no!, of course not 11

que that *1, 2*; **lo que** what, that which *1*; **ya que** since

quedar to have something left 7; to be, to remain 10; **quedar bien** to fit; **quedar en** + *inf.* to agree on + *present participle* 15; **quedarse de piedra** to be shocked 5

quejarse to complain 8

quemar to burn 8, 16

querer (ie) to want 2, 4

querido/a dear 1

el **queso** cheese 3

quien who 11

quién *interrog.* who P1

la **química** chemistry 1

quince fifteen *P2*

la **quinceañera** fifteen-year-old girl 13

quinientos/as five hundred 3

quinto/a fifth 5

el **quiosco** kiosk 13

quitar to take away, to remove 5; **quitarse** to take off 5

quizá(s) maybe 10

R

el **radiador** radiator 12

el/la **radio** radio 2, 5

la **radiografía** X-rays 11

rallado/a grated 8

rápidamente rapidly, fast 13

la **rapidez** speed *16*; **con rapidez** rapidly, fast 13

rápido/a fast *3*, 13

la **raíz** root 16

la **raqueta** racquet 6

raro/a odd *15*; **rara vez** seldom *11*

el **rasgo** characteristic, trait 16

el **rato** while 9, 16; **dentro de un rato** in a while 16

las rayas: de rayas striped 7

la **raza** race, breed 15

la **razón: tener razón** to be right 4; **por estas razones** that's why 11

la **reacción** reaction 2

la **realidad** reality 2; **en realidad** really 2

realista *adj.* realistic *P2*

realizado/a carried out 8

realizar (c) to do, to perform *5, 16*; to accomplish 16

realmente really 13

reanudar to resume 16

la **rebaja** sale 7

rebelde *adj.* rebellious *P1*

la **recepción** reception 14

el/la **recepcionista** receptionist 8

el **receso** break, recess *P2*

la **receta** recipe *10*; prescription 11

recetar to prescribe 11

recibir to receive 6, 14

reciente *adj.* recent 8

recoger (j) to pick up 6, 16

recomendar (ie) to recommend 7

reconocer (zc) to recognize 13

reconocido/a recognized 13

reconquistar to win back 13

recordar (ue) to remember 2, 16

recorrer to travel 15

el **recorte** clipping 4

el **recreo** break, recess *P2*

rectificar (qu) to rectify 8

recto/a straight 14

los **recuerdos** regards 13

el **recurso** resource 9

rechazar (c) to turn down, to refuse 13

el/la **redactor/a** editor 9

reducir (zc) to reduce 15

reemplazar to replace 5

referir (ie) to refer 16

reflejar to reflect 15

reforzar (c) to reinforce 16

el **refresco** soda 3

el **refrigerador** refrigerator 5

el **refugio** country/mountain resort 4

regalar to give (a present) 7

el **regalo** present 7

regatear to bargain, to haggle 7

el **régimen** system 16

regio/a royal 14

el **reglamento** regulation, law 13

regresar to come back 14

regular *adj.* so-so P1

regularmente regularly 11, 13

el **reino** kingdom 12

reír(se) (i) to laugh 6

la **relación** relation 1, 16; relationship 4

relacionado/a   related 2, 13
la relajación   relaxation 9
relativamente   relatively 4, 13
relleno/a   filled 10; chile relleno
   stuffed green pepper
el reloj   clock P2
remodelar   to remodel 5
renovar (ue)   to renew 7
la renta   rent 12
rentable   profitable 8
reñido/a   close (game) 6
repartir   to deliver 13
repasar   to review 3
repente: de repente   adv.
   suddenly 6
repercutir   to reflect 11
repetir (i)   to repeat P1
replantar   to replant 16
reportar   to report 9
el/la representante   representative 16
representar   to represent 5
la represión   repression 17
la república   republic 13
resbalar   to slip, to skid 11
la reservación   reservation 12
reservado/a   reserved 2
reservar   to make a reservation 12
la residencia   residence, home 4
residencial   adj. residential 12
el/la residente   resident 9
la resistencia   resistance 9
resistir   to resist, to withstand 16
resolver (ue)   to solve 13
respecto: con respecto a respecting,
   with respect to 8
respetar   to respect 13
el respeto   respect 13
la respiración   breathing 9
respirar   to breathe 9
la responsabilidad
   responsibility 5, 16
responsable   adj. responsible 8
la respuesta   answer 1, 9
el restaurante   restaurant 3
el resto   rest 6; pl. remains 4
el resultado   result 1, 7
resultar   to be 4
el resumen   7
el retazo   piece, part 6
el retraso   delay 16
retrasar   to delay 16
la reunión   get-together, meeting P1, 3
reunirse   to get together 1, 10
revisar   to inspect, to examine 8
la revista   magazine 3
la revolución   revolution 16
el rey: Reyes Magos   Wise Men 13
rico/a   rich 2
el riesgo   danger, risk 11
el rincón   place, corner 12
el río   river 12
la riqueza   wealth 12, 16

rítmico/a   rhythmic 9
el ritmo   rhythm 6, 11
robar   to steal 14
el robo   theft 14
rodeado/a   surrounded 16
rojo/a   red 5
romántico/a   romantic P1
romper   to break, to tear 15
el ron   rum 3
roncar   to snore 8
la ropa   clothes 5; ropa interior
   underwear 13
la rosa   rose 2
rosado/a   pink 5
roto/a   broken, torn 15
rubio/a   blond 2
rudo/a   rough 9
el ruido   noise 13
las ruinas   ruins 14
el rumor   murmur 6
ruso/a   Russian 1

S

el sábado   Saturday P2
la sábana   sheet 5
saber   to know 1, 8
el sabor   flavor 12
sabroso/a   delicious 10
sacar (qu)   to get, to take (out) 1
el saco   coat 7
la sal   salt 6, 10
la sala   living room 5; sala de espera
   waiting room 12
el salario   salary 4
la salida   departure P4, 12; exit 16
salir (g)   to go out, to leave 5
el salón (de clase)   classroom P2
salpicado/a   sprayed 6
la salsa   sauce 8, 10; type of music 13
saltar   to jump 7
el salto   jumping 9
la salud   health 8, 10
saludable   adj. healthy 7
saludar   to greet 1
el saludo   greeting P1
salvadoreño/a   Salvadoran 2
salvo   adv. except 6
la sandalia   sandal 7
el sándwich   sandwich 3
la sangre   blood 11
la sanidad: Ministerio de Sanidad
   Health Department 11
sano/a   healthy 7, 10
el/la santo/a   saint 13
satisfacer (g)   to satisfy 8
sea: o sea   that is 15
la secadora   dryer 5
secar (qu)   to dry 5
la sección   section 1

seco/a   dry 16
el secretariado   secretarial courses 1
la secretaría   governmental department 12
el/la secretario/a   secretary 2, 8
el secreto   secret 3
el sector   area 8
la secundaria   high school 1
la sed: tener sed   to be thirsty 4
seguir (i)   to follow P2, 6
seguir derecho   to go straight
   ahead 14
según   according to 5
segundo/a   second P2, 5
seguramente   for sure 7
la seguridad   security 11; cinturón de
   seguridad   safety belt 11, 12
seguro/a   adj. sure 2; n. insurance 12
seis   six P2
seiscientos/as   six hundred 3
el sello   stamp 14
la selva   jungle 12
el semáforo   traffic light 12
la semana   week P2; entre semana
   weekdays 5
semanal   adj. weekly 4
la semejanza   similarity 16
el semestre   semester 1
el/la senador/a   senator 16
sencillo/a   simple, easy 15
sensato/a   sensible 11
sentarse (ie)   to sit down P1, 5
el sentido   sense 15
el sentimiento   feeling 8
sentir (ie, i)   to be sorry 10; lo
   siento   I'm sorry P1; sentirse (ie)
   to feel 11
la señal   signal 8
señalar   to point to 6
sencillo/a   simple, easy 13; single 14
el señor   Mr. P1
la señora   Mrs. P1
señorial   adj. stately 5
la señorita   Miss P1
separado/a   separated 4
septiembre   September P2
séptimo/a   seventh 5
ser   to be P1; n. being 15
la serie   series 6
serio/a   serious P1
el servicio   service 6, 11
la servilleta   napkin 10
servir (i)   to serve 6; ¿en qué puedo
   servirle(s)?   may I help you? 7
sesenta   sixty
la sesión   session 9
setecientos/as   seven hundred 3
setenta   seventy
el sexo   sex 2, 13
sí   yes P1

si if *1, 6*
el **SIDA** AIDS *11*
siempre always *4*
la **siesta** nap *4*
siete seven
el **siglo** century *15*
el **significado** meaning
significar (que) to mean *1*
el **signo** sign *13*
siguiente *adj.* next *1, 9*
la **silla** chair *P2*
el **símbolo** symbol *12*
simpático/a nice, charming *2*
simplemente simply *13*
sin without *2, 8;* **sin embargo** nevertheless *6, 16;* **sin que** without *16*
sincero/a sincere *P1*
sino but *5*
el **sinónimo** synonym *7*
el **síntoma** symptom *11*
sísmico/a seismic *16*
el **sismo** earthquake *16*
el **sistema** system *6*
la **situación** situation *1*
situado/a situated *8*
sobre on, above *P2*
el **sobre** envelope *14*
sobrepasar to surpass *16*
la **sobrina** niece *4*
el **sobrino** nephew *4*
el **sociedad** society *5*
el **sociología** sociology *1*
el **sofá** sofa *5*
sofisticado/a sophisticated *16*
el **sol** sun *3*
soleado/a sunny *6*
el/la **solicitante** applicant *8*
solicitar to ask for, to apply for *8*
la **solicitud** application *7, 8*
solidario/a solidary *15*
sólo *adv.* only *1*
solo/a alone *4*
solos by themselves *4*
soltero/a single *2*
la **solución** answer *5*
el **sombrero** hat *7*
sonar (ue) to ring *7*
sonreír(se) (i) to smile *6*
la **sopa** soup *3*
el **sorbete** sherbet *10*
sorprendente unusual *12*
sorprenderse to be surprised *13*
la **sorpresa** surprise *13, 15*
el **sorteo** drawing *15*
el **sótano** basement *5*
su(s) your (formal), his, her, its, their *4*
suave *adj.* mild *6;* soft *13*
subir to increase, to go up *6;* to raise *9*
el **subdesarrollo**

underdevelopment *16*
subrayado/a underlined *4*
subterráneo/a underground *13*
el **suceso** event, happening *6*
sucio/a dirty *16*
la **sucursal** branch *8*
la **sudadera** sweat shirt, jogging suit *7*
la **suegra** mother-in-law *4*
el **suegro** father-in-law *4*
el **sueldo** salary *5, 8*
el **sueño: tener sueño** to be sleepy *4*
la **suerte: tener suerte** to be lucky *4*
el **suéter** sweater *7*
suficiente enough *10*
sufrir to suffer *11*
la **sugerencia** suggestion *3*
sugerir (ie, i) to suggest *11*
suizo/a Swiss *14*
la **sujeción** subordination *13*
el **sujeto** subject *3*
sumar to add *1*
la **suma** amount *8*
superar to surpass *15*
la **superficie** surface, area *16*
el **supermercado** supermarket *7, 10*
supuesto: por supuesto of course *15*
el **sur** south *8*
surgir (j) to appear *5*
la **sustancia** element, substance *10*

T

la **tabla** chart *1*
el **tablero** notice board *13*
tacaño/a stingy *7*
el **taco** rolled or folded tortilla filled with meat, beans, etc. *5*
tal: con tal (de) que provided that *16;* **qué tal** How are you *P1;* **tal vez** perhaps *4, 10*
el **talón** heel *9*
la **talla** size *7*
el **taller** shop *8*
el **tamaño** size *5*
también *adv.* also, too *1, 2*
el **tambor** drum *13*
tampoco *adv.* neither, not either *8*
tan *adv.* so *1;* as *9*
tanto *adv.* as much *9;* so much *7*
tantos/as as many *9*
la **taquilla** ticket office *14*
la **tarde** late *13;* afternoon *P1*
la **tarea** homework *P1, 1;* **la tarea doméstica** house chore *5*
la **tarifa** tariff *14*
la **tarjeta** card *1*
la **tasa** rate *8*
la **taza** cup *3, 10*

el **té** tea *3*
el **teatro** theater *1*
el **techo** roof *5*
el/la **técnico/a** technician *8; adj.* technical *8*
la **tecnología** technology *1*
la **tela** material *7*
la **tele** television *5*
telefónico/a *adj.* telephone *7, 13*
el **teléfono** telephone *P2*
la **telenovela** soap opera *4*
televisivo/a *adj.* television, telegenic *6*
el **televisor** television set *2, 5*
el **tema** theme, topic *4*
temer to fear *10*
la **temperatura** temperature *6*
templado/a temperate *12*
el **templo** temple *14*
la **temporada** (sports) season *6*
temporal *adj.* temporary *4*
temprano *adv.* early *5*
la **tendencia** tendency *6, 16*
tender (ie) to hang *5;* **tender la cama** to make the bed *5*
el **tenedor** fork *10*
tener (g) to have *P2, 4;* **tener mala cara** to look terrible *10;* **tener que** + *inf.* to have to + *verb 3, 4;* **tener . . . años** to be . . . years old *2*
el **tenis** tennis *P2, 6*
la **tensión** pressure, stress *11*
tercer third *5*
tercero/a third *5*
terminado/a finished *13*
terminar to finish, to end *4*
el **término** term *17;* **término medio** average *17*
el **termómetro** thermometer *11*
la **terraza** terrace *5*
el **terremoto** earthquake *16*
la **tía** aunt *4*
el **tiempo** time *2, 5;* weather *6;* **a tiempo** on time *12*
la **tienda** store *7;* **tienda de campaña** tent *16*
la **tierra** earth *2;* land *12*
tímido/a timid *P1*
la **tintorería** cleaners *14*
el **tío** uncle *4*
típico/a typical *5*
el **tipo** type, kind *3*
tirar to pull *15;* to throw *15*
el **título** degree *8;* title *3*
la **tiza** chalk *P2*
la **toalla** towel *5*
el **tobillo** ankle *9*
tocar (qu) to play (an instrument) *3;* to knock *8*
el **tocino** bacon *10*
todavía *adv.* still *7*

todo all 6; everything 12; **eso es todo** that's all 10
todos all 1, 6; **todos los días** everyday 6; **en todas partes** everywhere 10
tomar to drink, to take 1; **tomar el sol** sunbathe 3
el **tomate** tomato P3, 3
la **tonelada** ton 15
tonto/a silly, foolish 2
torcer (ue, z) to twist 12
torear to fight (bulls) 6
el/la **torero/a** bullfighter 15
el **toro** bull 13; **plaza de toros** bullring 13; **corrida de toros** bullfight 13
la **torta** sandwich (in Mexico) 3
la **tortilla** thin cornmeal or flour cake 2; omelette 10
la **tos** cough 11
toser to cough 11
la **tostada** toast 3
tostado/a: pan tostado toast 3
totalmente totally 15
trabajador/a hardworking 2
trabajar to work 1
el **trabajo** work 2, 8
la **tradición** tradition 4, 13
tradicional adj. traditional 7
tradicionalmente traditionally 13
la **traducción** translation 1
traducir to translate 13
traer to bring 8
el **tráfico** traffic 12
tragar to swallow 15
el **traje** suit 7; **traje de baño** bathing suit 7
tranquilamente calmly 13
el **tranquilizante** tranquilizer 11
tranquilo/a calm P1, 2
la **transacción** transaction 4
el **tránsito** transit 12
transparente adj. transparent 6
el **transporte** transportation 12
el **tranvía** streetcar 11
tras adv. after 11
trasladarse to move, to transport 12
el **traslado** transportation 12
el **trastorno** disorder 16
tratar (de) to try to 1; to treat 14
el **trato** treatment 17
través: a través de adv. throughout 14
trece thirteen P2
treinta thirty P2
el **tren** train 12
tres three P2
trescientos/as three hundred
el **trigo** wheat 10
triste adj. sad 2
triunfar to succeed 8

el **triunfo** victory 13
el **trópico** tropic 12
tu(s) your (familiar) P2
tumbar to knock down 16
el **turismo** tourism 12
el/la **turista** tourist 4
el **turno** session 6

U

últimamente lately 16
último/a last 3
un/a a, an, one P2
únicamente only 15
único/a: hijo/a único/a only child 4
unido/a united 4
el **uniforme** uniform 6
la **universidad** university 1
universitario/a adj. university 1
uno one P2
unos/as some 1
la **urbanización** housing development 4
urbano/a urban 9, 11
urgente adj. urgent 1
urgentemente urgently 8
usar to use 1, 5
usted you (formal sing.) P1
ustedes you (formal pl.) 1
útil adj. useful P1
utilizar (c) to use 3
la **uva** grape 10

V

va: ¡qué va! of course not 11
las **vacaciones** vacation 3, 14
vacío/a empty 12
la **vainilla** vanilla 10
la **vajilla** china 10
válido/a valid 3
valiente adj. valiant, brave P1
valioso/a useful 13
el **valor** value 10; courage 15
valorar to value 8
los **vaqueros** jeans 7
variante adj. (multiple choice) answer 11
variar to vary 7, 13
la **variedad** variety 12; **variedades** shorts 3
varios/as several 3, 14
vasco/a Basque 6
el **vaso** glass 10
veces: a veces sometimes 4, 12; **dos veces** twice 4
el/la **vecino/a** neighbor 13, 16
el **vegetal** vegetable 3

vegetariano/a vegetarian 3
el **vehículo** vehicle 11
la **vela** sail, sailboat 14; candle 15
la **velocidad** speed 6
el/la **vendedor/a** salesperson 8
vender to sell 7
venezolano/a Venezuelan 2
venir (g, ie) to come 1, 4
la **venta** roadside restaurant (Spain) 3; sale 8
la **ventaja** advantage 11
la **ventana** window P2
la **ventanilla** window (car, train, etc.) 12
la **ventilación** ventilation 13
ver to see 3
el **verano** summer 3, 6
el **verbo** verb 1
la **verdad** truth 4
verde green 2
la **verdura** vegetable 3, 10
el **vestido** dress 7
vestir (i) to dress 6; **vestirse** to get dressed 6
el **vestuario** clothes 7
el/la **veterinario/a** veterinary 8
la **vez** time 9; **a veces** sometimes 5, 6: **dos veces** twice 4; **otra vez** again P2, 7; **en vez de** instead of 7; **tal vez** perhaps 10; **una vez** once 12; **alguna vez** sometime 12
la **vía** lane 12; (railroad) track 12
viajar to travel 12
el **viaje** trip 2, 12
la **víctima** victim 16
la **vida** life 1, 11; living 11
el **video/vídeo** video 1
viejo/a old 2
el **viento** wind 6
el **viernes** Friday P2
vigilar to watch 11
el **vigor: en vigor** in force 13
el **vinagre** vinegar 10
el **vino** wine 10; **vino tinto** red wine 10
violento/a violent 6
violeta violet 2
la **visita** visit 10
el/la **visitante** visitor 2
visitar to visit 3, 4
el **visón** mink 7
la **vista** view 5; glance 1
la **vitalidad** vitality 13
la **viuda** widow 16
vivir to live 3
vivo/a live 6; alive 13
el **vocabulario** vocabulary P1
la **vocal** vowel P1
volar (ue) to fly 3, 12
el **voleibol** volleyball 6
el **volante** steering wheel 12

volar (ue)   to fly *3, 12*
voluntario/a   voluntary *16*
volver (ue)   to come, to return *4*
vosotros   you (fam.) *1*
la voz   voice *15*
el vuelo   flight *3, 12*
la vuelta: pasaje de ida y vuelta
    roundtrip ticket *12;* dar vueltas
    to spin around *15*
vuestro(s)   your (familiar) *4*

Y

y   and *P1*
ya   already *1;* ya que   since
el yerno   son-in-law *4*
yo   I *P2*
el yoga   yoga *9*
el yogur   yogurt *10*

Z

la zanahoria   carrot *10*
el zapato   shoe *7*
el zoológico   zoo *4*
la zona   zone *1*

English-Spanish Vocabulary

A

a   un/a
to abandon   abandonar
ability   la habilidad
able: to be able to   poder (ue)
abnormal   anormal
about the middle of   a mediados de
above   sobre
abroad   en el extranjero
absent   ausente
absurd   absurdo/a
to accept   aceptar
accessory   accesorio/a
accident (*car*)   el choque, el accidente
to accompany   acompañar
to accomplish   realizar (c)
according to   según, de acuerdo con
accounting   la contabilidad
accumulated   acumulado/a
ache   el dolor
to achieve   lograr
acidic   ácido/a
acoustics   la acústica
to act   actuar
action   el acto
active   activo/a
activity   la actividad
actor   el actor
actress   la actriz
ad   el anuncio
add   añadir; sumar
address   la dirección; el domicilio; *v*
    dirigirse
adequate   adecuado/a
adequately   adecuadamente
administrative   administrativo/a
administrator   el/la administrador/a
admiration   la admiración
adult   la persona mayor
advance   el adelanto
advantage   la ventaja
adventure   la aventura

advertising   la publicidad
advice   el consejo
advisor   el/la consejero/a
aerobic   aeróbico/a
to affect   influir (y), afectar
affectionate   afectivo/a
affirmative   afirmativo/a
afraid: to be afraid   tener miedo
after   al cabo de; tras; después (de)
afternoon   la tarde
again   otra vez
against   contra
age   la edad
agency   la agencia; travel agency   la
    agencia de viajes
agenda   la agenda
agent   el/la agente
ago   hace + *time expression + preterit*
to agree   estar de acuerdo; to agree on +
    pres part quedar en + *inf*
agreeable   conforme
aggressive   agresivo/a
ahead: to go straight ahead   seguir
    derecho
air   el aire; *adj* aéreo/a; air
    conditioning   el aire acondicionado;
    open air   el (al) aire libre
airline   la aerolínea
airplane   el avión
airport   el aeropuerto
alarm clock   el despertador
alarming   alarmante
algebra   el álgebra
alive   vivo/a
all   todo, todos; that's all   eso es todo
allergic   alérgico/a
allergy   la alergia
to allow   admitir; permitir
almost   casi
alone   solo/a
along   a lo largo de
already   ya
also   también
although   aunque

always   siempre
ambitious   ambicioso/a
ambulance   la ambulancia
American   americano/a
among   entre
amount   la cantidad, la suma
ample   amplio/a
amusing   divertido/a
an   un/a
analysis   el análisis
and   y, e
anesthesia   la anestesia
angel   el ángel
animal   el animal
ankle   el tobillo
anniversary   el aniversario
to announce   anunciar
announcer   el/la locutor/a
another   otro/a
to answer   contestar; *n* la contestación,
    la solución, la respuesta; answer
    (multiple choice)   la variante;
    answering machine   el contestador
    automático
anthropological   antropológico/a
anthropology   la antropología
antibiotic   el antibiótico
antihistamine   el antihistamínico
anxiety   la ansiedad
any   alguno/a; algún; cualquier
anyone   alguien
anything   algo; anything else?   ¿algo
    más?
apartment   el apartamento
to appear   aparecer (zc); surgir (j)
to applaud   aplaudir
apple   la manzana
applicant   solicitante
application   la solicitud
to appreciate   apreciar
apprenticeship   el aprendizaje
appropriate   apropiado/a
approximate   aproximado/a
April   abril

architect el/la arquitecto/a
architectural arquitectónico/a
architecture la arquitectura
area el sector, el área *fem*; **area code** el indicativo, el prefijo; **surrounding areas** los alrededores
to **argue** discutir
argument la discusión
arid árido/a
arm el brazo
armchair la butaca
aroma el aroma
around alrededor
arrest el arresto
arrival la llegada
to **arrive** llegar (gu)
arrow la flecha
art el arte
article el artículo
artist el/la artista
artistic artístico/a
as como; tal como; **as much as** tanto como; **as many as** tantos/as como; **as soon as** en cuanto
to **ask (a question)** preguntar; hacer (g) una pregunta; to **ask for** pedir (i), solicitar
aspect el aspecto
aspiration la aspiración
aspirin la aspirina
to **assert** afirmar
assistant el asistente, la asistenta
to **associate** asociar
associated commonwealth el estado libre asociado
to **assume** adoptar
asterisk el asterisco
asthma el asma
astronaut el/la astronauta
astronomer el/la astrónomo/a
at a; en; **at least** por lo menos
athlete el/la atleta
athletics el atletismo
atmosphere el ambiente
attaché case el maletín
to **attack** atacar (qu)
to **attend** asistir, to **attend to** ocuparse de
attendance la asistencia
attention la atención; to **pay attention** prestar atención
attitude la actitud
to **attract** atraer
attraction la atracción
attractive atractivo/a
August agosto
aunt la tía
authoritarian autoritario/a
autumn el otoño
availability la disposición
available disponible
avenue la avenida
average el promedio, el término medio

aviation la aviación
avocado el aguacate
to **avoid** evitar
aware alerto/a
Aztec azteca

B

B.C. (before Christ) a.C.
baby el/la bebé
back la espalda
background el marco; el ambiente
backpack la mochila
bacon el tocino
bad mal, malo/a; **very bad** pésimo/a
bag la bolsa
bakery la panadería
balance el equilibrio
ball la pelota
ballpoint pen el bolígrafo
banana la banana, el plátano
bandaged vendado/a
bank el banco
banquet el banquete
to **baptize** bautizar (c)
barbarian bárbaro/a
barbecue la barbacoa
barber shop la barbería
barbiturate barbitúrico
to **bargain** regatear
to **bark** ladrar
baseball el béisbol
based on en base a
basement el sótano
basic básico/a
basically básicamente
basket el cesto; la cesta
basketball el baloncesto, el basquetbol
bat el bate
to **bathe** bañar(se); **bathing suit** el traje de baño
bathroom el baño
battery la pila
bay la bahía
to **be** estar; ser; resultar; to **be a couple** formar pareja; to **be able to, can** poder (ue); to **be afraid** tener miedo; to **be born** nacer; to **be called, to be named** llamarse; to **be careful** tener cuidado; to **be founded on** basarse en; to **be glad** alegrarse; to **be hot** tener calor; to **be hungry** tener hambre; to **be in a hurry** tener prisa; to **be in charge** estar a cargo; to **be in love** estar enamorado/a (de); to **be lucky** tener suerte; to **be missing** faltar; to **be necessary** hacer falta; to **be noticeable** notarse; to **be part of** formar parte de; to **be right** tener razón; to **be sleepy** tener sueño; to

be sorry sentir (ie, i); to **be successful** tener éxito; to **be surprised** sorprenderse; to **be thirsty** tener sed; to **be used to** estar acostumbrado/a
beach la playa
beans los frijoles
beast la fiera
beautiful precioso/a; bello/a
beauty la belleza; **beauty parlor (beauty salon)** el salón de belleza, la peluquería
because porque
to **become** hacerse
bed la cama; to **go to bed** acostarse; to **put to bed** acostar
bedroom el dormitorio
beer la cerveza
before antes; antes (de) que; ante
beforehand con anticipación
to **begin** empezar (ie, c), comenzar (ie, c), iniciar
beginning el principio; **beginning at** a partir de
behavior la conducta
behind detrás (de)
being el ser
to **believe** creer
bellboy el botones
to **belong** pertenecer (zc); **belonging to** perteneciente a
below abajo; a continuación
belt el cinturón; **safety belt** el cinturón de seguridad
to **bend** doblar
benefit el beneficio
berth la litera
besides además
best mejor; óptimo
to **bet** apostar (ue)
better mejor
between entre
beyond más allá (de)
bicycle la bicicleta
big grande
bill la cuenta
biology la biología
bird el pájaro, el ave
birth el nacimiento
birthday el cumpleaños
birthrate la natalidad
black negro/a
blackboard la pizarra
blanket la manta
blender la licuadora
blond rubio/a
blood la sangre
blouse la blusa
blue azul
boarder el/la interno/a
boarding el embarque; **boardinghouse** la pensión; **boarding pass** tarjeta de

embarque

body el cuerpo

to **boil** hervir (ie, i)

boiled hervido/a

Bolivian boliviano/a

bone el hueso

book el libro

bookstore la librería

boot la bota

booth la caseta

born: to be born nacer

boss el jefe, la jefa

both ambos/as

to **bother** molestar

bottle la botella

box la casilla

boxing el boxeo

boy el chico, el muchacho; **Boy Scouts** niños exploradores

boyfriend el novio

bracelet la pulsera

brain el cerebro; **brain drain** la fuga de cerebros

to **brake** frenar

branch la sucursal

brand la marca

brave valiente

bread el pan

break el receso; *v* romper; to **break down** descomponer(se) (g)

breakfast el desayuno

to **breathe** respirar

breathing la respiración

to **breed** criar

bridge el puente

to **bring** traer (g)

brochure el folleto

broken roto/a; fracturado/a

bronze el bronce

brother el hermano; **brother-in-law** el cuñado; **brothers, brother and sister** los hermanos

brown café, castaño/a

brunette moreno/a

to **build** construir (y)

building el edificio, la construcción

bull el toro

bullfight la corrida (de toros)

bullfighter el torero

bullring la plaza de toros

bumper el parachoques

to **burn** quemar

bus el autobús

business *adj* comercial; *n* el negocio; **business matters** la materia económica

busy ocupado/a, atareado/a

but pero; sino

butter la mantequilla

button el botón

buy comprar

buyer el comprador, la compradora

C

café el café

cafeteria la cafetería

calamity la calamidad

calcium el calcio

calculator la calculadora

calculus el cálculo

calendar el calendario

to **call** llamar; to **call roll** pasar (la) lista; *n* la llamada; **collect call** la llamada a cobrar, la llamada de cargo revertido; to **be called** llamarse

calm tranquilo/a

calmly tranquilamente

calorie la caloría

camera la cámara

camp el campamento

campaign la campaña

can la lata; *v* poder (ue)

cancel cancelar

cancer el cáncer

candle la vela

candy el caramelo, el dulce

canoe la canoa

capital la capital; **capital letter** la mayúscula

car el auto, el automóvil el coche, el carro; **sleeper car** coche cama

card la tarjeta

cardboard el cartón

career la carrera

careful: to be careful tener cuidado

carefully con cuidado

careless descuidado/a

cargo la carga

carpet la alfombra

carried out realizado/a

carrot la zanahoria

to **carry** cargar (gu)

case el caso

cash en efectivo; **cash register** la caja

cashier el cajero, la cajera

cassette el casete

Castilian castellano/a

castle el castillo

casual informal

cat el/la gato/a

catastrophic catastrófico/a

category la categoría

cathedral la catedral

to **cause** causar, ocasionar; *n* la causa

caused causado/a

to **celebrate** celebrar

census el censo

cent el centavo

center: shopping center el centro comercial

centigrade centígrado

century el siglo

ceramics la cerámica

cereal el cereal

ceremony la ceremonia

certain cierto/a

chain la cadena

chair la silla

chalk la tiza

champagne el champán

champion el campeón, la campeona

championship el campeonato

change cambiar; *n* el cambio

channel el canal

characteristic el rasgo, la característica

to **characterize** caracterizar (c)

charge: to be in charge estar a cargo (de)

charity la caridad

charm el encanto

charming encantador/a; simpático/a

chart la tabla, el cuadro

cheap barato/a

to **check (luggage)** chequear, facturar; *n* el cheque; to **check out** sacar (qu)

checked de cuadros

cheek la mejilla

cheerfully amablemente

cheese el queso

chemistry la química

chess el ajedrez

to **chew** masticar (qu); **chewing gum** el chicle

chicken el pollo

child el/la niño/a

children *n* los/las niños/as

Chilean chileno/a

china la vajilla; **china cabinet** el aparador

Chinese chino/a

chocolate el chocolate

cholesterol el colesterol

to **choose** escoger (j), elegir (j)

chore: house chore la tarea doméstica

christening el bautizo

Christmas la(s) Navidad(es); **Christmas Eve** la Nochebuena

church la iglesia

cigarette el cigarrillo

circle el círculo

circumstance la circunstancia

citizen el/la ciudadano/a

city la ciudad; **city block** la cuadra; **city hall** el ayuntamiento

civilization la civilización

civilized civilizado/a

clarification la aclaración

class la clase; **first class** de lujo, primera clase

classic clásico/a

to **classify** clasificar (qu)

classmate el/la compañero/a

classroom el salón (de) clase

to **clean** limpiar; *adj* limpio/a

cleaning la limpieza
clear claro/a; despejado/a
clearly claramente
clerk el dependiente, la dependienta
client el cliente, la clienta
climate el clima
clinic el hospital, la clínica
clock el reloj
to **close** cerrar (ie)
close (game) reñido/a
closet el armario, el clóset
clothes la ropa, la prenda (de ropa)
cloud (dark) el nubarrón
cloudy nublado/a, nuboso/a
clown el payaso
club el club
coach el/la entrenador/a
coast la costa
coat el abrigo
code el código; **zip code** código postal
coffee el café
cognate el cognado
to **coincide** coincidir
cold el frío; el catarro; **it's cold (weather)** hace frío
coliseum el coliseo
collaboration la colaboración
collect call llamada a cobrar, llamada de cargo revertido
collection la colección
college la facultad; la universidad
to **collide** chocar (qu)
Colombian colombiano/a
colon dos puntos
colonial colonial
color el color; **solid color** color entero
column la columna
to **comb** peinar
combination la combinación
to **combine** combinar
to **come** venir (g, ie); to **come back** volver (ue), regresar; to **come in** entrar, pasar
comfort la comodidad
comfortable cómodo/a
comma la coma
command el mandato
commentary el comentario
commission la comisión
commissioner el comisario
commitment el compromiso
common común
to **communicate** comunicar (qu)
communication la comunicación
communion la comunión
community la comunidad
company la compañía
to **compare** comparar
to **compete** competir (i)
competent competente
competition la competencia, la competición

to **complain** quejarse
to **complete** completar; *adj* integral
completely por completo
complex complicado/a
complication la complicación
comprehensive comprensivo/a
compulsive compulsivo/a
computer la computadora, el computador; **computer science** la informática
concentrated concentrado/a
concentration la concentración
concept el concepto
concert el concierto
condition la condición
condominium el condominio
confirmation la confirmación
conflict el conflicto
confrontation el enfrentamiento
confusion la confusión
congratulations felicidades
to **congratulate** felicitar
to **connect** conectar
connection la conexión
connotation la connotación
consequence la consecuencia
conservative conservador/a
to **consider** considerar
consonant la consonante
construction la construcción
to **consult** consultar
consultation la consulta
consumption el consumo
contact el contacto
to **contain** contener (g, ie)
contaminated contaminado/a
contest el concurso
context el contexto
to **continue** continuar, proseguir
contrary contrario/a; **on the contrary** al contrario
to **contribute** contribuir (y)
to **control** controlar
convenient conveniente
convent el convento
conversation la conversación
to **convert** convertir (ie, i)
to **convince** convencer (z)
to **cook** cocinar, preparar la comida; *n* el/la cocinero/a
cookie la galletita
cool fresco/a; **it's cool (weather)** hace fresco
cord la cuerda
corn el maíz
corner la esquina; el rincón
corporation la empresa
correct correcto/a
to **correspond** corresponder
correspondence la correspondencia
corresponding correspondiente
cosmetic el cosmético

cosmopolitan cosmopolita
cost el costo; *v* costar (ue)
cottage cheese el requesón
to **cough** toser; *n* la tos
council la junta
to **count** contar (ue)
counter el mostrador
country el país; el campo
couple la pareja; to **be a couple** formar pareja
courage el valor
course el curso; **of course** por supuesto; **of course not** ¡qué va!; to **take courses** seguir cursos
court la cancha
courtesy la cortesía
cousin el/la primo/a
to **cover** cubrir
covered cubierto/a
crazy loco/a
to **create** crear
creative creativo/a
creativity la creatividad
credit crédito; **credit card** la tarjeta de crédito
criticism la crítica
to **cross** cruzar (c); *n* la cruz; **Red Cross** la Cruz Roja
cruise el crucero
crutch la muleta
to **cry** llorar
Cuban cubano/a
to **cultivate** cultivar
culture la cultura
cup la taza
Cupid Cupido
cure la cura
curtain la cortina
curved curvo/a
custom la costumbre
customary: it's customary se acostumbra
customs la aduana
cut cortado/a
cycling el ciclismo
cyclist el/la ciclista

D

daily diario/a; cotidiano/a; *adv* diariamente
to **damage** dañar; *n* el daño
damaged dañado
to **dance** bailar; *n* el baile, la danza
dancer el bailarín, la bailarina
danger el peligro
dangerous peligroso/a
dark oscuro/a
data los datos
date la fecha; la cita; *v* datar

daughter la hija; **daughter-in-law** la nuera

day el día; **All Souls' Day** el Día de los Muertos/Difuntos; **day student** el externo; **everyday** todos los días; **holiday** día de fiesta; the **day after tomorrow** pasado mañana; the **day before yesterday** anteayer; **weekdays** entre semana

dead muerto/a

dear estimado/a; querido/a

death la muerte

debris el escombro

debt la deuda

deceased difunto/a

December diciembre

to **decide** decidir

decision la decisión

to **declare** declarar; afirmar

to **decorate** decorar

decorated decorado/a

to **dedicate** dedicar (qu)

to **defend** defender (ie)

definite definido/a

definitely definitivamente

definition la definición

defusing la desactivación

to **delight** encantar

delighted encantado/a

to **deliver** repartir, entregar

delivery: special delivery entrega especial

to **demand** imponer (g)

demonstration la manifestación

demonstrative demostrativo/a

dentist el/la dentista

to **deny** negar (ie)

department el departamento; la secretaría; **department store** el almacén

departure la salida

to **depend** depender

to **deposit** depositar

depressed deprimido/a

depression la depresión

derived derivado/a

descent el descenso

to **describe** describir

described descrito/a

description la descripción

desert el desierto

design el diseño

designed encaminado/a; diseñado/a

designer el/la diseñador/a

desired salary pretensión económica

desk el escritorio, el pupitre

dessert el postre

destination el destino

to **destroy** destruir

destroyed destruido/a

destruction la destrucción

detail el detalle

detailed detallado/a

detective el detective

to **determine** determinar

to **develop** desarrollar

development el desarrollo

dexterity la destreza

to **dial** marcar (qu), discar (qu)

dialogue el diálogo

dictionary el diccionario

to **die** morir (ue, u)

diet la dieta

difference la diferencia

different diferente

difficult difícil

difficulty la dificultad; **with difficulty** difícilmente

to **digest** digerir (ie, i)

diminished disminuido/a

dining room el comedor

dinner la comida, la cena

diplomatic diplomático/a

to **direct** administrar

directions las instrucciones

directly directamente

director el/la director/a

directory el directorio, la guía

dirty sucio/a; **dirty word** mala palabra

disadvantage la desventaja

disappointment el contratiempo

disaster la catástrofe

to **disconnect** desconectar

discoteque la discoteca

discount el descuento

to **discover** descubrir

discovery el descubrimiento

discreet discreto/a

discrimination la discriminación

discussion la negociación

dish el plato

dishwasher el lavaplatos

disorder el trastorno

disposable desechable

disposal la disposición

dissatisfaction la inconformidad

distance la distancia

distinguished distinguido/a

distribution la distribución

district el distrito

diversity la diversidad

divorced divorciado/a

to **do** hacer (g); realizar (c)

doctor el/la doctor/a; **doctor's office** el consultorio

dog el/la perro/a

dollar el dólar

to **dominate** dominar

donation la donación

door la puerta

double doble

to **doubt** dudar

doughnut el donut

down payment la cuota inicial, la entrada

downtown el centro

dozen la docena

to **drain** escurrir

drama el drama

dramatic dramático/a

drawing el dibujo; el sorteo

to **dress** vestir (i, i); to **get dressed** vestirse; *n* el vestido

dresser la cómoda

to **drink** beber, tomar; *n* la bebida

to **drive** manejar, conducir (zc)

driver el chofer

drug la droga

dry seco/a; *v* secar (qu)

dry cleaners la tintorería

dryer la secadora

due to debido a

duel el duelo

during durante

duty el deber

dynamic dinámico/a

E

each cada

ear la oreja; **(inner) ear** el oído

early temprano/a; **early morning** la madrugada

to **earn** ganar; to **earn a living** ganarse la vida

earring el arete

earthquake el terremoto, el temblor, el sismo

easily con facilidad

easy fácil, sencillo

to **eat** comer, ingerir (ie, i)

ecologist el/la ecologista

ecology la ecología

economical económico/a

economics la economía

editor el/la redactor/a

education la educación

effect el efecto

efficient eficiente

effort el esfuerzo

egg el huevo

eight ocho; **eight hundred** ochocientos

eighteen dieciocho

eighth octavo

either: not either tampoco

elaborate elaborado/a

electrical appliance el electrodoméstico

electrician el/la electricista

electricity la electricidad

elegant elegante

element el elemento; la sustancia

elementary elemental; primario/a; **elementary school** la primaria

elevation la altura
elevator el ascensor
eleven once
eliminate eliminar
embrace el abrazo
embroidery el bordado
emerald la esmeralda
emergency la emergencia; **emergency center** el ambulatorio
emigration la emigración
emission la emisión
emotion la emoción
emotional emocional
to **employ** emplear
employee el/la empleado/a
employment el empleo
empty vacío/a
to **end** acabar, terminar; *n* el extremo; el final
to **endure** aguantar
energy la energía
engagement el noviazgo
engineer el/la ingeniero/a
engineering la ingeniería
English inglés, inglesa
to **enjoy** disfrutar (de)
enormous enorme
enough bastante, suficiente
to **enrich** enriquecer (zc)
to **enter** entrar
entertainment la diversión
entrance la entrada
environment el medio ambiente
environmental ambiental
equal igual; **equal to** a la par con
equality la igualdad
equator el ecuador
equatorial ecuatorial
equestrian ecuestre
equivalency la equivalencia
equivalent equivalente
eraser el borrador
error el error; el fallo
eruption la erupción
escalator la escalera mecánica
especially especialmente
essential imprescindible
to **establish** establecer (zc)
European europeo/a
even aun; hasta
evening la noche
event el evento, el acontecimiento, el suceso, el hecho
every cada; **every day** todos los días
everything todo
everywhere en todas partes
evident evidente
exactly exactamente
examination el examen
to **examine** examinar; revisar
example el ejemplo

to **exceed** sobrepasar
excellent excelente
exception la excepción
excess el exceso
to **exchange** cambiar
excited emocionado/a
excitement la emoción
exclusive exclusivo/a
excuse la excusa; **excuse me** con permiso, perdón
exempt exento/a
exercise el ejercicio
to **exist** existir
exit la salida
exotic exótico/a
to **expect** esperar
expense el gasto
expensive caro/a, costoso
experience la experiencia; *v* experimentar
expert el/la experto/a
to **explain** explicar (qu)
explosive el explosivo
to **express** expresar
expression la expresión
extended extenso/a
extension la extensión
exterior el exterior
extra extra
extraordinary extraordinario/a
extraterrestial extraterrestre
extremely extremadamente
extroverted extrovertido, extravertido/a
eye el ojo
eyebrow la ceja
eyelashes las pestañas

F

fabulous fabuloso/a
face la cara; *v* encarar, enfrentar
to **facilitate** facilitar
factor el factor
factory la fábrica
fair la feria; *adj* justo/a
to **fall** caer(se)
false falso/a
family la familia
famous famoso/a
fan el/la aficionado/a
fantastic fantástico/a
far lejos (de); **far away** alejado/a
farewell la despedida
farm la finca
fashion la moda; **to be fashionable** estar de moda
fast rápidamente, con rapidez
fat gordo/a; *n* la grasa

father el padre, el papá; **father-in-law** el suegro
favor: **in favor of** a favor de
favorite favorito/a, preferido/a
to **fear** temer
February febrero
to **feel like** tener ganas de, deseos
feeling el sentimiento
feminist el/la feminista
fender el guardabarros
fervor el fervor
fever la fiebre
fewer menos
fiancé el novio
fiancée la novia
fiction la ficción
fictitious imaginario/a
field el campo
fifteen quince; **fifteen-year-old girl** la quinceañera
fifth quinto/a
fifty cincuenta
fight la pelea, la lucha; *v* lidiar, luchar
figure la cifra
to **fill out** llenar
filled relleno/a
film la película
filming la filmación
to **find** encontrar (ue); **to find out** averiguar
fine la multa; *adv* bien
finger el dedo
to **finish** terminar, acabar
finished terminado/a, acabado/a
fire el fuego, el incendio; *v* despedir (i)
fireman el bombero
fireplace la chimenea
first primer, primero/a; **first-class** primera clase, de lujo
to **fish** pescar (qu); *n* el pescado; el pez (los peces); **fish market** la pescadería
to **fit** quedar; **fitting room** el probador
five cinco; **five hundred** quinientos
flashlight la linterna
flavor el sabor
flexibility la flexibilidad
flight el vuelo
flood la inundación
flooded inundado/a
floor el piso; la planta
flower la flor
flu la gripe
to **fly** volar (ue)
to **focus** centrar, enfocar
to **fold** doblar
folklore el folclore
folkloric folclórico/a
to **follow** seguir (i)
food la comida, el alimento; la alimentación; el comestible
foolish tonto/a

foot el pie
football el fútbol
for para
to **forbid** prohibir
to **force** obligar (gu); *n* la fuerza
forecast el pronóstico; *v* pronosticar
forehead la frente
foreign extranjero/a
forest el bosque
to **forget** olvidar
fork el tenedor
formal formal
formation la formación
former antiguo/a
fortress la fortaleza
fortunate afortunado/a
forty cuarenta
forward adelante
founded: to be founded on basarse en
four cuatro; **four hundred** cuatrocientos
fourteen catorce
fourth cuarto/a
fracture la fractura
fractured fracturado/a
free libre; gratis
freedom la libertad
freeway la autopista
French francés, francesa
frequently con frecuencia, frecuentemente
fresh fresco/a
Friday el viernes
fried frito/a; **French fries** las papas fritas
friend el/la amigo/a
friendship la amistad
frighten aterrorizar (c); asustar
frightened asustado/a
from de; desde
frozen congelado/a
fruit la fruta; **fruit store** la frutería
full lleno/a; **full-time** jornada completa
funny cómico/a; divertido/a
furniture los muebles
future el futuro

G

gait el trote
gallery la galería
game el partido, el juego; el encuentro
garage el garaje, la cochera
garbage la basura
garden el jardín
to **gargle** hacer gárgaras
garlic el ajo

gasoline la gasolina
gate la puerta
gelatin la gelatina
general general; **general practice** la medicina familiar
generally generalmente
generation la generación
generous generoso/a
genius el genio
geographic geográfico/a
geography la geografía
German alemán/a
to **get** conseguir (i); adquirir (ie, i); sacar (qu); **to get married** casarse; **to get ready** prepararse; **to get sick** enfermarse; **to get tired** cansarse; **to get together** reunirse; **to get up** levantarse
giant el gigante
girl la chica, la muchacha; **Girl Scouts** niñas exploradoras
girlfriend la novia
give dar; **to give a present** regalar
glad contento/a; **to be glad** alegrarse
glass el cristal; el vaso; **stemmed glass** la copa
glasses la gafas
glove el guante
to **go** ir; acudir; **to go away** irse; **to go straight ahead** seguir derecho; **to go to bed** acostarse; **to go together** combinar bien; **to go up** subir; aumentar
goal la meta, el objetivo; **to have as a goal** tener como fin
God Dios
goddaughter la ahijada
godfather el padrino
godmother la madrina
godson el ahijado
gold el oro
golf el golf; **golf course** el campo de golf
good bueno/a; buen; **good-bye** adiós; **good grief!** ¡qué barbaridad!
gossipey el/la chismoso/a
grab agarrar
grade la nota
graduate el/la graduado/a; *v* graduar (se); **graduating class** la promoción
graduation la graduación
gram el gramo
grammar la gramática
granddaughter la nieta
grandfather el abuelo
grandparents los abuelos
grandson el nieto
graphic gráfico/a
grass la hierba
grated rallado/a

gratis gratis
gray gris
great gran; fabuloso
green verde; **green pepper** el pimiento, el chile
to **greet** saludar
greeting el saludo
ground molido/a
group el grupo
to **grow** crecer (zc); cultivar
growth el crecimiento
guard el/la guardia
to **guess** adivinar
guest el/la invitado/a; el huésped
guide el/la guía
guitar la guitarra
gymnasium el gimnasio
gymnastics la gimnasia

H

habit el hábito
habitually habitualmente
hair el pelo
hairdresser el/la peluquero/a
half medio/a; *n* la mitad
hall el pasillo
Halloween el Día de las Brujas
ham el jamón
hamburger la hamburguesa
hand la mano; **on the other hand** en cambio, por otra parte
handball el balonmano
handicraft la artesanía
handkerchief el pañuelo
handle el asa *fem*
handmade hecho a mano
handsome guapo/a
handwritten manuscrito/a
to **hang** colgar (ue); tender (ie); **to hang up** colgar
to **happen** pasar, ocurrir
happiness la felicidad
happy alegre, contento/a, feliz
hard duro/a; **hard-working** trabajador/a
harmoniously armónicamente
hat el sombrero
to **have** haber; poseer; disponer de (g); tener (g, ie); **to have a good time** divertirse (ie, i), parsarlo bien; **to have as a goal** tener como fin; **to have breakfast** desayunar; **to have dinner, supper** cenar; **to have lunch** almorzar (ue); **to have to** + *verb* tener que + *inf*
he él
head la cabeza
headquarters la jefatura

healer el/la curandero/a
health la salud; la sanidad, **health food store** la herboristería
healthy saludable; sano/a
to hear oír
heart el corazón
heating la calefacción
heel el talón
height la estatura; la altura
hell el infierno
hello hola; aló, diga, dígame, ¿qué hay?
helmet el casco
to help ayudar; *n* la ayuda
hemisphere el hemisferio
her ella; *adj* su(s); suyo/a
here aquí; presente
heritage la herencia
high arriba; alto/a; **high school** la escuela secundaria, el liceo; **high school curriculum** el bachillerato
highway la carretera
hiking (*mountain*) el montañismo
hip la cadera
his su(s); suyo/a
Hispanic hispano/a, hispánico/a; **Hispanic American** hispanoamericano/a
history la historia
hit alcanzado/a; *v* dar
holding agarrado/a; **holding hands** agarrados de la mano
home el hogar
homework la tarea
honest honrado/a
to hope esperar; **I/we hope** ojalá (que)
horoscope el horóscopo
hot *adj* caluroso/a; caliente; picante; **to be hot** tener calor
hotel el hotel; el parador
house la casa; *adj* doméstico/a; **house chore** la tarea doméstica
housewife el ama de casa *fem*
housing development la colonia; la urbanización
how cómo; **how are you?** ¿qué tal?; **how horrible!** ¡qué horror!; **how many** cuántos/as; **how much** cuánto/a
however no obstante
huge enorme
human humano/a
humanities las humanidades
humid húmedo/a
to humiliate humillar
hungry: **to be hungry** tener hambre
to hunt cazar
hurricane el huracán
hurry: **to be in a hurry** tener prisa
to hurt doler (ue); herir (ie, i)
husband el esposo, el marido

I

I yo
ice cream el helado; **ice-cream shop** la heladería
idealist el/la idealista
identification la identificación
to identify identificar (qu)
if si
illegal ilegal
image la imagen
imagination la imaginación
to imagine imaginarse
to imitate imitar
immediate inmediato/a; **immediate possession** inmediata entrega
immediately enseguida
immense inmenso/a
impact el impacto
impartial imparcial
imperfect imperfecto/a
impetuous impetuoso/a
importance la importancia
important importante; influyente
impression la impresión
impressive impresionante
to improve mejorar
improvement el avance; la mejora
impulsive impulsivo/a
in en; **in force** en vigor; **in front (of)** enfrente (de); **in-house** *adj* interno/a
inauguration la inauguración
to include incluir (y)
included incluido/a
inconvenience la molestia
to increase subir; aumentar; *n* el aumento
incredible increíble
indefinite indefinido/a
independence la independencia
independent independiente
index el índice
Indian *n* el/la indígena
to indicate indicar (qu)
indication la indicación
indifferent indiferente
indiscreet indiscreto/a
indispensable indispensable
industrialized industrializado/a
industry la industria
inexpensive barato/a
infection la infección
infinitive el infinitivo
inflation la inflación
influence la influencia
to inform informar
informal informal
information la información
infrastructure la infraestructura
ingenious ingenioso/a
ingredient el ingrediente
inhabitable habitable

inhabitant el/la habitante
inhuman inhumano/a
initiative la iniciativa
injection la inyección
injured person el herido
inn la hostería
inside dentro (de); en
to inspect revisar; inspeccionar
inspector el/la inspector/a
to inspire inspirar
installation la instalación
instead of en vez de
instinct el instinto
institute el instituto
insurance el seguro
intellectual intelectual
intelligent inteligente
intense intenso/a
to interest interesar; *n* el interés
interesting interesante
interior interior
internal interno/a
international internacional
to interrupt interrumpir
to interview entrevistar; *n* la entrevista
interviewer el/la entrevistador/a
intimate íntimo/a
to introduce presentar
introduction la presentación; la implantación
introverted introvertido/a
to inundate inundar
to invest invertir (ie, i)
to investigate investigar (gu)
investigating *adj* investigador/a
invitation la invitación
to invite invitar
to iron planchar; *n* la plancha; *n* el hierro
ironic irónico/a
irregular irregular
irritated irritado/a
island la isla
it ello
Italian italiano/a
itinerary el itinerario
its su(s); suyo/a

J

jacket la chaqueta
January enero
Japanese japonés, japonesa
jeans los vaqueros
to jog trotar
to join incorporarse
joint la articulación
joke el chiste
judgment el criterio; el dictamen
judo el judo
juice el jugo

July julio
to **jump** saltar
jumping el salto
June junio
jungle la jungla; la selva
just justo/a

K

to **keep** conservar; to **keep in mind** tener presente
key *adj* clave; *n* la llave
to **kill** matar
kilo el kilo
kilogram el kilogramo
kilometer el kilómetro
kind amable; *n* el tipo
kindly amablemente
kingdom el reino
kiosk el quiosco
kiss el beso
kitchen la cocina
knife el cuchillo
to **knock** tocar (qu); to **knock down** tumbar
to **know** conocer (zc); saber; **I know** sé
knowledge el conocimiento
known conocido/a

L

laboratory el laboratorio
lack la falta; *v* faltar
lamp la lámpara
land la tierra
landscape el paisaje
landslide el alud
lane la vía
language el idioma, la lengua
to **last** durar; *adj* último/a; pasado/a; **last night** anoche
late tarde
lately últimamente
later después
Latin latino/a
to **laugh** reír(se) (i)
laundry la lavandería
law el derecho, la ley
lawyer el/la abogado/a; el licenciado en derecho; **lawyer's office** el bufete
lazy perezoso/a
to **learn** aprender
least: at least por lo menos
leather el cuero
to **leave** irse; salir; dejar; **leave taking** la despedida
lecture la conferencia
left izquierdo/a

leg la pierna
legal jurídico/a
lemon el limón
to **lend** prestar
less menos
lesson la lección
to **let** + *verb* dejar + *inf*
letter la carta
lettuce la lechuga
liberal liberal
liberated liberado/a
liberty la libertad
library la biblioteca
license la licencia; **driver's license** licencia de manejar
lie la mentira; to **lie down** acostarse (ue)
life la vida
light claro/a; *n* la luz; *v* encender (ie)
like como
to **like** gustar
likewise igualmente
limit el límite
line la cola; la línea; to **stand in line** hacer cola
lion el león
liquid el líquido
liquor el licor
list la lista
to **listen** escuchar
liter el litro
literature la literatura
little poco; un poco; **a little bit** un poquito/a; **little by little** poco a poco
to **live** vivir; *adj* vivo/a
lively animado
living: to earn a living ganarse la vida; **living room** la sala
llama la llama
to **lock in** encerrar (ie)
to **lodge** hospedarse
lodging el alojamiento
logical lógico/a
logically lógicamente
long largo/a
longevity la longevidad
to **look (at)** mirar; to **look for** buscar (qu)
to **lose** perder (ie)
loss la pérdida
lottery la lotería
louder más alto
love el amor; to **be in love** estar enamorado/a (de)
low bajo/a
to **lower** bajar
loyal leal
luckily por fortuna
lucky: to be lucky tener suerte
luggage el equipaje
lunch el almuerzo
lung el pulmón
luxury lujo

M

machine: answering machine el contestador automático
magazine la revista
magic la magia
magical mágico/a
magnificent magnífico/a
mail box el buzón; el depósito
mailman el cartero
main principal
to **maintain** mantener (g, ie)
to **major** especializarse (c)
majority la mayoría
to **make** hacer; to **make a reservation** reservar; to **make a stopover** hacer escala; to **make difficult** dificultar; to **make up** constituir
man el hombre
to **manage** administrar
manager el/la gerente
manufacturer el/la fabricante
many muchos/as
map el mapa; el plano
March marzo
Mardi Gras el carnaval
marijuana la marihuana
marital status el estado civil
to **mark** marcar (qu); **marked down** rebajado/a; to **mark time** marcar el paso
market el mercado
marquis el marqués
married casado/a; **married couple** el matrimonio
to **marvel** maravillarse
marvelous maravilloso/a
masculine masculino/a
mashed potatoes el puré de papas
master el maestro, el amo
matching la asociación
material la tela; el material
materialistic materialista
mathematics las matemáticas
matter la gestión; el asunto; *v* importar; **business matters** la materia económica; **it doesn't matter** no importa
maximum máximo/a
May mayo
maybe quizá(s)
mayonnaise la mayonesa
me mí; me
means medios; **by means of** mediante
to **measure** medir (i); *n* la medida
meat la carne; **ground meat** la carne molida; **meat market** la carnicería
mechanic mecánico/a
medical médico/a
medication el medicamento
medicine la medicina
medium mediano/a

meet la competencia; *v* conocer (zc); **nice (pleased) to meet you** mucho gusto
meeting la reunión
melodramatic melodramático/a
melody la melodía
member el miembro
memory la memoria
mental mental
to **mention** mencionar
menu el menú
merit el mérito
message el mensaje
messy desordenado/a
meter el metro
method el método
metropolitan metropolitano/a
Mexican mexicano/a
microwave el microondas
middle class la clase media
midnight la medianoche; **midnight mass** la Misa del Gallo
midwife la comadrona
migration la migración
military militar
milk la leche
million el millón
millionaire millonario/a
mind la mente
mine mío(-a, -os, -as)
minimum mínimo/a
mink el visón
minority la minoría
minus menos
minute el minuto
mirror el espejo
Miss señorita, Srta.
missing: to be missing faltar
mission la misión
to **mix** mezclar
mixer la batidora
model el/la modelo
modern moderno/a
modification la modificación
moment el momento **at this moment** en estos momentos
monastery el monasterio
Monday el lunes
money el dinero
monologue el monólogo
month el mes
monument el monumento
moon la luna
moonlighting el pluriempleo
more más
morning la mañana; **early morning** la madrugada
mother la mamá, la madre; **mother-in-!aw** la suegra
motorcycle la moto(cicleta)
mountain la montaña; **mountain range** la cordillera

mountainous montañoso/a
moustache el bigote
mouth la boca
to **move** mover(se) (ue); trasladarse; impulsar; mudarse; to **move close** acercarse (qu)
movement el movimiento
movies el cine
Mr. señor, Sr.
Mrs. señora, Sra.
much mucho/a
mud el lodo
multifaceted multitudinario/a
multiply multiplicar (qu)
muscle el músculo
museum el museo
music la música
musician el músico
mustard la mostaza
my mi(s)
myself me
mysterious misterioso/a
mystery el misterio

N

name el nombre; to **be named** llamarse
nap la siesta
napkin la servilleta
narrow estrecho/a
native nativo/a
natural natural
nature la naturaleza
near cerca; *adj* cercano/a
necessary necesario/a; **it's necessary to** + *verb* hay que + *inf*; to **be necessary** hacer falta
neck el cuello
necklace el collar
necktie la corbata
to **need** necesitar, precisar; *n* la necesidad
negatively negativamente
neighbor el/la vecino/a
neighborhood la barriada; el barrio; la urbanización
neither tampoco
nephew el sobrino
nervous nervioso/a
net la red
never nunca
nevertheless sin embargo
new nuevo/a
news la(s) noticia(s)
newscast el noticiero
newspaper el periódico, el diario
next próximo/a; *n* el siguiente; **next to** al lado de, junto a
Nicaraguan nicaragüense
nice simpático/a; amable; **nice to meet you** mucho gusto

niece la sobrina
night la noche; **the night before last** antenoche, anteanoche
nightstand la mesa de noche
nine nueve; **nine hundred** novecientos
nineteen diecinueve
ninety noventa
ninth noveno/a
no no; **no one** nadie
nobody nadie
noise el ruido
none ninguno/a
nonfat descremado/a
noon el mediodía
nor ni; **neither . . . nor** ni ... ni
norm la norma
normal normal
normally normalmente
north el norte
nose la nariz
not no; **not to know** ignorar; **not fully accepted** marginado/a
notably notablemente
note la nota; **notes** los apuntes
notebook el cuaderno
noteworthy notable
nothing nada
to **notice** fijarse; **notice board** el tablero
noticeable: to be noticeable notarse
to **notify** avisar
to **nourish** alimentar
nourishing nutritivo/a
November noviembre
now ahora; **right now** en estos momentos
nowadays hoy en día
number el número
numerous numeroso/a
nurse el/la enfermero/a
nursery guardería
nutrition la nutrición

O

to **obey** obedecer (zc)
object el objeto
to **observe** observar
obsession la obsesión
to **obtain** obtener (g, ie); alcanzar (c); conseguir (i)
obvious obvio/a
occasionally ocasionalmente
occupation el oficio; la ocupación
to **occupy** ocupar
to **occur** ocurrir
October octubre
odd raro/a
of de; **of course** por supuesto; **of course not** ¡qué va!
to **offer** ofrecer (zc); proporcionar

office la oficina
official oficial
oil el aceite; el petróleo
old viejo/a; antiguo/a; **old person** el/la anciano/a
older mayor
Olympic Games las Olimpiadas
omelette la tortilla
on sobre; en
once una vez
one uno/a, un; **one hundred** ciento, cien
onion la cebolla
only sólo, únicamente
to open abrir; to **open the way to** dar paso a
operation la operación
operator la operadora
opportunity la oportunidad
opposite opuesto/a
optimistic optimista
optimum óptimo/a
option la opción
or o, u; **either . . . or** o... o
orange anaranjado/a; *n* la naranja
orchestra la orquesta
order el/la orden; *v* pedir (i); **in order to** para
organization la organización
organize organizar (c)
organizer el/la organizador/a
origin el origen, la procedencia
other otro/a; **on the other hand** en cambio, por otra parte
ought to deber
our nuestro/a
out of order dañado/a
outside fuera
outskirts la afueras
oven el horno
overweight excedido de peso
own propio/a
owner el dueño, la dueña
oxygen el oxígeno

P

P.O. Box el apartado (de correos postal)
to pack empacar (qu), hacer la maleta
package el paquete
paella la paella
page la página
pain el dolor
to paint pintar
painting la pintura, el cuadro
pair el par
pajama el/la piyama
palace el palacio
pamphlet el folleto

Panamanian panameño/a
pantry la despensa
paper el papel
paragraph el párrafo
parenthesis el paréntesis
parents los padres
to park estacionar; *n* el parque
parking el estacionamiento
parrot el loro
part la parte; to **be part of** formar parte de; to **play the part** hacer el papel
partial parcial
participant el/la participante
to participate participar
participation la participación
partner la pareja
party la fiesta
to pass aprobar (ue)
passenger el/la pasajero/a
passive pasivo/a
Passover la Pascua
passport el pasaporte
pastry shop la dulcería, la pastelería
patient paciente
patrimony el patrimonio
patron el patrón, la patrona
pattern el esquema
to pay (for) pagar (gu); to **pay attention** prestar atención
peace la paz
pedal el pedal
pediatrician el/la pediatra
pen: ballpoint pen el bolígrafo
pencil el lápiz
pending pendiente
penitent el/la penitente
people la gente
pepper la pimienta; **green pepper** el chile, el pimiento
percentage el porcentaje
perfect perfecto/a
perfectly perfectamente
perhaps tal vez, quizá(s)
period el período
permanent permanente
to permit permitir
persistence el empeño
persistent persistente
person la persona; **person from Madrid** madrileño/a; **person of importance** el personaje; **person surveyed** el encuestado, la encuestada
personal personal
personality la personalidad
personnel el personal
Peruvian peruano/a
peso el peso
pessimistic pesimista
phantom el fantasma
pharmacy farmacia
phenomenon el fenómeno

philosophy la filosofía
photo la foto
photograph la fotografía
phrase la frase
physical físico/a
physics la física
pianist el/la pianista
to pick up recoger (j); pasar por
picture el cuadro
pie el pastel
pill la pastilla
pillow la almohada
pilot el/la piloto
pink rosado/a
place el lugar
plaid de cuadros
plan el plan; *v* planificar (qu); planear; to **plan to** + *verb* pensar + *inf*
plane el avión
planet el planeta
planning los arreglos
plant la planta
plate el plato; **combination plate** el plato combinado
to play (*game or sport*) jugar (ue) (*an instrument*) tocar (qu); *n* la obra de teatro; to **play the part** hacer el papel
player el/la jugador/a
please por favor; **pleased to meet you** mucho gusto
pleasure el placer
plumber el plomero
pocket el bolsillo
point el punto; to **give a point** marcar un punto; to **point to** señalar
pole el polo
policeman el policía
policewoman la (mujer) policía
political político/a
politician el político
pollution la contaminación
pool la piscina
poor pobre
population la población
porch el portal
pork el cerdo
port el puerto
portable portátil
Portuguese portugués, portuguesa
position el puesto, la plaza
positive positivo/a
positively positivamente
possession la posesión; **immediate possession** inmediata entrega
possibility la posibilidad
possible posible
postcard la tarjeta postal
post office el correo, la oficina de correos
postal postal
poster el afiche
postgraduate posgrado

postpone posponer
postponed pospuesto/a
potassium el potasio
potato la papa; (*Spain*) la patata
pound libra
poverty la pobreza
to practice practicar (qu); *n* la práctica;
　general practice la medicina
　familiar
pre-Columbian precolombino/a
precise time hora americana, hora
　inglesa
prediction la predicción
to prefer preferir (ie, i)
preferable preferible
preparation el preparativo
to prepare preparar
to prescribe recetar
prescription la receta
presence la presencia
present actual; *n* el regalo; *v* presentar
president el presidente, la presidenta
press la prensa
pressure la presión, la tensión
preterit el pretérito
pretty bonito/a
previous anterior
previously anteriormente
price el precio
primitive primitivo/a
prince el príncipe
principal principal
principle el principio
printed impreso/a
priority la prioridad
private privado/a
prize el premio
probability la probabilidad
probable probable
probably probablemente
problem el problema
procession la procesión
to produce producir (zc)
produced producido/a
producer el/la productor/a
product el producto
production la producción
profession la profesión
professional profesional
professor el/la profesor/a
profile el perfil
to program programar; *n* el programa
programmer el/la programador/a
programming la programación
progress el progreso
progressive progresivo/a
to prohibit prohibir
prohibition la prohibición
project el proyecto
to promote ascender (ie); promover (ue)
pronoun el pronombre
pronunciation la pronunciación

proof la prueba
proportion la proporción
to propose proponer (g)
to protect proteger (j)
protection la protección
protein la proteína
proud orgulloso/a
to provide lograr; provided that con tal
　(de) que
province la provincia
psychiatrist el/la (p)siquiatra
psychologist el/la(p)sicólogo/a
psychology la (p)sicología
public público/a
published publicado/a
Puerto Rican puertorriqueño/a
to pull tirar
punch el ponche
punctual puntual
pure puro/a
purple morado/a
purse la bolsa
to pursue perseguir (i)
to put poner (g), colocar (qu); to put away
　guardar; to put on makeup maqui-
　llarse; to put to bed acostar (ue)
pyramid la pirámide

Q

qualified capacitado/a
quality la calidad; la cualidad
quarter el cuarto
question la pregunta
questionnaire el cuestionario
quiet callado/a

R

race la raza
radiator el radiador
radio el/la radio
raffle la rifa
railroad el ferrocarril
rain la lluvia; *v* llover (ue)
raincoat el impermeable
to raise levantar
raised educado/a
rapid rápido/a
rapidly rápidamente, con rapidez
reach el alcance; *v* alcanzar (c)
reaction la reacción
to read leer
reading la lectura
ready listo/a; to get ready prepararse
real real
realistic realista
reality la realidad

to realize darse cuenta (de)
really realmente, en realidad
reason el motivo
rebellious rebelde
to receive recibir
recent reciente
reception la recepción
receptionist el/la recepcionista
recipe la receta
to recognize reconocer (zc)
recognized reconocido/a
to recommend recomendar (ie)
record el disco
to rectify rectificar (qu)
red rojo/a
to reduce reducir (zc)
to refer referir (ie, i)
referee el/la árbitro
to reflect repercutir; reflejar
refrigerator el refrigerador
to refuse rechazar (c)
regards los recuerdos
region la región
registered certificado/a
regularly regularmente
regulation la regulación; el reglamento
to reject descartar
related relacionado/a
relation la relación
relationship el parentesco; la relación
relative el pariente, la parienta; el
　familiar
relatively relativamente
relaxation la relajación
release liberar
religious religioso/a
to remain permanecer (zc), quedar(se)
to remember recordar (ue)
to remind recordar (ue)
to remodel remodelar
to remove quitar
to renew renovar (ue)
to rent alquilar; *n* el alquiler, la renta
to repeat repetir (i)
to replant replantar
to report reportar; *n* el informe
to represent representar
representative el/la representante
repression la represión
republic la república
to request pedir (i)
reservation la reservación
reserved reservado/a
residence la residencia
resident el/la residente
residential residencial
to resist resistir
resistance la resistencia
resolution la firmeza
resort (*country/mountain*) el refugio
to respect respetar; *n* el respeto; with
　respect to con respecto a

responsibility la responsabilidad
responsible responsable
rest el descanso; el resto; *v* descansar
restaurant el restaurante
result el resultado
resumé el currículum, el historial
to resume reanudar
to return devolver (ue)
to review repasar
rhythm el ritmo
rhythmic rítmico/a
ribbon la cinta
rice el arroz
rich rico/a
riddle la adivinanza
to ride montar
ridiculous ridículo/a
right derecho/a; *n* el derecho; **right now** en estos momentos; **to be right** tener razón; **to the right** a la derecha
ring el aro; el anillo; *v* sonar (ue)
rinse el enjuague
rising ascendiendo
risk el riesgo
river el río
roast asado/a
role el papel
roll la lista; **to call roll** pasar (la) lista
romance el romance
romantic romántico/a
roof el techo
room la habitación, el cuarto, el dormitorio; **dining room** el comedor; **living room** la sala; **waiting room** la sala de espera
rose la rosa
rough rudo/a
round-trip ticket el boleto/ pasaje de ida y vuelta
row la fila
royal regio/a, real
rug la alfombra
ruins las ruinas
rule la regulación
rum el ron
to run correr
runner el/la corredor/a
rural rural
Russian ruso/a

S

sad triste
sail la vela
saint el/la santo/a
salad la ensalada
salary el sueldo, el salario; **desired salary** la pretensión económica
sale la rebaja; la venta
salesman el vendedor

saleswoman la vendedora
salt la sal
Salvadoran salvadoreño/a
same mismo/a; igual
sand la arena
sandwich el sándwich; (*Mexico*) la torta
satellite dish antenna la parabólica
satisfaction la satisfacción
satisfactory satisfactorio/a
satisfy satisfacer (g)
Saturday el sábado
sauce la salsa
sauna la sauna
to save ahorrar
saxophone el saxofón
to say decir (g, i)
saying el dicho
scarf la bufanda
scene la escena
schedule el horario
scholarship la beca
school el colegio; la escuela; la facultad; *adj* escolar; **school year** el año escolar
science la ciencia
scientist el/la científico/a
sea el mar
season la estación
seat el asiento
second segundo/a
secret el secreto
secretary el/la secretario/a
section la sección
security la seguridad
to see ver
to seem parecer (zc)
seismic sísmico/a
seldom rara vez
select selecto/a
selection la selección
self-description la autodescripción
to sell vender
semester el semestre
to send enviar, mandar
senior citizenhood la tercera edad
sensible sensato/a
sensitive sensitivo/a
sentence la oración
sentimental sentimental
separated separado/a
September septiembre
series la serie
serious serio/a
to serve servir (i)
service el servicio; **service station** la gasolinera, la estación de gasolina
session la sesión
set fijado/a; *v* fijar
seven siete; **seven hundred** setecientos
seventeen diecisiete
seventh séptimo

seventy setenta
several varios/as; diversos/as
to sew coser
sex el sexo
sexual sexual
shape la forma
to share compartir
sharp (time) en punto; agudo
to shave afeitar(se)
she ella
sheet la sábana
sherbet el sorbete
shield escudo
shine el brillo; *v* brillar
ship el barco
shirt la camisa
shoe el zapato; **tennis shoes** zapatos (de) tenis
shop el taller
shopping la compra; **shopping center** el centro comercial
short corto/a; bajo/a; **in short** en fin
should deber
shoulder el hombro
to show mostrar(se) (ue); demostrar; *n* la función, el espectáculo
shower la ducha
shrimp el camarón
sick enfermo/a; mal
sickness la enfermedad
sidewalk la acera
to sign firmar; *n* el signo; el letrero
signal la señal; **traffic signal** señal de tráfico
signature la firma
silly tonto/a
silver la plata
similar similar, parecido/a
simple sencillo/a
simply simplemente
sin el pecado
since ya que; como; desde; pues
sincere sincero/a
to sing cantar
singer el/la cantante
single soltero/a; sencillo
sink el fregadero
sister la hermana; **sister-in-law** la cuñada
to sit down sentarse (ie)
site (*construction*) la obra
situated situado/a
situation la situación
six seis; **six hundred** seiscientos
sixteen dieciséis
sixth sexto/a
sixty sesenta
size la talla; el tamaño
to skate patinar
to ski esquiar; *n* el esquí
skier el/la esquiador/a
skin la piel

to **skin/scuba dive** bucear
skirt la falda
slacks los pantalones
to **sleep** dormir (ue, u); to **fall asleep** dormirse (ue)
sleepy: to be sleepy tener sueño
slight ligero/a
slow *adv* despacio; *adj* lento/a
slowly lentamente, despacio
small pequeño/a; reducido/a
smart listo/a, inteligente
to **smile** sonreír(se) (i)
to **smoke** fumar; *n* el humo
snack la merienda
to **snore** roncar (qu)
snow la nieve; *v* nevar (ie)
so tan; luego; **so long** hasta luego; **so-so** regular; **so that** para que
soap el jabón; **soap opera** la telenovela
soccer el fútbol
society la sociedad
sock el calcetín
soda el refresco
sofa el sofá
soft suave
softly en voz baja
solid color de color entero
solidary solidario/a
to **solve** resolver (ue)
some alguno/as; algún; unos
somebody alguien
someone alguien
something algo; **something else** algo más
sometime alguna vez
sometimes a veces
son el hijo; **son-in-law** el yerno
song la canción
soon pronto
sorry: sorry for the inconvenience disculpe(n) la molestia; to **be sorry** sentir (ie, i)
sound (*to signal an activity*) el toque
soup la sopa
south el sur
spaghetti el espagueti
Spaniard el/la español/a
Spanish el español
to **speak** hablar
special especial; **special delivery** entrega especial
specializing especializado/a
specific específico/a
specifically concretamente
spectacle el espectáculo
spectacular espectacular
spectator el/la espectador/a
speed la rapidez, la velocidad; to **speed up** agilizar (c)
to **spend** gastar; pasar
spill el derrame

to **spin around** dar vueltas
spinach la espinaca
spite: in spite of a pesar de
sport el deporte; *adj* deportivo/a
spring la primavera
square cuadrado/a
stadium el estadio
staff el personal
staffed atendido/a
stage el escenario
stairs la escalera
stamp la estampilla, el sello
standard of living el nivel de vida
standing parado/a
star la estrella
to **start** empezar (ie, c); comenzar (ie, c)
stately señorial
station la estación; **service station** la estación de gasolina, la gasolinera
status: marital status el estado civil
stay la estancia; *v* quedar(se), permanecer
steering wheel el volante
to **step** pisar; *n* el paso
stereo el estéreo
stereotype el estereotipo
stewardess la azafata
stick el palo
still todavía
stingy tacaño/a
stocking la media
stomach el estómago
to **stop** detener(se) (g, ie), parar(se); hacer alto; *n* la parada
stopover: to make a stopover hacer escala
store la tienda; **store window** el escaparate
story el cuento
stove la estufa
straight: to go straight ahead seguir derecho
strawberry la fresa
street la calle
streetcar el tranvía
strength la fuerza
stress la presión, la tensión
stretcher la camilla
strict estricto/a
striped de rayas
strong fuerte
structure la estructura
student el/la estudiante; el/la alumno/a
studies los estudios
to **study** estudiar
style el estilo
subject la materia; el sujeto
subordination la sujeción
subway el metro
to **succeed** triunfar
successful exitoso/a; to **be successful** tener éxito

suddenly de repente
to **suffer** sufrir
sugar el/la azúcar
to **suggest** sugerir (ie, i)
suggestion la sugerencia
suit el traje; **bathing suit** el traje de baño
suitcase la maleta
summer el verano
sun el sol; **it's sunny** hace sol
Sunday el domingo
supermarket el supermercado
supervisor el/la supervisor/a
supper la cena, la comida
to **supply** aportar
support el apoyo
sure seguro/a
surface la superficie
surgeon el cirujano
surgery la cirugía
to **surpass** superar, sobrepasar
surprise la sorpresa; to **be surprised** sorprenderse
surrounded rodeado/a
surrounding areas los alrededores
survey la encuesta
sweater el suéter
sweatshirt la sudadera
sweep barrer
sweet dulce
to **swim** nadar
swimming la natación
Swiss suizo/a
sword la espada
symbol el símbolo
symptom el síntoma
system el sistema

T

T-shirt la camiseta
table la mesa
tablecloth el mantel
tablespoon la cuchara
to **take** llevar; tomar; to **take advantage of** aprovechar; to **take away** quitar; to **take care of** cuidar, atender (ie); to **take courses** seguir cursos; to **take notes** apuntar; to **take off** quitarse; to **take on** incurrir; to **take out** sacar; to **take pictures** sacar fotos
to **talk** conversar
talkative hablador/a
tall alto/a
tape la cinta
tape recorder la grabadora
tariff la tarifa
tax el impuesto
taxi el taxi; **taxi driver** el/la taxista
tea el té

to **teach** enseñar
teacher el/la maestro/a
team el equipo
tear la lágrima; *v* romper, romperse
teaspoon la cucharita
technical técnico/a
technology la tecnología
teenager el/la adolescente
telephone el teléfono; *adj* telefónico/a
television la televisión, la tele;
    television set el televisor
telegenic *adj* televisivo/a
to **tell** contar (ue)
temper el carácter
temperature la temperatura
temple el templo
temporary temporal
ten diez
tenant el/la inquilino/a
tendency la tendencia
tennis el tenis
tent la tienda de campaña
tenth décimo/a
term el término
terrace la terraza
terrible terrible
terrorism el terrorismo
thank you gracias
Thanksgiving Day Día de Acción de
    Gracias
that aquel, aquello/a; esa, ese, eso;
    que; **that is** o sea; **that one** aquél,
    aquélla; ésa, ése; **that which** lo que
the el, la, los, las; lo
theater el teatro
theft el robo
their su(s); suyo/a
them ellos; les; los
theme el tema
themselves se
then entonces; después
there allí, allá; **there is, there are** hay;
    there was, there were hubo; había
thermometer el termómetro
these estos, estas
they ellos, ellas
thief el ladrón
thin delgado/a
thing la cosa
to **think** pensar (ie); to **think so** pensar
    que sí
third tercero/a; tercer
thirsty: to be thirsty tener sed
thirteen trece
thirty treinta
this esto; este, esta; **this way** así
those aquellos/a; esos/as, aquéllos/as;
    ésos/as
thousand mil
three tres; **three hundred** trescientos
throat la garganta
throughout a través de

to **throw** lanzar (c), tirar
Thursday el jueves
ticket el boleto, el billete, el pasaje; la
    entrada; **roundtrip ticket** boleto
    (pasaje) de ida y vuelta; **ticket office**
    la taquilla
tidy ordenado/a; to **tidy oneself**
    arreglarse
tiger el tigre
tight estrecho
time la hora; la época; la vez; el
    tiempo; **full-time** jornada completa;
    to **have a good time** pasarlo bien;
    on time a tiempo; **precise time** hora
    americana/inglesa; to **waste time**
    perder (el) tiempo
timid tímido/a
tip la propina
tire la llanta
tired cansado/a
to a; para
toast el pan tostado, la tostada
today hoy
together juntos/as; to **go together**
    combinar bien
toilet el inodoro
token la ficha
toll el peaje
tomato el tomate
tomorrow mañana; **the day after**
    tomorrow pasado mañana
ton la tonelada
tongue la lengua
tonight esta noche
too también; **too much** demasiado
tool la herramienta
tooth el diente
toothache el dolor de muelas
topic el tema
torn roto/a
torture la tortura
totally totalmente
tour la excursión
tourism el turismo
tourist el/la turista; *adj* turístico/a
toward(s) hacia, para
towel la toalla
town el pueblo
track (*railroad*) la vía
tradition la tradición
traditional tradicional
traditionally tradicionalmente
traffic el tráfico
train el tren; *v* entrenar
trained entrenado/a
trainer el/la entrenador/a
training el entrenamiento; la
    instrucción
trait el rasgo
tranquilizer el tranquilizante
transaction la transacción; la
    tramitación

transit el tránsito
to **translate** traducir (zc)
to **transmit** transmitir
transportation el traslado, el
    transporte
to **travel** recorrer, viajar
tray la bandeja
to **treat** tratar
treatment el trato
tree el árbol; **family tree** el árbol
    genealógico
trip el viaje
tropics el trópico
truck el camión
true verdadero/a; cierto/a
trunk el baúl, el maletero
truth la verdad
to **try** probar (ue); to **try on** probarse
    (ue); to **try to** tratar (de)
tub la bañadera
Tuesday el martes
tuna el atún
turkey el pavo
to **turn** dar vueltas; doblar; to **turn down**
    rechazar (c); to **turn off** apagar (gu);
    to **turn on** conectar, encender (ie)
twelve doce
twenty veinte
to **twist** torcer (ue, z)
two dos; **two hundred** doscientos
type el tipo; *v* escribir a máquina
typical típico/a

U

ugly feo/a
umpire el/la árbitro
unbelievable increíble
uncle el tío
undecided indeciso/a
under debajo, bajo
underground subterráneo/a
underlined subrayado/a
understand comprender, entender (ie)
understanding la comprensión
underwear la ropa interior
unemployment el desempleo, el paro
unexpectedly inesperadamente
unfavorable desfavorable
unforgettable inolvidable
unfortunately desgraciadamente
unhappy infeliz
uninterrupted ininterrumpido/a
union la unión
unit la unidad
united unido/a
university la universidad; *adj*
    universitario/a
unknown desconocido/a
unless a menos que

unpleasant antipático/a
until hasta; (*when telling time*) menos
upkeep el mantenimiento
urban urbano/a
to **urge** animar
urgent urgente
urgently urgentemente
us nos; nosotros/as
to **use** usar, consumir, utilizar (c); to **be used to** estar acostumbrado/a
useful útil

V

vacation las vacaciones
to **vacuum** pasar la aspiradora; **vacuum cleaner** la aspiradora/el aspirador
Valentine's Day el Día de los Enamorados
valuable valioso/a
value el valor; *v* valorar
vanilla la vainilla
variety la variedad
various diferentes
to **vary** variar
vast extenso/a
vegetable la verdura, el vegetal
vegetarian vegetariano/a
vehicle el vehículo
Venezuelan venezolano/a
ventilation la ventilación
verb el verbo
very muy
vibrant vibrante
victim la víctima
victory el triunfo
video el video/vídeo
view la vista
vinegar el vinagre
violence la violencia
violent violento/a
violin el violín
violinist el/la violinista
visa el visado, la visa
to **visit** visitar; *n* la visita
visitor el/la visitante
vitality la vitalidad
vocabulary el vocabulario
volcano el volcán
volleyball el voleibol
voluntary voluntario/a
vowel la vocal

W

waist la cintura
waiter el camarero
waiting room la sala de espera

waitress la camarera
to **wake up** despertar(se) (ie)
to **walk** caminar
walking la marcha
wall la pared
wallet la billetera
to **want** querer (ie); desear
war la guerra
warm up el calentamiento; *v* calentar (ie)
to **wash** lavar; to **wash dishes** fregar (ie, gu)
washbowl el lavabo
washing el aseo; **washing machine** la lavadora
to **waste** gastar; to **waste time** perder (el) tiempo
to **watch** presenciar; vigilar
water el agua *fem*
wave la ola
way la manera, la forma; **anyway** de todas formas; **by the way** por cierto; to **open the way to** dar paso a; **this way** de esta forma
we nosotros/as
weak débil
wealth la riqueza
to **wear** llevar; to **wear a costume** disfrazarse (c)
weather el tiempo; **how's the weather?** ¿qué tiempo hace?; **the weather is fine/bad** hace buen/mal tiempo
wedding la boda
Wednesday el miércoles
week la semana
weekdays entre semana
weekend el fin de semana
weekly semanal
to **weigh** pesar
weight el peso
welcome: you're welcome de nada
well bien; pues; **well-being** el bienestar
west oeste
wet húmedo/a
what qué; lo que; **what a pity!** ¡qué pena!
when cuándo; cuando
where dónde; donde; **where to** adónde
which cuál(es); **which one(s)** cuál(es)
while mientras; *n* el rato; **in a while** dentro de un rato
white blanco/a
who quién(es); **who's calling?** ¿de parte de quién?
wholesaler el mayorista
whose de quién
wide ancho/a
wife la esposa, la mujer
to **win** ganar; to **win back** reconquistar
wind el viento; **it's windy** hace viento
window la ventana; (*car, train, etc.*) la

ventanilla
windshield el parabrisas
wine el vino
winner el/la ganador/a
winter el invierno
wise prudente; **the Three Wise Men** los Reyes Magos
to **wish** desear; *n* el deseo
with con; **with difficulty** difícilmente; **with me** conmigo; **with you** *fam* contigo
without sin; sin que
woman la mujer
word la palabra; **dirty word** la mala palabra
work el trabajo, la obra; *v* trabajar, funcionar
worker el/la obrero/a
world el mundo; *adj* mundial
worried preocupado/a
to **worry** preocuparse; *n* la preocupación
worse peor
worst peor
wrist la muñeca
to **write** escribir; to **write down** anotar
wrong equivocado/a

X

X-ray la radiografía

Y

yard el jardín
year el año; **New Year's Eve** la Nochevieja; **school year** el curso
yellow amarillo/a
yes sí
yesterday ayer; **the day before yesterday** anteayer
yoga el yoga
yogurt el yogur
you tú; usted, Ud.; vosotros/as; ustedes, Uds.; te, os; lo, la, los, las; le, les, ti
young joven
younger menor
your tu; su; vuestro/a
yours tuyo/a; suyo/a; vuestro/a
yourself te; se; os
youth la juventud

Z

zero el cero
zone la zona

INDEX

Text Credits

p. 35: Advertisement reprinted by permission of *Centro Audiovisual*. **p. 59:** Advertisements reprinted from *Mía*. **pp. 80, 85:** Advertisement reprinted by permission of *Complejo Riofrío Hostelería*. **p. 88:** Permission for advertisement requested from *Libros Everest*. **pp. 99, 328:** Advertisement and boarding pass reprinted by permission of *Iberia, Líneas Aéreas de España*. **pp. 115, 437:** "Menos natalidad y nupcialidad cambian familia en América Latina", "El pan de cada día", and "El cuidado de los niños" reprinted from *El Nuevo Herald*. **p. 144:** Advertisement reprinted by permission of *Muebles Sánchez Hoya, S.A.* **p. 159:** "Una labor impagable", reprinted from *El País*, Madrid. **p. 168:** Map and captions reprinted by permission of Guillermo Luca de Tena, Director of *Prensa Española-ABC*. **p. 171:** Permission for advertisement requested from *Caracol*. **p. 187:** "Acuarela de sal", reprinted from *Castellano 1*, Editorial Kapelusz, Buenos Aires. **p. 198:** Permission for advertisements requested from *Almacenes Félix Sáenz*. **pp. 238, 440:** "¿Qué hay que saber para triunfar en el año 2000?" and "Madrid, que te quedas sin gente" reprinted from *Cambio 16*. **p. 249:** Permission for advertisement requested from *63 In Club*. **p. 278:** "Plátanos. Cuanto más maduros, mejor" reprinted from *Mi familia y yo*. **p. 303:** Permission for advertisement requested from *Ministerio de Sanidad y Consumo*. **p. 309:** Permission for advertisement requested from *Villaralbo, Frutas y Verduras*. **p. 331:** Permission for advertisement requested from *Banco Nacional de México*. **p. 334:** Permission for advertisement requested from *Turismo Las Hamacas*. **p. 374:** "Parabolas", reprinted from *Poesías completas de Antonio Machado*, Editorial Espasa Calpe, 1955. **p. 385:** Advertisement reprinted by permission of *Hotel Río Bidasoa*. **p. 388:** Permission for advertisement requested from *Hotel Francia*. **pp. 409, 414:** Extract from interview with David Rosemond and extract from interview with Lourdes López (Benny Miyares, photographer for both photos) reprinted by permission of Mireya L. Novo from *Éxito*. **p. 412:** Extract and photo from interview with Antonio Banderas reprinted from *¡Hola!* **p. 438:** "¡Mamma, mía!" reprinted by permission of Roberto Pambo, Director, *Semana*. **p. 442:** "Ideologías y realidades: México y Estados Unidos" reprinted from *Vuelta*. **p. 443:** "La frontera de EE.UU. y México es única en el mundo" reprinted from *Más*. **p. 458:** "Nuevas parejas. ¿Nuevos padres?", reprinted from *Vivir*, Editorial Abril, Buenos Aires, Octubre de 1988.

Photo Credits

p. 2: Robert Frerck, Odyssey/Chicago; **p. 3:** Robert Frerck, Odyssey/Chicago; **p. 26:** Robert Frerck, Odyssey/Chicago; **p. 28:** Robert Frerck, Odyssey/Chicago; Janice Morris; **p. 31:** Beryl Goldberg; **p. 32:** Robert Frerck, Odyssey/Chicago; **p. 36:** (3 Photos) Robert Frerck, Odyssey/Chicago; **p. 54:** (2 Photos) Beryl Goldberg; Sandy Roessler, Stock Market; **p. 60:** Kindra Clineff, Picture Cube; (2 Photos) Robert Frerck, Odyssey/Chicago; Arthur Tress, Photo Researchers; Lawrence Migdale, Photo Researchers; Barbara Alper, Stock Boston; (2 Photos) Peter Menzel; (2 Photos) Beryl Goldberg; J. Barry O'rourke; Willie L. Hill. Jr., Stock Boston; **p. 82:** Stuart Cohen, Comstock; (2 Photos) Peter Menzel; **p. 83:** Renate Hiller; Robert Frerck, Odyssey/Chicago; Spencer Grant, Stock Boston; **p. 85:** Peter Menzel; Robert Frerck, Odyssey/Chicago; **p. 104:** Robert Frerck, Odyssey/Chicago; **p. 110:** Stuart Cohen, Comstock; Ulrike Welsh, Photo Researchers; The Image Works; **p. 116:** (3 Photos) Robert Frerck, Odyssey/Chicago; **p. 132:** María González-Aguilar; **p. 136:** Carol Lee, Picture Cube; **p. 145:** (2 Photos) Robert Frerck, Odyssey/Chicago; **p. 162:** Robert Frerck, Odyssey/Chicago; **p. 164:** Stuart Cohen, Comstock; Martin Rogers, Stock Boston; Frederick Ayer, Photo Researchers; **p. 165:** Comstock; Mangino, The Image Works; Dave Cannon, Photo Researchers; **p. 172:** Robert Frerck, Odyssey/Chicago; **p. 194:** Renate Hiller; Beryl Goldberg; **p. 195:** Hugh Rogers, Monkmeyer Press; Bonnie Kamin, Stuart Cohen, Comstock; **p. 199:** Robert Frerck, Odyssey/Chicago; **p. 218:** Stuart Cohen, Comstock; Grant LeDuc, Monkmeyer Press; Phiz Mezey, Comstock; Russell Dian, Monkmeyer Press; Pedro Coll, Stock Market; **p. 219:** (2 Photos) Beryl Goldberg; (2 Photos) Stuart Cohen, Comstock; Crandall, The Image Works; **p. 242:** Peter Menzel; Pedro Coll, Stock Market; **p. 243:** J. Cochink, Photo Researchers; **p. 246:** Janice Morris, Luis Villota, Stock Market; **p. 247:** Luis Villota, Stock Market; Gayle Hilsenrath, Picture Cube; **p. 250:** Andrew Brooks; **p. 255:** Robert Frerck, Odyssey/Chicago; **p. 274:** Hugh Rogers, Monkmeyer Press; **p. 275:** Stuart Cohen, Comstock; Richard Lord, The Image Works; **p. 279:** (2 Photos) Robert Frerck, Odyssey/Chicago; **p. 294:** Robert Frerck, Odyssey/Chicago; **p. 300:** Peter Menzel; Chris Brown, Stock Boston; **p. 301:** Beryl Goldberg; **p. 304:** (2 Photos) Robert Frerck, Odyssey/Chicago; **p. 316:** María González-Aguilar; **p. 317:** ¿¿¿ [Source unknown]???; **p. 324:** Robert Frerck, Odyssey/Chicago; Luis S. Giner, Stock Market; **p. 325:** John F. Mason, Stock Market; Stuart Cohen, Comstock; **p. 326:** Bob Daemmrich, The Image Works; **p. 327:** Sven Martson, Comstock; **p. 332:** (3 Photos) Robert Frerck, Odyssey/Chicago; **p. 352:** Owen Franken, Stock Boston; Robert Frerck, Odyssey/Chicago; **p. 353:** Albano Guatti, Stock Market; Luis Villota, Stock Market; Larry Mangino, The Image Works; **p. 354:** Robert Frerck, Odyssey/Chicago; Larry Mangino, The Image Works; **p. 355:** Bob Daemmrich, Stock Boston; AP/Wide World Photos; **p. 359:** Celia Cruz, Ralph Mercado; **p. 378:** Robert Frerck, Odyssey/Chicago; **p. 380:** Hugh Rogers, Monkmeyer Press; Peter Menzel; **p. 381:** Peter Menzel, Stock Boston; Ned Haines, Photo Researchers; **p. 382:** Luzzi and Sanguinetti, Monkmeyer Press; Mary